U0120205

后浪出版公司

诺曼征服

THE
NORMAN
CONQUEST

The Battle of Hastings
and the Fall of
Anglo-Saxon England

黑斯廷斯战役与
英格兰诺曼王朝的崛起

Marc Morris

[英] 马克·莫里斯◎著

韩晓秋◎译

西安出版社

媒体评价

正如每个英国学生所熟知的那样，1066 年是英国历史上最重要的历史年份之一。但是，也正如马克·莫里斯在这本极具可读性的书当中所指出的那样，诺曼征服要远比我们所想象的暴力、复杂以及模糊。他小心地引导着自己的读者穿行在片面（而且往往相互矛盾）的文献当中，生动地描绘了盎格鲁-撒克逊王国由盛转衰的图景。除此之外，他还向他们展示了征服者威廉是如何依靠绝对的恐怖来建立他的统治的。

——《星期日泰晤士报》

你所知道的有关 1066 年的事情几乎都是错的。再没有哪个历史学家会比马克·莫里斯更适合纠正你的错误观点了。他的新书不仅是一部叙述史，而且也是一个研究成果……莫里斯运用充满了气魄、具有洞察力和奔放的叙事手法，来描述这个动荡时代的壮举和悲剧。

——《星期日邮报》

马克·莫里斯是采取了叙述史方法的年轻一代历史学家中的一员。无论是在历史传记还是在断代编年史当中，他们都想要讲好自己的故事。这些人的书就像是著名人物的肖像画——以线条和色彩绘制出的生动的形象———一样（这种肖像画往往会夸大主人公的重要性）。其细节明确，人物也栩栩如生。莫里斯令人信服地描述了征服者威廉的入侵以及此后为维持征服的成果而进行的暴力斗争，其斗争的对象不但有反抗的盎格鲁-撒克逊人，而且有入侵的维京人。除此之外，诺曼领主之间也存在着权力斗争……莫里斯把粉饰之词从证据中挑了出来，并对英格兰的诺曼人进行了现代的阐释。这样一种叙述正是现代人所急需的。比起现在的意识形态，他更尊重过去的事实。

——《泰晤士报》

马克·莫里斯的这本新书生动地重述了诺曼人入侵的故事，充满了活力和叙事紧迫感。他展示了诺曼征服前英格兰的图景。这是一个复杂而动荡的王国，几个世纪以来一直处在被入侵的阴影之下……他对1066年进行了激动人心的描述……在整个故事中，政治是复杂的，证据也是支离破碎的。莫里斯没有掩饰这一点，而是邀请读者与他一起思考这一切……而在完成上述任务的同时，他还牢牢把握着一部通俗历史的主旨和风格。与他的上一本书——爱德华一世的一本非常好的现代传记——一样，他的新作也体现了莫里斯的老到。

——《旗帜晚报》

马克·莫里斯的新书令人兴奋……这是一个强有力而扣人心弦的故事。作者以巨大的气魄写作本书。从中，我们能感受到作者清晰的目的感和极大的信心……他精力十足地带领着读者，让他们做一次关于本主题的旅行……这本令人兴奋的书中既有一些新的角度，又有内在的连贯性……莫里斯致力于对证据进行自己的阐释，而在这一点上他做得很好。

——《BBC 历史杂志》

目　录

致　谢

　　我对所有耐心答复电子邮件或以其他形式给予我建议和支持的专家致以谢意：马丁·艾伦（Martin Allen）、杰里米·阿什比（Jeremy Ashbee）、劳拉·阿舍（Laura Ashe）、戴维·贝茨（David Bates）、约翰·布莱尔（John Blair）、戴维·卡彭特（David Carpenter）、戴维·克劳奇（David Crouch）、理查·伊尔斯（Richard Eales）、罗宾·弗莱明（Robin Fleming）、马克·哈格（Mark Hagger）、理查·哈斯克罗夫特（Richard Huscroft）、查尔斯·英斯利（Charles Insley）、罗伯特·科迪亚德（Robert Liddiard）、约翰·马迪科特（John Maddicott）、梅拉妮·马歇尔（Melanie Marshall）、理查德·莫蒂默（Richard Mortimer）、马克·菲尔波特（Mark Philpott）、安德鲁·斯宾塞（Andrew Spencer）、马修·斯特里克兰（Matthew Strickland）、亨利·萨默森（Henry Summerson）和伊丽莎白·泰勒（Elizabeth Tyler）。我要特别感谢史蒂芬·巴克斯特（Stephen Baxter）拨冗解答我关于末日审判的问题。约翰·吉林厄姆（John Gillingham）悉心读完整本书的草稿，帮助我避免了许多错误。在哈钦森（Hutchinson），我要感谢菲尔·布朗（Phil Brown）、卡罗琳·加斯科因（Caroline Gascoigne）、波莱特·赫恩（Paulette Hearn）和托尼·惠托姆（Tony Whittome）。除此之外，我还要感谢塞西

莉亚·麦凯（Cecilia Mackay），是她仔细地对图片进行了研究。要感谢的还有认真完成编辑工作的戴维·米尔纳（David Milner）和仔细校对了全书的林恩·柯蒂斯（Lynn Curtis）。感谢我在LAW 的代理人朱利安·亚历山大（Julian Alexander），以及我的朋友和家人。我尤其要感谢凯瑟琳（Catherine）、彼得（Peter）和威廉（William）。

英格兰

克莱德河

特威德河
林迪斯芳
班堡

泰恩河
纽卡斯尔
盖茨黑德　芒克威尔茅斯
卡莱尔
达勒姆

蒂斯河
惠特比

尤尔河
里士满
塞特林顿
斯坦福桥
约克
塔德卡斯特　富尔福德
里卡

艾尔河
庞蒂弗拉克特
阿克斯霍姆岛

亨伯河

默西河

特伦特河

里兹兰

切斯特
林肯

诺丁汉

斯塔福德
什鲁斯伯里
克罗兰
埃尔门

蒙哥马利
利奇菲尔德
彼得伯勒
诺里奇
索尼
伊利
塞特福德

塞文河

奥发土墙
伍斯特
沃里克
亨廷登
北安普教
剑桥
埃克斯宁
贝里圣埃德蒙兹

瓦伊河

伊夫舍姆
阿什顿

赫里福德
格洛斯特
克拉弗灵
科尔切斯特

迪恩森林
牛津
圣奥尔本斯
莫尔登

切普斯托
贝弗斯通
泰晤士河
伯克姆斯德特
巴金

卡迪夫
朴茨基韦特
马姆斯伯里
阿宾登
沃灵福德
伦敦
威斯敏斯特
桑威奇

布里斯尔
莫尔伯勒
温莎
罗切斯特

弗拉特霍姆
韦尔斯
吉尔德福
汤布里奇
坎特伯雷

格拉斯顿伯里
老萨勒姆
温切斯特
奇切斯特
巴特尔
多佛尔

克雷迪顿
蒙塔丘特
舍伯恩
南安普教
阿伦德尔
刘易斯
佩文西

埃克塞特
赫斯特舍维特
新森林
博瑟姆
塞尔西
黑斯廷斯

怀特岛

北　海

英吉利海峡

0　20　40　60　80 英里

* 本书地图均为原书地图

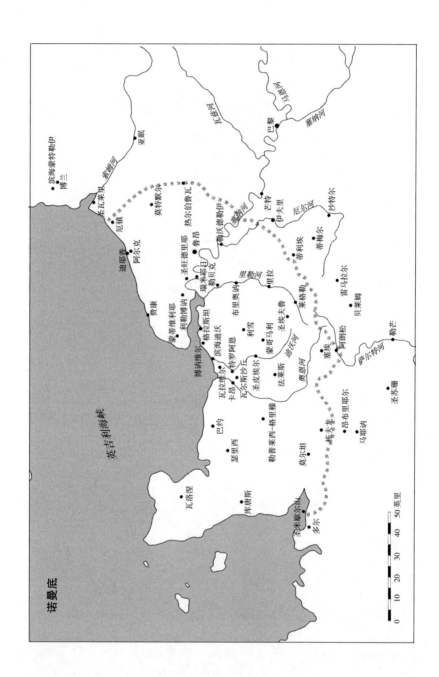

诺曼底

英吉利海峡

圣瓦莱里　索姆河
滨海蒙特勒伊
博兰
亚眠

瓦兹河

马恩河

巴黎
塞纳河

瓦滕默沃
莫特默尔　热尔伯鲁瓦
梅沃德勒伊

迪耶普
厄镇
阿尔克
芒特
伊夫里
沙特尔

勒康
蒙蒂维利那
利勒博讷
圣旺德里耶
魏森瑟日
瑞米耶日
勒贝克　里勒河
布里奥讷
里拉　　蒂利埃

蒂利埃
雷马拉尔
贝莱姆

博讷维尔
格拉斯坦
利雪　　莱格勒
圣德里沃　　圣埃夫鲁
蒙哥马利
勒萨
奥恩河
奥尔特河
阿朗松
勒芒

法莱斯
瓦拉维尔
卡昂
圣皮埃尔
利雪
蒙哥马利
圣埃夫鲁
塞埃

巴约
韦塞
昂布里耶尔
马耶讷
圣苏珊

惠里西
勒普来西—格里里
莫尔坦

瓦洛涅
库唐斯
多尔
圣米歇尔山

0　10　20　30　40　50 英里

英格兰世系表

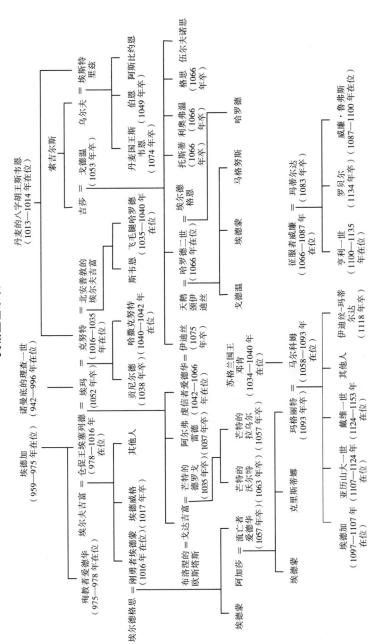

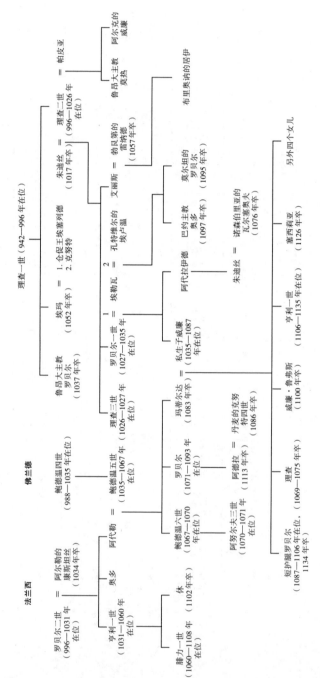

卡佩家族、佛兰德家族和诺曼底家族

导　言

在过去的一千年间，许多人做过尝试，试图讲述诺曼征服（Norman Conquest）的故事。但是，没有哪一个人的讲述能够像这个同时期的版本一样，获得如此大的成功。

我们所说的当然就是巴约挂毯（Bayeux Tapestry）。在所有的中世纪历史资料中，它也许是最著名的，也是最为人熟知的一个。或者说，至少在英国是这样。当我们在学校学习的时候，它就已经被介绍给我们了。成年后，我们随处可见它的影子：书里、书签上、明信片上、日历上、垫子上、茶巾上、钥匙圈上、鼠标垫和杯子上。它被改编成电影和电视作品，并出现在报纸和杂志上。在英国历史上，除去巴约挂毯之外，再没有哪一份历史资料的商业化程度如此之高。也再没有哪一份历史资料会像它一样，有如此之高的曝光率，并且如此为世人所钟爱。[1]

巴约挂毯是一幅长条横幅图（或者说连环画）。它只有 50 厘米宽，但长度却接近 70 米。它描绘了导致 1066 年诺曼人入侵英格兰的重大事件。确切地说，它根本不是一件挂毯，因为挂毯一般都是编织而成的。从工艺上来讲，它是一幅刺绣，因为它的图案是绣在一块亚麻布上的。作为一幅完成于诺曼征服后不久的作品，自 15 世纪后期以来（甚至更长时间），它一直被保存在巴约（Bayeux）这一诺曼城市里。直到今天，我们仍可以在那里看到它。

　　看，诺曼人（Normans）！他们在那！他们无畏地投入战斗、在敌人的房屋里劫掠、建造城堡、焚烧城堡、宴饮、战斗、争论、杀戮和征服。他们披挂着锁子甲，手执风筝形盾牌。他们也挥舞着剑或者长矛（后者更为常见）。他们头戴独特的尖顶头盔，上有固定的扁平护鼻。画面上到处都是战马。这些马的总数超过了200匹。它们被人驱赶着小跑、飞奔和冲锋。我们也可以看到，画面中有41艘船。我们看见它们被建造出来，看见人们登上它们，也看见有人驾驶着它们横渡英吉利海峡。这个人是诺曼底公爵威廉（William, duke of Normandy），也就是后世所称的征服者威廉（William the Conqueror）。他的面庞刮得很匀净，也剪了一个典型的诺曼骑士式发型，即把脑后的头发剪得很短。那个人则是他同母异父的弟弟，即巴约的奥多（Odo of Bayeux）。此人声名远扬。尽管是一位主教，他也飞骑加入酣战。

　　画面上还有他们的对手——英格兰人。他们同样骁勇尚武，但是装扮又明显不同。他们留着夸张的长发以及比头发更长的胡须。尽管他们也一样骑着马，但他们并没有骑着它们杀入战场。在战场上，他们站在地上，挥舞着骇人的长柄斧。挂毯上还有哈罗德·戈德温森（Harold Godwineson）的形象。不久之后，他将被称为哈罗德国王。他骑着战马，腕上停着鹰隼，还有猎犬伴行。除此之外，挂毯还描绘了他加冕登基以及在黑斯廷斯（Hastings）指挥英格兰军队的场景。而且，正如人们都记得的那样，场景中还包括他眼睛中箭、不治身亡的情形。

　　看罢挂毯蕴含着的精彩宏阔的盛景，你会在瞬间理解，它为什么如此重要。这不仅是一份有关1066年诺曼征服的记载，而且是一扇通往11世纪的窗口。没有其他史料能如此迅速地带领人们回到那段逝去的时间里，也没有其他史料能够如此生动地描摹当时人们的生活。战斗的场景享有盛名，而这一盛名是它所应得的。从挂毯所描绘的战斗场景中，我们可以了解很多关于当时的兵器、盔甲和军事战术的知识。但是，在挂毯的其他地方，我们会发现另一些引人入胜的细节，而这些细节恰恰与11世纪生活的其他方面有关。这些细节包括船只、造船术、平民的服饰、建筑和农业。正是因为巴约挂毯，我们才有幸目睹最早的罗马式教堂和土木城堡。在挂毯边缘上的一个场景中，它非常偶然地展示了一匹马拉着犁的场景。这在欧洲艺术史上属于首次。[2]

　　虽然我们完全不知道有关挂毯创作的精确信息，但确定无疑的是，在它所描述的事件过去后不久（这一时间间隔大约有10年），这一作品就已经完成了。而且，它的创作地为坎特伯雷（Canterbury，挂毯的很多场景以及主题都是以现存的坎特伯雷手稿里的插图为基础的）。尽管多年以来，人们提出了各种令人半信半疑的假说，但几乎可以确定的是，挂毯的资助人正是前文所提及的奥多主教。在巴约挂毯上，奥多的形象自始至终都得到了强调，而这种强调可能与现实不符。可以看到，奥多被描绘为入侵的策划者和执行者。当然，奥多的资助可以解释这幅挂毯藏于巴约的事实，因为巴约就是奥多的主教城。他的资助同样与这一作品在坎特伯雷创作的事实相符，因为就在诺曼征服之后，他立刻就被任命为肯特伯爵（earl of Kent）。[3]

　　依常规而言，巴约挂毯不应留存至今。我们知道，即便是在11世纪，如此精美的壁挂也非常罕见。然而，对于那些出得起钱的上层名流来说，这种壁挂仍然是足够流行的。我们之所以这样说，是因为类似的情形在当时的文献中有所记述。然而，除去巴约挂毯以外，我们并没有看到任何完整存留下来的壁挂。时至今日，类似的挂毯都已经变成了令人目不忍睹的残片。在它面世近1000年以后，挂毯仍能与我们同在这件事本来就令人震惊了。在得知了挂毯后来的经历之后，它的留存更是令人惊讶。挂毯首次出现在书面记载中是1476年。此时距离其创作时间已经过去了4个世纪。当时，它的名字出现在巴约大教堂珍藏室的一份清单里。从这份清单中可以了解到，神职人员习惯在每年7月的第1个星期把它挂在教堂的中殿晾晒（每年的通风晾晒势必对它的保存起到了作用）。历经400年，它躲过了战争、火灾和洪水等重大危险以及更常见的啮齿动物、昆虫和潮湿的威胁。与挂毯在近代的经历相比，它在中世纪的经历根本算不得奇迹。在法国大革命期间，教堂珍藏室遭到了洗劫。此时，挂毯差点就被割成几块覆盖在军用马车上。它被拿破仑（Napoleon）装上马车运往巴黎展览，最终又被送回了巴约。19世纪初期，它被随意地存放在市政厅的一个巨大的转轴上。这样一来，好奇的游客就可以把它展开来观赏了（偶尔还会切下其中的一块带走）。第二次世界大战期间，它的经历则更加险象环生：先是被纳粹分子带到巴黎，并侥幸逃脱了被送往柏林的命运。不知是用了什么方式，它躲过了烈焰和炮火，得以重见天日。仅凭挂毯在中世纪之后的经历本身就能写一本书。幸运的是，这本书已经写完了。[4]

　　尽管就它自身而言，挂毯是异常精美的，但作为历史资料而言，它是有局限性的。首先，尽管其保存现状令人印象深刻，但不幸的是，它并不完整。它所叙述的事件都发生在哈罗德国王去世之前。其次，正如我们注意到的那样，挂毯中的某些场景不是源自制作者的观察，而是照搬了早先手稿中的插图。如果我们要强调真实性的话，那么它的价值就大打折扣了。再次，尽管它似乎是为一位诺曼的庇护人所做，但奇怪的是（也许是故意为之），它对事件的描绘并不明确；虽然大部分场景都有图片说明，但在多数的时候，它或者有意表达得似是而非，或者表述得模棱两可。挂毯叙述的起始时间就是一个例子。大多数史学家认为挂毯上的故事开始于 1064 年，但他们无法确定这一说法。最后，挂毯的叙述是有选择性的，而且很明显，它的叙述在某些地方并不准确。一些事件被略去，另一些则被故意地扭曲了。例如，没有任何其他资料显示，哈罗德曾在巴约城向威廉宣誓效忠，也没有任何其他资料显示，奥多英勇地扭转了黑斯廷斯一役的战局。我们有必要再强调一遍，这幅挂毯终究不过是一幅刺绣罢了。[5]

幸运的是，还有其他资料可以帮助我们弄清，当时到底发生了什么。也正是因为这些资料，我们才能够找出挂毯扭曲历史的地方。这些资料中既包括文献资料，例如编年史、证书和信件，又包括非文献形式的材料，例如画作和建筑等。研究中世纪早期（即中世纪前 500 年）历史的学者会告诉你们，将这些资料汇集在一起，足以构成一个极为丰富的文献汇编。至少与 11 世纪欧洲其他地区的资料相比，或者和更早几个世纪的英格兰资料相比，情况确实如此。但是在当时，只用一个书架，这些学者就能放完所有的原始材料，甚至还有用来放装饰品的地方。而对于那些尝试从事中世纪中晚期研究（或者说，只是研究诺曼征服）的学者来说，令人痛苦的是，在某些情况下，与诺曼征服有关的资料似乎十分匮乏。

举个例子，与他们 13 世纪的继承者们相比，关于 11 世纪的英格兰国王，我们找不到多少相关的研究材料。在写作这本书的时候，我已经感受到了这一点，并越发地感到绝望。我的前一本书是关于爱德华一世（Edward I）的。他统治了英格兰 35 年（1272 至 1307 年）。通过阅读大量当时的政府文件（数以千计的写得密密麻麻的羊皮纸卷），我们几乎可以弄清，在他统治的期间，爱德华每天都在哪里。20 世纪 70 年代，有人整理和出版了他的行程记录。这些记录足足有三大卷。相比较而言，征服者威廉（他在 1066 至 1087 年统治着英格兰）的行程记录就没有那么多了。如果要按照具体的时间地点一一排列他的行程的话，我们会发现，这些行程甚至还填不满 3 张纸。在大多数情况下，我们不知道，威廉到底身处何地；而在某些特定的时段，我们甚至不能确认，他到底是在英格兰还是在诺曼底。这是因为，除去《末日审判书》（*Domesday Book*，这是在这段历史中，另一份奇迹般地幸存下来的文件）* 外，征服者威廉统治时期的官方档案都已经不存在了。我们之所以能看到一些官方文件，是因为它们被其他机构保存或复制了。这些机构主要是一些修道院。它们从国王处收到证书，并以此作为凭证，证明它们拥有对土地的权利和其他特权。自然，900 多年后，这类文献的幸存概率并不高。即便这种文献在某地保留了下来，我们往往也只能看到这份证书签发的年份。有的时候，它们连年份也没有标注。其结果是，尽管征服者威廉是英格兰历史上最著名的人物之一，也是本书里的一个重要角色，我们几乎对他的行程一无所知。[6]

幸运的是，即使行政文件已经散佚，还有各种编年史可供查

---

* 又称《土地赋役调查簿》。1066 年，在征服了英格兰之后，征服者威廉对全国的土地和财产等进行了调查，而这本书就是这一调查的原始记录。本书脚注均为译者注或编者注，下文脚注处不再进行说明。

阅。在这里，我们要再次感谢僧侣们。正是因为他们的勤勉，我们才能阅读到时人的记载。如果不是这些文献为我们提供了时间、日期、逸事和观点的话，这段历史也就不会这样有血有肉，而只会是一具干枯的骨架。作为这一时期最重要的英格兰史料，《盎格鲁-撒克逊编年史》（*The Anglo-Saxon Chronicle*）记载了很多诺曼征服前后所发生的大事件。没有它，我们将不会像现在一样，对诺曼征服理解得如此深入。与此同时，对于某些事件，这部编年史可能会讳莫若深，令人泄气。例如，我们可以照录该书 1084 年条目下的全文："今年 4 月 19 日，彻特西修道院院长伍尔夫沃德（Wulfwold, abbot of Chertsey）逝世了。"在很多年份（甚至是许多至关重要的年份）的条目下，我们看不到任何记载。[7]

　　困扰这一时期的文献的另一个主要问题是作者的偏见。写作这些文献的人都是教士。因此，他们很容易把事件的演变解释为神的意志。更让人无法容忍的是，其中的一些记载有着极强的感情倾向。诺曼征服的故事充满着戏剧性的命运逆转，而且常常会包含一些卑鄙的恶行。在一些情况下，这场戏当中的关键角色就开始依托一些文献来塑造自己行为的合法性。从本质上来说，这些文献都是用于宣传的材料，一些最重要的史料（包括巴约挂毯）就属于这一范畴。因此，对待这些文献，我们必须极其谨慎。

　　因为史料的这些缺点，我们常常很难甚至无法确切道出事情的真相。无疑，如果你想要写叙述史的话，这样的状况会让你举步维艰。出于这一原因，许多有关诺曼征服的书专注于讨论史料本身。它们从不同角度去检验史料，并且向读者解释，为什么不同的历史学家会对这些史料做出不同的解读。在这些书当中，有些是真正的佳作，另一些则只是把分析和观点胡乱地拼在了一起。

在后者所选取的观点中，有些是当代人的观点，有些则是后人的评述，有些是借用了其他学者的观点，有些则是作者的一己之见。这种混乱的叙述方式让读者感到困惑和疲惫，不知道要相信谁，也不知道哪些内容值得信。还有一个方法是直接把故事讲完，不去提故事背后的那些辩论和争议。这就是爱德华·奥古斯都·弗里曼（Edward Augustus Freeman）的做法。他在 19 世纪晚期撰写过一部关于诺曼征服的鸿篇巨著。在给朋友的信中，他解释说，严肃的学术讨论只会出现在他的著作的附录当中："我必须改变我的文字，让女孩子和助理牧师都能读懂。"[8]

我不希望阻拦门外汉，也不想冒犯女性读者以及低阶神职人员。我试图避免两个极端，走一条中间的道路，并创造一种合理的叙述史。我并不会在全书的最后分别讨论所有的史料，而是会随着故事的推进来介绍每条史料。我希望这不会过于影响故事的流畅性。

读者们尽可以放心，我并未遗漏有趣的部分。我之所以这样说，是因为有些人认为，历史学家都会把逸闻趣事留给自己，就像对待最好的银器一样，只会在学术研讨时拿出来分享。如果我每一次听到诸如"我想更多地了解他的妻子、孩子、私生活以及他当时的心理状态"这样的评论就能得到 1 英镑的话，那么我可能没法成为一个有钱人，但我可能已经得到了足以外出吃上一顿大餐的钱。实际上，我们都想更多地了解上述内容。但是，在大多数情况下，我们只能了解一些皮毛。穿越近千年的时光所造成的一个麻烦是，许多历史人物都是平面的。他们往往只是纸上的名字。或者说，他们不过是微弱而摇曳的火光所投下的阴影罢了。在当时的文献当中，有的国王没有留下任何可靠的记述，哪怕是一个形容词都没有。因此，任何讨论其性格的尝试都是毫无根据的。正如普瓦捷的威廉（William of Poitiers，对于我们来说，他是最重要的诺曼历史学家）所说，诗人可以用他们喜欢的形式丰富他们的知识，就像漫游在虚构文学的田野中一样。当代的历史小说家们也是如此。如果我们想要这种编造出来的细节的话，天知道他们能够编出多少来。单就这方面来说，我很赞同弗里曼教授。（在其他的方面，我都很不赞同他。）在完成了 6 卷本有关诺曼征服的历史之后，他收到了一位画家的问题，对方想知道，黑斯廷斯战役当天的天气如何。"人们问的事多奇怪！"他在给一个友人的书信中感叹道，"如果我知道的话，就会把它收录进我的书里的。他们这么问，就好像就算我知道这些事，也不会把它写进书里一样。"[9]

像弗里曼一样，我把已知的好东西都写进了书里。与此同时，我也尽可能保证公正。关于诺曼征服，还有一个普遍的假设：诺曼人是"他们"（them），而英格兰人是"我们"（us）。不言而喻，诺曼人是这一段历史当中的恶人，把封建主义和等级制度等罪恶的事物带到了英格兰。这一观念认为，诺曼征服前的英格兰是一个更为美好的地方。它更自由，更开放，拥有代表机构，妇女也享有更多的权利。因此，在很多文献当中，诺曼征服仍被认为是一个民族的悲剧。[10]

但几乎所有这些都是迷思。这一观点并没有历史证据，而是源自诺曼征服之后几个世纪里人们对诺曼征服的一些看法。就妇女的社会地位而言，直到 19 世纪和 20 世纪早期，她们的地位才有所改变。人们认为，诺曼征服之前的女性在法律上拥有更多的权利。她们对自己的土地享有权利，也可以自己确定结婚的对象。

在人们的想象中，1066 年之前的时代是一个黄金时代。那时，女人和男人可以平等地交往，但这一状况最终被可恶的诺曼人改变了。然而，这些观点最近受到了全面质疑。事实上，比起盎格鲁-撒克逊时期的那些女性，诺曼时期女性的生活质量并没有明显的下降。无论是在 1066 年之前还是之后，她们的生活都是一样艰难。[11]

当然，当时的英国人因为被诺曼人征服而愤愤不平。"他们不但在我们的土地上到处修建城堡，而且压迫不幸的人民。事态从不好变得更糟，"在 1066 年的条目下，《盎格鲁-撒克逊编年史》的编写者泣泪写道，"但愿上帝施恩，让这一切有个好结果！"但是，正如我们将要看到的那样，到了 12 世纪末，英格兰人的这些情绪几乎已经完全消失了。如果说，人们的心中萌生了这样一种观念，即诺曼征服把新的压迫形式带到了英格兰，并让人民长期受苦的话，那么，这多半是后世作家的功劳。早在 13 世纪，这类鼓吹行动就已经开始了。当时，诺曼底和英格兰再次处于不同王朝的统治之下。而在那之后，整个中世纪，英格兰人对法兰西人都心存仇恨。到了 17 世纪，人们的观念发生了进一步的扭曲。在议会和王权的斗争中，议会派试图寻找权利的黄金时代。在文献当中，他们发现在盎格鲁-撒克逊时代（Anglo-Saxon era），英格兰人能够充分地享有自己的权利。他们宣布，英格兰的专制主义是诺曼人一手制造的。尽管这一观点在当时受到了挑战，但由于议会取得了胜利，在接下来的两个世纪里，这个观点都占据着主导。弗里曼是这一观点的代表人物。像许多与他同一时代的人一样，他藐视一切法兰西和诺曼的东西，认为只有日耳曼和盎格鲁-撒克逊的东西才是纯洁的。实际上，弗里曼的《诺曼征服史》（*History of the Norman Conquest*）明显偏向英格兰人。这马上就激起了其他学者的反应。其中，最著名的一个例子莫过于约翰·霍勒斯·朗德（John Horace Round）。他发声为诺曼人辩护。[12] 在那之后，无论是支持撒克逊人还是诺曼人，学者们总是偏向其中的一方。他们甚至公开表明，如果自己出现在黑斯廷斯战场，他们更愿意为哪一方而战。[13]

有些读者可能会产生这样的印象：在不得不做出选择（虽然这不太可能）的情况下，我会站在诺曼人一边。如果我要做出这样的选择的话，那只是因为我知道他们会赢。我对威廉和他的追随者们并没有特别的偏爱。像所有的征服者一样，他们是傲慢、好战而且自恋的，也是（就此次征服而言）假仁假义的。但与此同时，我也不太喜欢英格兰人。11 世纪，他们不但酗酒成性，而且还蓄奴。除此之外，他们还常搞政治谋杀。无论这些人是谁，他们都不是"我们"。他们是我们 1000 年前的祖先。诺曼人也是一样。到这里，有人一定会说，我的口气比最激进的诺曼改革派教士还要虔诚。冒着被如此负面评价的风险，我还是要说，是时候不再站队了。

然而，毫无疑问，我仍旧认为诺曼征服是一个非常重要的事件。事实上，我认同一些历史学家的看法，继续把它当成英格兰历史上最重要的事件。[14] 近几十年米，关于诺曼人的很多传统观点都已经被推翻了。我们一度认为，某些事情因为诺曼人的到来而发生了改变。而现在，我们发现事实并非如此。那些改变是在其他时代发生的，而且是出于其他的原因。在某些情况下，这些事情根本就没有发生过改变。现在，没有人会认为诺曼征服引入了新的村庄体系，或是影响了教区系统的发展。人们普遍认为，它几乎没有对现存的政治结构、经济或艺术造成长期的影响。

但是，诺曼征服还是造成了很大的影响。即便有很多地方没有发生变化，在其他方面，我们还是能够看到翻天覆地的变化。诺曼人不仅带来了实际的东西（他们带来了新的建筑和防御工事、新的军事技术、新的精英阶层和新的语言），他们还输入了一整套新的社会和道德标准，冲击着英格兰社会的各个方面。这些方面包括战争、政治、宗教和法律。农民的地位也受到了影响。其中，许多变化都可以归在"民族认同"这一标题下。简言之，诺曼征服之所以重要，是因为它改变了身为英格兰人的一切含义。[15]

最后再强调一下，本书主要讨论的是诺曼人对英格兰的影响，并不讨论他们对整个世界所造成的影响。11世纪，诺曼人还有其他各种各样激动人心的军事冒险行动。例如，他们入侵了西西里（Sicily），后来还参与了第一次十字军东征。但是，这些冒险不是本书的一部分。我将专注于1066年的诺曼征服。也就是说，我们会讨论这个时间点之前在法兰西和诺曼底所发生的事情，但是不会过多涉及这个时间点之后所发生的事。另外，因为这本书关注的重点是英格兰，我们不会过多讨论在不列颠诸岛上的其他国家和民族。近几十年来，很多优秀的著作和文章总是提醒我们，一定要把不列颠群岛作为一个整体来考虑，而不是把它看作英格兰及其"周边的凯尔特地区"。从最终的结果来看，诺曼人确实对威尔士人和苏格兰人产生了巨大的影响。然而，事实上，对于1066年之后的第一代人来说，这一影响并不大。一些同期的凯尔特编年史家甚至没有记述诺曼征服，或者只是简单地提了一句。对他们来说，这不过是其他国家的事，不会影响到他们。此后的诸多事件很快就证明了他们的错误，但这些历史事件不在本书的讨论范围之内。[16]

　　故事肯定要有一个结局。巴约挂毯以哈罗德之死收尾。但是，这只是因为挂毯原来的结尾丢失了。多数学者认为，假设挂毯是完整的，它的时间线应该拉得更长一些，很可能会以征服者威廉于 1066 年圣诞节加冕这一事件作为结尾。我们的故事也会在威廉这里收尾，但会向后推移很长一段时间。可以看到，我们写到了 1087 年，以威廉国王的逝世作结。

　　同样地，故事必须有一个开始。挂毯上的内容稍早于诺曼人的入侵，而它所描述的事件则很可能发生在 1064 年。要想把故事讲得清楚，我们有必要再往前追溯一些。但是，我们的确再次与巴约挂毯做了同样的选择，将同一个人作为故事的开始。

1

未来的国王

一打开巴约挂毯，我们便可以看到三个正在对话的人物形象。其中两人站立，一人独坐。我们无法辨别站立者的身份，但却可看到安坐之人头戴王冠，手执权杖。其头上用拉丁文标识为"爱德华王"（Edward Rex）。今天的人们更习惯称呼他为"虔信者爱德华"（Edward the Confessor）。这一令人印象深刻的"虔信者"别名，直到爱德华死后近 100 年的 1161 年才出现。也正是那一年，教宗追封他为圣徒。教宗认为，爱德华生前就在施加神迹，而这一点令他非常满意。他认为，在虔信者死后，这些神迹仍在继续显现。[1]

然而，翻遍爱德华所处时代的历史记载，我们却很难发现他有什么尤为圣洁之处。根据现代人的研究，他或许比多数人更加虔诚。但在其他方面，他却给人一种中规中矩甚至有些平平无奇的印象。他在 60 岁出头去世，按照中世纪的标准，他应是一个长寿之人。在挂毯上，他被表现为一个留着长长白须的老者，而他的死则是挂毯上最重要的场景之一。虔信者爱德华死于 1066 年 1月 5 日。这一日期本身就足以说明，他对于我们所讲述的故事具有重要价值。但为了更加准确地理解这段历史，我们首先仍需穿越时光，追溯他青年时代的往事，了解他成为英格兰国王的前因后果。这是个了不起的故事。在他的一生当中，这件事确实堪称奇迹。

11 世纪初的英格兰既是一个古老的国度，又是一个新生的国度。说它古老，是因为我们可以将它的血脉之根追溯到遥远的往昔。从 5 世纪开始，日耳曼民族的一些部族——现在被统称为盎格鲁-撒克逊人（Anglo-Saxons）的一支队伍，就已经开始向不列颠岛移民了。这些新来的彪悍战士最终成了南部和东部英格兰的主人。他们击败并征服了不列颠岛原住民凯尔特人（Celtic peoples），把他们驱逐到了不列颠岛北部和西部的高地地区。新的王国在盎格鲁-撒克逊人的土地上纷纷崛起，它们是：肯特（Kent）、苏塞克斯（Sussex）、埃塞克斯（Essex）、东盎格利亚（East Anglia）、麦西亚（Mercia）和诺森伯里亚（Northumbria）。时至今日，人们还是能够听到这些王国的名字，因为它们正是现在的英格兰的郡与地区的名称。起初，这些王国的统治者都是异教徒。自 6 世纪末起，这些王国的国王便开始陆续皈依基督教，各国的百姓亦顺应了这一潮流。[2]

但是，自 9 世纪起，新的入侵者便结束了这一群雄逐鹿的局面。维京人（Vikings）是这一入侵行为的主角。尽管近来有人试图为其洗脱恶名，但维京人嗜血成性、追求荣誉的性格以及恐怖的活人献祭却很难不引起不列颠岛的盎格鲁-撒克逊人的恐惧。这些盎格鲁-撒克逊人亲眼看到，他们的修道院被付之一炬，他们的金银财宝被洗劫一空，而他们珍贵的照明手稿*也被破坏殆尽。青

---

* 照明手稿最初指的是用金银装饰的手稿，而在现代，人们所指的是带有插图的手稿。

年男女则被掠走为奴，任何敢于反抗之人都被无情地杀死。盎格鲁-撒克逊人的王国接连陷落了：先是诺森伯里亚，接着是东盎格利亚，到了最后，连各国中最为强大的麦西亚也在维京海盗的攻击下土崩瓦解。[3]

但威塞克斯（Wessex）经受住了考验。起初，在著名的阿尔弗雷德大王（King Alfred）及其后世儿孙的率领下，这一位于英格兰最南部的王国里的居民顽强地反抗，以保护自己。之后，他们成功地展开了反击，并击退了来犯之敌。发起反击的不仅仅是威塞克斯的国王们。从 10 世纪上半叶开始，西撒克逊的国王们纷纷化身为征服者，将其领土不断向北推进。维京人则被驱逐着不断后撤。至于原属其邻国麦西亚和东盎格利亚的人民，他们纷纷被这些撒克逊王纳入治下。954 年，维京人的首府约克（York）最终陷落了，亨伯河（Humber）以北的土地也被阿尔弗雷德的后人们纳入囊中。

在驱逐维京人的进程中，威塞克斯的国王们打造了一个强大的国家。随着他们的军队向前挺进，他们逐渐建立了一系列设防严密的城镇，巩固其征服的战果。这些城镇被称为"堡镇"（burh，或称 borough，即筑堡城镇）。在这些城镇的周围，新的行政区（或者郡）得以建立。昔日曾分属几个王国的地区，如今确立了单一的统治权威。自此之后，各盎格鲁-撒克逊民族皆向同一国王宣誓，并在社会生活中遵守同一法律。他们会通用同一银币，而且崇拜唯一的基督教之神。

但是在征服之后，威塞克斯的国王们表现得小心翼翼，免得落下征服者之名。阿尔弗雷德大王不想疏远自己的新的盎格鲁属民。他教诲他们，要忘记以往彼此之间的差异。他提醒他们，正是同一个基督教文化将他们联合在了一起，一同对抗异教徒部族。外交方面，阿尔弗雷德大王在证书中称自己为盎格鲁-撒克逊人的王（rex Angul-saxonum），而非撒克逊人的王（rex Saxonum）。他的人民则被统称为"盎格鲁民族"（angelcynn）。为了进一步促进统一，阿尔弗雷德大王也强调了盎格鲁-撒克逊人的共同历史。他命人编撰了一部编年史，而在后来的日子里，这一编年史就在王国主要的修道院之间传阅。值得注意的是，和欧洲其他开化地区的做法不同，这部《盎格鲁-撒克逊编年史》（后世人给它的名字）并非是用拉丁语写成的，而是使用了这里人们所用的日常语言。10世纪末，这一语言的名字也演变为这个新生国家的名字——盎格兰（Engla lond），意为"盎格鲁人之地"。[4]

虔信者爱德华最终将要继承的，正是这一古老而又年轻的国家。从王位继承关系来看，爱德华继承王位的资质无可挑剔。他生于1002至1005年间，是正统的王室成员，也是阿尔弗雷德大王的直系后裔。但从统计学上讲，爱德华继承王位的机会微乎其微，因为他是他的父亲再婚所生的儿子。也就是说，他还有六个同父异母的哥哥，个个都比他有机会继承王位。然而，在爱德华出生之时，把赌注压在任何一个特定的候选人身上的决定都会显得草率。此时，世界再次陷入了大混乱之中。大约10年前，或者更早的时候，维京人已经卷土重来。

他们最初只是如过去那样小股出现，探探风头，在打劫了一番之后，便带上劫掠的战利品打道回府。但在991年，一大批维京人在埃塞克斯的莫尔登（Maldon）登陆，轻而易举地击败了前来迎敌的、过于骄傲的英格兰士兵。从那时起，维京人便几乎每年都要前来放火劫掠。到爱德华出生时，维京人的暴力几乎已经成为常态。《盎格鲁-撒克逊编年史》的编写者在其 1006 年的记录中写道，"像他们一贯所做的那样"，维京人"继续施暴。他们袭扰当地的居民，焚烧他们的房屋，并把他们杀掉"。威塞克斯的古都温切斯特（Winchester）的居民"总能看到傲慢而狂妄的维京人穿过其自家院门，直奔海岸方向而去，身上还带着从 50 多英里（1 英里约合 1.6 千米）外的内陆所抢来的财物"。[5]

既然 10 世纪时的英格兰王国还十分强大，足以驱逐维京人，那么，为什么到了 11 世纪的时候，他们已无力退敌了呢？部分原因在于，第二批到来的维京人人数更多，武器装备更加精良，军队组织也更加严整有序。要窥探他们的实力，可以看看围绕其故乡特瑞堡（Trelleborg）及其他地区所建立的巨大环形堡垒。与此同时，维京人的成功还得益于英格兰统治者们的失败。这一失败源自统治阶层的最高层，始于爱德华的父亲埃塞列德（Æthelred）。

就像爱德华有着"虔信者"这一著名绰号一样，他的父亲埃塞列德以"仓促王"（the Unready）之名为人们所铭记。就现实情况而言，仓促王应当是一个相当恰当的称号，因为埃塞列德没能准备好应对维京人的袭击。而且，从总体上而言，在处理其他相关事务的时候，他也慌慌张张的。然而，仓促王这一绰号其实是现代人对其词义误读的结果。他的绰号源自古英语 "unraed" 一词，意为"被糟糕建议蒙蔽的"（ill-counseled）或"昏庸者"（ill-advised）。（这与国王的教名有关，因为他教名的意思就是"高贵的建议"［noble counsel］。）[6]

埃塞列德为人蒙蔽的事实毋庸置疑。在 993 年的一份证书中，他自己也承认了这一点。他将自己年轻时所犯下的错误全部归咎于引他误入歧途的人的贪婪。从此刻起，他开始更多地依靠那些不愿惹是生非的神职人员。但是，这些教士却将维京人的进攻视作神的惩罚，而且据此认为，解决问题的办法在于精神上的改革。他们提出的办法包括多做祈祷和多向教会捐赠。与此同时，他们也认为，为了说服他们离开，要向入侵者缴纳重金。这样一个政策自然只会刺激维京人的欲望，使得他们不断去索取。最终，埃塞列德不得不转而采取对抗的政策。（当时，他的儿子爱德华还是个小男孩。）根据《盎格鲁-撒克逊编年史》的记载，1008 年，"国王下令，全国都要快速地建造船舶"。但就在这一政策转变的时期，埃塞列德却信错了人。他相信了卑鄙的埃德里克（Eadric）。这个人的绰号为"掠夺者"（Streona），是所有议政大臣中最无耻的人。他之所以在朝中位高权重，是因为他使用了各种手段，包括褫夺政治对手的家产、砍掉他们的手足以及取了他们的性命。错信埃德里克的结果是，英格兰贵族因为长期争斗和争权夺势而分裂成了众多不同的派系。这一分裂的后果也是灾难性的。在新舰队成立之际，两派之间的争斗终于爆发，20 艘舰船被抛弃不用，而这些船只又反过来袭击其他的船，并把它们全部摧毁了。

维京人的袭击仍在继续。1009 至 1010 年，英格兰的大部分地区备受蹂躏。1011 年，入侵者攻陷了坎特伯雷，并掳走了此地的大主教。由于大主教不愿让他人为其赎身，就在第二年的时候，醉醺醺的维京人不断向大主教投掷牛骨和牛头，最终杀死了他。"灾难之所以会降临到我们身上，都是因为（国王）听取了糟糕的建议（unraedas），"《盎格鲁-撒克逊编年史》写道，"他们从来没有及时向维京人纳贡，又从未抵抗过他们。等到这些人对我们摧残至深之时，国王才想到与对方议和，提出休战。尽管如此，维京人仍然结成小股部队，四处骚扰我们可怜的百姓，抢夺他们的东西并杀死他们。"

1013 年，这一闹剧终于尘埃落定了。就在这一年，维京人在丹麦国王斯韦恩（Swein）的率领下侵袭英格兰。绰号"八字胡王"（Forkbeard）的斯韦恩在过去也曾对英格兰发动过几次突袭，但这一次，他的目标有所不同——他志在彻底征服英格兰。在林肯郡（Lincolnshire）登陆以后，他迅速占领了英格兰北部，随即挥师挺进米德兰（Midlands），最终拿下了威塞克斯。在其王国即将崩塌之际，埃塞列德只得藏身伦敦。好在他仍足够镇定，将他的两个最年幼的儿子爱德华和他的弟弟阿尔弗雷德遣送出国。国王在怀特岛（Isle of Wight）度过了圣诞节。此时，他的状况必然十分凄惨。就在将儿子们送出国的几周以后，国王自己也追随儿子们逃往海外。自此，英格兰被维京人所征服，古老的英格兰王室家族也开始了他们在诺曼底的流亡生涯。

乍一看，选择诺曼底这个地方来躲避维京人似乎是非常奇怪的，因为这里最初就是维京人的殖民地。10 世纪初，因惧怕威塞克斯诸王，一群北方人（Norseman）放弃了进攻英格兰的机会，横渡海峡来到法兰西，并在鲁昂（Rouen）附近大肆劫掠与抢夺。正如他们屡次侵扰英格兰的上一代维京人先祖一样，这些入侵者决定久留于此。而且，与他们在英格兰的亲戚们不同，这些维京人的策略最终取得了成功。尽管法兰西的国王、公爵和伯爵们绞尽脑汁，他们还是无法将这些来自斯堪的纳维亚（Scandinavia）半岛的新邻居驱逐出去。到了 10 世纪末，居住在鲁昂的这些维京人统治者已经控制了一片相当大的领土，其面积相当于纽斯特里亚（Neustria，这片区域位于法兰西，现在已经不复存在）。那时，这片土地也已经有了一个新名字。这个名字便是"诺曼尼亚"（Normannia），意为"北方人的土地"。[7]

但对于埃塞列德和他的儿子们来说，这并不是"逃出狼窝，又入虎口"的境地。这是因为，自这些北方人到来开始算起，在这100年间，这群居住在诺曼底的北方人已经改变了很多。他们的名字就是明证。这些维京人的第一任领袖有着一个典型的维京人名字罗洛（Rollo），也叫奥尔弗（Hrolfr）。与之相对的是，他的儿子和孙子却分别取了两个法兰西名字，一个叫威廉（William），另一个则叫理查（Richard）。他们也（正如新名字所暗示的那样）从异教皈依了基督教。诺曼底统治者的追随者们也纷纷效仿。这些人摆脱了昔日维京人的做派，转而接受欧洲大陆的生活方式。他们学会了讲法语，并且越来越多地使用这一语言（而非其原来的挪威方言）。他们的领袖开始给自己冠上法兰西式的头衔，并以此为时髦。一开始，他们自称为"伯爵"（count）。而到了后来，他们的自我感觉变得更为良好。此时，他们便开始自称"公爵"（duke）。最终，他们止戈息战，不再向外扩张，并开始与周边地区协商议和。例如，威廉伯爵和理查伯爵都娶了法兰西的公主。

近代史学家一直未能解释清楚，诺曼底到底在何种程度上与维京人所在的北欧脱离了联系。对于埃塞列德来说，这一问题同样事关重大。[8]就在埃塞列德统治的初期，维京人重返英格兰。此时，他们很自然地把鲁昂当作了自己的中转港口。这里方便冬季泊船维修，而自英格兰掠夺的金银和奴隶亦可在此出售，无须运回斯堪的纳维亚半岛。可以理解，埃塞列德一直渴望劝说诺曼人放弃类似的交易。他在武力（其曾发动对诺曼底的攻击，但未能成功）和外交（在 991 年签署了条约）两方面都做过尝试，但这些措施都没能取得成效。从一个较长的时间段来看，维京船队的数量没有减少。它们还是满载着从英格兰抢夺的货物，停泊在鲁昂港。然而，他的外交努力仍然产生了一个具有深远影响的结果：1002 年春天，埃塞列德与新任诺曼底公爵理查二世（Richard II）的妹妹埃玛（Emma）结婚了。

当然，1000 年后的我们很难跨越时间的维度来揣度人性，更别说猜测当时的人际关系了，但我们可以很公平地说，尽管有教宗使节的祝福，埃塞列德和埃玛并不算是天造地设的一对。不管怎么样，这对夫妇的感情仍然好到足以让他们生下 3 个孩子。他们是：未来的虔信者爱德华、他的弟弟阿尔弗雷德和妹妹戈达吉富（Godgifu）。但由于埃塞列德已在前一段婚姻中育有六子，孕育更多的男性继承人根本不是他迎娶埃玛的首要原因。与埃玛的结合是一场政治联姻，意在阻止维京人在诺曼底落脚。显然，这一目标并未达成。当维京人决定在 1013 年征服英格兰时，埃塞列德迎娶大陆新娘的举动才得到了回报。那就是：为他提供了一个位于海峡对岸的、方便的避难所。我们并不知道，埃玛在这件事上发挥了多大的作用。根据《盎格鲁-撒克逊编年史》的记载，埃玛很可能是独自前往诺曼底的，并没有与她的孩子和丈夫同行。

从结果来看，埃塞列德在外流亡的时间极其之短。就在他抵达诺曼底的几周内，取代了他的斯韦恩王突然驾崩。因此，到底由谁来继承其王位，就成了一个悬而未决的问题。在林肯郡驻扎的维京军队立即宣布，他们支持斯韦恩十几岁的儿子继位。英格兰本土贵族则决定再给埃塞列德一次机会，并派出使节邀他回国。

然而，后者的邀请并不是无条件的。据《盎格鲁-撒克逊编年史》
所述，他们宣布（其中一条道出了他们对埃塞列德昔日统治最严
厉的指控）："再没有哪位君主能够像他们合法的君主一样受到他
们那么多的爱戴了。如果比起过去来说，他能更公正地治理这个
国家，那就再好不过了。"

此时的埃塞列德没有任何谈判资本，自然全盘接受了所有的
条款。他承诺，如果子民接受他回来，"他将成为他们仁慈的君王，
将会纠正他们所深恶痛绝的每个错误，并宽恕他们犯下的所有罪
行"。为了表示他的真诚，埃塞列德之子——年轻的虔信者爱德
华——陪同传达国王承诺的使者一同返回英格兰。《盎格鲁-撒克
逊编年史》对此记载道："一份完整的友好协议就此达成，双方
都言之凿凿，许下了誓言。"《盎格鲁-撒克逊编年史》同时补充
道，不久以后，埃塞列德本人穿过英吉利海峡归国，受到了英格
兰子民的热烈欢迎。就在这一片团结一致的氛围中，国王也取得
了他有生以来最辉煌的一次军事胜利。他带兵攻入林肯郡，成功
驱逐了此处的丹麦人。[9]

然而，丹麦人刚一离开，英格兰内部的合作氛围就立刻荡
然无存。埃塞列德很快也故态复萌。仅在国王回国一年后，新的
一轮杀戮再次在朝廷上演。如以往一样，这次杀戮正是由忠于他
的掠夺者埃德里克所精心策划的。然而，国王试图削弱其政敌的
努力只不过加剧了分裂：他在第一次婚姻中所生下的长子埃德蒙
（Edmund）成了反对派的领袖。1015 年 9 月，英格兰再度陷入完
全的混乱之中。埃塞列德患病，而埃德蒙这一公认的王储则掀起
了叛乱。也正是在这一时刻，在新王克努特（Cnut）的带领下，
维京人卷土重来。

今天的人们或许只会记得这一则克努特的逸事。这个故事最初出现在 12 世纪。在这个故事里，克努特坐在岸边，趾高气扬地命令海浪，让它不要打湿他。不幸的是，这个故事使人们觉得克努特是一个可笑的人物，而这一点远非事实。"你满怀着愤怒，克努特，你召集了手持红盾的勇士在海上待命。"一位当时的挪威诗人这样歌咏道。他在诗中描绘了克努特于 1015 年入侵英格兰的情景："王子啊，随着你一路进军，沿途住宅和房屋全被烧毁了，而你还只是个年轻人。"此前一年，当克努特被迫逃离英国回到斯堪的纳维亚时，他已经表现出了他对于英格兰人不忠的失望。途中，他在桑威奇（Sandwich）停留。他在此处卸下了他父亲所扣押的人质，并下令砍去他们的双手，割掉他们的耳朵和鼻子。[10]

当克努特于 1015 年重返英格兰时，那场血腥的英格兰王位之争还没有结束。它持续了很长的时间，直到翌年 4 月，英格兰还因为内部的敌对状态而处于瘫痪状态。埃塞列德之死最终为埃德蒙继位之路扫清了障碍。在此后的 6 个月里，新王一直在英勇地抵御敌人的进攻。（这样看来，后世称其为"刚勇者埃德蒙"〔Edmund Ironside〕并不是毫无根据的。）战争接连爆发，而丹麦人大多是这些战役中的输家。然而，到了战斗的最后，英格兰人抵抗丹麦人的大业再度因为背叛而受到了威胁。实际上，掠夺者埃德里克从一开始便抓住时机，投靠了克努特。1016 年，战争大势似乎要发生逆转。因此，他重新回到了埃德蒙一方。然而，1016 年 10 月，就在两军于埃塞克斯激战正酣之时，埃德里克却再次叛逃到了维京人那边。这一背叛为维京人带来了决定性的胜利。同年 11 月，埃德蒙驾崩，死因可能是战斗所遗留下来的伤。他的死使得所有休战谈判就此停止，英格兰人夺取胜利的希望也荡然无存。王冠易主，克努特称王。自此，英格兰历史上又多了一位来自丹麦的国王。

在这一系列充满戏剧性的事件之中，年轻的虔信者爱德华并没有找到崭露头角的机会。从他在父亲埃塞列德回归英格兰的谈判中所扮演的角色来看，可以猜想，他在这些年间一直逗留在英格兰。可以确定的是，后来的斯堪的纳维亚传说中有关他的故事并不可信。在传说中，他与同父异母的兄弟埃德蒙并肩作战，在某一次战斗中，他几乎把克努特劈成两半。（此时，爱德华仍不足 13 岁。）[11] 随着克努特的胜利，爱德华及家族中的其他成员不得不再次逃亡国外。1014 年的肢解人质事件无疑已经证明，新国王克努特不可能大发慈悲。不过，爱德华是幸运的。他设法在 1016 年圣诞节前穿过英吉利海峡，并回到了诺曼底。其弟阿尔弗雷德和妹妹戈达吉富可能也与之同行。他们仓促避祸的明智之处很快显现出来。为了加强自身的统治，就在其统治的初期，克努特开始对其潜在的政敌进行清算。此前，5 个与爱德华同父异母的兄长都已经死了。而在丹麦人到来之后，唯一的幸存者埃德威格（Eadwig）也被这位来自丹麦的英格兰国王杀死。与此同时，克努特将所有可能怀有二心的英格兰贵族也一并处死了。带有一丝令人不快的满足感，《盎格鲁-撒克逊编年史》指出，掠夺者埃德里克也在被处决的名单之中。[12]

然而，在这场大屠杀中，有一位非常显眼的幸存者：爱德华的母亲埃玛。她以完全不同的方式维护了英格兰新政权的稳定。《盎格鲁-撒克逊编年史》对此解释道，克努特"下令迎娶已故国王埃塞列德的遗孀为妻"。听起来，埃玛似乎并没有什么选择的余地，实际情况也确实如此。不久之后，一位诺曼编年史家随手写道，埃玛是克努特于伦敦作战时被俘获的。然而，埃玛本人后来所叙述的却是另一个版本的故事。她暗示，在埃塞列德死后，自己已经回到了诺曼底，是克努特用承诺和礼物把她请回了不列颠。在接下来的叙述当中，我们会看到，埃玛的话要么是半真半假，要么是彻头彻尾的谎言。虽然我们完全有理由对其说法表示怀疑，但无论埃玛和克努特是如何结婚的，是否出于埃玛的自愿，埃玛还是第二次成了英格兰的王后。克努特王朝因而获得了某种连续性，但在这一过程中，埃玛也放弃了自己的孩子们，任由他们过着隔海流亡的生活。[13]

在这个时候，我们很难跟进我们的主人公虔信者爱德华的状况。这一点不难理解：当时，很少有人会对一个刚刚十几岁的小男孩产生任何兴趣。看起来，爱德华的前途也是一片黯淡。直到后来，当爱德华出人意料地成为英格兰国王后，一些诺曼著述者才似乎突然间对回顾他的青年时代产生了兴趣。例如，他们记述道，在圣旺德里耶（St Wandrille）修道院，爱德华和他的弟弟阿尔弗雷德受到了诺曼底公爵理查二世的热烈欢迎，"他把他们当作自己的儿子般慷慨地抚养。在公爵活着的时候，二人一直生活在诺曼底，并受到隆重的礼遇"。[14]

虽然这一记述本身很可能是真的，但我们也有必要指出，没有证据表明，理查采取过任何特别的举动，来维护他的英格兰外甥们的利益。（例如，二人显然没有得到任何封地。）一些历史学家认为，这一定是故意的。他们认为，在他的妹妹埃玛与克努特再婚一事当中，公爵一定扮演了重要的角色，而这一联姻也代表着英格兰与诺曼底之间新的结盟关系。要维系这一结盟关系，公爵显然不能给流亡者提供物质援助，也不能协助其再次争夺英格兰王位。[15]

　　然而，即便事实真的如此，在理查死后，诺曼底的统治者也没有必要再遵守这些条件。1026 年，老理查公爵结束了其长达 30 年的统治，与他同名的长子继位。但理查三世（Richard III）的统治也只持续了一小段时间。仅一年之后，新公爵也去世了，死因是中毒。有传言称，下毒者是他素怀二心的弟弟罗贝尔（Robert）。历史已远，这一指控到底是不是真的已不太可能说清，但罗贝尔必然非常憎恨他权倾朝野的兄长。而且，在理查三世死后，罗贝尔便迅速接任公爵之位，成为诺曼底下一任的统治者。[16]

　　很明显，罗贝尔并未继续执行其父的中立政策。就英格兰流亡者的问题，他显然有所作为。据当时最为重要的诺曼编年史家瑞米耶日的威廉（William of Jumièges）所说，爱德华和阿尔弗雷德"从公爵处得到了更多礼遇。公爵以深切的关爱加强双方联系，并与他们以兄弟相称"。一位史学家指出，这一表述意味着这 3 个年轻人已经相互盟誓，成为事实上的血亲。这一观点似乎是对事实的过度引申。罗贝尔、爱德华和阿尔弗雷德生来便是表兄弟。他们出生的时间相差无几，而且都在公爵的宫廷中被培养成人。如果罗贝尔觉得有必要支持这两个表弟的话，那是完全可以理解的。[17]

　　根据瑞米耶日的威廉的记述，事实正是如此。他告诉我们，罗贝尔公爵派了特使，责令克努特恢复爱德华与阿尔弗雷德的合法地位。不出所料，克努特断然拒绝，并打发他们空手而回。这使得罗贝尔下定决心，要代表他的表弟们发起一次军事行动。他下令，要"在整个诺曼底海域内"筹建一支庞大的海军部队。一时间，战船也在海岸边整装待发。

长期以来，这段记载一直被史学家视为无稽之谈。抛开其他事情不谈，这一故事听起来也与 1066 年间发生的诸多事件极其相似。这不免令人怀疑它的真实性。关于瑞米耶日的威廉的记述，有一个事实最令人感到沮丧：虽然他在 11 世纪 50 年代就已经开始撰写历史著作了，但据我们所知，在诺曼征服后，他又对自己的记述做过修订。因此，我们无法弄清哪部分记述是原始文稿，哪些是后来才做出的改动。然而，尽管如此，这位编年史家的记述却从枯燥无味的行政档案中得到了很多支持。瑞米耶日提到，诺曼舰队曾在沿海城市费康（Fécamp）集结。罗贝尔公爵于 1033 年发布的一份证书也表明，那一年的复活节，他确实就在费康，爱德华和阿尔弗雷德也陪伴在左右。这也就意味着，同许多人一样，这两个人也看到了舰队集结的过程。如果说这一文件告诉了我们这次远征的日期的话，那么，另外两份大约于同一时期发布的证书则表明，爱德华对于追回他与生俱来的继承权一事充满了期待，因为在这两份文件中，他都自称"国王"。其中的一份证书尤为有趣：爱德华亲自为圣米歇尔山（Mont St Michel）修道院的僧侣颁发了一份证书，而这一地点也出现在瑞米耶日的威廉的记载中。[18]

瑞米耶日的威廉继续为我们讲述这段历史。他说，船只"在费康被精心装配，船锚、兵器和精兵一应俱全"。但他接着告诉我们，准备工作很快被取消了，"按既定计划下水之后，由于一股强风，船队遭遇了重重危险。船员们费尽了全力，才使得船队在那之后到达了名为泽西（Jersey）的小岛上"。在记述这件事的时候，一位编年史家说道，因为一直刮逆风，公爵当时非常绝望，痛苦和挫败占据了他的内心。最后，当他意识到横渡海峡绝无可能时，他便命令舰队掉转方向，以尽快在圣米歇尔山登陆。[19]

瑞米耶日的这段记载写于爱德华继位后。因此，他得以用神启来解释这场灾难。他表示，上帝显然对这位未来国王的人生早有安排，不希望他在取得王位的过程当中流血。但在当时，经历了这一变故的爱德华本人不可能如此处乱不惊。我们可以合理地推断，爱德华将圣米歇尔山的土地赠予修道院，是想要向上帝致以诚挚的感谢，感谢其帮助他从风暴中安全脱险。但与此同时，这场风暴也几乎毁掉了他加冕英王的宝贵机会。在这个时候，罗贝尔公爵认为，假设重新部署这支为进攻英格兰而组建起来的舰队，将其派到距离诺曼底更近的地方，其效果将会更加明显。出于这一原因，他开始用这支舰队进攻邻近的布列塔尼（Brittany）。[20]

此外，人们很快便发现，在短时间内，再次远征英格兰几乎毫无可能。1034 年圣诞节，罗贝尔下令召集诺曼底所有要人，并突然宣布他要前往耶路撒冷朝圣。这一决定令众人瞠目结舌。（有人说，因为哥哥的死，他良心不安，这才做出这一举动。）从短期来看，这一决定意味着，公爵要将所有身家用来资助这一昂贵的冒险；而从长远来看，这一决定也意味着，诺曼底有可能再次失去它的统治者。在中世纪的时候，诺曼底到中东之间的往返旅程是十分危险的，公爵将面临各种各样的意外。事实恰是如此。翌年初，罗贝尔出发。他成功到达了耶路撒冷。据说，他在基督墓前哭了整整一个星期，并献上了许多昂贵的礼物。然而，在回程中，他却病倒了。1035 年 7 月 2 日，公爵死于尼西亚（Nicaea）城，并被随从葬于此处。

直到这一年秋季，这一不幸的消息才传回诺曼底。罗贝尔身后只留下一个儿子，即 7 岁的私生子威廉。[21] 这时，虔信者爱德华一定已经放弃了所有的希望。

但是，几周以后，又有新消息传来。这一次，消息来自英格兰。克努特已死，英格兰的王位再次空悬。

也许上帝终究还是眷顾爱德华的。

2

丹麦人袭来

克努特绝不可能是因为年老而去世的。与他同时代的编年史家认为，1016年，征服了英格兰的克努特还是个年轻人。当代史学家们据此推算，他应当生于10世纪90年代。因此，当这位国王于1035年秋去世时，他大概也只有40岁（根据一份13世纪的斯堪的纳维亚史料，当时的他已经37岁了）。按瑞米耶日的威廉所述，他在去世之前已经重病了很久。1035年，克努特王给位于多塞特（Dorset）的舍伯恩（Sherborne）修道院僧侣签发了一份证书，而这份文件也能够部分证明瑞米耶日的说法。在这份证书当中，他要求僧侣们每天祈祷，帮助他死后进入天国。11月12日，国王死于距舍伯恩仅有15英里的沙夫茨伯里（Shaftesbury）。[1]

克努特不但有维京人的血统，而且他征战多年，双手早已沾满鲜血。这样一来，我们不禁会感到有些奇怪：他为何会担心自己死后无法进入天堂，而不是担心自己无法进入瓦尔哈拉殿堂（Valhalla）*？但事实上，早在两代人之前，丹麦王室就已经转变了他们的宗教信仰。克努特在他很小的时候就接受了洗礼（其教名为兰伯特 [Lambert]）。前文所述的那个关于国王与海浪的故事，

---

* 瓦尔哈拉殿堂是北欧神话中的死亡之神款待阵亡将士的英灵的殿堂。

最初并不是为了说明克努特是如何地愚蠢，而是为了证明他是一个虔诚的基督徒。在无法阻止潮水上涨后，浑身湿漉漉的克努特显然稍觉扫兴。"去让世人知道吧！"他说道，"王权虚无且毫无价值。除去上帝以外，没有哪个君主是名副其实的。只有上帝能按照自己的意愿，让天空、大地和海洋遵守永恒的法则。"[2]

事实上，克努特正是因其表达虔诚的夸张方式而声名远播。在以维京人一贯的方式征服了英格兰并清除了他的对手后，克努特王开始试图使其臣民信服，他的统治具有合法性。这就意味着，当务之急是要证明一切都是上帝的安排。例如，1027 年，克努特亲自前往罗马朝圣。他也试图平复在占领的过程中对当地人造成的伤痛：他重新安葬了惨遭杀害的坎特伯雷大主教埃尔夫赫亚克（Ælfheah），把他的尸骨从伦敦的圣保罗大教堂（St Paul's Cathedral）迁到坎特伯雷的一个新的圣地里；在他的对手刚勇者埃德蒙被击败的战场遗址上，他建立了一座教堂；他还前往位于格拉斯顿伯里（Glastonbury）的埃德蒙坟墓祭扫，献上绣着孔雀图的斗篷，并表达他对这位国王的追忆。克努特频频用昂贵物品作为封赏，这也帮助他在海内外取得了好名声。对于从国王那里获赠精美书籍一事，沙特尔主教（bishop of Chartres）在信中写道："我们一看到您寄来的礼物，便因您的智识与信仰而感到惊讶……我们曾听说，您是一位信仰异教的王子，可是到了现在，我们才知道您不仅是一个基督徒，更是一个愿为上帝的仆人们慷慨捐赠的人。"[3]

因此，当克努特死后，他最终被安葬在温切斯特的老教堂（Old Minster），得以与圣斯威森（St Swithin）、英格兰及威塞克斯诸先王的遗骸为邻。正如《盎格鲁-撒克逊编年史》所言，克努特统治了近20年之久。其统治之所以堪称成功，在很大程度上，是他努力遵循和维护英格兰传统的结果。现在看起来，就是一些算在克努特名下的新事物，也根本算不得创新。例如，有人认为，是他率先推行了独立的常备军制度。他从斯堪的纳维亚新引入了一批勇士，并以此为基础创建了"御卫"（housecarl）。但若经详查，我们就会发现，这些人与其英格兰前辈所保有的亲兵并无不同。克努特招募了一批领取报酬的丹麦人船员，并拥有一支常备的舰队。因此，从某种意义上来说，克努特的确拥有一支常备军。然而，这也只是照搬仓促王埃塞列德的做法而已。早在1012年，埃塞列德就已经组建了一支海上常备军。他还设立新税，以平衡开销。这两位国王的做法唯一的区别在于，埃塞列德所建立的舰队的规模更加庞大。[4]

无论如何，克努特都决意把自己塑造成一个传统意义上的英格兰君主。事实上，他的统治已经深刻改变了英格兰社会。更确切地说，如果向前追溯的话，早在他征服英格兰的动荡时期，英格兰社会就已经改天换地。

11世纪的英格兰社会阶层众多。据我们所知，11世纪末的英格兰已经约有200万人口，而且鉴于人口数目在不断上升的事实，这个世纪初的英格兰人口数一定比这个数字要少。[5]从根本上讲，我们可以将英格兰人口划分为自由民和非自由民两类。

许多关于盎格鲁-撒克逊人的著作都没有深入探讨这一问题。尽管如此，在此时的英格兰，奴隶在其总人口中占比超过了10%。[6]在中世纪早期的欧洲，奴隶制是相当普遍的。奴隶贩卖和出口是当时经济的主要动力之一。自9世纪起，维京人就已经成了从事奴隶贸易的主力军。他们发动战争，很大程度上是为了抓捕年轻男性和女性，并将其作为商品加以销售。这些人主要被卖到斯堪的纳维亚半岛本土，也常被卖给中东地区的阿拉伯商人。英格兰是维京人主要的狩猎场之一。从德文（Devon）、威尔士或诺森伯里亚沿海地区绑架的人口，最终很可能被贩卖到沙漠地区，在炎炎烈日下为哈里发（caliph）建造宫殿，其中的女性也有可能会成为苏丹哈来姆（harem）*中的成员。[7]

从当时的记载判断，在英格兰，奴隶也被当作苦役和性工具。男性奴隶一般被用作农奴。10世纪末，在一段非常著名的描述当中，恩舍姆（Eynsham）修道院院长阿尔弗里克（Ælfric）大致描述了农奴们的生活状况。在他的笔下，一位没有人身自由的庄稼汉张口说道：

> 我要在黎明时出发，赶着牛下地干活。不管冬天的天气怎样严酷，我都得先给它们套上犁。我怕我的主人，从不敢躲在家偷懒。但在给耕牛上好轭、固定好犁铧和犁刀之后，我得干上一整天，必须耕出至少1英亩（1英亩约合4047平方米）的田……我必须把牛槽填满干草、饮牛、拉牛出去排粪。天啊，天啊，这活好累。是的，非常累，就因为我不是一个自由民。[8]

这个庄稼汉当然有理由惧怕他的主人。奴隶们都被视作牲口，而且还会遭到与牲口同等的惩罚，或者被打上烙印，或者被阉割。

---

* 指的是伊斯兰社会中的女眷住所，也可代指女眷本身。

如果是男性，他们可能会被打死；如果是女性，则可能会被烧死。[9]女奴的用处不尽相同。无疑，许多女奴会成为女佣或挤奶工，但一些资料显示，购买女奴也是为了满足性需求。11世纪初，就在克努特征服英格兰前不久，伍斯特主教伍尔夫斯坦（bishop Wulfstan of Worcester）曾发表了一篇著名的布道词，痛斥英格兰人所犯下的多种罪恶。他指出，某些英格兰人：

> 合伙出钱买女人，轮流与其发生关系，犯下流罪过。他们就像狗那样不惧怕肮脏。之后他们便再出价，将这一上帝的造物卖到异国他乡，使其落入陌生人之手。[10]

在奴隶之上的，是剩下约90%的自由民。这类人中的绝大多数可以被归类为最下层的"刻尔"（ceorl，也称churl）。在这里，我们也可以将其直接翻译为农民。在大多数情况下，他们以种地为生，而且大多拥有自己的土地。在英格兰的某些地区，这些人更加不自由，因为当地的领主已经开始将他们视作佃农。这意味着，他们必须为领主服劳役。但刻尔与农奴不同，他们并不是某个人的财产。

在刻尔之上的阶层为贵族。这一阶层大约有四五千人。换句话说，贵族仅占总人口的0.25%。贵族与下层人的主要区别在于，他们拥有更多的土地。在一份写于1000至1025年间关于社会阶层的小册子中，可以看到，刻尔有可能发达，进而成为塞恩（thegn，也称thane）*。但是，要达成这一目的，他必须拥有一座与其身份匹

---

* 中世纪早期盎格鲁-撒克逊人贵族阶层，即大乡绅。

配的、配备有门房和钟楼的宏伟宅邸以及至少 5 海德（hide）*的土地。这一点非常重要。可以看到，仅仅穿着一身华丽的盔甲到处招摇撞骗不足以让他们获得新的身份。"即使他发达了，拥有了一顶头盔、一件锁子甲和一柄贴金宝剑，"小册子继续写道，"如果没有土地，他就仍然是一个刻尔。"

要想成为一名贵族，人们也有必要和国王产生某种联系。对于绝大多数的塞恩来说，这只不过意味着，他们能够在王室政府中担任一些微不足道的小职位，例如管理地方法庭，或协助收取国税。但少数幸运儿可能会被选中，亲自为国王服务。正如上文的小册子所提到的那样，他们可能会担任国王的亲卫或执行特殊任务。一份 12 世纪的资料显示，要进入迷人的"国王的塞恩"这一圈子，至少需要 40 海德土地。按照这一标准，在当时的英格兰，只有约 90 个人具备这种资格。[11]

最后，站在贵族社会顶端的是郡长（ealdorman）。这些人以国王之名管理整个地区，如东盎格利亚或诺森伯里亚。作为国王在该地区的直接代表，他们每年会在郡法庭主持 2 次审判，并做出决定生死的判决；而在战时，他们则负责统率王军。在 10 世纪的扩张进程中，威塞克斯国王逐渐赋予他们权力。因此，大多数郡长也是古代王族的后裔，因血缘和姻亲关系而联系在了一起。

在克努特征服英格兰之前的几十年内，随着丹麦人的不断入侵，英格兰"奴隶—刻尔—塞恩—郡长"的社会结构已然被严重动摇。自然，作为一个整体而言，这些人在维京人入侵过程中饱

---

* 中世纪英格兰的土地度量单位，其面积不确定，各地区之间略有差异。一说 1 海德约合 0.5 平方千米。

受苦难。"全体人民深受苦难，敌人烧杀抢掠，各地饥荒频发，"伍尔夫斯坦主教在 1014 年的布道词中哀叹道，"一些奴隶已经逃走，他们放弃了基督教信仰，转而投靠维京人。"（现代读者们不禁要发问，他们应受谴责吗？）一些塞恩曾自诩勇敢刚毅，如今则被迫眼睁睁地看着维京人轮奸自己的妻女。而且，在这个过程中，维京人从来没有放弃他们掠夺人口并将其贩往海外的生意。"往往两三个水手就能把成群的基督信徒从一片海洋运送到另一片海洋。人群蜷缩拥挤，这是我们所有人的耻辱……我们向他们不断纳贡，而他们则每天都在打劫我们。他们烧杀抢夺，把我们的财物一箱箱搬到他们船上去。"[12]

虽然每个人都为维京人入侵所苦，但再没有哪一个阶层会像英格兰上层一样承受如此大的打击。让我们首先以那些郡长的命运为例加以说明。年老的布特诺斯（Birhtnoth）是第一个倒下的。他在 991 年莫尔登之战后死去。他的 4 个郡长同侪也都死于 1016 年对抗克努特的战斗中。此后数年间，其余郡长也几乎都在新国王克努特恶名昭著的大清洗下被屠戮殆尽。而后，许多身份较为显赫的贵族也落得类似下场。《盎格鲁-撒克逊编年史》曾多次提及大批贵族遭到屠杀之事。这一点可以从以下事实中找到佐证：见证了克努特颁布证书的塞恩与见证了其前任国王作为的塞恩并不是同一批人。换句话说，在 25 年间，英格兰贵族中的高层几乎全被杀戮殆尽。[13]

为填补英格兰千疮百孔的贵族体系中的空白，克努特选用了一些斯堪的纳维亚人。这件事并不令人感到惊讶。在征服英格兰之后不久，克努特的军队便返回故乡。这些士兵对自己所获得的封赏非常满意（而且，在某些情况下，他们甚至会在北欧家乡树立起如尼石［runestone］，以此庆祝胜利），而这些封赏显然都是新王在其登基之初强征暴敛而来。[14] 但是在最高层，克努特任用了一批北欧地方官员，取代了业已式微的郡长。在克努特众多杰出的支持者中，高个子托鲁克尔（Thorkell the Tall）接管了东盎格利亚，克努特的妹夫（姐夫）埃里克（Erik）则受封诺森伯里亚。在英格兰其他地方，国王的下属和亲戚也纷纷取得了一些较小地方的控制权，如米德兰的 3 个郡就分别归哈坎（Hakon）、赫然尼（Hrani）和伊里夫（Eilifr）管辖。在他们自己的北方语言中，这一层级的人会被称为"雅尔"（jarl）。后来，这一新词迅速在其统治区流传开来。前不久还由郡长管理的英格兰，自此开始由伯爵（earl）管辖。[15]

　　就总体的政策而言，克努特会选择提拔任用其自身的北欧亲友。然而，在其统治时期，有一个例外令人瞩目。自其统治之初，出身不详的英格兰人戈德温（Godwine）就一直是国王最为重要的议政大臣之一。此人很可能是苏塞克斯一个叫伍尔夫诺思（Wulfnoth）的贵族的儿子。伍尔夫诺思本人是埃塞列德政权的反对者，而他也曾控制过部分的王家船队，并威胁着英格兰南部沿海地区。看到这里，我们不禁要问：戈德温父辈的某些海盗行径与其后来在克努特手下发达有些许关联吗？然而，关于这一点，我们只能从一本晚于戈德温半个世纪写成的、对他不吝溢美之词的小册子中去寻找一些答案。他"被国王本人誉为最谨慎的谋士和最勇猛的战士"。在他的哥哥哈拉尔死后，刚刚登上丹麦王位的克努特就特意将他的这位新宠带到了丹麦。在这里，这位英格兰人充分证明了他的智勇双全，而这些特质对国王来说是不可或缺的。作为奖赏，国王不断提升他的地位：早在 1018 年，他就已经跻身伯爵行列。在那不久后，他迎娶了克努特的妹夫／姐夫的妹妹／姐姐吉莎（Gytha），从而获得王族的身份。[16]

正因国王如此倚重，即便是在新的丹麦统治集团当中，戈德温这个英格兰人也显得极为突出。11 世纪 20 年代早期，他的封地几乎覆盖了整个英格兰南部，覆盖了整个古老的威塞克斯王国的原有疆域。与此同时，丹麦出身的伯爵却不断减少。高个子托鲁克尔于 1021 年遭到流放，诺森伯里亚的埃里克则于 1023 年去世。而到了第二年，伊里夫也从历史记载里消失了。10 年过去了，又一批斯堪的纳维亚人被重新安排到英格兰以填补不断扩张的克努特北方帝国内出现的职位空缺。例如，乌尔夫（Ulf）伯爵就一度成了国王在丹麦的代表；而在 1028 年征服挪威后，哈坎伯爵就受命管辖这一地区。[17]

然而，在这段时间，戈德温的地位并非无可撼动。虽然戈德温的地位至高无上，但丹麦人渐渐消失造成的权力真空也为另一个英格兰人宠臣登上政治舞台提供了机会。这个人就是郡长利奥弗温（Leofwine）之子利奥弗里克（Leofric）。他出身贵族，而他的家族也存续了下来：他的父亲是唯一在克努特的大清理中幸存下来的郡长。尽管一度家势日衰（在米德兰地区，利奥弗温的势力受制于新任的丹麦伯爵），但在利奥弗里克之父于 1023 年去世后，这一情况开始改变。当地丹麦对手的势力如月已蚀，而利奥弗里克的星光则开始渐渐显现。到 11 世纪 20 年代末，利奥弗里克业已跻身伯爵行列。其后，在一度属于麦西亚王国的米德兰地区，他似乎已经成了最主要的强权人物。在克努特统治的最后几年里，就国王的议政大臣而言，利奥弗里克的地位仅次于戈德温。[18]

因此，到了1035年克努特去世时，英格兰贵族社会已经被他彻底改变了。此前，英格兰社会是由郡长家族所保卫的。他们承袭于古老的英格兰王族，相互之间联系紧密，而且历史悠久。然而，这些旧贵族已在丹麦人血腥夺权过程中被屠杀殆尽。同样消失的还有最初顶替他们的多数丹麦人。在克努特统治的末期，英格兰大部分地区的控制权已经重新回到了英格兰人的手中，戈德温伯爵执政威塞克斯，利奥弗里克管理麦西亚。只有在边远的诺森伯里亚，丹麦人统治的痕迹还依稀存在。休厄德（Siward）伯爵顶替了埃里克伯爵，行使对于这一伯爵领的管辖权。然而，这三位伯爵都属于政坛新人。就政治生涯而言，戈德温家族仅能向前追溯一代，而利奥弗里克家族最多也不超过两代，休厄德的出身则难有定论。在克努特统治时期，三人迅速崛起，并充实自己的实力，其实力可能比他们所取代的任何英格兰贵族都要再胜一筹。但是，无论是这三位中的哪一位，他们都没有古代贵族的血统。这三个新兴的英格兰伯爵也没有因血缘或姻亲关系而联系在一起。从后来发生的事情来看，他们之间从来都不是合作伙伴的关系，而是相互视作竞争对手。[19]

克努特的驾崩引发了一场旷日持久且创剧痛深的斗争。乍一看，先王至少育有三个健康的儿子，都能继承王位。但问题是，这三个儿子是他和两个不同的女人所生。

正如我们看到的，克努特于征服英格兰当年便与诺曼底公爵理查二世的妹妹埃玛（她同时也是埃塞列德王的遗孀以及后来的虔信者爱德华的母亲）缔结了婚姻。埃玛是克努特的合法伴侣，也是他受过涂油礼*的王后，在王室档案和各种阐发忠君之情的艺术作品中，她的形象经常出现。他们育有两个孩子：一个是儿子哈撒克努特（Harthacnut），据说他们婚后不久就生下了这个儿子；还有一位公主贡尼尔德（Gunhilda），她后来嫁给了德意志皇帝。

但在此前，也许是在其父于1013年短暂占领英格兰期间，克努特迎娶了北安普敦的埃尔夫吉富（Ælfgifu of Northampton）**。这个姓氏表明，她来自一个世居米德兰地区的古老家族。她的身世也十分显赫：她的父亲是诺森伯里亚南部的一名郡长，后遭埃塞列德杀害。这表明，克努特这次婚姻很可能是出于巩固与这些英格兰人之间联盟的考虑，而后者当然愿意看到埃塞列德被推翻。

不管是否出于维持联盟的目的，或仅仅出于他的个人偏好，克努特维持这一婚姻关系的态度一直很明确。即使随后他与埃玛结婚，无论婚前或是婚后，克努特都未实际解除与埃尔夫吉富的婚姻关系。这可能是由于他感到并无必要。和第二次婚姻不同，他与埃尔夫吉富并未在教堂中举办仪式，其结合也没有得到神圣祝福。但我们并不清楚，整个社会是否将这一礼数差异看得很重要。在当时的世俗界看来，将宗教和婚姻关联起来只是可选条件，而非（婚姻合法的）必要条件。因此，在双方看来，克努特与埃尔夫吉富之间这场没有受到神圣祝福的结合都是完全正当的。如此看来，他们的子嗣也应被视为合法继承人。

埃尔夫吉富为克努特育有两子，即斯韦恩和哈罗德。他们很

---

* 中世纪英格兰王后加冕时包含涂油的环节。

** 在《盎格鲁-撒克逊编年史》当中，埃玛也叫埃尔夫吉富。为区别起见，《盎格鲁-撒克逊编年史》的编写者称克努特的另一位王后为"北安普敦的埃尔夫吉富"。

可能是在国王 1017 年的第二次婚姻前出生的。（至少后来埃玛也如此断言。）因此，1035 年克努特去世时，斯韦恩和哈罗德可能都只有 20 岁左右。在国王去世之前，我们看不到关于他们及其母亲的任何记载。但有一个例子表明，他们一直受到较高礼遇：1030 年，在哈坎伯爵死后，克努特便把埃尔夫吉富和斯韦恩派往挪威代他行摄政之事。

　　这是在为继位做某种打算吗？在 1035 年之前，国王同样派出过他与埃玛的儿子哈撒克努特为其统治丹麦。事实上，某些流传至今的硬币显示，在父亲克努特死前，哈撒克努特就已经把自己当作丹麦国王了。一些后世编年史家猜测，克努特曾计划将帝国一分为三：把挪威留给斯韦恩，将丹麦留给哈撒克努特，把英格兰交给埃尔夫吉富的另一个儿子哈罗德管理。然而，这不过是人们的事后猜测而已。这是因为，直到克努特去世为止，这一计划也未成真。[20]

　　《盎格鲁-撒克逊编年史》记载道，在克努特死后不久，他手下所有的议政大臣在牛津（Oxford）召开了一次会议。英格兰一直有这一会议传统，而这也是一个王国政治成熟的重要标志。在危急时刻，要人们通常会聚集起来商讨并弥合各自的分歧，而不是立刻操起刀剑奔赴战场。但在那年秋天，在牛津举行这一会议则意味着当时的情形已经异常严峻了。牛津虽然只是一座位于泰晤士河（River Thames）河畔的小镇，但同时它也是威塞克斯和麦西亚的分界线。果然，在会议期间，伯爵们在王位继承的问题上意见相左。根据《盎格鲁-撒克逊编年史》的记载，"利奥弗里克伯爵和几乎所有泰晤士河以北的塞恩都希望下一任国王是哈罗德，但戈德温伯爵和威塞克斯所有要人都公然支持哈撒克努特"[21]。

　　几乎可以确定的是，戈德温是英格兰最有实力的人。但此时，他发现局面对他极为不利。我们并不知晓，在这一重要时刻，休厄德伯爵持有怎样的立场，他个人又身在何处。但是，我们很难想象，他当时没有出席会议。《盎格鲁-撒克逊编年史》中"所有泰晤士河以北的塞恩"这一表述很可能意味着，他也在支持哈罗德的队伍之中。但《盎格鲁-撒克逊编年史》的编写者也已经明确指出，当时，哈罗德得到了克努特在伦敦的雇佣兵舰队的支持，那是一支数千人的强大军事力量。显然，明确表示支持哈撒克努特的先王御卫根本不是其对手。哈撒克努特支持者的最大问题还在于，他们的候选人仍在丹麦。相比之下，哈罗德身居英格兰，甚至可能出席牛津会议。这更有利于他主张个人继承权。

　　最终，双方达成妥协，并接受分而治之的方案。双方一致同意，哈撒克努特之母埃玛将为其代管威塞克斯，而她也即将同先王的御卫们一起入主温切斯特。其暗含之意是，在英格兰其余的地方，人们允许哈罗德代表他自己和他的弟弟来主持政务。戈德温和他的支持者无疑反对这一安排，但正如《盎格鲁-撒克逊编年史》所说的那样，"他们不能在这条道路上设置障碍"。对于他们来说，唯一值得欣慰的是，会议并未确定下一任国王的人选。正如编年史在谈及摄政时所暗示的那样，继承王位之事只能暂且搁置，等哈撒克努特回国后再作商讨。[22]

　　但哈撒克努特在丹麦政务繁忙，无法现身。这使得两大敌对阵营间的竞争愈演愈烈。双方都在处心积虑，暗中给对手使绊子。在处心积虑这一点上，无人能超过埃玛王后。几年后，她命人撰写了一本政治倾向性极强的小册子，今人称之为《埃玛王后颂》（*Encomium Emmae Reginae*）。这本书主要是为了给她在这一时期的所作所为正名。正是根据这本书，我们在前一章中才指出，她与克努特的结合是你情我愿，并不仅仅是既成事实而已。《埃玛王后颂》的作者还顺便声称，双方有一份婚前协议：克努特曾对埃玛发誓说，他"永远不会让除她以外的其他妻子所诞下的子嗣继承王位"。换句话说，哈撒克努特才是唯一合法的继承人，北安普敦的埃尔夫吉富之子哈罗德则没有合法的继承权。埃玛也运用了一些更为明显的手段来动摇其竞争对手的信任基础。《埃玛王后颂》的作者向我们保证，哈罗德根本就不是克努特的亲生儿子，而是埃尔夫吉富从仆人床上偷来的孩子。虽然这一宣传策略极为拙劣，但某些人确实接受了这种看法。在《盎格鲁-撒克逊编年史》中，我们也能看到这种类似的侮辱性说法。[23]

　　埃尔夫吉富也玩了相同的把戏。我们并不确定，她是于何时回到英格兰的。但是，在1034年前后，她在挪威的摄政生涯遭遇了灾难性的失败。是年，她连同其子斯韦恩一起被驱逐出境。此后不久，斯韦恩便撒手人寰。因此，在克努特死时，埃尔夫吉富很可能已经回到了英格兰。我们可以确定的是，在1036年6月之前，她必然已经返回了英格兰。从一封在德意志宫廷中所写的书信中，我们可以找到她与埃玛之间斗争的蛛丝马迹。埃玛派人去见她的女儿贡尼尔德，向她抱怨埃尔夫吉富的所作所为，"你那可怜而又邪恶的继母想用欺诈的手段从你的哥哥哈撒克努特手中抢走这个王国。她组织所有要人参加大型聚会，时而摇尾乞怜，时而重金贿赂，非常急切地想要拉拢他们。她还想要他们向她本人和她的儿子宣誓效忠"。据埃玛的信使说，埃尔夫吉富的宴会并不成功，"人们不但未以她所期望的方式答应她，而且自愿派出使者联络哈撒克努特。至于你的兄弟哈撒克努特，他很快就会回到他们身边了"。

但这似乎是埃玛一厢情愿的想法，哈撒克努特仍没有回归的迹象。与此同时，哈罗德的势力则明显有所增长。这一点从当时流通的货币中可见一斑。在这个时候，英格兰币制相当复杂。每一枚硬币上不但会铸上国王的名字，而且还会铸上地名。因此，我们不但可以清楚地辨别出哪些货币是哈罗德所造，哪些则是哈撒克努特所造，而且，通过深入分析这一现象，我们也可以看出，二人各自控制多大面积的领土。最初，二者的势力范围是以泰晤士河一线进行分割的，而这也是在牛津会议上达成的共识。但随着时间的推移，从地理的维度上看，印有哈撒克努特名字的货币所覆盖的范围逐渐缩小，而印有其对手哈罗德名字的货币所覆盖的范围却在逐渐地扩大。1036 年，支持哈罗德的力量已然越发强大。在某个时刻，他甚至派人前往温切斯特，夺走了埃玛手中的珍宝。按照《盎格鲁-撒克逊编年史》的说法，他们拿走了"克努特大王最宝贵的财物"，甚至可能还包括加冕时所需的王冠。在嫁给两位英格兰国王之后，埃玛一直紧握权柄。此时，因为她的儿子至今仍未现身，埃玛的好日子好像马上就要到头了。也一定就是在此时，她才忽然记起，她还有两个正在英吉利海峡对岸流亡的儿子。[24]

当然，未来的虔信者爱德华和他的弟弟阿尔弗雷德此时仍居于诺曼底。据我们所知，在克努特刚刚死去的那段时间里，没有一个英格兰人（尤其是他们的母亲）考虑过将他们中的任何一个选为王位继承人。诺曼史学家瑞米耶日的威廉告诉我们，一听到"期待已久"的死讯，爱德华便"立即"动身前往英格兰。但是，瑞米耶日的记载可能并不准确。这是因为，他是在 20 年后对这件事做的记录，而且他向来不关心时间表的细致与否。他所叙述的那段历史更可能发生在 1036 年的秋天。此时，埃玛似乎已经向她第一次婚姻所生的儿子求助了。她想做最后一搏，改变自己陷入颓势的政治命运。

　　瑞米耶日的威廉记述道：当时，爱德华组建了一支包括 40 只舰船的船队，满载着士兵，扬帆驶往英格兰。尽管瑞米耶日极力为其掩盖，但这一举动的确是爱德华企图用武力争取英格兰国王的宝座的体现，很明显，他的尝试以失败告终。爱德华在南安普敦（Southampton）安全登陆，但旋即被一支庞大的英格兰军队拦住了去路，战斗在所难免。我们猜想，当时，爱德华是胜利的一方。但是，他也就此推断，此后胜机渺茫："他看出，没有更强大的军队，不可能夺回英格兰。之后，他掉转船头，带领着满载着战利品的船队驶回了诺曼底。"[25]

　　可以设想，爱德华是奉母之命才演了这一场争权戏。其原因有二：第一点，按瑞米耶日的威廉所述，他笔下的主人公选择了南安普敦作为他的登陆地，很明显，这个港口最有利于他与身在温切斯特的母后埃玛会合，因为这两个地点距离不远；第二点（也是更令人信服的一点）是，在《埃玛王后颂》中，埃玛曾用很长篇幅来否认自己曾鼓励儿子从诺曼底回到英格兰。这篇颂词的匿名作者写道，确实曾有一封以她的名义写好的书信被送到了她的两个儿子手中。但是，这封信是伪造的。事实上，这封信是她的政敌哈罗德所写。《埃玛王后颂》在这一问题上的极力坚持，恰恰证明了这就是事实。无论埃玛多么想要掩盖事实，她显然在推动自己的儿子回国一事上发挥了一定的作用。[26]

　　同样地，1036 年秋，阿尔弗雷德也决定穿越英吉利海峡前往英格兰。其方式、原因和出行时间皆不详。从《埃玛王后颂》中的记述来看，仅有数人随行。按照《盎格鲁-撒克逊编年史》的说法，他此行只是去看望母亲。与之相反，瑞米耶日的威廉却认定，阿尔弗雷德率领大军，野心勃勃，似有所指。[27] 后世的英格兰编年史家们则认为，阿尔弗雷德是在爱德华前往南安普敦的同时从维桑（Wissant）前往多佛尔（Dover）的。多数当代史学家则认为，阿尔弗雷德是在他哥哥远征失利后才出发的。关于阿尔弗雷德的这次冒险的记载，各种文献在细节的描述上出入都很大。这是因为，所有当时在英格兰的史学家都不想和这次事件的后果扯上关系。然而，所有提到了此事的史学家都一致认为，在阿尔弗雷德及其随行人员到达英格兰后不久，他们便与戈德温伯爵会面了。

　　正如我们所见，在克努特死后，戈德温一直是王后埃玛的主要盟友，用《盎格鲁-撒克逊编年史》里的话来说，戈德温是"她最忠实的支持者"。但那是因为，和埃玛一样，戈德温一直坚信，哈撒克努特即将回国。一旦这一希望变得渺茫，戈德温也必然会变得摇摆不定。他最终决定转而支持哈罗德。他之所以怀有二心，很可能是因为，埃玛想要将爱德华和阿尔弗雷德扶上王位。戈德温是丹麦人征服英格兰的主要受益人，他最不想看到的结果就是这次征服的受害者继承了英格兰的王位。如果说，这些人还想算旧账的话，他就更反对他们继承王位了。作为一个克努特的宠臣，他只能指望在克努特的儿子的手下官运亨通。如果继承王位的不是哈撒克努特，那也只能是哈罗德。唯一的问题就是，如何向哈罗德示好，并弥补自己曾经倒向另一派的过失。1036 年秋，阿尔弗雷德的到来正好为他提供了一个完美的时机。[28]

　　尽管一些当代评论者对此事含糊其词，但对于接下来所发生的事情，我们所能查阅到的资料则表现出惊人的一致。《埃玛王后颂》的作者与瑞米耶日的威廉都认为，戈德温会见了阿尔弗雷德，并将其纳入了自己的保护之下。《埃玛王后颂》写道，这一行动改变了后者原定的计划，不再前往伦敦，而是转道前往吉尔福德（Guildford）。阿尔弗雷德及其随从们在此处受到了盛情款待。其间酒食丰盛，每人都分别住在不同的房间中。就在这个晚上，他们遭遇了攻击，并且都被控制住了。《盎格鲁-撒克逊编年史》的编写者在这件事上很是悲情，"这些人中，有的被卖掉换钱，有的惨遭杀害，有的遭到囚禁，有的被弄瞎了双眼，有的被切断手足，有的被剥掉头皮"。《盎格鲁-撒克逊编年史》的编写者慨叹道，这的确是自丹麦人征服以来，在英格兰发生的最残忍的一次暴行。阿尔弗雷德虽然幸免于难，但也锁链加身，被送往剑桥郡（Cambridgeshire）的伊利（Ely）继续囚禁。在那里，他的双眼也被弄瞎，并被交给当地僧侣看护。在不久以后的1037年2月，阿尔弗雷德因伤口恶化而死。他被葬在这个城镇教堂的墓地里。[29]

　　毫无疑问，戈德温正是这场屠杀的幕后黑手。在其中一个版本的《盎格鲁-撒克逊编年史》中，编写者十分小心地把他的名字从这一事件的记录中剔除了，但另一版本（《盎格鲁-撒克逊编年史》是在不同的修道院誊写的，因而有不同的版本。历史学家们将其版本按照从字母 A 至 I 的顺序排序。涉及这一时期历史的主要为 C、D 和 E 本。如上所述，不同版本在一些事件的记述上有所不同）的编写者则直接谴责了他。（"戈德温留下阿尔弗雷德，把他囚禁起来，并以不同方式杀害了他的一些随从。"）对此，瑞米耶日的威廉的描述可能最为客观：戈德温当时监禁了这些来客，杀了其中的几个人，但却把阿尔弗雷德和另外一些人送到伦敦的哈罗德那里。正是哈罗德下令将他的政治对手弄瞎的。埃玛则在她的《埃玛王后颂》中，努力把所有的责任转嫁给哈罗德，声称那天夜里在吉尔福德施暴的是他的手下，并非戈德温的人。这一暗示显然经不起推敲，即便是受她委托写作《埃玛王后颂》的作者似乎也觉得，这一说法难以令人接受。[30]

然而，所有这些描述都是事后之见。在当时，阿尔弗雷德的遇害让各方都实现了各自的目的。戈德温为哈罗德消灭了潜在的王位竞争对手，从而成功地与其联手。至于哈罗德，在得到了戈德温的支持之后，获得了大多数人的政治支持。对于1037年初的情势，《盎格鲁-撒克逊编年史》是这样描述的："这一年，各地纷纷支持哈罗德为王。因其居留丹麦时间太久，哈撒克努特则失去了继位的希望。"

至于哈撒克努特的母亲，《盎格鲁-撒克逊编年史》的编写者补充道，她"被无情地从这个国家驱逐出去，只身面对寒风凛冽的冬天"[31]。

可以推测，在被迫流亡的情况下，埃玛会选择横渡英吉利海峡，到达诺曼底。但是，这位王后长期在外，早已在政治上和情感上断绝了其与诺曼底任何的联系，无法回到她的出生地。因此，她选择在佛兰德（Flanders）安顿下来。这是一个与法兰西北部接壤的独立地区。此前，她很有可能到过这里，因为克努特曾在他著名的罗马之旅中经过此地。（《埃玛王后颂》的作者就来自佛兰德。在他的回忆当中，他记述了国王是怎样大方地赠给圣奥梅尔教堂［St Omer］大量昂贵的礼物的。）不管之前的事实情况如何，作为克努特的遗孀，埃玛的确受到了佛兰德伯爵鲍德温五世（Baldwin V）的礼遇，后者在布鲁日（Bruges）为她备下了一套符合她身份的奢华住宅。[32]

埃玛和她的支持者们刚一安顿下来，这位流亡中的王后就立即着手酝酿下一步计划。如果《埃玛王后颂》可信的话，她首先想到的是派人前往诺曼底，给爱德华送信，责令他立即过来见她。《埃玛王后颂》记载道，爱德华按时到达佛兰德，但声称他也无能为力。我们可以理解，在两次争夺英格兰王位的努力都完全泡汤，又眼睁睁地看着弟弟也因此惨遭杀害的情况下，爱德华并不想再参与母亲的任何计划。但根据《埃玛王后颂》所述，他拒绝埃玛的托词非常讨巧。他表示，自己不愿再参与计划的理由是"英格兰的贵族们并未对他宣誓效忠"。从整体来看，这件事更加令人生疑：在遭到了驱使之后，爱德华却放弃了自己对王位的追求。这又令埃玛接下来的举动看起来极为合理。埃玛的下一举动便是派人联络哈撒克努特。她深感长期流亡异国的爱德华确实无力给予她任何实质上的帮助。只有凭借哈撒克努特作为丹麦国王的势力，才能调集足够的力量再次攻入英格兰。

两年后，哈撒克努特才出兵英格兰。但在进攻英格兰一事上，这位年轻的丹麦国王的确是尽心尽力的。据《埃玛王后颂》记载，他组建了一支庞大的舰队，志在全力一击。但在出发伊始，他却决定，要只身率10艘战船前往布鲁日拜见母后。《埃玛王后颂》写道，这次航行几乎是一场灾难。舰队突遭风暴，被迫抛锚泊于海上。然而在接下来的一个夜晚，哈撒克努特却在梦中得到神启，

"那个窃国的不义之人（指哈罗德）会在接下来的几天中死去"。预言很快就成真了。风暴平息之后，哈撒克努特终于来到布鲁日，并与母亲团聚。不久之后，英格兰信使们也来到此地。他们向这对母子传达了哈罗德的死讯，并央求哈撒克努特回国继位。[33]

《埃玛王后颂》的作者之所以能够把这个梦插入故事的叙述之中，明显是因为该书作者对后来发生的事情已经有所掌握。但不幸的是，我们并没有太多其他资料来验证他的记述是否真实。在详细记述了阿尔弗雷德被谋杀的事件后，《盎格鲁-撒克逊编年史》的编写者却对哈罗德去世这一政治大事件保持了谨慎的沉默。《盎格鲁-撒克逊编年史》仅仅记述了当时的教会事务与天气。如果哈罗德活得再久一些，我们或许能对那些空白的年份有更多的了解。事实上，哈罗德可以称得上是英格兰史上最默默无闻的国王之一，即便是他那辉煌的绰号"飞毛腿"（Harefoot），也没有给我们留下什么信息。因为直到 12 世纪（当时拼写为 Harefah）之前，史书中一直没有对这一称号的记载。更何况，这一名字之所以会出现，很可能是因为后人把他的名字和挪威国王金发王哈拉尔（Harold Fairhair）的名字混淆了。没人知道他去世时的详情。《盎格鲁-撒克逊编年史》仅表示，他在 1040 年 3 月 17 日死于牛津，后葬于威斯敏斯特（Westminster）。[34]

如果一定要用一个假说来代替更多的证据，那么最合理的假想一定是：哈罗德的死没有任何的疑点，但他的突然死亡完全出乎人们的意料。我们可以毫不费力地看出来，英格兰的要人们也对此毫无准备。《埃玛王后颂》是这样描述这段历史的：在哈罗德死后，人们还十分轻松地邀请哈撒克努特回国继位。而这一说法也的确得到了《盎格鲁-撒克逊编年史》的证实。其中一个版本的《盎格鲁-撒克逊编年史》记载道："他们来到布鲁日，带着最美好的想象，要与哈撒克努特碰面。"这位丹麦国王在一周后按时抵达，并被接纳为英格兰的新国王。但是，"带着最美好的想象"这句话暗示了《盎格鲁-撒克逊编年史》的编写者也在不断地修订自己的记载，而哈撒克努特的短暂统治从一开始就是一场灾难。按照《盎格鲁-撒克逊编年史》的说法，"作为一个国王，他德不配位，没做过一件有益的事"[35]。

客观地说，在哈撒克努特继承王位时，政治局势确实是极其凶险的，英格兰的要人（尤其是那三大伯爵）都曾反对他而支持他同父异母的哥哥。但现在，随着哈罗德的去世，局面意外地发生了大逆转。鉴于之前所发生的事情，他们都必然备感焦虑，担心自己的前途命运会受到影响。对此，哈撒克努特不但未采取任何安抚事态的举措，反而火上浇油。按《盎格鲁-撒克逊编年史》的记述，他命人从威斯敏斯特教堂里把前任国王哈罗德的尸体挖出，并将其"丢进了沼泽地"。显然，这位新国王并不打算既往不咎。我们可以想象，那时的他一定受了其母埃玛的颇多怂恿。后世编年史家伍斯特的约翰（John of Worcester）指出，哈罗德的尸体后来虽然被扔进了泰晤士河，但是却被一个好心的渔民发现，最终，他被再次葬在位于伦敦的丹麦人墓地里。[36]

事实上，伍斯特的约翰（此前，历史学家们一直称呼他为伍斯特的弗洛伦斯［Florence of Worcester］，直到最近才改变称呼）为我们提供了哈撒克努特统治期间最为珍贵的史料。（他同时也是诺曼征服史最好的记述者之一。）尽管他生活和写作的年代为12世纪早期，但他在早期文献《盎格鲁-撒克逊编年史》的基础上增添了很多可靠的细节。[37]正如他在其记述中所明确解释的那样，将哈罗德执政期间所有错误都归咎于他本人是不现实的。对于阿尔弗雷德被杀一事，当时的人们曾长期保持沉默，但此时，这件事却成了他们互相指责的焦点。约克大主教公然指责戈德温伯爵和伍斯特主教（这也就是为什么伍斯特的约翰知道内情）。一时之间，主教被剥夺了教职，而伯爵也被迫公开声明，为自己开脱。他所做的不过是让哈罗德当他的替罪羊。伍斯特的约翰记录道，戈德温伯爵"向国王宣誓"，"弄瞎国王的兄弟不是他提议的，也不是出于他的本心，而是他的君主哈罗德国王命令他这么干的"[38]。

然而，最终让哈撒克努特名声扫地的，是他近乎敲诈一般的横征暴敛。尽管他是英格兰人邀请来的，但是他来到英格兰时却带来了满载雇佣兵的、时刻准备着参与劫掠的武装船队。这些雇佣兵还在等着国王支付报酬。好在先王埃塞列德已经创下先例，英格兰的税收体系足以应对这一类的情况。只是，哈撒克努特大概比其任何一位先辈都更加严苛。正如某个版本的《盎格鲁-撒克逊编年史》（以令人震惊的详细笔触）所描述的那样，新国王按惯例为自己的军队支付薪水。这一惯例已经保持了很久。从克努特时期到哈罗德时期，支付给军队的薪金都是这么多。但问题是，此前所有君主的常备军都没有超过16艘战船，而哈撒克努特却带了62艘战船来到英格兰。因此，仅在他执政的第一年，他所征收的相关税额就达到了令人瞠目结舌的2.1万英镑。也就是说，这一数字较之前几乎增长了3倍。在另一个版本的《盎格鲁-撒克逊编年史》当中，这一情况被描述为"困境催生重税"。更糟的是，这一惩罚性的税收看起来将会一直持续下去。翌年，新王遣散了其中30艘战船的士兵。为了给剩下的32艘战船支付军费，他向民众征收了多达 1.1 万英镑的赋税。即便他已经裁军，其相关赋税的需求仍是过去的两倍。[39]

在税收这一问题上，国王的欲望十分强烈，几乎填不满。这一点似乎已经给王国的经济带来了灾难性的影响。《盎格鲁-撒克逊编年史》指出，在这个时候，"小麦价格上涨到每赛斯特（sester）*55便士，有些时候甚至还高过这个价"。《盎格鲁-撒克逊编年史》的编写者之所以这样说，是因为他想让我们与其一同出离愤怒，但在不经意间，他却描述了英格兰历史上第一次物价膨胀的情形。为强迫人们交税，哈撒克努特还将自己的御卫派往外省，担任征税官。其中，前往伍斯特的两位征税官被赶进大教堂，并为一个愤怒的暴民所杀。这件事招致了国王的报复。直到大约80年后，人们依然能够清楚地回忆起国王当时的举措。伍斯特的约翰说，那个时候，国王是如此震怒，以至派出一支由伯爵和御卫组成的大军，"命令他们尽可能杀光城里所有的人，抢光他们的财物并烧光城里所有的东西，直至荡平那一地区"。幸运的是，伍斯特人得到了预警，大多数人早已撤到了塞文河（River Severn）上的比弗岛（Bevere）。在那里，他们筑起了堡垒并成功地自卫。无论如何，大军对城市的掠夺和焚烧还是持续了整整4天，直到国王解了心头之恨才罢手。[40]

毋庸赘言，类似做法对哈撒克努特与他人的关系毫无益处。"所有曾经热心支持他的人，"《盎格鲁-撒克逊编年史》写道，"现在都开始心怀不忠。"而且，这还不过是对他在1040年开始征税的回应。根据《盎格鲁-撒克逊编年史》的记载，次年，新王又

---

* 赛斯特为盎格鲁-撒克逊时代的度量单位，1赛斯特约合581.9升。

欺骗了埃德伍尔夫（Eadwulf）伯爵，虽然他之前曾承诺要保证他的安全。这令国王"成了一个背信弃义之人"。他不但横征暴敛，背信弃义，还残害自己的国民。这无疑让握有权柄的人开始重新看待他，怀疑自己当初选择支持他是不是犯了大错。[41]

国王的声望迅速下降，而这有助于我们理解接下来相继发生的几件令人惊讶的大事件。1041年，哈撒克努特邀请他同母异父的哥哥爱德华从诺曼底来到英格兰。按《埃玛王后颂》里的说法说，爱德华此行的目的是"和他一起统治王国"。爱德华的确在恰当的时候横渡了英吉利海峡，回到了英格兰。而且，就像《盎格鲁-撒克逊编年史》所记载的那样，爱德华"宣誓并成为国王"。

为何哈撒克努特要做出这种举动？对于此事，并没有完全令人满意的解释。《埃玛王后颂》的作者说，那是"出于他强烈的兄弟之爱"。这本书将哈撒克努特、爱德华和埃玛称为"政权分享者"，并把他们比作掌管天堂的圣父、圣子和圣灵。这位作者还试图安抚读者，"这三人亲密无间、毫无分歧"。就像我们之前所推断的那样，《埃玛王后颂》的作者如此论述，恰恰证明他们之间的确存在某种分歧。这也就意味着，哈撒克努特可能别无选择。在其母亲的胁迫下，他只得奉命召回他这位可能素未谋面的、同母异父的哥哥爱德华。[42]

在12世纪法律文件《英国四章法》（Quadripartitus）中，其作者曾简短描述过爱德华于1041年返回英格兰的情景。这让哈撒克努特受到其母胁迫的说法变得更具说服力。这位匿名作者这样写道，当爱德华抵达时，"全英格兰的塞恩齐聚赫斯特舍维特（Hursteshevet）。他们声明，只要爱德华当面宣誓，他仍然履行克努特及其诸子时期的法律，他就可以成为国王"。一个令人信服的说法是，"赫斯特舍维特"这个名字应读作"赫斯特角"（Hurst Head）。此地是位于南安普敦附近、索伦特海峡（Solent）西端的一小片土地，也是现今赫斯特城堡（Hurst Castle）的所在地。换句话说，爱德华当时还没有真正踏上英格兰的土地。他刚一下船就受到了众人的欢迎，并不得不承诺做一个好君主。更有甚者，爱德华所宣誓的对象似乎是一大群人，而这些人也具有代表性。按照记述，他所面对的是"全英格兰的塞恩"，而这一表述的指代对象很值得玩味。虽然人们通常认为，爱德华回到英格兰一事与哈撒克努特声望日衰有关，但他们也普遍认为，分享王权是国王自己的决定。然而，只有《埃玛王后颂》中的记述可以作为这种观点的证明。《英国四章法》的作者认为，爱德华并没有主动顶替哈撒克努特。在他看来，这一事件是戈德温伯爵和温切斯特主教的杰作。据此，我们可以做出一个合理的推断：可能正是那些对哈撒克努特不满的大臣迫使他做出了这个决定，而戈德温则在其中扮演了关键的角色。[43]

　　针对哈撒克努特的这一决定，我们还可以提出第三种解释，而这种解释可能更为简单，那就是：1041 年，哈撒克努特可能已经身患绝症。在其有关诺曼征服之前事件的一系列论述中，后世的一位诺曼史学家普瓦捷的威廉就曾对此有所暗示。如果事实果真如此，哈撒克努特也许的确需要爱德华先过来摄政。这样一来，等他自己死后，爱德华便可以继位。然而，这个如此简单的解释中也有很多的漏洞。第一，和后人一样，普瓦捷的威廉并不是一个完全可靠的见证人。虽然我们不能绝对肯定，但他确实可能是从这位国王的结局反推出哈撒克努特"体弱多病"的结论的。第二，威廉的这一描写与伍斯特的约翰的说法是相悖的。后者认为，国王是猝死的，而他之前"身体状况良好"，临终前还"一直精神十足"。约翰指出，1042年夏，哈撒克努特还参加了在伦敦附近的兰贝斯（Lambeth）举办的一场婚礼。他说，哈撒克努特当时就站在新娘和一群男子的旁边，"正在喝酒，忽然，整个人就瘫软下去"。《盎格鲁-撒克逊编年史》对此事是这样记载的，"附近的人伸手扶住了他，但他再也未能开口说话。终于，在当年的6月8日，国王去世了"。诚然，这是一个维京人最好的辞世方式。但在他极其不得民心的情况下，握着酒杯而死难免让人对国王的死因产生怀疑。不过无论如何，哈撒克努特的死正好结束了此时违背常规的联合统治。在合适的时候，哈撒克努特的遗体就被安放到老教堂，葬在他的父亲身边。《盎格鲁-撒克逊编年史》记载道："早在哈撒克努特被埋葬之前，整个国家就已经认定爱德华为国王了。"正如一版草草修订的《埃玛王后颂》所记载的那样，历史的车轮转了一个轮回。[44] 尽管困难重重，英格兰古老的王族还是奇迹般地得到了重生。

3

私生子

如果说，随着克努特的死去，英格兰的坏事接二连三，那么，在罗贝尔公爵死后，诺曼底的情况可谓更为糟糕。

在罗贝尔公爵于 1035 年动身前往圣地时，他就已经意识到，自己很可能无法活着回来。因此，他采取了相应措施，以保证诺曼底有人可以继承他的位置。虽然罗贝尔一直未能找到一位合适的公爵夫人，但他曾和法莱斯（Falaise）一个名叫埃勒瓦（Herleva）的姑娘暗通款曲。[1] 后来的编年史家将这段关系浪漫化了。他们写道，当罗贝尔远远看到埃勒瓦时，就被深深打动了。（有一个版本的记载是，埃勒瓦当时正在跳舞；还有史学家认为，她当时正在洗衣服。）不过，真实情况很可能没那么有诗意。最可靠的说法是，她是富尔伯特（Fulbert）的女儿。在某些文献当中，他的身份是殡仪执事；而在另一些文献当中，他则是公爵府邸的管家。罗贝尔与她之间的恋情应该早在公爵 1027 年登基前就已萌发。因为在 1027 年或 1028 年，埃勒瓦便为公爵诞下一子。为纪念他的曾祖父，受封伊始的罗贝尔公爵给这个男孩起名威廉。[2]

毫无疑问，小威廉的前途不可限量。尽管后人最终给了他"征服者"的称号，但在他死后不久，人们还是尊称他为"大帝"。与他同时代的人在提到威廉时都不免联想到他的身世，据说，他年轻时常因他母亲的卑微出身而遭到嘲弄，但凡在其晚年所写的编年史著作都称他为"私生子"（至少在非诺曼史学家的著述中是这样）。[3] 在他统治生涯的开始阶段，威廉的血统是否是一个污点却尚无定论。与威廉几乎同时的法兰西作家拉乌尔·格拉贝（Ralph Glaber）就似乎对此尚存犹疑。一方面，他确信罗贝尔公爵没有合法婚生子这件事"是造成他的诺曼底臣民非常困扰的缘由之一"；另一方面，他指出，诺曼人一直都愿意接受非婚生子作为其统治者（这一点十分准确）。当威廉出生的时候，人们的观点可能正在发生变化。格拉贝进一步指出，非婚生子继位的这种习俗很可能为当时的人所反感。这一点表明，当时的某些人是极为反感这件事的。例如，瑞米耶日的威廉就认为，非婚生子女继位非常令人尴尬，从他的记述当中，我们便可以看出这一点。他提到，以往的诺曼底公爵"以丹麦人的方式"（more Danico）抢夺妻子，却完全回避了罗贝尔与埃勒瓦私通之事。[4]

即便修道院僧侣会因为私生子的事而感到困扰，俗人对此事的态度却似乎更加平和。正如我们之前所看到的那样，英格兰人起初并不愿选择受过涂油礼的王后所生的哈撒克努特当他们的国王，而更愿意看到克努特的非婚生子（飞毛腿哈罗德）登基。类似地，尽管罗贝尔在就任公爵后便很快结束了他与埃勒瓦的关系，但他后来还是提拔了埃勒瓦家族的男性成员，让他们到自己的宫廷里担任要职。与此同时，他还为埃勒瓦找了一个地位颇高的丈夫——孔特维尔的埃卢温（Herluin de Conteville）。这二人至少诞下了两个儿子。最能说明问题的是，公爵本人公开宣布，自己的继承人是他与埃勒瓦的孩子。这样一来，说服普通国民接受这一决定也就不再困难了。在公爵动身前往圣地前，诺曼底的权贵们就已经宣誓，接受威廉成为他们未来的统治者。[5]

按照拉乌尔·格拉贝所说的那样，威廉成为罗贝尔的继承人一事也得到了法王亨利一世（Henry I）的正式认可。亨利一世最近之所以能够重新掌权，在很大程度上是因为受到了诺曼底方面的援助。[6] 近几十年来，二者之间已经发展成了这样一种相互依存的关系：法兰西国王经常指望诺曼底公爵提供军事支持，而诺曼底公爵也总是仰仗法兰西国王以获取自己的合法地位。不过，严格地说，"法国"这个概念在 11 世纪尚不存在。直到 100 多年后，"法兰西王国"这个词才首次出现。直到 13 世纪，这个国家的国王才自称为法国国王。在这之前，他们一直使用的称呼是"法兰克人的国王"（Rex Francorum）。[7]

法兰克人（Franks）本是居住在罗马帝国边缘的蛮族部落。公元 500 年左右，罗马帝国崩塌，而在那之后，法兰克人终于入主欧洲。在一系列能征善战的统治者的指挥下，法兰克人一路征战，从自己的家乡一直扩张到现今法国东北部地区。他们从北海到地中海、从大西洋到易北河（the Elbe）一路征战，几乎征服了这个范围内所有的地区。到了声名远播的法兰克国王查理大帝（Charles the Great，或者按照他更著名的称号，称查理曼［Charlemagne］）统治时期，法兰克人的扩张达到了顶峰。公元 800 年，查理曼的势力如日中天，当时的教宗甚至还加冕他为帝。14 年后，查理曼去世。此时，他已经建立了一个幅员辽阔的帝国。这一帝国不但在南北方向上扩张了 1500 英里，而且在东西方向上，也扩张了差不多的距离。历史学家们称其为"加洛林帝国"（Carolingian Empire），而"加洛林"一词正是从查理的拉丁语名字"卡洛斯"（Carolus）演变而来的。

但是就在查理曼死后不久，他的帝国便开始瓦解。无论我们如何为这一帝国的扩张找借口，这个帝国就是建立在掠夺战争之上的。他们需要到处掠夺、获取战利品和接受战败方的纳贡。当财富和奴隶不断涌入时，法兰克人非常乐意加入帝国军队。然而，一旦失去了征服目标，只需要驻守边疆，法兰克人就宁愿居于国内。王朝内部的争权夺势更是令局面雪上加霜。和现代人的做法类似，在欧洲中世纪的早期，欧洲大家族的遗产是由逝者的所有后代共同继承的（至少是由逝者的所有男性后代共同继承的）。843年，距查理曼的死仅约四分之一个世纪，由于长期不和，他的孙子们同意将帝国一分为三。几十年后，在胖子查理（Charles the Fat）的治下，帝国曾短暂统一。然而，在这之后，这个帝国再次分裂，并且是永久性的一分为二：东边的一半最终成为德意志，西边一半则成为法兰西。[8]

但是与此同时，西法兰克王国（West Francia，历史学家如是称呼）也继续分裂。法兰克人无力掠夺邻国，只得自相残杀。他们现在也处于四面受敌的状况当中。在他们的北方，维京人正在虎视眈眈；在他们的南方，萨拉森人（Saracens）正在寻求攻击的机会；而在东方，马扎尔人（Magyars，即匈牙利人）甚至也想要威胁王国的安全。面对这些人快速移动、即战即走的战术，法兰克人召集再强大的军队也毫无用处。于是，法兰克的国王便将守护各地的责任交付给当地的伯爵和公爵。但显然，权力一旦下放，便很难收回。大多数在法兰西的伯爵和公爵虽然名义上仍处于国王的统治之下，但是已经渐渐不把国王放在眼里。他们开始建造属于自己的堡垒，创立自己的法庭，甚至铸造自己的钱币。

王权也随王朝的进一步分裂而逐渐衰落。在 10 世纪的大部分时间里，西法兰克王国的王权都在加洛林家族的直系血亲和一个名为卡佩家族（the Capetians）的支系手中交替更迭。最终，987 年，卡佩家族成了新的王室家族。但是，此时他们所统治的王国不过是之前王国的残影，其势力范围也仅限于法兰西北部一个很小的区域内。一个支持卡佩王朝的主教曾经对罗贝尔二世（996—1031年在位）说："虽然在法兰克人当中，你有着至高无上的权力；但在众多国王当中，你只不过是一个农奴而已。"

但是，除了国王之外，还有其他人目睹了自身权威的逐渐衰落。在一个因外来势力的袭扰而被军事化的上层社会中，西法兰克王国的伯爵和公爵们同样发现，他们的权威受到了来自下属的挑战。权力往往最终落到了那些有实力犯上的人手中，而他们也会利用手中的力量来打压比其地位低的人。这一权力的流失可以从防御工事上得到明证。在维京人袭扰时期，公爵和伯爵为了保护其所管辖的地区而建立起了一座座巨大的被称为"castella"（城堡）的防御工事。然而，在 10 世纪下半叶，一种新型的城堡开始出现。它不再作为防御工事来保护当地居民，而是成了统治当地居民的工具。为了方便起见，我们会把这些新型城堡简称为"castle"（城堡）。[9]

直到今天，一些新型城堡仍然存世。卢瓦尔河（River Loire）河谷附近矗立着几座巨大的石制塔楼。这些石制塔楼都是由富于冒险精神的安茹伯爵富尔克·耐尔奈（Fulk Nerra, count of Anjou）在公元 1000 年前后建造的。正是因为看到了城堡这样的新式斗争工具的潜力，他也从一个不起眼的小人物一跃成为西法兰克王国最重要的地方统治者之一。在这位雄心勃勃的统治者看来，城堡的美妙之处在于，你并不一定要花费很多人力和物力。也就是说，不一定要用石头才能保证有效的防御。为了保证对一个区域的统治，人们也可以用土垒起围墙，并在围墙的上面建造木栅栏。如果使用这一方法的话，只会花去很少的预算。城堡建造者不一定要建起一个石头造的主楼。作为替代，他们可以堆起一个土堆（motte），并且在其上建造简单的木塔。无论是巨大的石塔还是土堆，这些东西都是人们之前闻所未闻的。这一新发明令家底不那么丰厚的人（如较为年幼的贵族子弟或者野心勃勃但出身卑微的人）也可以抵御他们的上位者，或是在邻居的包围中保护自己。无论其统治多么有争议或是遭人憎恨，他们也可以用城堡在当地建立起自己的统治。[10]

当然，建造城堡的前提是，他们有足够的人手来驻守这些城堡。公元1000年左右，西法兰克王国境内正在发生变化。如果说，新式防御工事的出现表明了这一转变正在发生的话，新一代武士的出现同样说明了这一点。最初，这次士兵制度的变化是为了抵御维京人的袭扰。从进攻型到防御型的战术转变意味着人们不再需要从当地贵族中招募军队。为了进行有效的防御，战士们必须终年整装待命。因此，伯爵和公爵们开始招募专业人士作为自己的随从，全天候地保护自己。当然，要人们总是留有一些士兵的。在公元1000年到来之际，西法兰克王国的传统权力结构似乎也开始崩溃了。此时，各级公爵伯爵也开始扩大自己卫队的规模。随着竞争变得越发激烈，只有那些拥有最强大军队的人才能够居于顶端。为增加用以自保的实力，领主们不但在贵族内部招兵买马，而且还招募了很多没有土地的平民。在有些情况下，他们甚至还会招募奴隶作为自己的士兵。他们向那些平民和奴隶承诺，会为之配备剑、锁子甲和战马。因为这些人骑着马，在法语中，他们有时会被称作 chevalier（骑士）。而在英格兰，人们则称呼他们为 knight（骑士）。[11]

公元 1000 年前后，在西法兰克王国地区（在这之后，我们将称其为法兰西），建立城堡和招募骑士越来越成为权力和威严的象征。然而，有必要强调的是，这两种做法不但新鲜，而且很不成熟。宏伟的石堡非常少见，大多数城堡是用泥土和木材草草建成的。地位崇高、品行良好的骑士则更是稀有。就其出身而言，大多数骑士与乡下人没有两样。他们不但没有身披闪闪发亮的盔甲，也并不具备骑士精神，没有匡扶正义和追求荣誉的崇高理想。早期的骑士并不认为他们应当扶弱济贫。相反，他们主要忙于恐吓底层百姓，说服他们接受新来的城堡主的管制，并为后者缴纳供奉。城堡主和骑士几乎是同"苛捐杂税"（bad customs）一词同时出现的。在他们出现之后，平民不但要缴纳各种新类型的税费，其迁移和行为也要受到种种的限制。一个骑士最初的主要职责在于，他需要管理那些此前享有很大自由的农民。他们会运用强制手段，迫使这些农民接受这一新的社会秩序，而这一秩序还在形成当中。[12]

如果一定要用一个词来形容这种新型社会制度，我们可能会用到"封建"（feudal）一词。但是，如果要使用这个词，我们一定要做好心理准备，因为研究中世纪的史学家们听到这个词一定会被气晕。他们会告诉你，从严格意义上来说，"封建"并不是中世纪的词语，而是 16 世纪法学家们的创造。"封建主义"这一抽象概念出现得更晚。直到 19 世纪，"封建主义"才为人们所知。这是不可否认的事实。人们也指出，过去的历史记述者在使用这两个词时太过随意。对于当代学者来说，这两个词已经没有什么意义了。这一事实同样不可否认，而且看起来更有说服力。然而，值得指出的是，"封建"这一词语的确源于中世纪拉丁语单词"feodum"，意为"封土"（fief）。授予"封土"指的是，将土地赠予骑士，以作为他们服役的回报。既然从 11 世纪初开始，"封土"一词就已经大量出现，那么我们仍有足够的理由来使用"封建"和"封建主义"这样的词语来描述那个深深受到骑士和城堡影响（如果不是由这两个现象主导的话）的社会。[13]

那么，与法兰西相比，诺曼底的情况又有什么不同呢？很明显，诺曼底的最大不同之处在于，它很早就成了维京人的殖民地。这些北欧人不仅袭扰诺曼底，而且还在此处定居下来，开始了他们的统治。因此，我们或许可以想象，由于北方人的特征，这个公国会与其他地区有所不同。然而，事实似乎并非如此。正如我们早已看到的那样，诺曼人很快放弃了他们的斯堪的纳维亚文化，转而接受被统治地区的文化。他们不但放弃了古诺斯语（Norse），转而使用法语，而且还皈依了基督教（至少在上层社会中是如此）。更令人吃惊的是，他们似乎成功地保留（或恢复）了许多加洛林王朝的统治结构。例如，他们的统治中心就与加洛林的伯爵们有关。除此之外，他们还发行了一种加洛林风格的银币。与之前的几个世纪相比，在诺曼人的治下，诺曼底的边界并未发生很大的变化。人们或许会认为，暴力占领会带来多个方面的断裂。但是，在行政上，这一公国却表现出了明显的连续性。这一地区确实是特殊的。然而，矛盾的是，这是因为诺曼人保留了加洛林时代的公共权威。而在其他地方，这一权威都已经土崩瓦解。[14]

因此，如果观察公元 1000 年前后的诺曼底，我们就会发现，相对于其他统治者而言，公爵理查二世（996—1026 年在位）更为强大。如果说，理查的前人还在与其他定居于诺曼底的维京人头领争权夺利的话，到了理查的时代，已经没有人能够挑战他的地位了。举个例子来说，正是在这个时候，公爵手下开始出现一个有头衔的贵族阶层。理查把"伯爵"的头衔授予了他的亲兄弟和同父异母的兄弟们，获封的人中也包括他的叔父鲁道夫（Rodulf，据 1011 年的证书记载，他是最早被授衔的人）。与此同时，理查还为自己的领地任命了一些拥有"子爵"（viscount）头衔的行政官。重要的一点在于，只有公爵才有权授予或撤销这些头衔。和其他地区一样，这些头衔不是只要争取就能得到的。[15]

在诺曼底，我们没有发现类似于法兰西其他地方的割据局面。城堡就是一个极好的例子。在这个时候，公国中的确存在城堡。但是，它们的数量不多，而且都处于公爵本人或其下属的控制之下。例如，我们知道，早在和理查同名的父亲在位期间，鲁昂那座雄伟的石塔（不幸的是，这些石塔现在已经不存在了。不过，巴约挂毯或许对它们有所描绘）就已经是公爵家族的财产了。他们把城堡交给伯爵管理，是为了帮助伯爵们守卫危机重重的边境地区。例如，鲁道夫伯爵就曾驻扎在位于诺曼底东部边境的伊夫里（Ivry）。在那里，雄伟的城堡主楼至今仍然存在。[16]骑士也出现在诺曼底地区。我们至少可以说，在这一时期的诺曼底，已经有人穿着锁子甲，并且骑在马上战斗了。诺曼人早已放弃了维京人时期步行作战的传统。他们很快适应了法兰克式的马上作战方式。但是，在 11 世纪早期，他们只会对外发动战争。而在公国内部，没有人不经许可就新建城堡，也没有自行其政的城堡主和目无法纪的骑士造成过地方上的暴乱。[17]

有一个事实最能证明诺曼底同其他地区的不同。在公元1000年之前的那几年中，法兰西南部统治权力的崩溃造成了巨大的影响。在地方宗教领袖的煽动和群体性愤怒的驱使之下，大批人群走上街头，聚集起来声讨暴力行径。他们希望以这种方式向上帝祈求，让他用全能的力量来结束这一切。为了保护弱势群体，教会希望能够在当地建立起一种"上帝的和平"（Peace of God）。而为了建立起这种和平，圣物、忏悔和绝罚（逐出教会）都是必不可少的手段。不久之后，当世俗统治者也开始对此做出反应的时候，他们将会"以上帝的名义"宣布"休战"（Truce），约定只在一周中的特定几日争斗或发动战争。[18]

1023年，一次会议在位于法兰西国王治下的小镇贡比涅（Compiègne）召开。这次会议的议题在于，如何将"上帝的和平或上帝的休战"引入法兰西北部。理查公爵在其高级宗教人士的陪同下参加了此次会议。法兰西的国王和佛兰德的伯爵也同样参加了此次会议。如果说，其他地区的和平是这一会议的结果，诺曼底的和平却不是。最终，与会者一致认为，不必在诺曼底推行"上帝的和平"。在诺曼底，有理查公爵自己维持和平就已经足够了，没有必要再采取这种严厉的措施。[19]

然而，随着老公爵于1026年死去，诺曼底的局势瞬间发生了改变。老公爵的两个儿子理查和罗贝尔相互敌视。在他们交战的过程中，公国被分割成了两个部分。虽然我们并不清楚，罗贝尔与1027年理查的死是否有着直接的关系，但他确实曾经怂恿人们发动叛乱，试图推翻公爵的统治。在他自己接任了公爵之后，这一事实对他并没有什么好处。可能正是因为兄弟阋墙，在他继任后不久，他与家族中两位年长的成员发生了冲突。罗贝尔在伊夫里包围了巴约主教休（Hugh，他是已故的鲁道夫伯爵的儿子），并迫使他流亡在外。更为严重的是，罗贝尔甚至与鲁昂大主教（与罗贝尔同名的叔父）发生了冲突。后者同样在遭到围困之后逃亡，并立即下令禁止在诺曼底境内施行或领受圣事。由于罗贝尔的这两位对手都是高级宗教人士，这些人很可能对其行为也颇有微词。在争夺统治权的过程中，这位新任公爵建立起了庞大的军队。他承诺士兵，将来必有奖赏。而在他掌权后，为了兑现这些承诺，他便开始掠夺教会的土地。为了获得永恒的灵魂，他的前任们向修道院赠予了地产；罗贝尔则把这些地产抢了回来，并将其作为封土赠予自己的骑士。看起来，随着一场复仇，封建主义逐渐在诺曼底扎下了根。

尽管如此，那些对公爵权威的威胁最终还是消失了。罗贝尔与教会讲和，许诺将没收的修道院土地一一归还。在为此发布的证书中，他坦承自己"中了恶人的奸计"，并误入歧途。他还召回了流亡的大主教。这位大主教不仅解除了诺曼底的禁行圣事令，还成了公爵最为信任的议政大臣。这一措施确保了其统治的连续和稳定，而这一点是很宝贵的。1035 年，当他的侄子决定前往圣地的时候，大主教显然一手包揽了朝中政务。而在公爵最后未能返回，仅留下威廉这位 7 岁的继承人时，他在朝中的作用更为显著。在威廉继位后，诺曼底的政局仍旧是比较稳定的。这也就是为什么诺曼底政府能够一直资助在外流亡的爱德华和阿尔弗雷德。对于这一稳定局面的形成，作为稳健的掌舵人，大主教无疑功不可没。问题是，当时的大主教年事已高。不久后，他就于 1037 年 3 月过世。随着他的去世，诺曼底重新陷入一片混乱当中。[20]

　　诺曼底陷入乱局最明显的标志在于，未经公爵许可，人们就开始大量建造城堡。一时间，这种类型的城堡在诺曼底四处开花。"很多诺曼人早已把忠诚抛在脑后，在多地建起了土堡，"瑞米耶日的威廉如是说，"为达到自己的目的，他们还建立了坚固的据点。当建立好防御工事，有了坚固的后方后，他们便立即开始密谋，并且发动叛乱。猛烈的战火也因此在公国的各个地方燃烧了起来。"为了打倒对手并赢得先机，权贵们拼得你死我活，诺曼底公国迅速沦为充满暴力的地狱。一位见多识广的 12 世纪作家奥德里克·维塔利斯（Orderic Vitalis）就曾记述过一个名叫威廉·吉罗瓦（William Giroie）的人。敌军在婚宴上抓住了这个不幸的人。他们把他拖到外面，残忍地切掉了他的鼻子和耳朵，并用刀剜去了他的眼睛。在此时的诺曼底，人们似乎像黑手党一样，不断地相互杀戮。有实力的家族想方设法地相互打压。这是因为，他们知道年幼的威廉公爵既无力保护他们，也没有能力惩罚他们。[21]

　　在这段危险时期，小威廉还是有人监护的。除已故的大主教外，罗贝尔公爵还安排了大量世俗界的要人来帮助和保护自己的儿子。例如，他要求自己的两位堂表兄弟布列塔尼伯爵艾伦（Alan, count of Brittany）和布里奥讷伯爵吉尔伯特（Gilbert, count of Brionne）担任威廉的主要监护人。然而，没过多久，这些人就不能再给他们的幼主提供任何保护。艾伦伯爵是第一个倒下的。1040 年 10 月初，他在一次围剿中被杀害；很快，吉尔伯特伯爵也遭到了类似的厄运——他在早晨骑马外出时被敌人暗杀。随着最有权势的监护人相继死去，危险开始一步步逼近威廉。1041年，他的家庭教师图罗尔德（Turold）被杀害。其后，管家奥斯本（Osbern）在位于勒沃德勒伊（Le Vaudreuil）的城堡熟睡时被割喉。那时，威廉公爵也和他睡在同一个房间里。正是这些真实发生过的故事引发了奥德里克·维塔利斯的思考。在他的笔下，征服者威廉在临终时说："为躲避那些想要置我于死地的叛徒，瓦尔特（Walter）舅舅多次在夜里把我从城堡中偷偷运到村舍里，藏在穷人住的地方。"[22]

尽管这段话十分注重细节（威廉的确有个名为瓦尔特的舅舅），但在某种意义上，这一完美的回忆桥段似乎仍然难以令人完全信服。如果杀死威廉监护人的那些歹人想要置威廉于死地，他们早就干脆利落地得手了。几乎可以肯定的是，他们的目的不在于此。可以想见，这一做法的目的是要控制威廉，进而统治诺曼底。换句话说，我们所看到的似乎并不是一系列基于个人恩怨的、偶发的暴力事件，而是一场精心策划的政治阴谋。在这件事发生后不久，瑞米耶日的威廉就对此有过记载，但他拒绝列出刺客的名字。这是因为，这些人"现在都是公爵身边的重要人物"。在经过了几代人之后，奥德里克·维塔利斯就不必那么谨慎小心了。维塔利斯指出，这些刺客中的一人是加塞的鲁道夫（Rodulf of Gacé）。当我们在之后的记载中看到他的名字的时候，我们会发现，他是威廉的监护人，也是"诺曼军队的领袖"。[23]

从编年史家的记述中，我们可以明显看出，这一系列政变得到了法兰西国王的支持。根据前文所述，1033 年，在罗贝尔公爵的帮助下，亨利一世才重获王位。作为回报，这位法兰西国王正式承认威廉为罗贝尔的继承人。但是，支持威廉似乎并不意味着支持他父亲罗贝尔为其选择的监护人。在谈及阴谋叛乱时，瑞米耶日的威廉说道："这些人在法兰西国王亨利面前煽风点火，无耻地蛊惑他，并给诺曼底带来灾难。"

问题在于，虽然经过几番游说，诺曼底的摄政者们成功地让亨利卷入了这个权力旋涡，但他们后来发现，要说服亨利退出并不是一件容易的事。不久，亨利国王要求靠近法兰西边界的诺曼城堡蒂利埃（Tillières）向他投降。这很可能是因为，这个城堡之中藏着背叛亨利的法兰西人。摄政者们同意了这一要求，并协助法兰西国王包围了这个城堡，直至这里的守军投降。然而，在大约一年后，出于不明原因，亨利却支持了一起针对威廉的叛乱。这场叛乱在诺曼底的中心地区爆发了。在这场叛乱当中，一个子爵占领了威廉的出生地法莱斯。亨利不但为他提供兵力，甚至还支持叛军入侵公国的南部。这次叛乱最终还是失败了；子爵逃往海外，而法兰西国王也最终收手。即便如此，这一事件也还是表明了某些诺曼贵族是如何地不忠；而在侵略者的眼中，公国又是变得如何地脆弱（这显然是这些贵族的不忠所导致的）。

耐人寻味的是，对于年幼的威廉公爵而言，这两起同法兰西国王有关的事件（历史学家初步将这两起事件的发生时间定为1041至1043年）似乎也成了他一生中重要的里程碑。在记述围攻蒂利埃城堡之事时，瑞米耶日的威廉写道，此时的威廉不过还是个孩子，依旧把所有的事务都交给摄政者们处理。相反地，在谈及活捉子爵一事时，威廉却写道，做出决定的是威廉本人。（"一听说这个居心不良之人的计划，威廉公爵立即召集军队前往法莱斯，并将他围困在那里。"）换言之，就在这两次围剿之间，威廉行过了成人礼。当然，这一时期的他仍很年轻，可能不超过15岁。但是，也有其他历史证据表明，威廉年纪轻轻就掌握了实权。在11世纪的法兰克武士社会当中，成人首先意味着握有兵权。历史学家们几乎都认为，或许在非常年轻的时候，威廉就已经达到了这一标准。根据后世作家马姆斯伯里的威廉（William of Malmesbury）所述，"为了在各省重建和平，威廉尽可能快地成熟起来"。马姆斯伯里也告诉我们，公爵得到了法兰西国王的兵力支持。此前所发生的事也佐证了他的这一说法。可以看到，威廉的监护人曾与亨利一世合作，并攻陷了蒂利埃。[24]

另外一位对威廉掌握兵权一事大书特书的作家是普瓦捷的威廉。他的《威廉功绩表》（*Gesta Guillelmi*）一书毫无疑问是关于征服者生平最重要的史料。尽管直到 11 世纪 70 年代，他才开始写作，但普瓦捷的威廉亲身经历了他所述的早期事件，而且自 11 世纪 50 年代起，他还在威廉公爵私人教堂中担任牧师。这样一来，他不仅见证了当时的事件，也是和威廉关系最为亲密的历史记录者。（作为私人教堂的牧师，他很可能听过威廉的忏悔。）就像其他的历史记述一样，普瓦捷的记述也是有问题的。他长期生活在征服者威廉的宫中。这意味着，他的叙述当中可能存在着某种程度上的逢迎与粉饰。与此同时，我们也不能完全相信他笔下有关威廉动机的描述。尽管如此，普瓦捷的威廉的记述还是有独特的价值的。结合他的丰富经历来看，他的记述尤为特别。普瓦捷的姓取自他所学习过的地方，但是从血统上来看，他是一个诺曼人。此外，根据奥德里克·维塔利斯的记载，"进入教会之前，他是一个勇敢的士兵，挥舞着武器，为他俗界的主公而战"。因此，与其他有学识的人相比，普瓦捷的威廉更了解什么是战争。而且，他能够以一种多数隐居于修道院内的僧侣所做不到的方式，与威廉这样的武士惺惺相惜。[25]

在描述征服者威廉的成人礼的时候，普瓦捷的威廉个人的偏好与军事经验一览无余：

最后，对于所有渴望并热切期盼和平与公正的人来说，最令人愉快的日子终于来了。我们的公爵——这位对荣誉之事具有超越年龄的理解、比其同龄人更强壮的武士——被授予了骑士的头衔。这一消息迅速传遍法兰克王国，人人为之恐惧。这是因为，在高卢，还没有另外一个有如此名声的人身着戎装并被授予骑士称号。看着他握住缰绳，挥舞着荣耀的宝剑，举着熠熠发光的盾牌，还配备了头盔和长枪，真令人心生愉悦而又胆寒。[26]

尽管普瓦捷坚持认为，这位新近受封为骑士的年轻人激发了外界的快乐和恐惧，但他同时也承认，要统治诺曼底，威廉还面临着漫长而艰难的斗争。他进一步表示，"为不法的事务颁布的许可实在是太多了"。在多年的混乱当中，人们不仅未经许可就建立了许多的城堡，而且不断因为寻仇而相互杀戮。公爵自己的官员（伯爵和子爵）也各行其是。就算这些人不像法莱斯事件里的子爵那样公开造反，他们也毫不忌惮年轻公爵及其议政大臣。在威廉成为骑士的这段时间里，情势依然十分危急。这逼着威廉的政府采取迟来的举措，要在诺曼底推行"上帝的和平"。然而，这一措施还是失败了。本来，诺曼底的主教们应当颁布禁令，以禁止暴力。然而，这是不可能的，因为他们本人也来自长期争斗的贵族家族。[27]

然而，我们有理由相信，在接下来的几年间，威廉在平息公国境内混乱的方面一定取得了某些成果。根据普瓦捷的威廉记载，年轻的公爵"开始从身边人入手，除掉那些他觉得是无能和邪恶的人。与此同时，他还选贤拔能，纳谏如流"。到了 11 世纪 40

年代中期，威廉·菲茨·奥斯本（William fitz Osbern）和蒙哥马利的罗歇（Roger of Montgomery）两位新人脱颖而出。乍一看，此二人不可能成为合作伙伴。他们当中，一个是惨遭暗杀的公爵管家奥斯本之子，另一个则是谋杀主犯的儿子。然而，除去这一点，他们都和公爵本人一样地年轻、雄心勃勃和好战。在他们的余生里，这两个人都将忠心侍奉威廉。

威廉亲信地位的提升表明他的个人权威正在增长。正如普瓦捷所说，威廉开始遴选自己的左膀右臂。与此同时，他也在逐步除掉那些在他未成年时自行占据高位的人。这位公爵的牧师还告诉我们，他年轻的主人开始"强烈要求选派自己的人担任要职"。换句话说，一旦威廉有了值得信任的团队，他便可以开始对那些伯爵和子爵施加控制，而这些人在此前习惯于视其权威为无物。这样的做法不可避免地会激起对方的反抗。[28]

临近 1046 年底时，一股新的反叛势力逐渐抬头。与 5 年前的成功政变不同，这次叛乱所针对的对象换成了威廉公爵本人。叛乱者的目的正是杀掉公爵，并取代他。根据编年史书记载，叛乱者的领导人是威廉的表亲之一居伊（Guy）。他和威廉一起，在公爵的宫廷里被抚养长大，曾受封布里奥讷地区及该地的城堡。然而，我们怀疑叛乱者只是打着他的幌子而已。因为，作为公爵理查二世名正言顺的外孙，居伊的名字可以让反叛者更为理直气壮地反对威廉。也有人怀疑说，真正发动叛乱的人是居伊的同伙。他们是一群盘踞在西诺曼底地区的贵族。他们之所以心生不满，是因为威廉公爵试图控制他们。[29]

遗憾的是，尽管这次叛乱对威廉的统治造成了极大的挑战，但没有任何同时代的作者详细地描写过它。一个多世纪后，一个名为瓦斯（Wace）的诺曼历史学家用戏剧化的语言描述了这一事件。这一记载恰与其他已知的事实相符，因此，他的这一陈述基本上是可信的。据瓦斯所述，当时威廉正住在诺曼底西部的边远之地瓦洛涅（Valognes）。一天夜里，他突然被叫醒，并被人警告有生命危险。公爵即刻上马，艰难地横穿了整个公国。他在黑暗中胆战心惊地渡河，又小心翼翼地绕过主要城镇，唯恐被人认出而遭到俘虏。在到达巴约附近时，他遇到了一位忠诚的领主。领主的儿子们帮助他安全到达了法莱斯。这里距离他这段疯狂之旅的出发点已有 60 多英里。

但正如瓦斯所说的那样，威廉只是稍做喘息。在意识到自己无力对抗西部子爵们的联合进攻之后，他便离开诺曼底，前往法兰西，以寻求法兰西国王的援助。瑞米耶日的威廉和普瓦捷的威廉同样证实了这一点。鉴于早年他与法兰西国王之间的种种不快，威廉的这次行动似乎很令人惊奇。显然，当时的情况已经万分危急了。威廉可能是以封臣的身份求助于亨利的。很可能早在其成为骑士的仪式上，或是在他正式继位的时候，威廉公爵就已经对国王宣誓效忠了。如果是这样，威廉现在就是利用了这笔交易，要求自己的君主对自己施以援手。[30]

亨利同意了威廉的请求。1047 年初，法兰西国王亨利召集军队驰援威廉。威廉公爵也尽其所能地从诺曼底东部集结了军队。在两军会合后，他们向西出发，并与叛军对峙。反叛者则迎接了这一挑战；在集合了亲属和封臣之后，他们建立起了一支属于他们自己的、令人畏惧的军队。这次中世纪军事史上罕见的对阵战（set-piece battle）就此拉开了帷幕。

叛军向东行进，在几个不同的地点渡过奥恩河（River Orne）。

他们计划在距离卡昂（Caen）东南方向 5 英里的瓦尔斯沙丘（Val-ès-Dunes）会合。这一地理位置的名字是瓦斯所提供的。由于一度在卡昂居住，他对当地的地形十分了解。他再一次为我们补充了其他同时代的史家所没有写的细节。正如瓦斯所说，这个地方是一片开阔的旷野，"平原辽阔广大，没有高山和峡谷……没有森林或岩石，但地势由西向东逐渐降低"。

太阳初升，诺曼底的年轻公爵和法兰西国王便前往迎敌。瓦斯对战役反复琐碎的描述也许是他的记述中最不可信的部分。他用了"共同"（common）一词来描述军队。这可能意味着步兵与骑兵都参与了此次作战。但除此之外，他却对两军的规模和布阵只字未提。普瓦捷的威廉自然会坚决地告诉我们，公爵的英勇是成功的关键，"他冲进敌阵，用杀戮诠释了死亡的恐怖。敌人吓得魂飞魄散，手中的武器都失去了威力"。而在瓦斯的笔下，威廉固然"在战斗中表现得非常高贵英勇"，但叛军败退的直接原因是，叛军的首领之一拉乌尔·泰松（Ralph Taisson）在大战前夕叛变了。无论真实的原因是什么，所有史家都相信，法兰西-诺曼底联军最终占据了优势，而那些叛军余部则掉头溃逃。此时，这场战斗完全成了对手单方面的大溃败。没被砍杀的士兵四处溃逃，而许多人在试图再次渡过奥恩河的时候溺水而死。（据瓦斯所述，浮尸在下游的磨坊处被拦截下来，其数量十分惊人。）[31]

居伊伯爵这位名义上的叛军领袖设法从战场上逃走了，并藏身在布里奥讷的城堡里。至于少数几个我们所知道的他的同谋，有的在战斗中被杀，有的则逃往布列塔尼。圣普莱西的格里莫阿尔德（Grimoald of St Plessis）就是那个阴谋在瓦洛涅取威廉性命的领主。据瓦斯所说，他的命运很好地证明了战争胜利对于参战者的重要性。他之前未经许可，就在勒普莱西-格里穆（Le Plessis-Grimoult）建造了城堡（如今部分遗址仍然保存完好）。在战争期间，格里莫阿尔德被捕入狱。可以想见，他的城堡也被摧毁了。而这也是编年史家笔下众多被摧毁的叛乱者工事中的一个。"在这场幸福的战斗当中，"瑞米耶日的威廉感叹道，"众多罪犯的城堡和恶徒的房屋被摧毁了。"普瓦捷的威廉认为，瓦尔斯沙丘战役意义非凡，理应为后世所铭记，因为"它以胜利之手摧毁了许多城堡"[32]。

　　这的确是一次伟大的胜利。面对那些试图推翻或摧毁他的人，时年 19 岁的威廉成功维护了自身的权利。尽管对于威廉来说，要重建公爵权威并重现其先祖的辉煌仍需时日，但到这时，公国分裂的威胁已然消失。瓦尔斯沙丘之役决定性地改变了双方的实力对比。因此，翌年秋，展现在众人眼前的完全是一个新的局面。此时，威廉公爵召开了大会。会议的地点在卡昂城外，距离他取得胜利的地方不远。人们特意从鲁昂运来了圣物，诺曼底权贵和主教则恭顺地出席了此次大会。大会最终宣布，"上帝的休战"就此达成。[33]

4

完美计划

和威廉一样，1047年秋，虔信者爱德华也如释重负。这是因为，出于天意，对他政权的重大威胁已经消失了。

5年前，新国王爱德华开始统治。在这个时候，他的统治生涯似乎颇为顺利。这一点并不令人惊讶。因为，早在其登基前，他的王位继承资格就已经被各政治派别所承认了。正是因为爱德华和他的议政大臣们拥有充分的自信（而不是任何挥之不去的不确定感），他们才愿意在近10个月之后再接受加冕。英格兰的国王是被选出来的——当一个国王被重要的大臣所承认的时候，他才能够开始统治。就在哈撒克努特去世后不久，1042年6月，爱德华就已经得到了其手下大臣们的承认。相比之下，他的加冕礼仅仅是一种确保上帝保佑的仪式而已。他信仰虔诚，而且从容不迫。可能正是出于这样的原因，爱德华才决定推迟自己的加冕礼，把这一仪式安排在一年中最为神圣的日子里举行。据《盎格鲁-撒克逊编年史》记载，1043年复活节，新国王终于在温切斯特"举行了盛大的仪式"，并"在众人面前"加冕了。[1]

然而，就在当年底，爱德华却发觉，某些人已经背叛了他。《盎格鲁-撒克逊编年史》继续写道，1043年10月中旬，国王前往温切斯特，并剥夺了他母亲埃玛包括土地和金银财物在内的所有财产——"她的一切金银器物，其数量不可胜计"。鉴于埃玛在其少年时代对待他的方式，有人认为，爱德华此举只是出于积怨。事实上，在某个版本的《盎格鲁-撒克逊编年史》中，编写者就认为，国王这么做，正是因为他的母亲过去对他很不好。但是，这版《盎格鲁-撒克逊编年史》还表示，埃玛之所以令其子不满，不仅是因为她此前的一些作为，而且也因为其近期的做法也令爱德华感到不快。在之后的叙述中，《盎格鲁-撒克逊编年史》写道："无论是在他成为国王之前还是之后，她都没能按照他的期望为他做事。"[2]

在 11 世纪的晚些时候，一部圣徒的传记阐述了埃玛令爱德华愤怒难当的真实原因。这部传记表示，就在国王像古代的所罗门王一样治理着国家的时候：

> 爱德华的母后遭到了指控。人们认为，正是她煽动了挪威国王马格努斯（Magnus），让他入侵英格兰。她不仅奉以无数财宝，还给了对方支持。这个王国的叛徒的罪名是与国家为敌以及背叛自己的儿子。审判的结果是，她被没收了所有的财产，其财产则归国王所有。[3]

一些当代历史学家认为，这段故事不过是谣言。他们认为，仅在一年的时间内，埃玛就被赦免了，至少部分地恢复了她昔日的地位。[4]但无论这位前王后是否有罪，根据《盎格鲁-撒克逊编年史》中关于爱德华所作所为的记述，爱德华确实怀疑她犯下了叛国罪。根据《盎格鲁-撒克逊编年史》的描述，国王做出这个决定，似乎是基于其刚刚收到的消息。他从格洛斯特（Gloucester）

策马赶到温切斯特，出其不意地抓获了他的母后。据说，爱德华还把大军带到了她面前。三位位高权重的伯爵及其军队也随国王一同前往。这显然不是一次"君子报仇，十年不晚"式的报复，而是二人关系出现重大危机的体现。

更有甚者，埃玛的确可能已经向挪威的马格努斯示好了。这并不是阴谋论者荒谬的猜想。[5]她是一系列阴谋的策划者，而挪威国王也在着手推进入侵英格兰的计划，令人警惕。10年前，马格努斯得到了反对克努特统治的挪威贵族的支持，并被推举为王。紧接着，他开始与哈撒克努特争夺权力。正是出于这一原因，自1035年起，后者就一直被限制在丹麦境内，无法脱身。而在此时的英格兰，王位继承危机才刚刚开始。最终，这两位对手还是握手言和了。他们协商决定：如果他们中的任何一人死亡，另一位便成为亡者的继承者。至少到12世纪中期，这种做法仍旧是一种惯例。[6]无论二人是否真的做出了这样的约定，在哈撒克努特于1042年死去后，马格努斯便迅速继任为丹麦的新主。很快，人们便可以发现，英格兰就是他的下一个目标。

就他们在接下来的几年间所采取的行动而言，爱德华及其议政大臣们确实很重视来自挪威的威胁。《盎格鲁-撒克逊编年史》记述道，1044年，"国王率35艘战船前往桑威奇"。今天，桑威奇不过是靠近东肯特海岸的一个小镇，几乎完全被陆地所包围。但在当时，它却是英格兰最为重要的海港之一。正如《埃玛王后颂》称呼它的那样，"是全英格兰最为著名的港口"。这里也是英格兰王室舰队集结起来抗击入侵之敌的地方。[7]1045年夏天，爱德华再次来到桑威奇，并带来了比此前更多的战士和战船。《盎格鲁-撒克逊编年史》C本表示，"这支海军是本国历史上最为庞大的海军"。而《盎格鲁-撒克逊编年史》D 本的编写者则更为直截了当,"这支海军集结的原因正是挪威的马格努斯的威胁"。

最终,马格努斯并未在 1045 年来犯。《盎格鲁-撒克逊编年史》D 本指出,这是因为,他当时正在和斯韦恩·埃斯特里特森(Swein Estrithson)争权夺位。斯韦恩是克努特的姐妹埃斯特里兹(Estrith)的儿子。当他的表亲哈撒克努特在英格兰执政的时候,斯韦恩就在丹麦摄政。在哈撒克努特死后,他也提出了要求,想要继承丹麦王位。尽管他最初并未获得成功,但到了 1045 年,此事似乎有了新进展。这一进展显然妨碍了马格努斯,令他无法入侵英格兰。

但是,《盎格鲁-撒克逊编年史》接下来的记述也表明,斯韦恩的幸运并没持续多长时间。根据《盎格鲁-撒克逊编年史》D 本的记载,1046 年,"马格努斯最终占领了丹麦"。1047 年,斯韦恩派使者前往英格兰,希望获得 50 艘战船的支持。但是,他的这一要求遭到了爱德华的拒绝,"因为马格努斯拥有一支庞大的海军"。"之后,马格努斯将斯韦恩赶出了丹麦,控制了这块土地,还大肆屠杀当地的居民。丹麦人不得不缴纳大笔贡钱,并奉他为王。"

随着斯韦恩的溃败,马格努斯自立为挪威和丹麦两国的国主。这意味着他很可能重启征服英格兰的计划,复兴克努特的盎格鲁-斯堪的纳维亚帝国也只是时间问题。但上天似乎并不想给这个挪威人统治英格兰的机会。1047 年 10 月,就在诺曼底方面宣布推行"上帝的休战"的时候,马格努斯突然去世。后人对于他的死因说法不一,但这些都是后来的记述,而且没有什么精彩之处。一位 13 世纪的作家写道,国王的坐骑受到了野兔的惊吓,这匹马冲了出去，把国王撞在了树上。而另一份 13 世纪的资料则显示，马格努斯病重并死在了床榻上。[8]

无论他死去的方式如何，马格努斯的死都意味着，一夜之间，英格兰便从入侵的威胁中解脱了出来。斯韦恩恢复了他在丹麦的权力，而挪威的统治权则归马格努斯的叔叔所有。而从斯韦恩之前的求援中，我们可以看出，他与英格兰人的关系已经很好了。而另一方面，在其即位不久之后，挪威的新国王也向英格兰遣使示好。爱德华再一次因为活得久而战胜了一个年轻的对手。[9]

在那几年里，爱德华一直因为外来入侵而担惊受怕。显然，他很担心，斯堪的纳维亚人的支持者们会潜伏在英格兰国内。首先，1043 年，有传言表示，他的母亲埃玛想让马格努斯代替他。其次，1044 年，爱德华流放了克努特的外甥女贡尼尔德和她的 2 个孩子。在 1046 年，爱德华又流放了一名克努特家族的支持者，此人名叫奥斯戈德·克拉帕（Osgod Clapa）。就像对待自己的母亲那样，爱德华的这些做法可能是新仇旧恨共同作用下的结果。事实上，这些人既可能是斯堪的纳维亚人安插在英格兰的间谍，也可能只是国王迟来的清洗行动的牺牲品。经过这场大清洗之后，丹麦人征服所造成的影响逐渐消失了。[10]

在克努特统治时期，戈德温伯爵是英格兰贵族中受益最大的。那么，这场清洗行动又会把戈德温置于何种境地呢？尽管戈德温极力为自己开脱罪责，但很明显，戈德温与爱德华弟弟阿尔弗雷德的死紧密相关。然而，根据所有的记载，戈德温都是帮助爱德华登上王位的关键人物。[11]这是否意味着，在爱德华登上王位之前，二人已经同意放下彼此之间的所有恩怨了呢？为了换取戈德温的支持，爱德华是否已经对他弟弟的死既往不咎了呢？

　　有一件事无疑促成了二人的和解。在爱德华即位不久后，伯爵便竭力缓和二人之间的关系。出于这一目的，他送给国王一艘华丽的战船。这艘战船是用黄金装饰的，由80名战士驾驶。他们的头盔、袖标和铠甲都是镀金的。这件事还被当时的诗人写成了长诗。在诗中，戈德温伯爵的礼物被看作是对新国王一片赤诚的体现：

> 　　戈德温请求新登基的国王接受这艘战船，并认为这一礼物是妥当的。他承诺，自己会经常奉上厚礼。为此，他伸出双手，向国王宣誓效忠。他发誓，自己会保护他的国王和领主爱德华，对他发下忠诚的誓言，并忠实地履行役务。[12]

　　在他执政之初，虔信者爱德华就已经同意，要把戈德温的三位亲属提拔至显要地位。1043年，他将米德兰西南部的伯爵领赐给了戈德温的长子斯韦恩。两年后，戈德温的次子哈罗德又被封为东盎格利亚伯爵。在受封时，戈德温的这两个儿子都不过20岁出头。1045年，戈德温家族里另一位年轻的男性成员也得到了提拔。他的侄子伯恩（Beorn）受封为米德兰东南地区的伯爵。[13]

　　更为重要的一个事实是，1045年初，爱德华与戈德温的女儿伊迪丝（Edith）成婚。我们之所以能了解到很多关于伊迪丝的信息，是因为她在几十年后委托他人写了一本书。后来，这本被称作《爱德华王传》（Life of King Edward）的书也成了有关爱德华统治时期的最为重要的历史文献之一。不出所料，书中充满了对其庇护人伊迪丝的溢美之词。这位匿名作者极力赞美伊迪丝的外表、性格以及成就。作者告知我们，伊迪丝"世间无人能及……她之所以能够被引荐给国王，不但是因为她家世显赫，而且还因为她年轻时美貌非凡"。由于在威尔特郡（Wiltshire）的威尔顿（Wilton）修道院接受过修女们的教育，她是个才女，可以流利地使用 4 种语言。她学识渊博又具有才能，因为自己的画作、诗歌、散文和刺绣而颇有名气。她高贵端庄、沉静谦逊、温柔亲切而且慷慨坦率。正如《爱德华王传》所言，拥有这些品质的伊迪丝"配得上如此伟大的丈夫"。她和爱德华于 1045 年 1 月 23 日成婚，具体婚礼地点不详。[14]

不过爱德华真的还有别的选择吗？要分析他与戈德温的关系，任何人都必须考虑到，在他开始统治的时候，国王的地位不稳。尽管爱德华已年近四十，但他从孩提时代起便离开了英格兰（他在诺曼底流亡了 25 年）。这意味着，当爱德华于 1041 年来到英格兰的时候，他几乎没有朋友和同盟。他真正能信任的，只有那些追随他从诺曼底过来的少数拥护者。这些人大多是教士。相比之下，戈德温已经雄霸英格兰政治舞台近 25 年。虽然就算戈德温拥有再多的土地和财富，他也不可能比得上国王，但如果就在英国的势力而言，戈德温则远胜爱德华。在英格兰南部地区，几乎每个郡里都有戈德温的拥护者，个个都在等着戈德温的吩咐。以往的事件表明，戈德温的势力几乎是不可遏制的。1040 年，戈德温一度支持哈撒克努特，但次年他就转而支持爱德华。如果戈德温再次改变主意，去支持其他王位候选人（例如马格努斯或是斯韦恩·埃斯特里特森等），爱德华该怎么办？事实上，如果爱德华想在这场你死我活的王位斗争中获胜，除了接受戈德温的摆布之外，他别无选择。在选择新娘一事上，他可能根本无权发言。

正如《爱德华王传》的作者所描述的那样，"爱德华未做任何抵抗，就接受了这桩婚事。因为他知道，有了戈德温的谋略和协助之后，他在英格兰的王位可以坐得更稳"。[15]

这个论断的潜台词是显而易见的：如果爱德华拒绝了这桩婚事，他很可能就会丢掉这个王位。

基于后来所发生的事实，人们一直怀疑，因为弟弟的死，爱德华一直没有原谅戈德温，而他与伊迪丝结婚也不过是敷衍了事。这对夫妻没有子女的事实更加深了人们的怀疑。后来的编年史家们坚持认为，这是因为，这对夫妻始终没有同房。与之相反，大多数现代历史学家则认定，他们没有孩子不过是因为运气不佳。他们认为，爱德华夫妇可能有不育症。然而，根据伊迪丝本人的说法（例如她在《爱德华王传》中的说法），他们没有子女是因为爱德华一直过着"禁欲的生活"。事实上，"他保留着自己神圣的童贞，庄重地向上帝奉献。终其一生，他都过着这种圣洁的生活"。我们理应重视这一证词。毕竟（就像一位当代史学家所说），如果事实并非如此，那么《爱德华王传》将彻底沦为一个笑柄。更重要的是，随后发生的事表明，爱德华并不急于获得子嗣。至此，合理的解释仍然是，爱德华是纯粹出于政治目的才与伊迪丝结婚的。尽管史家们为伊迪丝的美貌而倾倒，国王还是抵御住了这一诱惑。[16]

在这对夫妇结合的最初几年里，没有子嗣可能并不是一个突出的问题。我们知道，1045年1月，爱德华至少已经40岁了。但我们并不清楚他妻子的年龄。如果伊迪丝是戈德温最年长的孩子，那么她此时可能已经25岁了；但她也可能刚刚达到教会所规定的适婚年龄，也就是12岁。如果后一种情况才是事实的话，那么，这对夫妇一开始没有子女并不令人感到惊讶。但随着时间的推移，王位继承人空缺一事必然引发了更多的公众焦虑，而爱德华和戈德温的关系也日益紧张。[17]

在《盎格鲁-撒克逊编年史》中，我们能够找到一些蛛丝马迹。他们的关系的确变得紧张了。起初，我们可以看到，爱德华和戈德温是相互合作的。例如，1044年，当坎特伯雷大主教因健康状况不佳而卸任的时候，他想要自行指定继任者。据《盎格鲁-撒克逊编年史》记载，这一阴谋是"经过了国王和戈德温伯爵的允许"的。几年之后，关于英格兰的对外政策，爱德华和戈德温伯爵却产生了分歧。当斯韦恩·埃斯特里特森再次向英格兰求援，希望借用英格兰的力量对抗挪威的马格努斯时，戈德温是全力支持英格兰出兵的。（他妻子的兄弟娶了克努特的姐妹。也就是说，他是斯韦恩的姑父。）据伍斯特的约翰所说，伯爵"向国王提出建议，至少要派出50艘战船"。然而，爱德华拒绝了这一提议。关于这一举动，《盎格鲁-撒克逊编年史》解释道："在任何一个人看来，这个出兵计划都很荒唐。"伍斯特的约翰则补充道，麦西亚的利奥弗里克伯爵带头反对戈德温的提议。无论爱德华是否主动采取了措施，把利奥弗里克培养成了自己的盟友，这一事件都印证了一个再清楚不过的事实：此时，有人在帮助爱德华对抗戈德温。[18]

此时，戈德温所面临的尴尬之处还不止于此。同年，因为一年前劫持莱姆斯特女修道院院长（abbess of Leominster）的丑闻，他的长子斯韦恩已经逃往国外。这件事本来就已经够糟糕了。两年后，斯韦恩返回英格兰。他的本意是想求得世人的原谅，没想到却罪上加罪。这是因为，这一次，他背叛并谋杀了他舅父的儿子——丹麦国王的兄弟伯恩·埃斯特里特森。当时的人们都觉得这一行为令人发指。据《盎格鲁-撒克逊编年史》记载，人们指责斯韦恩是一个"恶棍"（nithing），即"毫无信义之人"。此后，斯韦恩再次逃往国外。[19]

不过，如果说，斯韦恩的事证明了什么的话，那便是：尽管饱受丑闻的困扰，戈德温伯爵的地位却和从前一样地稳固。1050年，就在他第二次开始流亡的几个月后，伯爵这个一无是处的儿子得到了王室的赦免，获准回国。显然，爱德华不得不满足岳父的所有要求。看起来，即便是犯下了杀人的罪过，只要是戈德温家族的人，就能侥幸逃脱。[20]

如果说，11 世纪 40 年代末英格兰国王需要操心的事情还不够多的话，斯堪的纳维亚人的持续侵扰便加深了他的忧虑。马格努斯国王的去世所带来的喘息的机会似乎只是暂时的。很快，挪威和丹麦便再次刀兵相见。这一动荡的时局显然会令爱德华和他爱好和平的臣民忧虑不已。1048 年，肯特和埃塞克斯两地的海岸再次遭到两小股维京海盗（《盎格鲁-撒克逊编年史》称他们为"洛滕"［Lothen］和"伊尔林"［Yrling］）的进攻。他们"不但劫掠数不清的金银珠宝，还掳走了很多人"。次年，埃塞克斯再次遭袭。这一次，来犯的舰队规模更加庞大。领军之人正是多年前被爱德华流放的奥斯戈德·克拉帕。[21]

然而，爱德华还是在 1050 年末拟定了一个计划。如能奏效，这一计划便能帮助他摆脱戈德温强大势力的威胁，而英格兰也可以不再受维京人的劫掠。与此同时，这一计划还能解决王位继承人空悬的问题。简言之，这是个野心勃勃的计划，而且需要他的亲戚诺曼底公爵威廉的参与。

在瓦尔斯沙丘战役之后的数月乃至数年中，威廉一直忙于巩固自己的战果。他持续不断地摧毁城堡，并且平定叛乱。尽管失败了，反叛者头目居伊伯爵仍然是个麻烦人物。他逃进了自己位于布里奥讷的城堡。据普瓦捷的威廉说，那座城堡固若金汤。里勒河（River Risle）环绕着其石质的城堡主楼，几乎无人能够渡过这条河，并攻入城堡内部。按瑞米耶日的威廉所言，公爵最后只得围困布里奥讷城堡，以此逼迫叛军屈服。最后（据说是在 3 年之后），饥饿难忍的伯爵终于投降了。他随后被判流放。[22]

当威廉忙着驱逐居伊这个阴谋造反之人时，他忠心的臣民却在为他王朝的存续而担忧。"此时，这位年轻而有活力的公爵已经不再是个少年，"瑞米耶日的威廉说，"因此，权贵们特别关心公爵的后人和王位继承人的问题。"就像虔信者爱德华一样，威廉也需要结婚，并在床上努力奋战。只有这样，他的臣民才能安心睡觉。普瓦捷的威廉表示，议政大臣们对于公爵应该去哪里寻找一位妻子意见不一，并为此展开了激烈的讨论。中世纪大家族间的通婚行为往往是外交关系的延伸。而在历史上，诺曼底公爵也曾在公国之外寻找妻子。最终，威廉的婚事敲定了。他的结婚对象是佛兰德伯爵鲍德温的女儿，名为玛蒂尔达（Matilda）。[23]

我们对年轻的玛蒂尔达所知不多。和伊迪丝一样，她的出生日期也是未知的。她的身高同样是一个谜。[24] 坊间盛传，她只有 4 英尺 2 英寸（约合 1.3 米）高。[25] 瑞米耶日的威廉告诉我们，她是一个"美丽、高贵而且有王室血统的女孩"。虽然史家没有在她的"美丽"上耗费太多笔墨，但鉴于结婚的最终目的是要生下继承人，那么在选择公爵夫人的时候，玛蒂尔达的美貌应当起到了一定的作用。玛蒂尔达的"王室血统"则是从其母阿代勒（Adela）

处继承的。后者是 1031 年去世的法兰西国王虔诚者罗贝尔（Robert the Pious）的女儿。这也就意味着，玛蒂尔达是亨利一世（罗贝尔的儿子及继承人）的外甥女。事实上，作为威廉在 1047 年瓦尔斯沙丘战役中的盟友，亨利一世很可能向威廉提出建议，希望后者同佛兰德方面联姻。1048 年 5 月，在一份在亨利的王廷里起草的证书上，威廉和鲍德温伯爵确实都作为证人出现了。[26]

瑞米耶日的威廉并没提到（这一点毫不令人惊讶）教宗对这桩婚姻的反对。早在双方缔结这段婚姻之前，教宗就下了禁令，不让二人结婚。事实上，关于这桩婚姻，我们所知的第一则确切信息就是有关教宗的。1049 年 10 月，罗马教宗利奥九世（Leo IX）于法兰西城市兰斯（Rheims）召集高阶宗教人士开会，试图干涉二人的婚姻。12 世纪初的编年史家们确信，罗马教宗这样做的原因是，他认为威廉和玛蒂尔达之间有着相当近的血缘关系。但是，当代史学家至今未能找到这对夫妇间有亲缘关系的可靠证据。因此，教宗颁布禁令的真实原因可能不在于此。[27]

教宗做出这一决定可能是出于政治上的考虑。1049 年，利奥九世只当了几个月的教宗，而他又是被他的亲戚——神圣罗马帝国皇帝亨利三世（Henry III）——所任命的。亨利三世恰好与佛兰德的鲍德温关系不睦。根据《盎格鲁-撒克逊编年史》的记载，鲍德温攻打过亨利三世位于奈梅亨（Nijmegen）的皇宫，而皇帝则召集大军还击，以报一箭之仇。皇帝的军队由来自各地的著名人物组成，其中就包括这位利奥教宗。到了兰斯大会召开时，已经是 1049 年 10 月了。此时，鲍德温已经投降归顺。虽然如此，但无论是亨利三世还是利奥九世，一想到昔日的宿敌可能会通过某种方式（如通过与诺曼底公爵联姻的方式）巩固其地位，便很难高兴起来。[28]

就此观之，教宗之所以提出反对，可能更多的是出于政治方面的考虑，而非教规方面的考虑。反过来，如果这一反对仅仅是出于政治方面的考虑的话，任何阻碍威廉婚姻的因素都能被迅速地排除。在兰斯大会结束后的几个月时间内，诺曼底的高级宗教人士就前往罗马，拜访利奥教宗。根据 1051 年的几份证书，到了这个时候，作为证人的玛蒂尔达已经是公爵夫人了。因此，最可靠的猜测是，他们的婚礼日期是 1050 年的某一天。这个时候，威廉 20 岁刚出头，玛蒂尔达则在 15 至 20 岁之间。婚礼于诺曼底东北边境的厄镇（Eu）举办。新娘由其父亲护送。他还带来了许多嫁妆。新郎则由其母亲、继父及众多骑士陪同。"他迎娶她为自己的合法妻子，"瑞米耶日的威廉说道，"并用盛大的仪式将她迎入鲁昂城。"普瓦捷的威廉则补充道，公国首府内，到处都洋溢着欢乐的气氛。[29]

在英格兰境内，庆祝的气氛可能就要淡一些了。长期以来，虔信者爱德华的确与诺曼底人及其统治者有着颇为密切的往来。而且，这一联系并没有因为他离开诺曼底而返回英格兰继承父亲王位而遭受丝毫的损害。但与之相反的是，爱德华与佛兰德方面的关系是极度糟糕的。这可能是因为，他的母亲在鲍德温伯爵面前诽谤过他。她曾长时间在布鲁日逗留，并可能曾在鲍德温伯爵面前说过什么，令他对爱德华产生恶意。无论是出于什么理由，11 世纪 40 年代期间，鲍德温伯爵都在不断地为英格兰国王的敌人提供避难所。这些人包括：贡尼尔德和她的孩子们、奥斯戈德·克拉帕以及无药可救的斯韦恩·戈德温森（戈德温之子）。在被爱德华放逐后，这些政敌都逃往了佛兰德。为了出售赃物，洛滕和伊尔林这两个海盗集团也来到了此处。1048年，他们曾多次劫掠肯特与埃塞克斯。简言之，佛兰德之于爱德华，恰如诺曼底之于他的父亲埃塞列德。这无疑是一个敌人的海港，也是一个英国宝物的倾销地。因此，这样一个事实并不令我们感到奇怪：1049年，当神圣罗马帝国皇帝请求爱德华从海上封锁鲍德温的港口时，这位英格兰君主十分乐意为其效劳。[30]

在看到威廉与玛蒂尔达结婚之后，爱德华势必产生了很多不祥的预感。他预感到，一旦诺曼底与佛兰德联盟，那么整个英吉利海峡就会处于敌对势力的控制当中。显然，这位英格兰国王必须做些什么，以消灭这一对英格兰利益的潜在威胁。然而，年轻的诺曼底公爵会成为他的计划当中必不可少的一部分，还有别的原因。

1051年初，在爱德华与戈德温伯爵之间，一场疾风暴雨正呼之欲出。二人似乎在英格兰教会管理的问题上意见相左，而这种状况已经持续了一段时间了。虽然，在世俗政治中，这位国王可能没有很大的权力，但在任命修道院院长和主教问题上，他有着最终的决定权。爱德华更愿意提拔自己的左右手（即那些伴随他从诺曼底渡海前往英格兰的教士），而非他岳父戈德温所建议的人选。这件事丝毫不会令人惊讶。《爱德华王传》写道："每当担任要职的人去世，一些人就会试图在这些空缺的职位上安插自己的人。其他的人则疏远他们，就好像不认识他们一样。"

1050年10月，坎特伯雷大主教埃德西耶（Eadsige）过世。这时，爱德华和戈德温二人的争执已经达到了白热化的程度。在继任者这一话题上，坎特伯雷的僧侣们有优先发言的权利。他们在自己人里选择了一个名叫埃塞尔里克（Æthelric）的人，并请求戈德温代他们寻求国王的批准。伯爵欣然同意（因为埃塞尔里克是他的亲戚），但爱德华却拒绝了这一要求。爱德华心中早已有了一个候选人，即瑞米耶日的罗贝尔（Robert of Jumièges）。多年来，罗贝尔与国王亦师亦友。从他的姓氏中，我们也可以看出，瑞米耶日的罗贝尔是一个诺曼人。作为瑞米耶日修道院的前院长，罗贝尔于1041年追随爱德华从诺曼底来到英格兰。此后，他一直是与国王最为亲密的议政大臣。正如《爱德华王传》所言，他是"国王手下最有权力的秘密顾问"。在执政之初，爱德华便擢升此人为伦敦主教，而此举很可能遭到了英格兰本土僧侣的反对。（反常的是，《盎格鲁-撒克逊编年史》并未提及这次任命。）无疑，在看到瑞米耶日的罗贝尔有可能会就任坎特伯雷大主教之后，戈德温派势必会感到惊恐。《爱德华王传》的作者指出，"所有的教士都竭力地反对这一错误的做法"。但是，这一抗议并没有起效。最终，国王还是推行了自己的意志。1051年3月，爱德华国王召集自己人在伦敦开会，并最终确定了罗贝尔的任命。[31]

与此同时，几乎可以肯定的是，国王又投下了一颗重磅炸弹。此时，他与伊迪丝已经结婚6年，却依然没有生育孩子。显然，虽然教士们一直在祈祷，希望他们能够生育子女，但是，这些祈祷并未发挥任何的作用。当然，如果我们愿意相信伊迪丝王后之后所做的声明的话，这一结果便更加理所当然了。她告诉我们，国王从未与她同床过。国王在这关键的一年里的举动也极大地增强了我们对于王后的信任。可能正是在3月的伦敦大会上，爱德华宣布了这样一个消息，即希望未来的英格兰王位能由他的亲戚诺曼底公爵威廉来继承。

在记载爱德华宣布威廉为英格兰王位候选人的时候，各种历史资料都使用了诸如"几乎确定的是""很可能"这样含糊的表述。这是因为，当时没有任何一个英格兰人会以书面的方式承认：这件事确实发生了。只有在诺曼征服以后，在诺曼人所写（或至少修订）的文献中，我们才能看到某些表述，暗示着爱德华向威廉做出过这样的承诺。因此，史学家们怀疑，爱德华并未真正承诺过要将王位传给威廉。他们试图证明，这只是一个诺曼征服之后所编造出来的故事，目的是让威廉的继位显得名正言顺。[32]

然而，如果整合所有英格兰方面和诺曼方面的资料，我们可以做出推测，这个承诺很可能是存在的。例如，普瓦捷的威廉和瑞米耶日的威廉都断言，瑞米耶日的罗贝尔在第一时间就把国王的意愿传达给了威廉。英格兰方面的历史资料则可以证明，1051年春天，这位新任的坎特伯雷大主教确实离开过英格兰（就像所有新近履职的大主教一样，他必须亲自前往罗马教宗处领取披肩）。[33]

由于英格兰的史料并未记载此事，关于戈德温的反应，我们只能猜测了。但可以想象的是，他必然非常不快。近些年来，在外交事务中，戈德温往往只能遵从国王的意思，而在近几个月的坎特伯雷大主教的人选争夺战中，他又再次受挫。现在，伯爵似乎又需要放弃看到自己的外孙登上英格兰王位的希望，转而再次接受一个外国人戴上英格兰王冠。这一前景很难让他高兴起来。而且如果威廉来到英格兰，他不会像当年的爱德华一样，只带着一小撮人前来。毕竟，后者是被放逐的，而且没有什么势力。而威廉必然会成为英格兰境内的一股独立的力量。作为公爵，威廉统治着全法兰西最难对付的地区之一，他本人也早就以战斗英勇而闻名于世。显然，这样的威廉不可能忍受拥有强大势力的戈德温伯爵，定会想方设法地消灭他。

从英格兰方面的史料中，我们可以确切地知道，在 3 月伦敦大会后的数月间，戈德温与国王的关系便日益紧张起来。6 月末，瑞米耶日的罗贝尔从欧洲大陆返回英国。一回到英格兰，他就引发了新一轮的争执，因为他拒绝为他的继任者（即新的伦敦主教）祝圣。后者正是戈德温派的候选人。罗贝尔与戈德温也发生了争执。他声称，伯爵侵犯了坎特伯雷修道院的土地。(《爱德华王传》的作者相当坦率地评价道，"这件事是主教占理"。) 总体而言，《爱德华王传》的作者认为，新任大主教是所有麻烦的根源。他指责这位大主教在爱德华面前给无可指摘的戈德温泼脏水，并让国王相信，伯爵正在谋划袭击他，"就像之前袭击国王的弟弟那样"。[34]

这年夏末，局面终于失去控制。在 8 月的最后几天，爱德华的妹夫布洛涅伯爵欧斯塔斯（Eustace, count of Boulogne）来到了英格兰。（在 1035 年之后，欧斯塔斯和爱德华的妹妹戈达吉富完婚。）我们无从得知他这次来访的原因。但是，根据一些相当站不住脚的证据，一些历史学家揣测，欧斯塔斯和戈达吉富可能有了一个女儿。紧接着，他们又根据他来访的时间节点做出了进一步的推测。他们认为，欧斯塔斯此次来访的目的很可能是与爱德华讨论，他的女儿是否有可能继承英格兰的王位。如果减少一点推测的成分的话，既然布洛涅位于诺曼底与佛兰芒之间，作为这个地区的伯爵，欧斯塔斯来访的目的也可能是与爱德华讨论最近的诺曼-佛兰芒联盟（Norman-Flemish alliance）所造成的影响。我们唯一能确定的是，正如《盎格鲁-撒克逊编年史》E 本的编写者所告诉我们的那样，伯爵来拜访了国王，"和他谈完了自己想要谈论的事情"。而在回程的路上，伯爵则与多佛尔的居民发生了冲突。《盎格鲁-撒克逊编年史》D本的编写者将此事描述为一次突发的事件：欧斯塔斯的手下"在寻找住所的过程中干了蠢事"，进而引发了争吵。《盎格鲁-撒克逊编年史》E本则表示，在进入多佛尔之前，欧斯塔斯的手下们就已经披上了锁子甲。这一描述令人觉得，在做出这些事情之前，他们已经充满了敌意。人们不禁开始怀疑，这些人是否因为受到了怂恿，才做出这样的事。无论事实如何，各种文献都表明，这次冲突导致双方各有多人死伤。在此次事件之后，欧斯塔斯向英格兰国王（此时已经在格洛斯特）诉说了此事。在他的鼓动下，爱德华被激怒了。为了替妹夫出气，他决定惩罚多佛尔人。爱德华下令出兵多佛尔。他的这一做法几乎与前任国王哈撒克努特10年前对伍斯特的所作所为如出一辙。然而，管理这一地区的戈德温伯爵却拒绝执行国王的命令。《盎格鲁-撒克逊编年史》E本指出，戈德温"无法伤害自己治下的人民"。[35]

因此，国王与戈德温二人之间的争执最终爆发了。9月初，怒气冲冲的伯爵集结了威塞克斯的兵马。而与此同时，他的儿子们也集结了东盎格利亚和米德兰西南各郡的人马。按照《盎格鲁-撒克逊编年史》D本的记载，在格洛斯特以南15英里的贝弗斯通（Beverstone），戈德温父子集结了一支"庞大的军队。其士兵的数量不可胜计，而且全都准备好要和国王决一死战"。但只有在召集了英格兰的其他大伯爵（例如麦西亚的利奥弗里克伯爵和诺森伯里亚的休厄德伯爵）之后，爱德华才做好了同其岳父对战的准备。这些伯爵在自己的领地内招兵买马，"只要国王一声令下，他们就会攻击戈德温的部队"。

就在内战一触即发之际，英格兰的要人们却变得犹豫不决。

"有人认为，开战是愚蠢之举，"《盎格鲁-撒克逊编年史》D 本的编写者叙述道，"这是因为，几乎所有的英格兰贵族都在这两大阵营中。他们深信，相互争斗无异于打开本国大门，迎接入侵之敌。这终将毁灭他们自己。"显然，他们很好地吸取了埃塞列德统治时期的教训。双方都愿意后退一步，并一致认为，戈德温应当在两周之内到伦敦接受审判。对于伯爵来说，不幸的是，就在两周之内，军事力量的天平便发生了倾斜。《盎格鲁-撒克逊编年史》D 本写道："随着时间的推移，他所率领的军队人数便急剧下降。"《盎格鲁-撒克逊编年史》E 本则表示，国王的军力似乎"空前地强大"。当他们来到伦敦的时候（双方分别驻扎在泰晤士河的两侧），很显然，戈德温将不得不接受相当屈辱的条件。

但是，只有真正看到这些条件的内容，我们才能真正感受到爱德华国王内心的愤怒。《爱德华王传》的作者似乎熟悉内情。据他所言，伯爵被告知，"只有国王的弟弟起死回生"，国王才会与他和解。作者继续写道，在听到这番话后，戈德温便推开了面前的桌子，快马加鞭地前往他位于苏塞克斯海岸的博瑟姆庄园（manor of Bosham）。在那里，他带上自己的妻子和两个儿子（斯韦恩和托斯蒂〔Tostig〕），乘船逃往佛兰德（除了这里之外，还能去哪里呢？）。此时，他的另外两个儿子哈罗德与利奥弗温早已经向西逃跑，并乘船逃往爱尔兰。因此，伯爵之女伊迪丝王后成了唯一滞留在英格兰的戈德温家族成员，而爱德华立刻将她遣往修道院。

"如果任何一个英格兰人事先被告知，局面会有如此大的反转，都会感到惊讶不已，"《盎格鲁-撒克逊编年史》D 本说道，"戈德温曾经只手遮天，好像已经控制了国王和整个英格兰。"然而，现在，他的时代已经成为过去。[36]

在这个爱德华大获全胜的时刻，我们有必要停下来，思考这一事件究竟代表了什么。首先，这一事件无疑揭示了他对戈德温的极度怨恨。在《爱德华王传》中，作者通篇都在耗费笔墨，试图将瑞米耶日的罗贝尔塑造成事件的罪魁。但即便是从这份叙述有所偏颇的文献当中，我们也能够看出，这一次，主动挑起事端的是国王。《爱德华王传》中有关阿尔弗雷德之死的负面指控（而非否认）本身就说明，阿尔弗雷德之死真的是双方冲突的核心。这一点也进一步说明了这样一个事实：因为弟弟的死，爱德华从未真正原谅过伯爵。

爱德华对王后的处理方式也同样表明了这一点。他将伊迪丝送至修道院的决定表明，至少在爱德华的心里，二人的婚姻中不曾有丝毫真情。虽然后来当伊迪丝委托他人写成《爱德华王传》一书时，她曾竭力掩饰，并称她被送回位于威尔顿的故居只是为了避避风头，但根据更为可靠的《盎格鲁-撒克逊编年史》的记述，王后是被带到了位于汉普郡（Hampshire）的惠韦尔（Wherwell）修道院。该修道院的女修道院院长正是爱德华同父异母的姐姐。在《爱德华王传》当中，伊迪丝还指出，爱德华曾计划与她离婚，但她不断强调这是大主教罗贝尔的主意，而且是爱德华本人终止了离婚程序。[37]

部分当代历史学家认为，这里提到的离婚足以说明，国王与王后的婚姻并没有夫妻之实，他们还认为，国王是为了传宗接代而准备再婚。[38]当然，这种说法与诺曼文献中的说法相互矛盾。后者表示，在当年的早些时候，爱德华已经承诺将王位传给威廉了。这样一来，诺曼文献的可信度便大打折扣。但是，就在这个时候，一份英格兰文献进一步说明，国王的确做出过这种承诺。在记述了伊迪丝被流放的命运之后，《盎格鲁-撒克逊编年史》的编写者立即补充道：

> 威廉公爵很快带着一大群法兰西随从，自大洋彼岸来到了英格兰，英格兰国王接待了他，也按照威廉的意思接待了他的部分随从，然后，国王让他回去。

这一表述引发了一系列争论。这不仅是因为它只出现在《盎格鲁-撒克逊编年史》D本中，而且还因为，20世纪50年代，一位杰出的学者指出，这句话根本不是原著里的内容，分明是后来才被补充进来的。除了一个显而易见的理由（后来的模仿者为何要特意加入这些简短而意义不明的话？）之外，我们有充分的理由来抛弃这一阴谋论，并应该相信，这一记载是可信的。《盎格鲁-撒克逊编年史》D本一度被认为是一部相当晚近的文献，完成于英格兰的最北端。但是现在，人们已经认定，它是由伍斯特的主教奥尔德雷德（Ealdred）编辑而成的。此人不但经常出入爱德华的朝堂，而且是1051年众多重大历史事件的参与者。因此，我们可以相信，在戈德温一族逃亡后不久，诺曼底的威廉确实横渡了海峡，并拜访了英格兰国王。[39]

我们有理由猜测，威廉的拜访同王位继承问题有一定的联系。在戈德温离开后，爱德华终于能够腾出手来迎接威廉，并当面确认他之前通过使节所传达的邀请。当然，在《盎格鲁-撒克逊编年史》D本中，没有任何关于这次王位继承的讨论。从表面上来看，编写者只是告诉我们，英格兰国王接待了他的亲戚，又送他离开。问题在于，在翻译为现代英语之后，"接待"（received）一词并不能很好地表达这位编年史家本来的意思。《盎格鲁-撒克逊编年史》的编写者所用的原文为"接见"（underfeng）一词。在比较了这一个词在其他地方的用法之后，可以看出，这个词的意思显然是"按照封臣的规格来接待"。因此，我们可以对此前的一句话做出不同的解释。在《盎格鲁-撒克逊编年史》当中，可以看到，爱德华接待了威廉并"按照威廉的意思接待了他的部分随从"。这句话并不是说，有一些不幸的公爵随员被留在萧瑟的秋风中挨冻了。相反，这句话是在说，威廉以及他的一些随员已经向英格兰国王宣誓效忠了，并愿意承认国王为他们的君主。

因此，《盎格鲁-撒克逊编年史》D本中的这一简短的陈述就具备了更多的历史价值。这种价值体现在两个方面。首先，我们从中得知，危机过后，诺曼底公爵就立即跨海前往英格兰。这令爱德华承诺王位一事更为可信。其次，根据这一记述，我们也获知了国王这么做的理由。尽管爱德华可能会对威廉家族心怀感激（毕竟，在他流亡在外的那段很长的时间里，他们为他提供了很多帮助），也可能会对那些诺曼朋友和议政大臣偏爱有加，但他仍不可能让对方坐拥不费之惠。我们完全可以推测，国王想要的是公爵的保证，想要他一直对自己忠诚。由于威廉即将要和英格兰的宿敌佛兰德伯爵之女成婚，这一诉求就显得更为迫切了。爱德华不可能会喜欢这一联盟，而自从那年秋季，戈德温逃往佛兰德之后，爱德华就更讨厌它了。因此，此时的他比以往任何时候都更迫切地需要将威廉和诺曼底与英格兰绑定。所以，公爵受邀并亲自拜访国王，不仅是为了成为下一任英格兰国王，而且是为了在他面前下跪，并成为他的封臣。[40]

　　1051 年是具有里程碑意义的一年。在这一年结束的时候，爱德华的计划都取得了辉煌的成功。他的挚友瑞米耶日的罗贝尔出任了坎特伯雷大主教，其亲戚诺曼底的威廉也坚定地与英格兰结盟了。最为重要且具有戏剧性的是，他所嫌恶的岳父戈德温伯爵离开了英格兰。这位国王没有愚蠢到认为，枭雄戈德温伯爵会默默地接受一败涂地的结局。既然其盛名多半是基于他战争的艺术，那么迟早有一天，这位流亡者会卷土重来。正因为如此，爱德华迅速采取行动，以捍卫自己的胜利果实。他将原本属于戈德温家族的封地和头衔奖励给了其他人。例如，作为他的两个主要的盟友，麦西亚的利奥弗里克和诺森伯里亚的休厄德很可能获得了戈德温家族所留下的部分伯爵领。自此，二人的领地面积进一步扩大了。利奥弗里克的大儿子埃尔夫加（Ælfgar）受封了原本属于戈德温儿子哈罗德的东盎格利亚伯爵领。同时，戈德温在威塞克斯西半部所持有的伯爵领连同其伯爵头衔一起被授予了乌达（Odda）。乌达是国王手下最大的塞恩。他很有可能也是国王的亲戚。（在《盎格鲁-撒克逊编年史》D 本中，编写者破天荒地描述了他的性格，称其为"一个高贵而纯洁的好人"。）另外，爱德华的外甥拉乌尔（他妹妹戈达吉富的儿子）也值得他信任。1049年，拉乌尔得到了一片伯爵领，而这片土地原本属于戈德温被杀的侄子伯恩·埃斯特里特森。如此看来，这些人都是驱逐戈德温家族行动的既得利益者。[41]

　　但是，尽管爱德华精心准备，试图杜绝戈德温家族卷土重来的可能，他还是出了一个重大的纰漏。1051 年，就在他任命新的坎特伯雷大主教的大会上，几乎可以肯定，这位国王也宣布了他的王位继承人。在同一场会议上，他还宣布了减税的决定。正如《盎格鲁-撒克逊编年史》D 本所说的那样，正是在这个时候，国王废除了丹麦金（geld）。这种税由他的父亲埃塞列德于 39 年前设立，旨在支付英格兰佣兵船队的军费。如果这一做法是为了赢得民众对国王的爱戴，它似乎是非常奏效的。"此前，这笔税一直压在全体英格兰人的肩上，"《盎格鲁-撒克逊编年史》D 本的编写者继续写道，"与其他用各种方式征收的税相比，它总是更优先，而且就总体而言，它也是最具压迫性的税种。"在爱德华的前任哈撒克努特执政的时期，这句话所描述的情况尤为真实。哈撒克努特所要求的税额是之前的 4 倍，他也因此断送了王位。事实上，当他于 1041 年回到英格兰的时候，爱德华向臣民所做的要施行仁政的承诺，其中可能就包括在未来降低丹麦金的税额和缩小征税的范围。[42]

当然，废除丹麦金也就意味着废除佣兵船队。然而，佣兵船队的消失可能正是爱德华和他的亲信们所希望看到的结果。他们可能不愿看到，有一支佣兵舰队一直居于他们当中。此前，这一佣兵舰队的成员是从斯堪的纳维亚人中精选出来的。如果到了 1051 年，情况仍是如此，国王定会对这些北欧人心怀戒备。毕竟，在过去的 10 年间，他驱逐了众多斯堪的纳维亚人的支持者。另外，佣兵舰队和戈德温伯爵或许也有着某种联系。伯爵的侄子伯恩·埃斯特里特森很可能担任过舰队队长。1049 年，就在伯恩·埃斯特里特森被杀后不久，国王便结清了 14 艘战舰中 9 艘船船员的军饷，并通知其余 5 艘战船的船员，舰队将于一年后解散。当他于 1051 年废止丹麦金时，整个舰队实际上已经解散了。[43]

爱德华和他的议政大臣们确信，在需要的时候，他们完全可以依靠国王的权力招募一支陆军（或海军，文献中未做细分）。据《盎格鲁-撒克逊编年史》记载，1008年，仓促王埃塞列德向英格兰人提出要求，每8海德土地征收1顶头盔和1副锁子甲。既然英格兰的总土地面积约为8万海德，这一命令也就意味着，英格兰军队的总人数大约为1万人。同样地，我们可以从《末日审判书》当中了解到，在爱德华时代的伯克郡（Berkshire），根据规定，每5海德土地要资助一个士兵服役2个月。如果将这一体系推及整个英格兰王国，那就意味着，英格兰一共有1.6万名士兵。[44]到了1052年春，国王和议政大臣们一听说戈德温准备来犯，便立即按传统方式招募士兵，并在桑威奇集结了舰队。据《盎格鲁-撒克逊编年史》C本记载，船队由40艘小船组成。而根据《盎格鲁-撒克逊编年史》E本，我们还可以知道，率领舰队的是爱德华所任命的两个新伯爵——拉乌尔和乌达。

经过长时间的等待，戈德温的舰队于仲夏时节起航。而此时，国王的海军似乎有着足够的震慑力。尽管伯爵的舰队悄悄绕过了桑威奇，并沿着肯特海岸在一个更远的地方登陆了，但因为遭到了拉乌尔和乌达的追击，他们不得不不断移动位置。紧接着，英吉利海峡里刮起一场风暴。这迫使戈德温返航佛兰德，而国王的舰队也就此回兵桑威奇。

然而没过多久，由于未经专门训练，爱德华海军的劣势暴露无遗。正如《盎格鲁-撒克逊编年史》E本所言，此时，舰队原定是要返回伦敦，以便其他兵士和伯爵登船。然而，事情耽搁得如此之久，以至"船队纹丝不动，船员也回家了"。

王室军队的涣散给了戈德温机会。他再次起锚，进军英格兰。

这一次，他洗劫了怀特岛，并与他的两个儿子——哈罗德和利奥弗温——所组建的舰队会合。这两个人在爱尔兰已经组建了自己的舰队，并带领着这支舰队奔赴英格兰。到 8 月末的时候，联合舰队可能沿着苏塞克斯和肯特一线一直向东航行，沿途劫掠给养和船只，并抓捕人质。与此同时，他们也在招募更多的士兵。当他们到达桑威奇的时候，按照《盎格鲁-撒克逊编年史》C 本编写者的说法，"他们已经拥有了一支庞大的船队"。"海面上排满了他们的战船，"《爱德华王传》如是描述道，"兵士们举着的武器照亮了天空。"

但凡有一支王室海军驻扎在桑威奇，戈德温的人就很难取得这样的成功。尽管爱德华意识到敌人定会卷土重来，但此时的他很难集结起足以抵御戈德温的兵力。按《盎格鲁-撒克逊编年史》C 本的说法，"他在全国范围内征调援军，但这些援军来得很慢"。

因此，戈德温可以携儿子沿肯特北部海岸及泰晤士河一路行军而未遇抵抗。9 月 14 日（星期一），他们来到伦敦，并驻扎在泰晤士河南岸的萨瑟克（Southwark）。此时，国王已成功招募到了士兵，并组建了一支包含 50 艘战船的舰队及一支庞大的陆军。戈德温传信过来，要求恢复他昔日的领地和头衔，爱德华愤而回绝。简而言之，此时的情状正像去年秋天事态的重演。双方军队仍隔着泰晤士河对峙，等待对方犯错。

但在这一轮的斗争中，戈德温明显占据了上风。在他离开英格兰的这段时间里，公众似乎开始转而支持他。这很可能是因为，英格兰人不希望由诺曼人来继承王位。在这个时候，各个版本的《盎格鲁-撒克逊编年史》都明显地表露出对国王那些诺曼大臣的敌意。《爱德华王传》表示，援军从四面八方驰援戈德温伯爵，而他的队伍也在迅速地壮大。《盎格鲁-撒克逊编年史》的编写者也告诉我们，伦敦本地居民也迅速做出反应，开始满足伯爵所提出的要求。正如《爱德华王传》所说的那样，很明显，戈德温拥有军事上的优势，没人愿意为了爱德华去冒险和他打一场内战。就在戈德温于萨瑟克驻扎下来的那个星期一早晨，河水还处于退潮的位置。但就在那一整天，潮水却在不断上涨。这样一来，事态便朝着有利于戈德温的方向发展了。待河水涨至最高点时，戈德温船队便起锚渡河，包围了国王在对岸的船队。据称，戈德温的支持者们必须刻意忍耐，才能够不攻击国王的军队。接下来，双方开始谈判和交换人质。但每个人都认识到，国王已经被"将死"了。

国王的诺曼朋友们当然意识到了局势的严峻性。看到这一点的他们纷纷爬上马背，仓皇出逃。《盎格鲁-撒克逊编年史》写道，一些人往北而去，其他人则纵马向西。罗贝尔一行奋力冲出伦敦东门，一路上凡遇阻挡，便杀死对方。他们慌慌张张地赶到了埃塞克斯的一处海岬。在那里，这位大主教坐上一艘不宜出海的小船，冒着生命危险横渡海峡，到达诺曼底。出于对戈德温的偏爱，《盎格鲁-撒克逊编年史》E本的编写者欣然写道，罗贝尔仓促间丢弃了大主教披肩。这些编写者同时认为，这证明，上帝从一开始就不想让他担任大主教。

第二天早晨的会谈在伦敦城外举行，而前一年的局势正式被逆转了。戈德温故意夸张地请求爱德华谅解他，声称之前对他和他的家族的各种指控都是无稽之谈，而他们是完全清白的。国王强压怒气，却别无选择，只好同意原谅他们，并发还所有被没收的财产。会议认可，二人已经和好。《盎格鲁-撒克逊编年史》C

本指出，会议也承诺，将制定良好的法度以重振国家。《盎格鲁-撒克逊编年史》E 本则表示，罗贝尔和他的法兰西团伙被认定为不法之徒，戈德温和国王的不和都是他们挑唆所致。不久以后，《爱德华王传》总结道，既然风暴已经平息，"作为伯爵女儿的王后也就被送回了国王的寝殿"[45]。

现在，事实非常清楚，不会再有诺曼人来继承王位了。一从冒险横渡海峡的惊慌中缓过神来，这位瑞米耶日的罗贝尔将会是第一个把英格兰糟糕的事态传达给诺曼底公爵的人。

但到了这一年的秋天，当这位大主教到达诺曼底时，英格兰已经不再是威廉最需要关心的事情了。

5

上帝的战士们

与虔信者爱德华一样，1052 年的开初对于诺曼底的威廉来说也是成功的。在这一个时间点，他也成功击败了一个可怕的对手。

他的这一对手便是安茹伯爵杰弗里·马泰尔（Geoffrey Martel），即臭名昭著的富尔克·耐尔奈的儿子。富尔克·耐尔奈十分擅长打仗，也建造了很多城堡。正是凭借这一点，他成功地将安茹变成了法兰西最大的伯爵领之一。杰弗里与他的父亲几乎一模一样。他的姓氏意为"铁锤"（后人认为这个姓是他自己取的），表明了他相信自己能将任何人打压到屈服为止。同时代的编年史家普瓦捷的威廉这样评述杰弗里："他就是这样一个极为自负的人……但与此同时，他作战经验丰富，战术能力也非常高超。"[1]

甚至早在 1040 年继承爵位前，杰弗里就已经在效仿其父进行无情的扩张了。在战斗中捕获邻邦的主君之后，他还扣押他们，直至对方同意其过分的要求为止。杰弗里就是用这种方式对待南方的普瓦图伯爵（count of Poitou）和东面的布洛瓦-沙特尔（Blois-Chartres）伯爵，并迫使他们割让领地的。1047 年，杰弗里向北突进到曼恩（Maine），并俘虏和监禁了勒芒主教（bishop of Le Mans）。此时，他的邻邦终于决定，不再坐以待毙了。两年后，法兰西国王广召其他诸侯组成联军，对安茹进行惩罚性的进犯。而自瓦尔斯沙丘战役以来，诺曼底公爵始终感觉，他欠了法兰西国王亨利一个很大的人情。因此，他自然会站在其领主的一方加入联军。[2]

尽管受到侵犯，教宗也将其逐出教会，杰弗里的势力仍在不断地壮大。他拒绝释放勒芒主教，并希望借此机会向北扩张自己的势力范围。1051 年，他的这一野心终于实现了。是年 3 月，年轻的曼恩伯爵一去世，勒芒人便邀请杰弗里来接管整个郡。[3]

对诺曼底来说，这是一个坏消息。这是因为，曼恩是它与安茹之间的缓冲地带。自 1051 年 3 月开始，安茹的扩张终于对诺曼底构成了直接的威胁。事实上，可能正是在这一日期之后，杰弗里便侵入了诺曼底公国，并占领了阿朗松（Alençon）。[4] 杰弗里无疑认为，自己的做法是正当的，是为了报复威廉之前对安茹的侵略。但给威廉公爵带来双倍烦恼的是，侵略者也是受邀前来的。阿朗松领主们的名字取自附近的贝莱姆（Bellême）。他们拥有的领地则横跨曼恩与诺曼底。而且，就像其他居住在边境上的家族一样，因为他们所处的地理位置，阿朗松的领主们也往往会轻易地更换自己所效忠的对象。当杰弗里进军曼恩以后，这些领主显然做出了决定。他们认为，相比威廉来说，他们更愿意由杰弗里当他们的主君。阿朗松此时大门洞开，欢迎杰弗里入主。

威廉虽然对此做出了军事上的回应，但他的回应并不直接。他包围了贝莱姆的栋夫龙（Domfront）要塞。这是一个筑有防御工事的小镇，在阿朗松以西大约仅 35 英里的地方，但却位于曼恩境内。杰弗里很快便率兵驰援栋夫龙。他本来是想来解困的，但一听说威廉意图亲自率军与其对阵，便立即撤军了。（普瓦捷的威廉自然会对这一事实大书特书。）既然前进道路上的障碍突然消失了，而士兵们都已经准备好了，公爵便率领着他的士兵们来到他们自己的阿朗松，并很快攻陷了它。"几乎不费一兵一卒［他们就攻下了阿朗松］。"普瓦捷的威廉写道。

　　事实上，普瓦捷的威廉在此处的描写还是有些含糊其词了。关于两军对阵一事，瑞米耶日的威廉有着更加翔实的记载。他写道，威廉公爵连夜骑马抵达阿朗松，却遭到了要塞守军的抵抗。这些居住在与城镇分离的要塞中的士兵嘲笑并侮辱了威廉。奥德里克·维塔利斯则对瑞米耶日的记录进行了进一步的补充。他描述道，要塞里的守卫一边抽打着动物的毛皮，一边对威廉高喊"卖毛皮的"（这个笑话显然是针对威廉母亲一族的。作为殡葬从业者，他们显然会和人皮打交道）。毫无疑问，这个笑话并没逗乐公爵。很快，他就攻下了要塞，并俘虏了守军。然后，"在阿朗松全体居民的注视之下"，他下令砍去嘲笑他的人的四肢。奥德里克称，共有32人手足被削。这一极其恐怖的场面吓到了阿朗松城里的居民——他们立刻投降了。他们担心，假如再做抵抗，他们也会面临同样的命运。做出投降这一抉择的不只是阿朗松。当公爵的所作所为传到栋夫龙时，当地守军也认为，归顺才是最明智的举动。

　　至此，通过精心谋划的暴行，威廉迅速夺回了其中的一座城镇，而且把另一座城镇也拖入了谈判当中。这也为我们提供了有关威廉早年性格的注脚。"最终，胜利者威廉返回诺曼底，其荣耀和战功令其故土声名远扬，"普瓦捷的威廉恢复了他惯常所用的那种歌功颂德式的口吻，"与此同时，在各地人民的心中，威廉成了既令人爱戴又让人觉得恐惧的对象。"[5]

　　阿朗松之围很可能在 1051 年末之前就解除了。因此，威廉才有机会在年末横渡英吉利海峡，并拜访虔信者爱德华。但和爱德华一样，威廉很快意识到，命运之轮转动的速度是很快的。在获得胜利后，不及数月，威廉便惊恐地发现，法兰西国王与杰弗里·马泰尔已然放下分歧，并建立了新的联盟。关于这一结盟的相关记载首次出现于 1052 年 8 月的一份证书中。在这份证书中，杰弗里曾在奥尔良（Orleans）陪伴国王。很可能也是在此时，威廉才察觉到了这一问题。

　　显然，促使昔日宿敌联手的原因在于他们对诺曼底不断壮大的恐惧。威廉已不再是过去的那个十几岁的少年了。他不再陷入绝望，也不再需要他人把他从臣民手中拯救出来。相反地，他已然成为一颗冉冉升起的新星。与佛兰德方面的联姻使他获得了佛兰德伯爵的支持，而他自身的军事声望也在迅速增长。最为重要的是，现在的他已经被认定为英格兰王位的继承人。这意味着，一旦他成功登上英格兰王位，他就会成为全法兰西最伟大的人物。在欧洲大陆未来的任何斗争中，他都有能力操控和调度英格兰巨大的财力与资源。人们不禁猜测，正是这一变化令安茹伯爵和法兰西国王走到了一起。

　　至于威廉，他立刻就意识到了二者联手的深意。尽管诺曼底的前辈公爵们以及威廉自己都一直在辛苦地维护和法兰西王室之间的关系，但这样的一种友谊此时已经成为过去式。1052 年 9 月，就在杰弗里伯爵出访后的几周，我们发现威廉出现在亨利一世的宫廷当中。毫无疑问，他耗费了巨大的努力，希望他的宗主能够回心转意。但很明显，他的这个目标并未实现，因为我们可以发现，这是二人最后一次一起出现了。普瓦捷的威廉表示，"受到一群邪恶之徒的巧言蛊惑，亨利国王对他（威廉）抱有敌意"。[6]

这份敌意很快就演变为公开的对抗。亨利的第一招便是出手支持诺曼底内部的一场叛乱。这一叛乱的领袖为威廉家族当中的一位年长者阿尔克伯爵（count of Arques，给后人带来不便的是，他和威廉同名）。此人为理查二世第二次婚姻所生。算起来，他应是公爵的半个叔叔。在公爵还年幼的时候，阿尔克伯爵还曾是公爵手下的一名卓越的议政大臣，而且曾受封上诺曼底地区的大片土地。然而在那之后，阿尔克伯爵却因为某些原因而对威廉心生不满。普瓦捷的威廉称，他在栋夫龙之围一役中放弃了作战。因此，他在阿尔克（位于迪耶普［Dieppe］附近）建造的城堡被没收了。[7]

重夺阿尔克城堡打响了伯爵叛乱的第一枪。1053 年的上半年，伯爵可能就采取了行动。他买通了公爵方面驻扎在此地的守军，并再次进入城堡。此后，他开始劫掠城堡周边的地区，为日后的战争做准备。而在得到几乎整个上诺曼底地区都起来造反的警报后，威廉便迅速做出反应，成功迫使伯爵退守城堡。然而，要塞本身却不是那么容易就能攻下的。阿尔克可能是诺曼底最坚不可摧的城堡，正如普瓦捷的威廉所说的那样，它是"骄傲与愚蠢结合而成的堡垒"。公爵唯一的选择就是建造一座围堡（siege castle）来限制叛军的行动，以期断粮降敌。[8]

1053 年秋，亨利国王介入了这场争端。他率军进入诺曼底，前来解围。诺曼史学家不无炫耀地记载了亨利的部分军队是如何掉下了围堡守军所设下的陷阱的。其结果是，许多亨利的战士不是被杀就是遭俘。这一灾难无疑是法王撤军的决定性原因。然而，这些史家也承认，尽管损失惨重，亨利一方还是成功向阿尔克城堡输送了大量兵员和给养。还没等威廉回来并亲自带兵围攻，阿尔克方面便投降了。这个时候可能还没有到年底。[9]

然而，威廉方面并没有多少时间来庆祝自己所取得的胜利。很快，就在1054年新年到来之时，急于一雪前耻的法兰西国王亨利便卷土重来。他组建了一支大军，而这支军队与之前入侵安茹的军队有几分相似之处。当然，所不同的是，现在站在国王一边的是杰弗里，与之并肩作战的是阿基坦伯爵（count of Aquitaine）与布洛瓦伯爵（count of Blois）。诺曼底公爵则成了他们共同的敌人。喜好引经据典的普瓦捷的威廉评论道，就算是尤利乌斯·恺撒（Julius Caesar）本人，见到这般强大的阵容也会心惊胆战。[10]

不幸的是，现有的记载很少提及接下来发生的事。根据编年史家有限的描述，我们可以看到，法兰西国王决定采取双管齐下的战略：亨利的弟弟奥多率领一路大军向诺曼底东北部突进，而另一路大军则由国王本人带领，从东南部进犯。他们原本的计划很可能是在诺曼底的首府鲁昂会师。[11]

我们也能从相关记载中看到，亨利的战略是非常典型的。与流行文化中的想象不同，中世纪的军事指挥官很少主动发动战争。他们往往只在命悬一线时（正如威廉在1047年遭遇的情形）才会冒这个险；而一般情况下，他们多半会采取消耗战（正如威廉经常采取围城战的做法所暗示的那样）。前来进犯的军队并没有从后方延伸至前线的补给线；在行军过程中，他们往往通过掠夺当地居民来补充军需。这就必然意味着要杀戮很多平民，但没有任何律法能够制止这一暴行。相反，伤害非战斗人员是战争的重要组成部分。因为，这不仅会暴露敌方统治者的不堪一击，而且也说明，他的保护是人们所不需要的。在评论1054年法兰西国王的战略时，普瓦捷的威廉说道，诺曼底人"为他们自己、他们的妻儿和财物而感到担忧"。他后来又说，法兰西人的目的就是踏平公爵的领地。

面对这种局面，一个谨慎尽职却又希望避免战斗的国家卫士又能怎样做呢？不出所料，普瓦捷告诉他的读者们，1054 年，威廉便率领军队，正面与敌军对峙。但实际情况也许并非如此。瑞米耶日的威廉称，公爵"率领着他的一些手下，追踪法兰西国王。一旦抓到王军中的任何一个成员，便抓住机会惩罚他"。只要跟紧亨利的军队，威廉就可以阻止对方四处分散，限制他们破坏的规模。至关重要的是，这样一来，法王的军队将很难征集到足够的粮食。如果没有劫掠破坏和收集粮草的机会，入侵之敌将很快被迫撤军。[12]

亨利的入侵行动之所以会失败，一方面是因为他们需要填饱肚子，另一方面则是因为他们没有意识到自己被跟踪了。就在威廉在诺曼底东南地区跟踪亨利所率军队的同时，他的另一队人马受命迎战法兰西国王派往北部的军队。根据瑞米耶日的叙述，这队人马在边境小镇莫特默尔（Mortemer）附近发现了敌军，而他们的敌人正在"干着纵火和奸淫妇女的勾当"。换句话说，他们正在大肆破坏，而这种行动恰恰会将他们暴露在危险当中。利用这一战机，诺曼人在黎明时分，出其不意地发起进攻。接下来的战斗无疑是异常艰苦的。据记载，血战一直持续到了中午时分，但进攻方的先手优势还是为他们奠定了胜局。瑞米耶日写道："最终，战败的法军开始溃逃，其中就包括他们的指挥官——国王的弟弟奥多。"普瓦捷的威廉则补充说，在逃跑过程中，许多法兰西人被俘虏了。

莫特默尔一役的失败宣告了法兰西人入侵的终结。当天夜里晚些时候，诺曼军队胜利的喜讯传到了威廉公爵那里。威廉立即向亨利阵营派出了一名信使，命他爬到敌营附近的一棵大树上，向敌军喊话，告知他们具体发生的事情。"听到这个出乎意料的消息，国王非常震惊，"普瓦捷的威廉说道，"他不再迟疑，立刻叫醒所有士兵，让他们在天亮之前便全数逃走。他坚信，有必要以最快的速度逃离诺曼人的地盘。"[13]

1053 至 1054 年的入侵危机至此告一段落。不久以后，威廉与亨利正式和解。按照普瓦捷的威廉的说法，作为释放莫特默尔战俘的条件，国王承认，公爵不仅有权持有从杰弗里·马泰尔手中夺取的领土，而且有权持有其在未来可能夺取的杰弗里的领地。换句话说，威廉成功地迫使亨利放弃了他与安茹的联盟。这样一来，未来的战争只会在诺曼底的南部边境上爆发。[14]

但对威廉来说，仍有一个问题亟待解决。那便是：如何处置那些曾支持过法兰西国王入侵的诺曼人。毋庸置疑，作为叛军首领，阿尔克伯爵交出了自己巨大的城堡并被放逐，终老他乡。阿尔克伯爵垮台后，他的支持者也落得相似下场。这给了威廉一个难得的机会，能够在上诺曼底地区加强自身的权威。他把从叛乱者手中没收的土地赏赐给了那些真正忠心之人。几乎可以肯定的是，这也令这些人更乐意为其效忠，并为之服役。[15]

在这场失败的叛乱中，另一个重要的受害人是伯爵的哥哥莫热（Mauger）。他卷入此事的详情已不得而知。后世的编年史家大多认为，他成为共犯是理所当然的，但就整体而言，同时代的人没有如此急于给他定罪。[16] 他们之所以如此小心，多半是因为考虑到了莫热的身份。他不仅是公爵的半个叔叔，也是鲁昂大主教（1037 年，在威廉的叔祖父罗贝尔去世后，就是由他接任大主教）。威廉根本不可能像赶走他的弟弟那样，轻易地解除莫热（诺曼底最高阶的教士）的教职。为了确保能在 1054 年春铲除他，威廉不辞辛苦，召开了一次特别的宗教会议。从普瓦捷的威廉的描述中可以看到，大主教的罪名只有一个，即他无法胜任自己的职位。显然，这一罪名纯属捏造。但无论如何，莫热还是被免除了教职，并被流放到了根西岛（Guernsey）。他在那里度过了余生。实际上，莫热也许并不比其他与他同时代的任何一个教职人员更差劲。他的不幸仅仅在于，他受到了自己兄弟叛乱的牵连。而在他的时代，他所领导的教会也经历了一场翻天覆地的变化。[17]

在诺曼人最初到达诺曼底时，他们是以教会破坏者的身份出现的。他们是抢劫成性的维京人，也可以说是搜刮财宝的海盗。他们像狼一样扑向各地毫无防范的大教堂和修道院。他们在此大肆屠杀，并卷走金银圣物。按照基督教会的存在形式，很少有宗教团体能够幸免于初期的猛攻。至于修道院，除去几个特例以外，很可能无一逃脱厄运。在这几个例子当中，僧侣们都抢先侵略者一步逃到了临近的地区，这才得以在流亡中保存他们的宗教共同体。

当然，诺曼人很快就定居下来，并接受了更为安宁的生活。他们的领袖急于适应主流社会的各种规范，因而也皈依了基督教。在他们到来的几十年间，诺曼底的公爵们重建了一些被他们的祖辈所毁掉的修道院。为吸引此地之前的居民回归，他们承诺为这些人提供保护，并归还财物。但这一过程在最初的几代人中进行得异常缓慢。到了公元 1000 年前后，仅有 4 家修道院得以重建。

直到 1025 年，库唐斯主教（bishop of Coutances）仍在鲁昂过着流亡生活。他和其前任主教们几乎放弃了他们位于西诺曼底的教区，任由其为异教徒所控制。[18]

公元 1000 年以后，事情开始起变化。理查二世重建了海岸城镇费康的修道院，并邀请著名的僧侣改革家沃尔皮亚诺的威廉（William of Volpiano）出任新一任的修道院院长。当时的人们都说，如果有权势的人真的要为宗教事业做点什么的话，他们就应当去寻求威廉神父的帮助。沃尔皮亚诺的威廉生于意大利北部，因而曾在克吕尼修道院（abbey of Cluny）受训。10 世纪早期的那场影响到清修制度乃至于整个基督教社会的改革正是从那里发源的。据称，他一开始拒绝了理查公爵的邀请。他宣称，即便是对于有如此才能的他而言，诺曼底也过于野蛮，无法被教化。但他最终被说服了。在他的引领之下，费康成了诺曼修道院的典范。这里也成了培养牧师的基地，而基督教则从这座小修道院开始传播到外面的世界。[19]

在理查的儿子罗贝尔执政的初期，这一改革先是停滞下来，后来甚至发生了逆转。这是因为，新公爵和上层社会人士开始掠夺教会的土地，并以此封赏骑士。不过，罗贝尔最终还是幡然悔悟了。他归还了他所夺取的教会财物，还在瑟里西（Cerisy）和蒙蒂维利耶（Montivilliers）建立了两座自己的修道院。更有甚者，公爵的这一举动首次成了某些诺曼贵族所效仿的榜样。在他执政的后期，许多诺曼贵族开始建立新的修道院。但到了 1035 年，随着罗贝尔的死及其幼子的继位，这一新生的潮流中断了。在威廉充满困扰的幼年时期，诺曼底境内没有任何新的修道院（无论是公国还是私人的）拔地而起。而且，贵族间激烈的寻仇杀戮也对现存的修道院的财产构成了威胁。[20]

　　然而，出乎所有人的意料，正是在这场动乱最为激烈的时刻，也正是在这样的逆境之中，这些新建立的诺曼底修道院中最具影响力的一座诞生了。故事始于 11 世纪 30 年代早期。布里奥讷的吉尔伯特伯爵麾下有一名叫作埃卢温的骑士。他厌倦了戎马生涯，并把心思放在更高尚的事情上。不顾军中同伴的取笑和嘲讽，这位 30 岁的贵族祈祷、斋戒，还穿便宜的衣服。他不但故意留起了长发长须，还弃马骑驴。最终，他的领主答应解除他的职务，让他追求他真正想要的生活。然而，在诺曼底所有现有的修道院中，埃卢温都未能找到心灵的慰藉。因此，1034 年，他在位于博讷维尔-阿普托（Bonneville-Aptot）的、属于他自己的土地上建立起了自己的宗教场所。5 年以后，他又将其迁到了距离里勒河几英里远的一处更合适的新址。此地称作"勒贝克"（Le Bec），如今该地则名为勒贝克-埃卢安（Le Bec-Hellouin）。[21]

　　若不是兰弗朗克（Lanfranc）的不期而至，埃卢温无疑会止步于这些极小的作为。兰弗朗克生于意大利，是一位世界闻名的学者。数年前，他曾来到诺曼底讲授人文科学。但是，和埃卢温一样，他也逐渐对自己的事业心生失望，并日渐笃信宗教。1042 年左右，他以僧侣的身份来到勒贝克，意图寻求更简单的生活。然而，没过多久，学生就从法兰西各地（后来还有国外）远道而来，而这位伟大的学者也再次开始收徒。到了 11 世纪 40 年代末期，勒贝克成了诺曼底乃至整个欧洲最有名的学术中心。此时的埃卢温担任其院长，而兰弗朗克则担任副院长。[22]

　　如果说，之前他们的关系还没有到那种程度的话，到了 11 世纪 40 年代末，兰弗朗克就已经成了年轻的威廉公爵的精神导师。

关于二人的友谊，我们所能看到的第一份证据恰恰与他们关系的暂时破裂有关。出于某些我们所不知道的原因，威廉一度毁坏了勒贝克的一处土地，并下令流放兰弗朗克。但就在后者准备离开之时，他却碰巧路遇威廉（多亏了他那匹令人忍俊不禁的劣马打破了僵局），并最终得到了公爵的谅解。此后，这位欧洲最知名的学者成了威廉最为信任的议政大臣。"威廉敬他如父，尊他为师，爱他如兄如子。"普瓦捷的威廉如是评价他们二人的关系。他指出，威廉"把灵魂托付于他，并把他提升到一个最为崇高的地位上。这样一来，他就能监督诺曼底的所有神职人员"。[23]

实际上，在整个诺曼底，到处都有明确的迹象表明，随着威廉公爵步入成年，一股伟大的宗教复兴潮流开始了。例如，这一时代俨然成了兴建修道院的黄金时代。虽然威廉本人满足于完成父亲在瑟里西建立修道院的遗愿，但在他领地内的其他地方，他最忠实的追随者们正致力于创建新式的宗教团体。例如，在里拉（Lyre），威廉·菲茨·奥斯本就建立了一个这样的团体；相应地，蒙哥马利的罗歇则在特罗阿恩（Troarn）建立了另一个。公爵的继父孔特维尔的埃卢温也在格拉斯坦（Grestain）建起了一座修道院。奥德里克·维塔利斯写道："在这一时期，诺曼底人民沉浸于一派祥和宁静的氛围之中。神职人员在社会上享有极高的声誉，受到世人的尊敬。"这位编年史家本人的修道院位于圣埃夫鲁（St Evroult），是格朗梅尼勒（Grandmesnil）家族于1050年10月出资修建的。"每个有头有脸的人都努力地在自己的私人领地上修建教堂，并以此吸引僧侣。"在瓦尔斯沙丘战役（1047年）和莫特默尔战役（1054年）的间隙，诺曼底贵族至少新修了7座修道院，而在之后的10年里，他们可能会再新建7座。[24]

贵族们的这种做法并不是完全没有个人利益的考虑。实际上，在这些新的贵族资助人当中，有些人曾经无比疯狂地抢劫过修道院的财产。他们建造修道院可能仍是为了给他们手下的骑士提供封地，或是为了方便征兵。当然，与此同时，无论是男修道院还是女修道院，这些修道院都可以彰显其主人的地位。其彰显领主对于特定地区的控制力的效果丝毫不亚于在领地里新建一座城堡。同时，随着修道院数量的大量增加，贵族之间也开始攀比，都想成为最为慷慨的捐助人。当然，即便把所有因素都考虑在内，大多数新修道院（即便不是所有）能够建立，虔诚仍旧是最为重要的原因。毕竟，领主最终将埋葬在自己亲手所建立的修道院中。而这里的僧侣，因感恩于他的慷慨施恩，也将会代他向上帝祈祷，帮助他的灵魂获得永生。[25]

这些修道院的"新"还表现在其建筑风格之上。在此之前，诺曼底地区的教堂都属于同一种建筑风格。自从罗马陷落以来，这一风格就风靡欧洲大陆。墙面平整并向远处延伸，墙上除饰以油画或挂毯外则别无他物。但在 11 世纪中叶，得益于教会庇护人的大笔捐款及工匠的精湛手艺，这些建筑的表面突然变得有立体感了。设计者运用柱子、圆拱、壁龛和走廊，不断增加或是减少建筑物的深度。这种建筑不但看起来精密而宏伟，最为重要的是，它看起来极为有序。这是随罗马帝国一同消逝的那种建筑风格的回归。基于这一点，这类建筑一度被 12 世纪的早期历史学家称为"罗马式建筑"（Romanesque）。其风潮最先出现于 11 世纪 20 年代与诺曼底相邻的安茹地区。在后来的几十年中，它风靡整个诺曼底。位于瑞米耶日的修道院是现存最早的、保存最为完整的此类修道院之一。它是在修道院长罗贝尔的授意下于 1040 年重修的。

就在不久之后，这位修道院长便追随虔信者爱德华，开启了他在英格兰的坎坷人生。[26]

修道院方面的发展究竟在多大程度上影响到了教会的其他方面，目前我们已经不得而知。例如，诺曼底的主教们的确喜欢这种新的罗马式风格。很快，他们便不惜重金，按照这种风格来重建教堂。[27]但对于他们隐修的同事们所产生的其他看法，世俗教士*就没有那么热衷了。在中世纪，主教是重要的管理者，对当地百姓、城市和地区的事务都有着相当大的处置权。因此，国王及诸侯更愿意确保值得信赖的人坐上这些位置。这通常意味着，他们多会指派自己的近亲来担任主教一职。如我们所见，在威廉的幼年时期，鲁昂的大主教接连由罗贝尔与莫热出任，而二人皆系前代公爵的子嗣。类似地，当威廉有权指派新人时，他也一样会从家族内部挑选人选。1049 年，他任命自己的堂叔休担任利雪主教（bishop of Lisieux）。不久以后，威廉又将巴约主教区赠给其同母异父的弟弟奥多。[28]

来自社会的最上层这一点意味着，中世纪的主教们一般不愿放弃奢华的生活，因为他们早已浸淫其中。即便保有这种生活方式意味着偶尔要将神职出售给出价最高之人，或者放弃教堂的部分财产，他们也不改其故。他们通常也不甘心放弃那些非教士身份的亲戚所享有的世俗欢乐。就像他们的治下大多数的教区牧师一样，许多主教也有妻子或者情妇。这自然也意味着他们之中的许多人也都有自己的孩子。[29]这正是修道院改革派最关注的问题。

---

* 指与修道院的僧侣们不同，管理地方教区事务的教士们。

很明显，教职的买卖（买卖圣职）会让教会职位不断落入不称职的人手中。而如果已婚的神职人员坚持要提拔自己的后代的话，也会造成类似的后果。但是，只要高级神职人员的任命权把持在国王、诸侯和公爵的手中，修道院改革派对上述做法的谴责就不可能真正发挥作用。

因此，当修道院改革派突然掌握了教会的最高权力之时，所有人都震惊了。几百年来，除去直接统治罗马的王朝以外，教宗不过是一个远在天边的象征。只有对于那些对罗马有实际管辖权的王朝统治者来说，他们才会希望看到自己人坐到圣彼得大教堂（St Peter's Basilica）的宝座上。但当神圣罗马帝国皇帝亨利三世于1048年指定他的亲戚利奥九世担任罗马教宗时，这一局面发生了翻天覆地的变化。皇帝与教宗都是改革的倡导者。其中，利奥立即着手实现自己神圣的理想。他要求神职人员必须奉行独身主义，并驱逐那些通过购买的方式取得主教身份的人。1049年，刚刚当了10个月教宗的利奥出访法兰西。他也是171年间首次出访法兰西的教宗。同年，他还在兰斯召开了著名的宗教会议。在会上，他谴责那些不能达到他所提出的那些苛刻的标准的神职人员，并对所有缺席之人施以绝罚。[30]

正如法兰西其他地区的同僚一样，响应教宗号召来到兰斯的诺曼底主教团接受了考验，并被发现不符合要求。塞埃主教（bishop of Séez）因为在一次军事行动中意外烧毁了教堂而受审。库唐斯主教则在同年早些时候以购买的方式（很可能是从威廉公爵手中）得到了这一位置。他之所以能免受解职的下场，是因为他发了这样的誓，即自己接受这份教职完全是出于家族的强迫。威廉公爵也是在这个时候得知教宗不同意他与佛兰德的玛蒂尔达联姻的。可以想象，对于威廉指派其同母异父的弟弟奥多担任巴约主教的决定，利奥会做何反应。奥多此时不过是一个不到20岁的少年，而且还有传言称他"耽于肉体享乐"。即便如此，在宗教会议结束后不久，奥多还是成功当上了主教。[31]

　　然而，即便是像利奥这样的激进派，也会因他人的影响而改变主意。前提是，罪人们需要真心地悔罪。例如，塞埃主教主动认罪，并承诺要重建一座新的大教堂。为此，他还横跨欧洲，踏上了募集善款之旅。当这位主教回国时，他带回了其意大利亲属所捐助的财产以及一个圣遗物——拜占庭的圣十字架。我们不禁怀疑，同样许诺立刻着手重建大教堂、前往意大利并满载而归的库唐斯主教这么做是基于同样的苦行悔罪之心。更有甚者，正如我们在之前的章节里所看到的那样，教宗在几个月内就解除了关于威廉与玛蒂尔达联姻的禁令。几乎可以确定，这一决定是在兰弗朗克的推动下才做出的。作为威廉公爵主要的精神导师，他很可能也出席了兰斯宗教大会。而在接下来的一年里，他成为教宗利奥的随行人员，备获教宗的称道和尊崇。就在这短短的几个月当中，兰弗朗克一定已经说服教宗相信，诺曼底正在发生巨大的改变。此时，新的修道院正在拔地而起，而新的牧师也正在受训。虽然年轻的公爵选了一个不恰当的媳妇，但他也将成为利奥教宗改革进程中真诚而有力的盟友。这样一来，教宗便被顺利争取过来，婚姻禁令也被解除了。让教宗解除禁令的条件很可能是，这对新人应该出于忏悔的目的而各自修建一座修道院。[32]

　　由于兰弗朗克的努力和各位诺曼底主教的积极回应，就诺曼底和罗马的关系而言，本来的危机成了一个重要的转折。在兰斯宗教会议之后的10年间，威廉积极地推动改革。这样做的结果是，他成了教宗最为喜爱的子民。[33]

因此，在鲁昂大主教发动叛乱并威胁公爵的统治之后，教宗很乐意为威廉效劳，解除大主教的教职。1054 年 5 月，莫热一案开庭审理。在所有法官中，最重要的一位正是教宗特意为此事而派出的使节——锡安的埃尔芒弗雷德（Ermenfrid of Sion）。正如我们之前所提及的那样，仅从这位大主教的个人业绩来看，他虽然很难算得上出色，但没有那么糟糕。例如，他至少主持召开过一次宗教会议。在会上所拟定的法令中，他也谴责了诺曼底买卖教职盛行的局面。这一发声比利奥在兰斯宗教大会上所做出的谴责还要早上数年。但如果按罗马方面所给出的标准来评判，莫热必定是不称职的，且应该被免职。用这样的理由罢免他，唯一的问题是如果采取这种标准的话，那么没有一个诺曼底贵族能够达到标准。因此，解决的办法只有一个，那便是打破常规。威廉提出的人选是一位叫作玛立利（Maurilius）的杰出学者，而这无疑是兰弗朗克的主意。玛立利是前修道院院长，曾遁世隐修过一段时间。在很多方面，他都是修道院改革派梦寐以求的人选。他是如此严格地遵循戒律，以至僧侣们曾经反抗过他的管理。普瓦捷的威廉指出："从其出身、性格、品行和学识来看，在众人中，他都是最值得敬仰的。"玛立利最终平息了针对诺曼底教会进行批判的声音。他向世人展示了诺曼人的进步。他告诉他们，诺曼人已经不再是他们维京先祖时的那个样子了。[34]

在放逐了叛乱者和有通敌嫌疑之人，解决了与法兰西国王的争端之后，威廉立刻前往南疆，投身到与安茹伯爵杰弗里的斗争之中。现在，他的目标是把战火烧到敌人的领土上去，以弱化杰弗里新近所获得的对缓冲地带曼恩的控制。在与法兰西签署和平协定的6周后，威廉率军进入曼恩。他在距栋夫龙约13英里的昂布里耶尔（Ambrières）建起了一座城堡。杰弗里尽其所能地阻挡威廉大军的前进。他不但招募了自己的大军，还围攻了威廉的城堡。然而，这些努力最终都失败了。堡中守军坚持抵抗，而一听说威廉即将到来，伯爵的军队便立即撤退。最终，昂布里耶尔的领主发现，最明智之举就是接受诺曼底公爵成为他们的新宗主。[35]

然而，杰弗里并不甘心处于一败涂地的境地。很快，人们发现，法兰西国王也不愿忘却昔日败于诺曼底公爵手下的屈辱。一份留存下来的证书显示，1057年初，这两位昔日的盟友再次联手了。威廉可能早就知道了这一点，并做好了最坏的打算。可能也正在此时，他对自己的另一个父系亲属莫尔坦伯爵（count of Mortain）发难，理由是怀疑对方对其并不忠诚。莫尔坦伯爵的罪行是，他建议自己手下一个骑士不要离开诺曼底，因为马上就有机会在战争中打劫了。这个消息一传到公爵的耳中，他便放逐了伯爵，并把莫尔坦伯爵的称号给了自己同母异父的弟弟罗贝尔。奥德里克·维塔利斯是唯一记述了这个故事的史家。而他明显认为，在这个不知何时发生的故事里，威廉对于莫尔坦伯爵的指控根本站不住脚。但是，1057年春，如果真有此类传言传到了威廉的耳朵里的话，他是有足够的理由去相信它的。莫尔坦距离栋夫龙只有14英里，毗邻威廉和杰弗里·马泰尔开战的地区。莫尔坦伯爵很可能知道将会发生什么。[36]

公爵的怀疑在1057年8月得到了印证。此时，诺曼底再次遭到了杰弗里伯爵与法兰西国王亨利的联合入侵。普瓦捷的威廉的评论导致一些现代史学家对这次入侵不够重视。他说，联军的规模并没有以前大。但根据另一些当时的编年史家的记述来看，情况其实正相反。在此前的那次入侵中，联军不过是刚刚跨过了边境，可是这次，联军则从南部一路将战火烧到了诺曼底的腹地，在威廉的领地上烧杀抢掠。就像普瓦捷的威廉所言，他们"用烈火和刀剑作为武器，一路推进到海岸"。另外，从普瓦捷的评论来看，在这次入侵中，威廉的侦察术好像暂时失灵了。尽管在之前的战斗中，这种侦察术屡试不爽，但他表示，这一回，敌人一直尽可能地隐秘行军。[37]

然而，最后威廉还是在诺曼底北部海岸迪沃河（River Dives）的河口处追上了敌军。普瓦捷表示，公爵只带了一小队人马。这也就意味着，他再一次尾随了自己的对手，伺机而动。正在这时，战机适时地出现了。亨利与杰弗里在一个叫作瓦拉维尔（Varaville）的地方涉水过河，企图朝卡昂和巴约进发，以继续烧杀抢掠。但当他们过河时，河水开始上涨，联军部队因此开始脱节分散，威廉则获得了一个不可错失的战机。普瓦捷说，公爵和他的小股人马突袭掉队的敌方后军。在法兰西国王和伯爵的眼皮底下，威廉把这些部队与大部队分隔开来，亨利和杰弗里只能束手无策地站在对岸。瑞米耶日的威廉说，一些士兵被俘，但更多的人被杀。法兰西国王和安茹领主"既对士兵们的死感到痛心，又被他们惨死的场面吓坏了。于是，他们再也无心恋战，以最快的速度逃离了诺曼底"。正如两位史学家都提到的那样，这场胜利是决定性的。自此，法兰西国王再也不敢来侵犯威廉的公国了。[38]

也就是在这个时候，英格兰国王注意到，他还有一个久未联系的侄子。

6

戈德温家族

1052 年，戈德温伯爵以一种强硬的姿态回来了。在描述伯爵回归之后的英格兰时，《爱德华王传》称："英格兰朝野上下都沉浸在极度的喜悦之中。"尽管这一描述是如此地言之凿凿（或许正是因为这种刻意的担保），我们可以打赌，在那个秋天，虔信者爱德华很可能并不开心。他的仇敌们都拿回了昔日被剥夺的财产与权力：戈德温和他的儿子们重新当上了伯爵，伊迪丝则重新回到她的居所，并恢复了她在后宫中的地位。而亲爱德华的一派此时却流亡海外。一些人随着主教罗贝尔回到了诺曼底，其他人则逃往苏格兰，为一个名叫麦克白（Macbeth）的人效命。到了这一年的圣诞节（此时，英格兰遭遇了一场极具破坏性的暴风雨），国王终于有了庆祝的理由。这年年末时，有消息传来。这个消息是，在从耶路撒冷朝圣回来的路上，戈德温嗜杀的长子斯韦恩死在了君士坦丁堡（Constantinople）。他的死意味着爱德华的亲属——曾短暂持有戈德温在威塞克斯的伯爵之位的乌达——可以得到米德兰西部的一小块领地作为补偿。而爱德华的诺曼朋友——曾于 9 月出逃国外的伦敦主教威廉——这时也"因为具有美好的品德"而获准回国。[1] 但是，对手的这些让步只是强调了这样一个重要的事实：国王不再拥有最终的人事任命权，甚至失去了选择朋友的自由。最能说明这一点的是，爱德华不得不接受新的坎特伯雷大主教人选。

　　据《爱德华王传》记载，虔信者爱德华是一个非常虔诚的人。书中有这样一句话："他像是个肮脏世界中的天使，热衷于展现他是如何勤勉地践行基督教信仰的。"《爱德华王传》告诉我们，在爱德华统治期间，他常会谦逊地与僧侣以及修道院院长交谈。他也会温和而专注地听弥撒，十分慷慨地布施，甚至每天在宫廷中向贫弱者施舍食物。在本书的其他部分，我们也能够看到，这位国王既能够看到神的启示，也能创造神迹。他能用触碰治好瘰疬或颈部结核（"国王触摸便能治好的疾病"）。正如前文所述的那样，《爱德华王传》也声称，虔信者过着禁欲的生活，以此表明他对上帝的奉献。[2]

　　《爱德华王传》中描述了国王重建威斯敏斯特教堂的过程，进一步说明了国王对宗教事业的热忱。正如作者所描述的那样，威斯敏斯特此前一直是一个无足轻重且贫困不堪的宗教社区，只能接纳少量的僧侣。然而，在爱德华的庇护之下，一切都发生了改变。到了 13 世纪中叶，爱德华所修建的教堂已经被拆除重建了。但考古发掘表明，这一时期所重建的威斯敏斯特教堂是不列颠群岛最大、欧洲第三大的教堂。自然，它是依照当时刚开始流行于诺曼底的罗马式风格修建的。在布局和设计上，它同瑞米耶日的新教堂非常相似。当然，两栋建筑间的联系源自瑞米耶日的罗贝尔。在爱德华主政的最初 10 年里，他就提出建议，要求建立威斯敏斯特教堂（时间可能在罗贝尔逃走前）。而且，他提出这一建议的时间可能相当早。这是因为，尽管这一工程规模庞大，但到了 1066 年国王去世时，这座新教堂几乎就要竣工了。[3]

爱德华建造威斯敏斯特教堂的理由，可能同诺曼底公爵或权贵建造教堂的理由一样复杂。虔诚之心无疑发挥了重要的作用。《爱德华王传》解释说，国王之所以深深为这座教堂所吸引，是因为他对圣彼得特别虔诚。但与此同时，即便是《爱德华王传》的作者也不得不承认，让他沉迷于此的应该还有其他的理由。书中，威斯敏斯特被描述成了一个令人愉快的去处。这里为绿色而肥沃的田野环绕。它靠近伦敦，地理位置十分优越，方便坐船前往，来自世界各地的商人在这里装卸货物。这些特点不仅对于僧侣来说十分重要，对爱德华个人而言也同样如此，因为这就好似在这里建立了一座宫殿一般。而如今，这里正是威斯敏斯特议会的所在地。换句话说，国王建立的是一座王家教堂与宫殿的建筑综合体，与诺曼底公爵们所打造的那种建筑复合体非常相似。而与当时已经存在于温切斯特的、具有同等地位的英式建筑相比，这座建筑却有很多不同之处。温切斯特一度是西撒克逊王国的中心，但后来被丹麦人占领了。那里也是克努特和哈撒克努特被埋葬的地方。在于 1052 年去世之前，爱德华的母亲埃玛也曾长期栖身于此。她死后也被埋葬在这里的老教堂。我们有理由猜测，无论是在生前还是在死后，虔信者都不想与这些人中的任何一个产生联系。正如《爱德华王传》所说明的那样，国王从一开始就打定主意，希望自己死后能长眠于威斯敏斯特。[4]

至于《爱德华王传》中有关爱德华虔诚行为的其他记载，历史学家们则对它们持怀疑态度。他们持有这种态度是可以理解的。毕竟，《爱德华王传》正是有关国王的种种传说的蓝本，也正是由于这些传说，国王最终受封为圣徒。这些历史学家也十分中肯地指出，在《爱德华王传》一书当中的其他地方，特别是在描写爱德华与戈德温伯爵长期冲突的时候，《爱德华王传》用了不那么圣洁的词语来描绘爱德华，将他塑造成一个充满愤怒并试图复仇的形象。然而，现代人对这本书的记载充满怀疑的主要原因在于，《爱德华王传》是受王后伊迪丝所托而作。而出于其自身的原因，伊迪丝有理由希望其丈夫热衷于宗教的特点（特别是他所谓的守贞行为）得到强调。虽然《爱德华王传》的成书日期一直充满争议，但这本书显然成书于诺曼征服之后。这一点非常重要：如果伊迪丝成功为爱德华诞下了王位继承人的话，诺曼征服很可能就不会发生。另一方面，如果是因为宗教上的顾虑，爱德华自己选择不与她行夫妻之事的话，那么伊迪丝就不该因为后来所发生的灾难而受到指责。[5]

然而，我们可以对于历史学家的这种怀疑提出两点反对意见。首先，如果爱德华的虔诚之心是后人虚构出来的，那么这个故事未免也显得太过完整，其细节也太过完善了；其次，虽然《爱德华王传》具体的成书日期仍有争议，但所有历史学家都同意，此书写于 1065 至 1070 年间。也就是说，这本书写于爱德华仍在世，或者人们对于他的记忆仍然很鲜活的时期。因此，如果人们能记起国王守贞的行为，那么他们也能记起国王到底有多虔诚。如果《爱德华王传》中的描绘与其现实中的形象差异过大（是一个空有其名的圣人）的话，人们必然不会把《爱德华王传》当真，或者只是把它当作一部不怀好意的讽刺作品。[6]

事实上，我们也能看到其他同时代的证据，足以证明《爱德华王传》中的描述并非胡编乱造，虔信者的确很虔诚。正如我们之前所见的那样，瑞米耶日的威廉相信，国王在 1042 年和平登基是神的旨意。而到了后来，《盎格鲁-撒克逊编年史》的编写者甚至想象了这一场景，即在国王死后，灵魂被天使带入了天堂。在爱德华逝世还不到 10 年的时候，诺曼底公爵威廉（那时已成为"征服者"）在一封给费康修道院院长的信中称爱德华为"受到上帝祝福的先王、我的君主和亲戚"，并用金银为他制作了圣物匣。类似地，虽然我们可以怀疑，爱德华是否真的只凭触摸便可以治愈病人，但《爱德华王传》中有关他年轻时在诺曼底就开始做这种事的说法是相对可靠的。差不多在同一个时间段，法兰西国王也开始在僧侣和修道院院长的支持下以这种方式治病救人。最后，也有证据可以有力地证明，《爱德华王传》所宣称的那个故事是真的，爱德华确实喜欢与僧侣和修道院院长（特别是外国宗教人士）交往。1041 年，与他一起横渡英吉利海峡并到达英格兰的四个人中，有三个是宗教人士。[7]

从这三个人的身份和职业可以看出，爱德华是教会改革的积极支持者。瑞米耶日的罗贝尔曾经出任修道院院长，而他之前所担任院长的这座修道院经历过沃尔皮亚诺的威廉的改革。[8] 埃尔曼（Hermann）和利奥弗里克二人则是在洛陶林吉奥（Lotharingia，即洛林 [Lorraine]）接受牧师培训的。正如勃艮第（Burgundy）一样，洛林这一地区也是改革的代名词。[9] 11 世纪 40 年代中期，爱德华任命他们二人出任主教。此后，二人便在其所主管的教区大力推行改革，并重新安排其教区的体系。（例如，利奥弗里克就将其教区的中心从克雷迪顿 [Crediton] 移到了埃克塞特。）爱德华对改革的支持也能够清晰地体现在他对教宗利奥九世热情的回复中。1049 年，英格兰派代表前往兰斯参加宗教大会。根据《盎格鲁-撒克逊编年史》的记载，"如此一来，代表们就可以告诉国王，人们在此次会议上做出了哪些有利于基督教世界的决议"。
第二年，爱德华又派出了两个主教代表团参加了利奥的复活节宗
教会议和 9 月的宗教会议。1051 年，罗贝尔主教更是前往罗马，
去接受他的大主教披肩。[10]

　　但是，随着 1052 年戈德温家族返回英格兰，改革便戛然而
止，它与改革派教宗之间的联系也被切断了。但如果我们认为，
伯爵和他的儿子们反对的是改革本身的话，那么我们可能就说得
太过火了。例如，戈德温和罗贝尔的争端似乎更多的是政治以及
个人层面上的，其重心在于争夺教会的财产而不是讨论教会的实
践。同时，在阅读了《爱德华王传》以后，我们就可以清楚地了
解到戈德温及其儿子们的想法。他们认为，担任主教的外国人已
经太多了。我们也知道，当埃尔曼主教想要把自己的主教座移到
马姆斯伯里修道院（Malmesbury Abbey）时，戈德温和他的儿子
们支持马姆斯伯里的僧侣们抵制此事。[11] 最重要的是，就在爱德
华排除戈德温的努力遭遇逆转、罗贝尔主教出逃以后，戈德温家
族保举了斯蒂甘德（Stigand）出任坎特伯雷大主教。

　　像戈德温一样，斯蒂甘德是克努特时代的旧臣。他显然是东
盎格利亚的原住民，却有着一个北欧式的名字。这说明，他很有
可能是盎格鲁人与丹麦人所生的混血儿。在历史记载中，他的名
字最早出现于 1020 年。这一年，斯蒂甘德被任命为位于阿什顿
（Assandun，该地点位于埃塞克斯，可称作阿什顿［Ashdon］或
者阿兴顿［Ashingdon］。现在，大多数历史学家倾向于使用前一
个名字）的一座新教堂的牧师。克努特之所以建立这座教堂，既
是为了纪念丹麦人征服过程中的这场最具决定性意义的战役，也
是为了赎罪。1043 年，斯蒂甘德成了东盎格利亚主教。授予他这

一职位的人正是刚刚加冕的虔信者爱德华。但很明显，这一任命实际上是克努特的遗孀埃玛安排的。王后显然是斯蒂甘德的靠山。同年的晚些时候，当埃玛失势后，斯蒂甘德也受到了牵连。但和她不一样的是，他很快又恢复了自己的地位。到了1047年，他再次升职，就职于盎格鲁－丹麦关系的中心地带温切斯特。这里也是埃玛一直居住的地方。虽然没有直接证据可以证明，他在这一时期的崛起与戈德温家族的庇护有关，但是，1051年，当戈德温家族与国王对峙时，斯蒂甘德当过他们的中间人。据称，当戈德温被流放时，斯蒂甘德曾痛哭流涕。[12]

正如他作为世俗牧师的背景所说明的那样，斯蒂甘德并不是一个改革派。1052年9月，他成了近百年以来第一个以非僧侣身份出任坎特伯雷大主教的人。此外，在支持改革的人们看来，他还犯下了最为严重的滥用职权罪。根据12世纪史料记载，斯蒂甘德公开买卖主教和修道院院长的职位，因为买卖圣职而臭名远播。他当然对兼任神职（即一人同时担任一个以上的教会职务）也没有意见，而这也是改革派所关注的另一个重点。晋升为坎特伯雷大主教后，斯蒂甘德并没有放弃对温切斯特的控制。也就是说，他同时担任了两个教区的主教。当然，鉴于他在1052年得到晋升时的情况，这位新任的大主教并没有追随前几位主教的脚步。他没有前往罗马接受披肩，而是把瑞米耶日的罗贝尔所留下的那一件拿来使用。[13]

鉴于他的过去和所有相关人士的态度，毫无疑问，斯蒂甘德是戈德温于1052年任命的。而且，相比于这一事件，再没有其他什么事件能够更为清晰地展现出，伯爵在这次反转中恢复了他过去的全部权势。如果说爱德华在这年圣诞节心情沮丧的话，那么是可以理解的。这是因为，他似乎又回到了其执政初期的那种受到伯爵监政的状态当中。同样地，我们几乎可以肯定，来年春天，假如国王的心情忽然之间又好了起来，原因就是戈德温的突然死亡。

根据《盎格鲁-撒克逊编年史》的记载，爱德华和戈德温都在温切斯特庆祝复活节。但是就在复活节后的星期一，大家坐下来一起用餐时，伯爵却突然不省人事。《盎格鲁-撒克逊编年史》写道："他不能讲话，全身瘫软。"这不是突发状况。伯爵以这种全身无力的状态在病榻上躺了3天，最终于1053年4月15日逝世。听起来，伯爵似乎是患了致命的中风。但根据马姆斯伯里的威廉的说法（他喜欢记载逸事），伯爵是噎死的。而且，就在他被噎死之前，伯爵还曾对爱德华说："如果我做过任何危害阿尔弗雷德或你的事，就让上帝惩罚我不能吞咽。"戈德温被安葬在老教堂。就像他生前所习惯的那样，他待在克努特、哈撒克努特和埃玛的旁边。[14]

岳父之死并没有让爱德华变得更强大。在伯爵的葬礼之后，没有一位国王的朋友结束流放生涯回国，斯蒂甘德也没有去职。这是因为，在戈德温去世之后，他的二儿子哈罗德立即继承了威塞克斯伯爵的爵位。1053年，哈罗德大概30岁。较之他的父亲，他青出于蓝而胜于蓝。"他是这个民族和国家最为忠实的朋友，"《爱德华王传》写道，"他更加积极而有力地行使着他父亲的权力，并以他自己的方式耐心而仁慈地行事。"他身心强大，与人为善，但是在对付重犯时却毫不留情。就这样，哈罗德延续了戈德温家族对这片曾经的王国要害之地的掌控。《爱德华王传》的作者说，当他被任命威塞克斯伯爵时，"全英格兰的军队才得以重生，戈德温之死所带来的损失才得到了弥补"。[15]

但即便国王并没有变得强大，戈德温家族自身的力量也变弱了一些。在他的父亲去世之前，哈罗德一直是东盎格利亚的伯爵。而如果要接受威塞克斯伯爵一职，他就必须交出他对东盎格利亚的管理权。虽然那位英格兰的最高阶层的教会人士可以身兼多职，但这位地位最高的伯爵显然不能这么做。我们并不知道，爱德华是否坚持要求哈罗德放弃他此前的领地。有人猜测，是王国里其他大族的成员在贤人会议上提出这条规定的。这是因为，东盎格利亚的伯爵领落入了麦西亚的利奥弗里克伯爵的儿子埃尔夫加的手中。可惜的是，埃尔夫加是这一段历史中众多的幽灵人物中的一位。在与之同时代的历史作品当中，史学家对于此人完全没有任何的评论。他的年龄甚至也不为人知。我们最多可以说，他大约和哈罗德是同一代人。然而，我们可以部分肯定的是，他与哈罗德是竞争对手。我们可以回忆一下，埃尔夫加曾在戈德温短暂流亡期间当过一次东盎格利亚的伯爵。而在戈德温家族胜利归国以后，他未获补偿便丢掉了职位。因此，对于埃尔夫加和他的支持者们来说，他理应于1053年再次获得这一职位。当然，哈罗德及其家人是否也这样看则另当别论。[16]

埃尔夫加晋升的后果之一正是英格兰政治的重新洗牌。1052年9月，戈德温及其诸子似乎开始专权。但是，仅仅7个月后，随着斯韦恩和戈德温的去世，戈德温家族控制下的伯爵领数量就由3个减少到了1个。作为威塞克斯的新伯爵，哈罗德现在是王国里最为强大的贵族，但他的权势仍受到麦西亚的利奥弗里克、东盎格利亚的埃尔夫加以及在诺森伯里亚主政的休厄德伯爵的合力制衡。除去在 1051 至 1052 年间短暂的例外，英格兰的这一代人第一次看到，本国的伯爵几乎平分了国内的权力。

在这种均衡的局面下，国王是否能够重获主动仍存在争议。[17] 如果从最紧迫且最有争议的一个政治问题（即王位继承问题）来看，那么答案似乎是：大概不能。很显然，在戈德温家族回归后，诺曼底公爵威廉几乎不可能和平地戴上英格兰的王冠。虽然他们是那么信心十足，一定要让伊迪丝风风光光地重回王后的宝座，但是，即便是戈德温家族的人也一定会意识到，比起将王位交给诺曼底的威廉，爱德华更不可能拥有一个亲生的王位继承人。他们必须寻找一个替代方案。他们可能考虑过国王的外甥拉乌尔伯爵，他是国王的妹妹戈达吉富所生。然而，没有迹象表明，这一人选真的被考虑过，或者拉乌尔自己曾有任何成为王位继承人的打算。

无论如何，爱德华还有另外一个侄子。他不但是国王的父系亲属，而且还是一位前任国王的儿子。这位前任国王便是爱德华同父异母的哥哥埃德蒙。至少在此时，他已经因为对抗其替代者克努特的英勇举动（虽然最终失败了）而被称为"刚勇者"。1016 年战败前，埃德蒙育有二子。后来，这二人都落入了克努特之手。按伍斯特的约翰的说法，丹麦人本来要杀死他们。但为了避免在英格兰造成丑闻，丹麦人便把二人送至瑞典，让他们在那里被杀。然而，瑞典国王拒绝亲自动手杀死他们，并且把这两个婴孩送到了匈牙利。在那里，他们得到了保护并慢慢长大成人。其中一个与其父同名的婴孩于匈牙利夭折，具体死亡日期不详。但另一个取名爱德华的则幸存下来，而且还成长为一个出色的人。基于某些明显的原因，史学家们称之为流亡者爱德华

（Edward the Exile）。[18]

1054 年，英格兰人决定寻找流亡者爱德华，并把他带回祖国。显然，英格兰人的目的是让他成为储君。这一年上半年，伍斯特主教奥尔德雷德横渡英吉利海峡，并开始将这一计划付诸实践。但我们很难确定，这到底是谁的主意。《盎格鲁-撒克逊编年史》D 本说，主教去海外"是为了办国王的事"。由于《盎格鲁-撒克逊编年史》D 本是奥尔德雷德及其手下所编的，这句话可能是可信的。与此同时，人所共知的是，奥尔德雷德是戈德温的支持者。1050 年，他便获得了斯韦恩的谅解。1051 年，他又帮助哈罗德逃走了。很难相信，如果爱德华或戈德温当中有一方反对的话，这位大使还能够离开国家去执行任务。虽然在过去，戈德温家族尝到将一位没有权势的流亡者扶上王位这种做法的甜头，但鉴于英格兰内部的权力制衡，最合理的方案也许是国王和他的亲戚们各退一步。他们都放弃自己心中最完美的计划，转而支持一个双方都能接受的王位候选人。

然而，此后的历史证明，伍斯特主教奥尔德雷德的这一任务并没有取得成功。在到达了神圣罗马帝国首都科隆（Cologne）之后，奥尔德雷德受到了当地主教和皇帝亨利三世的礼遇。但是这似乎是他此行所能达成的唯一目的了。毫无疑问，他希望可以借助亨利的影响力，把他要传达给流亡者爱德华的讯息远播至匈牙利。然而，或者是因为距离太远，或者是因为政治局面太复杂（匈牙利屡次叛乱反抗帝国统治），他的这一消息并未传到流亡者的耳朵里。或许，奥尔德雷德确实成功地把邀请送给了原定的接收人，而对方却对此反应冷淡。当流亡者爱德华离开英格兰的时候，他还不过是一个婴儿。可以想见，他对自己的祖国几乎没有任何印象。而且，几乎可以肯定的是，他不会说英语。他在匈牙利长大成人，又娶了一位名叫阿加莎（Agatha）的匈牙利女子为妻。实际上，他只是一个有着不同寻常的家族历史的东欧贵族。无论是何原因，在经过近一年的海外奔波后，奥尔德雷德两手空空地返回了英格兰。[19]

而在奥尔德雷德回国的时候，英格兰已经陷入了一场新的危机之中。1055 年初的几个月里，长期在诺森伯里亚掌权的休厄德伯爵辞世。休厄德伯爵是克努特任命的。他为人尚武，丹麦语绰号为"强壮者"（Digri）。一直到他死前，他都十分勤勉，能够为王朝所用。长期以来，他的主要职责是扼制苏格兰国王们的野心。一个世纪以来，苏格兰国王们一直在从他们统治的中心向泰河（River Tay）沿岸稳步向南推进。就在他去世前的那个夏季，休厄德伯爵率军攻过国境，并废黜了麦克白王。（因此，他也铸就了万古流传的英名——他就是莎翁笔下的老休厄德。）休厄德伯爵这么做显然是奉了爱德华的命令，而这次军事行动也非常成功，但也正像文学作品中所描写的那样，他的长子在战斗中阵亡。于是，在数月后伯爵去世时，由谁来继位便引发了一场争论。休厄德还有一子瓦尔塞奥夫（Waltheof）。但是，对于战略指挥官这样一个重要的职位来说，他显然过于年轻。（或者说，至少有人认为他太年轻了。）于是，1055 年 3 月，贤人会议决定，将诺森伯里亚伯爵领转授给伯爵戈德温的第三个儿子托斯蒂。[20]

《爱德华王传》的作者对这一任命的益处没有丝毫怀疑。在这本书中，托斯蒂是一个"智勇双全、精明能干的人"。虽然比哈罗德个子矮，但他在其他各方面却与其兄长不相上下。他英俊、优雅、勇敢，而且强壮。因此，《爱德华王传》的作者得出结论：

"再没有什么时代、什么地方能够孕育两位像这样的伟人了。"[21]

但显然，并不是每个人都认可这一任命。《爱德华王传》同时也表示，托斯蒂是在他的亲友（特别是哈罗德和伊迪丝王后）的鼎力相助下，才获得这一新封号的。与此同时，"国王也并未提出反对"。 除非真实情况与其记载完全相反，强调国王的态度就会显得有些多余。至少在某种程度上，《爱德华王传》的作者似乎在有意反驳其他人的说法。他认为，爱德华没有反对提拔另一个戈德温家族的成员。

几乎可以确定，埃尔夫加伯爵正是被反驳的人之一。他最近重新接管了东盎格利亚，而这在某种程度上重建了英格兰政治的均衡局面。但如果托斯蒂被提拔为诺森伯里亚伯爵，这一均势就极有可能会被打破。而埃尔夫加和他的父亲麦西亚的利奥弗里克也就会被戈德温势力夹在中间（他们领地的南边和北边都是戈德温家族的领地）。埃尔夫加很有可能在3月的贤人会议上愤怒地与托斯蒂及其家族成员发生了冲突，因为也正是在同一次会议上，他被判流放。三个版本的《盎格鲁-撒克逊编年史》对这一事件给出了三种截然不同的描述（虽然这些描述都很简短）。这不但充分反映出编撰者的不同立场，而且反映出了当时危及王国和平稳定的紧张态势。《盎格鲁-撒克逊编年史》E本编著于坎特伯雷，而且有着亲戈德温的立场。它告诉读者，在不小心承认了自己的罪行之后，埃尔夫加"被控背叛国王和国家"，并遭到流放。但写于麦西亚修道院的《盎格鲁-撒克逊编年史》C本则坚持认为，伯爵之所以被流放"是出于莫须有的罪名"。别有意味的是，在向来行文谨慎的《盎格鲁-撒克逊编年史》D本中，编撰者奥尔德雷德等人认为，埃尔夫加从根本上就是清白的。[22]

　　然而，如果说虔信者执政期间所发生的众多事件证明了什么的话，那就是：被判处流放的人很少会直接接受惩罚。正如之前的哈罗德一样，埃尔夫加也在第一时间逃往爱尔兰。在那里，他雇用了 18 艘战船的士兵，以之作为他的家兵。从爱尔兰出发，他乘船横渡爱尔兰海，以寻求格鲁菲德·阿普·卢埃林（Gruffudd ap Llywelyn）的帮助。同年的早些时候，格鲁菲德在一场血腥的战争中战胜了他南部的对手。在那之后，他就成了威尔士全境的国王。此人对英格兰没有特别的偏爱，对这位客人的家族渊源也不感兴趣。就在此前不久的 1052 年，他曾率军袭扰英格兰边界，给当地造成了极大的破坏。1039 年，刚刚登上政坛的格鲁菲德还要对埃尔夫加的叔叔埃德温（Eadwine）之死负责。但就像所有在威尔士政坛这一竞争激烈的地方取得成功的人一样，格鲁菲德很会抓住机会。他和埃尔夫加都同意，要暂时放下分歧，共同向英格兰发动进攻。1055 年 10 月下旬，他们的联军越过边境进入赫里福德郡（Herefordshire）。在那里，他们击败了拉乌尔伯爵，并攻陷了赫里福德城。当数量更为庞大的英格兰军队集结起来攻击他们时，这群侵略者明智地选择了撤退。率领着英格兰大军的哈罗德伯爵扑了个空，只好指挥士兵在赫里福德烧焦的遗址周围加强防御，此外则别无他法。最后，哈罗德亲自出面，将二人拉到谈判桌上，和解就此达成。"对埃尔夫加的判决被撤销了，"《盎格鲁-撒克逊编年史》C 本写道，"他拿回了自己所失去的所有财产。"[23]

　　有迹象表明，双方的和解是真实的。第二年，如果威尔士人进一步取得胜利的话，格鲁菲德也将获得类似的优惠条款。此时，哈罗德和埃尔夫加的父亲利奥弗里克伯爵合作，在英格兰内部举行了商谈。1056 年夏天，哈罗德明显觉得，英格兰的事务已经得到了圆满的解决。于是，就在当年的秋季，他便启程前往欧洲。一份于 1056 年 11 月 13 日起草的证书显示，当时他正在佛兰德伯爵的宫廷内。

一段时期以来，历史学家一直在推测这次出访的真正目的。其中一个可能的原因是，哈罗德出访罗马或者从那里返回，中途来到了佛兰德。这是因为，《爱德华王传》的作者明确向我们指出，哈罗德曾经为了朝拜而去过一次圣城。他在佛兰德短暂停留，很可能只是为了拜访"英格兰人的老朋友"（在书中两处不同的地方，《爱德华王传》的作者都是这样称呼佛兰德伯爵的）。戈德温家族明显因为伯爵之前的礼遇而对他怀有感激之情。上面两种说法都有理论上的可能性。因此，不出意料的是，某些作者会解释，哈罗德之所以于 1056 年出行，是因为他试图第二次邀请流亡者爱德华回归。由于只是建立在一环扣一环的推理而非实际证据之上，这一推论真的只是一个具有诱惑力的理论而已。唯一可以确定的是，1056 年秋，哈罗德的确身在欧洲大陆。而在第二年春，流亡者爱德华便抵达了英格兰。[24]

他在到达英格兰后不久便突然死去。根据各种史料，我们可以推测，他死于 1057 年 4 月 17 日。他的死亡地点很可能是伦敦，并被葬于圣保罗大教堂。但没有任何文献提到他的死因。他刚刚到达英格兰就离奇死去一事着实引人怀疑。同样引人怀疑的是，史料表明，他甚至还没有来得及同与他同名的叔父见上一面。《盎格鲁-撒克逊编年史》D 本神秘地表示："不知出于何种原因，他被禁止拜见他的亲戚爱德华国王。"不出所料，这一评论刺激了当代作家们，让他们创造了不同的阴谋论。在传播最广（然而也最不可信）的几个版本中，有一个故事是，哈罗德命人杀掉了流亡者爱德华；而另一说法则是，他死于诺曼底公爵威廉所派出的杀手之手。一位作者甚至暗示说，两位爱德华未能见面的真正原因是，虔信者爱德华仍希望诺曼人能够继承英格兰王位，因而拒绝接见这位未来的继任者。可以说，无论《盎格鲁-撒克逊编年史》D本的编写者是否真的了解内情，根据这一含糊的表述，这一历史谜团恐怕永远无法得以破解。[25]

这些阴谋论的问题在于，尽管近来的这场祸事令《盎格鲁-撒克逊编年史》D本的编写者心情低落，但是，英格兰人继承王位的希望并没有破灭。流亡者爱德华与妻子阿加莎共有3个孩子，其中有1个是男孩。我们不知道是否有子女随同他们的父亲在1057年横渡了英吉利海峡，但在1066年以前，他们和他们的母亲一定已经都抵达了英格兰。1057年，这个名叫埃德加（Edgar）的男孩应该还不超过5岁，但他确实具有继承王位的资格。在一本成书于1060年前后的温切斯特的书中，埃德加被称为"clito"。这是一个拉丁语单词，相当于英语的"王子"（ætheling，代表出身于高贵家族）。在传统意义上，这是一个威塞克斯王族成员才配拥有的称呼，代表他们有继承王位的权利。在一份写于12世纪初的历史资料中，爱德华自己就曾称埃德加为"王子"。[26]因此，到了11世纪50年代末（可能早至1057年），包括正在变老的国王在内的许多英格兰人都确信，王位继承的问题终于得到了解决。

但是，英格兰的政治格局继续发生着突变。1057年春，流亡者爱德华逝世；同年秋天，利奥弗里克伯爵死去。而到了当年圣诞节的前几天，拉乌尔伯爵也去世了。就在前一年，国王的另一个亲属乌达伯爵也离开了人世。英格兰政治的顶层格局再度发生了巨变，而这一巨变也带来了深远的影响。埃尔夫加继承父位，成为麦西亚伯爵，但与此同时，他也不得不放弃东盎格利亚伯爵领。从原则上来说，他几乎无法反对这一惯例：毕竟，哈罗德在继承其父的威塞克斯伯爵爵位时也放弃了东部各郡。但他必然表达了对于把东盎格利亚分封给格思（Gyrth）这一决定的不满。后者是哈罗德和托斯蒂的弟弟，当时还只是个十几岁的少年。不久后，原属拉乌尔伯爵的西南米德兰各郡被分封给了戈德温家族的利奥弗温。我们有理由相信，此时的埃尔夫加一定更加怒不可遏。他很可能公然提出了抗议，因为就在 1058 年，他再次遭到流放。此事的具体细节虽然完全缺失，但很明显，这是历史的重演。"埃尔夫加伯爵被放逐，但他不久就借助格鲁菲德的帮助重返英格兰，"《盎格鲁-撒克逊编年史》D 本写道，"要描述发生了什么是令人厌烦的。"[27]

不幸的是，这一谨慎的文风似乎传染给了另外 3 个版本的《盎格鲁-撒克逊编年史》。在叙述接下来的 5 年的历史之时，这些书中都出现了不祥的沉默。此时，除去麦西亚之外，戈德温兄弟 4 人几乎控制了整个英格兰。在麦西亚，处于备战状态的埃尔夫加显然不准备妥协。基于《末日审判书》中的数据，学者们推翻了过去的观点，认为戈德温一派土地收入的总和并未超过国王的土地收入。根据修订后的数据，从土地面积的大小来看，爱德华国王很可能仍保有优势。但在诺曼征服之前的英格兰，土地和领主权并不是自动联系在一起的：地主可以有自己的佃户，但他们并不一定是这些佃户的领主。一个人不必持有领主的任何财产，就可以"委身"（commend）于他。爱德华拥有大量土地，而他的领主权却似乎很微弱。与此相反的是，戈德温家族不仅拥有一张庞大且力量强大的关系网络，而且，这一网络还在不断扩张。仅哈罗德一人就拥有数以千计的拥护者。几乎在每一个郡，都有几十位把他当成封君的大塞恩。[28]

在教会方面，戈德温家族也有着强大的同盟。1051 年，爱德华任命了约克大主教金西耶（Cynesige）。他于 1060 年蒙召归天，伍斯特的奥尔德雷德则取代了他。比起金西耶，总体而言，奥尔德雷德更具世俗气息。而伍斯特主教的位置则被交给了哈罗德的同盟兼密友伍尔夫斯坦。同时，尽管任命斯蒂甘德给整个英格兰教会造成了极坏的影响，坎特伯雷大主教仍然由他担任。在有关斯蒂甘德被擢升后一年的记述中，《盎格鲁-撒克逊编年史》C本的编写者尖锐地评论道："这片土地上再也没有大主教了。"11世纪 50 年代，新的英格兰主教都选择前往海外接受委任，唯恐受到斯蒂甘德的玷污。1058 年，这位大主教找到了一个打破这一尴尬局面的机会。当时，反改革派团体夺取了罗马教廷的权力，安排了更听话的本笃十世（Benedict X）来担任教宗。这位教宗热情地送给了斯蒂甘德一件专属披肩。但第二年，改革派就重新夺回了教宗的宝座。本笃被指责为伪教宗，这件事则让斯蒂甘德更加为人所不齿。然而，尽管他让英格兰蒙羞，这位大主教仍然在世俗界取得了成功。这也证明他是不可战胜的。他 3000 英镑的年收入让他与大伯爵一样富有。同时，他也是超过 1000 个塞恩的领主。[29]

在这一背景下，人们很难想象，虔信者爱德华还能拥有任何事实上的权力。1060 至 1061 年冬，两名洛陶林吉奥牧师被提拔为赫里福德和韦尔斯（Wells）两地的主教。这说明，在这些地区，国王可能还有些主动权。但是从其他的方面来看，自 11 世纪 50 年代后期起，戈德温兄弟实际上已经代替了国王，统治着整个国家。《爱德华王传》的作者厚颜承认了这一点。毕竟，这本书在很大程度上就是为了合理化这一状况，并且为戈德温家族史无前例的权力膨胀辩护。哈罗德和托斯蒂更是被描绘成英格兰王国的两大支柱。幸有他们的坚守和勤勉，虔信者才能完全不受任何俗务的干扰：

> 正是因为这些贵族保卫着四方的国土，充满仁爱的爱德华国王才能尽享和平和安全。而且，也正是因为这些人的努力，他才能将大部分时间用在荒原上和森林里，以享受狩猎的乐趣。每天，他怀着虔诚的心情，满足地做完祈祷。空中飞翔的鹰隼以及其他类似种类的鸟儿被带到他面前，成为他快乐的源泉。在听到猎犬狂吠、看见它们争抢猎物的时候，他也会喜不自胜。有时，诸如此类的活动能让他花去一整个白天。也只有在参与这些活动的时候，他似乎才能自然地受到俗世快乐的吸引，并去追寻它。[30]

11 世纪 60 年代初，戈德温家族的势力日益强大。埃尔夫加伯爵似乎死于 1062 年。《盎格鲁-撒克逊编年史》中没有关于这一年的任何记载。这一点令人起疑。而且，没有任何迹象表明，在埃尔夫加死后，他的任何一个儿子继承了麦西亚伯爵之位。[31] 随着他们在英格兰的对手终于撒手人寰，戈德温家族觉得，是时候与其对手的昔日盟友格鲁菲德·阿普·卢埃林一决高下了。1062 年圣诞节后不久，哈罗德奇袭了威尔士王廷所在地里兹兰

（Rhuddlan）。而这一次，格鲁菲德设法坐船逃脱了。为了发泄不满，哈罗德破坏了国王的住处及其剩余的舰队。第二年春，伯爵又发起了规模更大的、步调更为一致的军事行动。当他率领自己的舰队攻击威尔士南部海岸的时候，他的弟弟托斯蒂则带领另一支队伍直驱威尔士内地。这次联合行动是十分成功的。1063 年 8 月初，格鲁菲德被自己人杀死了。他的首级被人送到了哈罗德那里，而哈罗德则将其转交给了虔信者爱德华。[32]

尽管戈德温兄弟后来向国王致以敬意，这场在威尔士取得的胜利无疑是属于戈德温家族的。据《盎格鲁-撒克逊编年史》E 本记载，哈罗德在威尔士扶植了一个傀儡君主，取代了格鲁菲德。对此，在一个世纪后，历史学家威尔士的杰拉尔德（Gerald of Wales）还表示，在威尔士各地，人们至今仍能看到为纪念在 1063 年所发生的大大小小的战役而设立的石碑。这些石碑上面都镌刻着"这就是胜利者哈罗德"（HIC FUIT VICTOR HAROLDUS）的字样。在其统治的最后十年间，虔信者爱德华在历史记录当中完全销声匿迹了。而与此同时，作为征服者和对高级官员有任命权的人，戈德温家的长子却十分引人注目。[33]

然而，当我们再次在历史的时光中与哈罗德相遇时，他正策马前往其位于苏塞克斯海岸的博瑟姆庄园。在与友人一起用餐后，他便乘船驶入英吉利海峡。而且，不知用了何种方式，他最终成了诺曼底公爵的客人。

命运的人质

如果对于哈罗德·戈德温森来说，直到 1063 年为止，这几年的他一直顺风顺水的话，那么对于征服者威廉来说，事情同样如此。

1057 年瓦拉维尔之战的胜利并未结束公爵与法兰西国王亨利一世以及与安茹的杰弗里·马泰尔之间的战争。第二年，他向国内强调了他对于法兰西国王的优势，收回了自己少年时代所失去的蒂利埃城堡，还夺取了亨利的蒂梅尔城堡（castle of Thimert）。同时，他与安茹的战争也在继续，既没有明显的收益，也没有重大的损失。但是，对于威廉来说，1060 年的确是受到神灵庇佑的一年。1060 年 8 月 4 日，亨利一世吞下一些药物，但却未能遵从医嘱不喝水。当天他就一命呜呼了。[1] 大约在同一时间里，杰弗里·马泰尔也生了病。一个安茹的史家描述他"身患不治之症，情况日渐糟糕"。11 月 4 日，杰弗里在巨大的痛苦当中死去，身边围绕着他的手下们。[2]

两位主要对手几乎同时死去了。这势必让威廉如释重负，因为这意味着，长期存在的入侵威胁消失了。亨利一世虽然有过三次婚姻，但只有最后一位王后产下了子嗣。1060 年 8 月，其长子腓力（Philip）年仅 8 岁。法兰西王权由摄政会议掌控，而这一会议的领头人正是亨利的妹夫佛兰德的鲍德温和王后。巧的是，后者正是威廉的岳父。[3] 对诺曼底公爵来说，安茹的局面甚至更为有利。这是因为，尽管杰弗里·马泰尔至少结过 4 次婚，但他并没有子嗣。如此一来，安茹的继承权便落到了他的外甥大胡子若弗鲁瓦（Geoffrey the Bearded）的手中。大胡子若弗鲁瓦的统治资格则遭到了其弟富尔克的质疑。二人展开了长达数年的争斗，而安茹再也不具备和诺曼底竞争的实力了。

从位于诺曼底与安茹之间的曼恩的情况来看，这一点十分明显。1051 年控制了曼恩之后，杰弗里·马泰尔一直以此地的合法继承人埃贝尔二世（Herbert Ⅱ）之名管辖曼恩。据普瓦捷的威廉记载，此后，埃贝尔一度逃到诺曼底寻求庇护。而且，为了回报，埃贝尔曾暂时把威廉立为他的继承人。历史学家有理由对此持怀疑态度，因为这个承诺显然与诺曼人对英格兰王位的要求有着某些相似之处。仅仅是重复不足以引发人们的怀疑。人们可以争辩，这种相似性说明威廉很喜欢这种安排。然而，普瓦捷的威廉一方面坚持说他的陈述绝对真实，另一方面则在细节上含糊其词。在这种情况下，他的做法难免引起读者的怀疑。当然，诺曼人对继承权的主张势必也会遭受曼恩人的怀疑。1062 年 3 月 9 日，埃贝尔二世逝世。他也没有留下子嗣。此时，亲安茹的一派在勒芒拥立埃贝尔的姑父瓦尔特，让他继承爵位，同时开始准备抵抗诺曼人的进攻。[4]

但抵抗是徒劳的。随后不久，威廉就发动了残酷的战争，对勒芒周边的乡村进行了掠夺。正如普瓦捷的威廉厚颜无耻地描写的那样，"诺曼人之所以要反复在这里造成实质上的破坏，为的是在勒芒人心中播撒恐惧的种子；为的是摧毁和践踏葡萄园、土地和村庄；为的是夺取位置偏远的城堡，在必要的地方驻扎军队。这样一来，这里的每个地方都无时无刻不处在遭受（诺曼人）毁灭的危险之中"。瓦尔特及其支持者向他们现在的领主求援。但是，尽管安茹的新伯爵发出了警告，但他一直没有出现。因此，当地守军最终不得不决定向威廉投降，打开勒芒城门，迎接诺曼底公爵威廉入城。城市沦陷后，瓦尔特及其妻子很快相继逝世，随之谣言四起。有人称，二人是被公爵下令毒死的。这一谣言早在 12 世纪的文献中就已经出现。当时，曼恩全境只剩下马耶讷城堡（castle of Mayenne）在独自支撑。这座要塞北邻栋夫龙，几乎没有人能够攻陷它。当地的领主一直反对威廉的野心。最后，诺曼底军队把火把投向城堡，并点着了它。只有在这时，那里的守军才缴械投降。⁵

　　因此，到了 1063 年，威廉便处于胜利者的位置上。像哈罗德·戈德温一样，他不但见证了宿敌们的死，又成功征服了一个邻近的地区。再没有什么能比卡昂更好地反映当时的胜果了。正是在这一时期，公爵下令建设这座城镇。此前，这里一直是个无足轻重的居民点。（事实上，大约在威廉出生时它才初登史册。）但是，从 11 世纪 50 年代后期开始，这座城镇发生了翻天覆地的变化，一跃成为诺曼底的第二大城市，仅次于首府鲁昂。威廉公爵也很可能定居于此，因为此处距瓦尔斯沙丘战役的战场较近。正是在那场战役中，威廉如得神启，大获全胜。因此，这里也成为一个理想的地方，能够强调其权威从根本上来自上帝。此外，卡昂还有几处地理优势。那里有一块露出地面的岩石。在那块岩石上，公爵建起了一座城堡。令人遗憾的是，尽管这座广阔的要塞-宫殿至今仍有迹可寻，但它原本的石质结构都没有留存下来。

由威廉和玛蒂尔达所建的两座修道院的情况则完全不同。这两座修道院之所以会被建立，很可能是为了回报教宗取消二人婚姻禁令的恩情。玛蒂尔达所修建的是一座始建于 1059 年前后的女修道院，供奉的是圣三一（Holy Trinity）；威廉所建的则是一座始建于 1063 年前后的男子修道院，供奉的是圣斯蒂芬（St Stephen，即圣艾蒂安［St Etienne］）。当然，这两座修道院的建筑风格都是罗马式的。尽管比起玛蒂尔达的修道院，威廉修道院的年代只是稍晚一些，但其构造的复杂程度是所前者远不能及的。这一修道院创新的设计成为日后许多修道院所效仿的对象。幸运的是，在此后的数百年间，这座建筑仅仅经历了少许改建，并逃脱了第二次世界大战的摧残。因此，时至今日，这座宏伟而壮观的建筑仍可供世人观瞻。经过一再的邀请（正如普瓦捷的威廉所说，"用了某种虔诚的暴力之后"），公爵终于说服了他最重要的精神导师兰弗朗克，让他担任这一修道院的首任院长。

在圣斯蒂芬修道院建成后不久，威廉收到一则令人激动的消息：哈罗德·戈德温森已经在法兰西西北部海岸登陆了。[6]

哈罗德的欧洲大陆冒险之旅是有关诺曼征服的故事中最著名的故事之一。这多半是因为，它是巴约挂毯首个场景的主题。但与此同时，这一事件也是最有争议的事件之一。尽管巴约挂毯以及诺曼底地区各种编年史中关于这件事的记载和描述都非常深入，但同一时期英格兰的历史文献（例如《盎格鲁-撒克逊编年史》《爱德华王传》等文献资料）却完全没有谈及此事。因此，我们很难推断这一事件发生的具体时间。尽管哈罗德也有可能是在 1065 年夏初外出冒险的，但大多数史学家倾向于认为，这一事件发生在 1064 年的夏初。幸运的是，无论这一事件发生于何时，它的重要性都不会改变。[7]

毫无疑问，这一事件是真实发生过的。这是因为，关于这一事件，无论是在当时的诺曼史书中，还是在后来的英格兰史书中，这一故事的框架都大致相同。对于这一事件的开始，巴约挂毯表现得最为细致。正如我们所见，最先出现在画面上的角色是虔信者爱德华。在这个场景里，爱德华国王留着白发和胡须，老态尽显，正在同两个男子交谈。我们认为，其中一个男子就是哈罗德。在下一个画面里，伯爵（这里有一个标识清楚地标出了他的身份）正骑马朝苏塞克斯的博瑟姆庄园而去，旁边有骑行的仆人和一群猎犬。伯爵腕上还站着一只猎鹰。一到博瑟姆，他们就在一处教堂（这一教堂至今仍然存在）里虔诚地祷告。出海之前，他们还在庄园的房子里享用了一顿美餐。巴约挂毯也描述了他们一边拉起外衣，一边涉水登船的场景。

然而，当哈罗德及其手下横渡英吉利海峡时，他们却遭遇了风暴，差一点就船毁人亡了。此事不但在挂毯中有所暗示，而且在所有历史文献中都有明确的记载。因为上帝的眷顾，他们逃脱了葬身海底的厄运，最终在蓬蒂厄（Ponthieu）的海岸登陆了。蓬蒂厄是夹在诺曼底与佛兰德之间的几个小郡当中的一个。这显然不是他们计划中的目的地。挂毯上的画面表明，哈罗德刚一登陆，就被蓬蒂厄的统治者居伊伯爵俘虏，并被送往博兰城堡（castle of Beaurain）监禁起来。据普瓦捷的威廉记载，这种强盗行为在蓬蒂厄并不鲜见。在拿到大量的赎金之前，居伊伯爵打算一直把哈罗德及其随行人员扣押在此地。[8]

随后，场景转到了诺曼底。不知怎么地，哈罗德登陆的消息传到了威廉公爵那里。哈罗德很可能自己想办法给公爵捎了信。在巴约挂毯里的一个令人有些疑惑的场景里，一个留有小胡子的信使出现了。这种胡子暗示了他是一名英格兰人。在稍后的一本史书当中，伯爵则是在贿赂了一名狱卒之后才将自己身陷囹圄的消息告知了威廉公爵。无论消息是如何传出去的，威廉一得知哈罗德被困，便立即派出使节前往蓬蒂厄，要求释放哈罗德。瑞米耶日的威廉表示，居伊伯爵受到了压力，而这一点似乎是完全可信的。这是因为，在 1054 年的莫特默尔，居伊伯爵曾经被俘，直到其发誓效忠于诺曼底公爵后才被释放。普瓦捷的威廉显然读过瑞米耶日的书，但他坚持认为，居伊其实是自愿配合的，并因此得到了一些土地和金钱作为报酬。无论他是受到了胁迫还是被贿赂了，居伊伯爵最终将哈罗德带到了诺曼底边境的厄镇，并将他交给了威廉。在威廉的护送下，哈罗德伯爵及其随从来到了威廉位于鲁昂的舒适的宫殿中。[9]

所有的文献都表明，哈罗德在诺曼底停留了相当长的一段时间。在此期间，有两个重大的事件发生了。首先，根据普瓦捷的威廉的详细记载以及巴约挂毯的大段描绘，威廉在布列塔尼打了一仗。这场战斗持续的时间不长，也并不算成功。哈罗德陪同其主人参加了战斗。巴约挂毯描绘了他在圣米歇尔山附近英勇营救威廉的士兵的情景。其次，更为重要的是，就在他停留在诺曼底的这段时间里，哈罗德发了一个誓，支持威廉对英格兰王位的主张。据普瓦捷的威廉记载，在图屈埃河畔博讷维尔（Bonneville-sur-Touques）的一次特别会议上，伯爵发了这个誓。[10] 挂毯上的画面显示，伯爵是用手按着圣物发誓的。[11]

这就是各种文献中有关哈罗德造访欧洲的故事的描述。尽管

在一些细枝末节上不尽相同（例如，哈罗德在哪里宣誓，宣誓的时间是在布列塔尼战役爆发前还是之后），但所有的编年史家和挂毯的制作者都一致认为，这个故事的内容就是这样的。[12] 然而，他们关于这件事为何会发生的说法却大相径庭。

据诺曼编年史家所言，宣誓是整个故事的核心：哈罗德之所以横渡了英吉利海峡，是因为他受虔信者爱德华之命，前来确认威廉是否有继承英格兰王位的意愿。例如，瑞米耶日的威廉说道：

> 依照上帝的意愿，英格兰国王爱德华没有可继承王位的子嗣。他曾派遣坎特伯雷大主教罗贝尔将威廉选为继承人，以继承神赐予爱德华的王国。他后来又派他手下享有最多财富、最高荣誉和无上权力的哈罗德伯爵前往指威廉那

里。因为威廉即将领受王位，爱德华命伯爵向公爵宣誓效忠（fealty）。而且，根据基督教的传统，他用誓言（oath）来保证自己的忠诚。[13]

普瓦捷的威廉自然赞同这一说法。他十分尊崇瑞米耶日，甚至一字不差地抄了其中一部分的叙述：哈罗德是受命前去保护爱德华的接班人威廉的。后世所有的诺曼编年史家也纷纷附和。12世纪20年代，奥德里克·维塔利斯说："真相是，爱德华早已宣布，他打算将整个王国传给他的亲戚诺曼底公爵威廉，并且在英格兰全体国民的同意下，让威廉成了他的继承者。"[14]

但是英格兰人对此却不能苟同。那时，他们似乎更愿意保持沉默。《盎格鲁－撒克逊编年史》并未记录1064年所发生的事件，而它关于1065年各事件的记载则是从8月份开始的。尽管《爱德华王传》的作者发表了两条评论，可能多少涉及此事，他也没有明确提及哈罗德之行。然而，后世的英格兰人并没有三缄其口，他们开始直接否认诺曼人的说法。例如，根据马姆斯伯里的威廉所言，12世纪初，一些英格兰人坚称，哈罗德伯爵从未有过访问大陆的打算，他之所以渡过了英吉利海峡，是因为在钓鱼时被意外刮到了那边。[15]

总体而言，坎特伯雷僧侣厄德麦（Eadmer）的描述更为可信。他生活在12世纪初。据厄德麦记载，哈罗德确实曾自愿去诺曼底，但他这样做完全是出于自身的动机。他此行的目的是接回两个一直在威廉宫廷里做人质的亲戚。这个说法更为可靠，因为事实正是如此，就连普瓦捷的威廉也承认这些人质的存在。在1051至1052年的那段危机当中，戈德温家族曾将两名族人当作人质交给虔信者爱德华。厄德麦指出，他们是伍尔夫诺思和哈坎。前者是哈罗德的弟弟，后者则是哈罗德死不足惜的哥哥斯韦恩伯爵的儿子。他们最有可能是在 1051 年 9 月被交给虔信者的。当时，戈德温家族势力崩塌，斯韦恩仍然活跃在历史舞台上。在随后的一年中的某一天，他们显然被移交给了诺曼底方面。最大的可能是，在访问英格兰后，威廉亲自把他俩带回了自己的宫廷。[16]

那么，哪一种说法更为可信？哈罗德是被派往诺曼底以兑现爱德华先前的承诺，还是他负有自己的使命，试图带回长期遭到扣押的亲戚？我们应当相信普瓦捷的威廉，还是应当相信厄德麦？这两个人的特点并不能帮助我们做出取舍。普瓦捷的威廉所生活的年代距离事件的发生日期更近，他还详细地描述了哈罗德到访的细节。他似乎十分了解这个宣誓仪式，不仅说出了仪式最有可能举办的位置，还附上了据称是伯爵所承诺的条款。根据普瓦捷的说法，哈罗德首先发誓，在爱德华的王廷上，他将会为威廉发声；其次，在国王去世后，他会动用他的财富和影响力，力保公爵成功继位；再次，伯爵承诺，自己将会出资加强多佛尔城堡的驻防，供威廉所用；最后，他还将听从公爵的指挥，在英格兰的其他地方同样建立起要塞并储备粮食。[17]

但是，尽管厄德麦是一位后世的作者，他显然也知道很多。他一个人就说出了两位戈德温家族人质的名字，并提供了其他颇具说服力的细节（例如，他知道哈罗德在蓬蒂厄登陆河口的名字）。厄德麦也详细地描述了伯爵所立的誓言。他也提到，哈罗德保证，要在个人层面上支持威廉，并且愿意为多佛尔的布防提供个人支持。除此之外，他还补充了一条，表示哈罗德方面将会用联姻来巩固这一决议。在这一联姻关系里，哈罗德的妹妹将会嫁给一位诺曼底的要人，而伯爵本人则会迎娶公爵的一个女儿。[18]

但与此同时，普瓦捷与厄德麦显然各有偏见。普瓦捷明显希望尽可能强调诺曼人对英格兰王位要求的合法性。他坚称，哈罗德"以十分清晰的语句宣了誓，他的这一行为是出于自己的意志的"，"正如到场的那些最优秀、最真诚的证人所说的那样"。这位史学家如此强力的断言立即引发了我们的怀疑，令我们倾向于相信厄德麦的表述。厄德麦则称，哈罗德意识到自己身处困境，他的承诺实际上是在胁迫之下做出的。"除去同意威廉的要求以外，他想不到任何可以脱身的办法。"[19]

然而，厄德麦在撰写这段历史的过程中也同样抱有偏见。如同大多数经历过那段历史的英格兰人一样，他把诺曼征服视为一场可怕的悲剧。正如普瓦捷急于证明，诺曼人对英格兰王位具有合理的诉求一样，他总是急于否定这一诉求。[20]在展开他的叙述时，他总是尽力避免提及1051年爱德华的承诺。因此，他并未解释那一年国王与戈德温家族发生争论的原因。然而，到了戈德温家族刚刚重新掌权的1052年，人质们就奇迹般地被送回到戈德温家族的手中。这些隐瞒和篡改是为了给哈罗德开脱，表明他没有任何的过失。在厄德麦的叙述中，当他抵达诺曼底之后，哈罗德伯爵才首次听说，威廉公爵觊觎英格兰的王位。威廉告诉他，爱德华在流亡时曾承诺让他继承王位。

既然二人不分伯仲，我们也就难以在这样两位富于操纵性的史学家中做出选择。但如果从更广阔的层面来考虑的话，我们显然应该抛弃普瓦捷的说法而接受厄德麦的。简单地说，厄德麦的说法远比普瓦捷的更令人信服，更加贴近我们所了解的英格兰的政治现实。截至1064年，哈罗德和他的弟弟们已经拥有了至高无上的权力，而虔信者爱德华的权力则几乎已被侵蚀殆尽。难以想象，如此年迈无权的国王能够要求伯爵去做有损自身利益的事。至于命令哈罗德帮忙重启一个他与其族人一直强烈反对的继承方案，那就更不可能了。[21]

相反，我们完全可以合理地假设，鉴于自己的亲人仍被关押在诺曼底的事实，处于权力之巅的哈罗德必然会感到十分尴尬。与此同时，他乐观地认为，可以利用自身的影响力，促使威廉释放二人。他的这一想法似乎也是完全合理的。既然扣押他们是为了确保爱德华履行1051年的承诺，那么哈罗德肯定也已经预料到，他将不得不讨论诺曼人对英格兰王位的主张。但他一定有认为自己能够说服威廉放弃这一主张的自信。其方法要么是通过欺骗，要么就是许以补偿。这一点在厄德麦的记载中体现得十分明确。当哈罗德告知爱德华他打算营救人质时，国王警告说："除非公爵能够看到自己未来可以得到某些巨大的好处，否则我觉得公爵不会轻易地把他们交还给你的。"但伯爵无视建议，还是带上大量金银和其他贵重物品启程前往诺曼底。[22]

支持厄德麦叙述的一个决定性证据正是巴约挂毯。巴约挂毯无疑是有关诺曼征服的最为有趣的史料，同时也是最难以解读的相关材料之一。大体上，它似乎是一个鼓吹诺曼人必胜思想的作品。但它是英格兰人刺绣出来的作品，这一事实似乎也影响到了它讲述故事的方式。在某些关键的地方，挂毯的制作者明明可以明确诺曼人的王位诉求，但是在那些地方，挂毯的表达却偏偏模棱两可。这样说并不意味着，挂毯中包含了一些英格兰人的隐藏密码；这只是说，作为一件诺曼征服后不久即被创作的公共艺术品，挂毯似乎在刻意地避免争议。例如，在第一个场景中，我们看到，虔信者爱德华在和一个被我们认为是哈罗德的人交谈，但挂毯却没有告知我们他们谈话的内容。诺曼人会认为，国王正在命令伯爵，让他去确认威廉是否能来继位。而英格兰人则可能会认为，这是有关哈罗德人质营救计划的讨论。

然而，在哈罗德伯爵归来一幕的绘制上，挂毯的制作者似乎并没有那么含糊。厄德麦和普瓦捷的威廉都告诉我们，哈罗德带着侄子哈坎再次横渡英吉利海峡，回到了英格兰；他的弟弟伍尔夫诺思却仍被羁押在诺曼人的手中。如果说哈罗德此行的目的是解救全部的人质，那么他只成功了一半。从另一方面来说，如果

他背负着确认威廉作为爱德华继承人的使命，那么这一任务已经完成了。如果是后一种情况，他理应受到热烈欢迎。[23]

然而，挂毯似乎展示了一幅迥然不同的画面。这幅画面上方的说明毫无感情："在这里，哈罗德返回英格兰，来到国王爱德华面前。"但是，说明下面的图片则显示，伯爵明显地把头低下来了。他张开双臂朝国王走去，看起来非常像在恳求或者在道歉。此外，爱德华本人似乎不再是开始时那个看起来和蔼亲切的人了。他变得更高大，也更严肃了。他举起食指，仿佛在告诫哈罗德什么。

在这一段里，我们用了"看起来""看起来非常像""似乎""仿佛"这些词，无疑，这是对挂毯场景的揣测性解读。一些史学家可能会认为，和其他的解读一样，这些解读也不清楚。[24]但是，与挂毯设计师同样处于坎特伯雷传统影响下的厄德麦却没有感到困惑。他很清楚，在哈罗德向国王禀报完之前所发生的事之后，哈罗德遭受了怎样的待遇。"我没有告诉你我对威廉的了解吗，"愤怒的爱德华大声呵斥道，"我也没有告诉你，你此行可能会给这个国家带来无尽的灾难吗？"[25]

8

北方动乱

至少在 1065 年夏以前,哈罗德就已经从诺曼底返回了英国。这是因为,《盎格鲁-撒克逊编年史》的编写者在此时才打破了沉寂,开始讲述他在南威尔士的活动。据记载,在 1065 年 8 月以前,伯爵下令在朴茨基韦特(Portskewett)大兴土木。今天,这是一个位于切普斯托(Chepstow)以南几英里塞文河河口的一个普通小村。他的意图很明显,就是希望邀请虔信者爱德华来此一同狩猎。出于这一目的,他还在此"堆放了很多物品"。我们不禁怀疑,这是否是为了博得近来失去的宠爱而做出的努力?

如果他的目的真是如此,那么这一目的显然并未实现。1065年 8 月 24 日,就在所有必备物品准备停当、工程即将竣工之际,他新建的狩猎小屋却遭到了一直记恨着他的威尔士人的破坏(伯爵在 2 年前入侵了他们的国土)。正在工地上工作的人似乎全都惨遭屠戮,精心储备的物品也被一抢而空。关于这件事,《盎格鲁-撒克逊编年史》D 本写道:"我们不知道,到底是谁先挑起的事端。"这并不是《盎格鲁-撒克逊编年史》的编写者第一次激怒我们了。这些人又一次在不透露任何细节的情况下暗示我们,这件事的背后还有某种更大的阴谋。1065 年夏天,确实有一个反戈德温家族的阴谋正在酝酿之中。然而,这一阴谋针对的不是哈罗德,而是他的弟弟诺森伯里亚伯爵。[1]

11世纪的诺森伯里亚要比现在它的同名地区大得多。它是过去的盎格鲁-撒克逊王国之一。正如它的名字所示，其最初的版图北起亨伯河，覆盖了约克郡全境、达勒姆郡全境以及最北端的那个现在以诺森伯里亚为名的地区。在诺森伯里亚最为辉煌的7世纪，它的疆土一度包括更远的苏格兰低地的一部分，即洛锡安地区（Lothian）。其向西一度最远延伸至爱尔兰海，囊括了现在的兰开夏（Lancashire）和坎布里亚（Cumbria）的所有区域。然而，到了10世纪，由于苏格兰和斯特拉斯克莱德（Strathclyde）的这些敌对的统治者不断扩张，这些边远的地区或者失守，或者至少沦为极其有争议的地区。

就像除威塞克斯以外所有其他的盎格鲁-撒克逊王国一样，诺森伯里亚王国在维京人到来后立即灰飞烟灭。在9世纪的最后30余年里，丹麦人已经征服了现在英格兰东部和北部的大部分地区，并在这些地方定居了。在其后的几个世纪里，这一地区都被称作"丹麦区"（the Danelaw）。这些入侵者深入拓殖约克郡，而约克也成了他们的首府。与此同时，诺森伯里亚之前的国王继续统治着其北方的残余部分，即蒂斯河（River Tees）以北那些远比其他地方贫瘠的地区。他们统治的根基位于班堡（Bamburgh）。那是一个四面环海的堡垒。[2]

约克的维京王国并没有持续太久。10世纪中期，它便被所向披靡的威塞克斯诸王消灭了。但丹麦人入侵的影响却一直流传了下来，并影响了一代又一代的人。也正是由于维京人的殖民活动，约克郡在民族和文化上都有别于新兴的英格兰王国的其他地区。例如，其居民坚持沿用北欧的货币结算方式，并使用带有明显北欧风格的墓葬和纪念十字架。还有，更为明显的是，他们使用着一种对于其南部邻居来说深奥难懂的语言，充满着斯堪的纳维亚语源的单词。在约克郡的地名中，我们常常会遇到带有丹麦特色的词缀"-by"，例如格里姆斯比（Grimsby）和柯克比（Kirkby）。在英格兰其他地方，各郡会被划为很多"百户区"（hundred），再下一级的行政区划则被称为"海德"（hide）；约克郡的行政区划则称"区"（riding）、"小邑"（wapentake）和"卡勒凯特"（carucate）。*即使到了今天，约克城主干街道的名称中仍有丹麦语的"gate"一词（如黄铜门［Coppergate］、猪门［Swinegate］等）。[3]

其结果是，英格兰北部在政治层面上被分裂了。由于处于威塞克斯统治者的统治之下，约克郡的那些盎格鲁-丹麦要人自然会感到十分怨恨。相比之下，虽然降级成为伯爵，但居住在班堡的诺森伯里亚王国的前王族们对这一新局面十分满意。之前，维京统治者就在附近的约克；而现在，统治者居住在异常遥远的南部英格兰。对于这些前王族来说，这意味着他们基本上可以自行管理蒂斯河以北的地区。而且，在通常情况下，他们也可以同时管理约克郡。1016年，维京人再次征服了英格兰。此时的班堡家族就不太开心了（相反，他们在约克郡的邻居倒是大喜过望）。在克努特征服英格兰之后，约克郡迎来了属于自己的北欧伯爵。首先是埃里克，然后是休厄德。二人都成了班堡家族的死敌。1041年，休厄德命人杀掉了他的北方对手，最终结束了双方的冲突，并控制了整个诺森伯里亚。[4]

---

* 小邑一词来自古挪威语，原义为"拿起武器"。卡勒凯特是旧时英国的土地丈量和估税单位。1卡勒凯特约合0.4平方千米。

　　到了 1055 年休厄德去世时，北英格兰的局面就是这么个情况。此时，英格兰统治者在很大程度上放弃了这个在文化上以及政治上都与其他地区有所区别的地区，任其自生自灭。这么做的理由也很充分：这一地区地处偏远，而且很难到达。得益于广阔的亨伯河河口以及位于约克郡和柴郡周边的沼泽和湿地，贯通英格兰南北的道路只有几条，而且，没有任何一条能够让人放心通过。假设所有道路都是通畅的，而中途又没有遇到匪徒，从伦敦到约克的 200 英里路程也至少要耗费人们 2 个星期的时间。从英格兰南部到达约克最安全也是最快的方式是乘船。因此，英格兰王室几乎无法对诺森伯里亚施加影响。英格兰国王在约克郡基本没有土地。虽然在约克所铸造的货币上，国王的头像和名字都出现了，但国王本人从未来过这里。与此同时，蒂斯河以北的人民无法持续感知英格兰王室的存在：这里没有王室的土地，没有铸币所，没有堡镇，也没有郡。对于包括国王在内的大多数生活在英格兰南部的人来说，北方是个遥远的地方。在那里，人们以不同的方式行事。居住在南部的人们对其所知不多，也很难理解他们。[5]

　　这就是为什么托斯蒂·戈德温森接替休厄德位置一事那么令人震惊。如前所述，1055 年春，随着托斯蒂的晋升，亨伯河以南的英格兰在政治上被痛苦地撕裂了。这一事件也直接导致了戈德温家族和他们在麦西亚的对手摊牌。但在诺森伯里亚地区，他的晋升势必引起了同等的恐慌（如果不是更大的恐慌的话）。自诺森伯里亚地区归入英格兰王国后的一个世纪以来，这一地区的伯爵，要么为来自班堡家族的前诺森伯里亚王廷成员，要么是克努特国王所委任的丹麦人。这一惯例仅在公元 1000 年前后被打破过一次。约克伯爵领被交给了一个麦西亚人埃尔夫海姆（Ælfhelm），而且这个人的统治并不成功。然而，到了 1055 年，诺森伯里亚人却需要面对 20 多岁的托斯蒂。作为前威塞克斯伯爵的儿子，他的名字是唯一把他和丹麦联系在一起的地方。无论是就出生、成长经历还是政治经验而言，托斯蒂都是一个南部英格兰人，而这一点也显现了出来。[6]

在托斯蒂统治了 10 年以后，关于他的统治的抱怨才开始出现，但其内容显然与他在整个任期当中的作为有关。根据《盎格鲁-撒克逊编年史》C 本的记载，托斯蒂的主要罪行在于他"侵吞上帝的财产"。这一指控多少令人吃惊，而且很可能是不公正的。（著于麦西亚的《盎格鲁-撒克逊编年史》C 本对戈德温家族有敌意。）支持戈德温家族的《爱德华王传》则认为，伯爵为人特别虔诚，而他之所以会对教会非常慷慨，是因为受到了他同样虔诚的妻子朱迪丝（Judith，佛兰德伯爵的一个女儿。二人于 1051 年完婚，而那时的托斯蒂随其家人在佛兰德流亡。）的鼓励。根据后人在达勒姆大教堂所写的材料，《爱德华王传》的说法是可信的。这些材料称，教士们将伯爵夫妇当成慷慨的捐助人而牢记于心。托斯蒂之所以受到"侵吞上帝的财产"的指控，很可能是因为他被其他人连累了。在成为诺森伯里亚伯爵后，托斯蒂便把一开始就不得人心的达勒姆主教埃塞尔里克换下了台。然而，他所帮忙换上的则是这位主教更不得人心的兄弟埃塞尔温（Æthelwine）。这二位同托斯蒂一样是南部英格兰人。后来，他们以抢劫达勒姆教堂以及其他的北方教堂而闻名。他们这样做，为的是充实其位于彼得伯勒（Peterborough）的母校的珍藏室。[7]

如果说托斯蒂直接损害了教会，那很有可能是因为他实施了过于严苛的税收政策。根据伍斯特的约翰的记载，1065 年，另一项针对伯爵的指控是，他收取了"大量的贡金"。我们不可能知道，伯爵的税收政策究竟有多过分，但这个问题之所以会出现，可能与不同的期待有关。此前，英格兰北方地区根本无须缴纳很多的税。后来的记录显示，在英格兰北方所征收的土地税仅为南方的 1/6。这或者是出于尊重北方的独立传统，或者是针对这一地区人口少、生产力低下的实际而做的调整。或许，托斯蒂的计划很宏伟，想要在这个伯爵领内提高税收，以达到南方的标准。然而，更有可能的是，他只是试图通过增加税收，以满足一己之需。他的这一权宜之计则被视为一种罪恶的尝试，目的是将南方长期以来所承受的苛刻统治模式引入北方。无论其目标是什么，托斯蒂不顾诺森伯里亚低税的传统并加重了税务。这显然令他极其不受欢迎。[8]

他在法律和秩序方面的政策也同样如此。《爱德华王传》写道，诺森伯里亚地区素来被视为法外之地而臭名远扬。在这里，即使 20 或 30 人结伴出行，也几乎不可能不受到死亡和被打劫的威胁。作为"神义（divine justice）之子和热爱它的人"，托斯蒂唯一的目标就是消灭这些可怕的非法行为。为此，托斯蒂处决了这些匪徒，并砍掉了他们的手脚。对此，《盎格鲁-撒克逊编年史》C 本却颠倒黑白，表示托斯蒂只是杀死了"所有地位比他低的人"，并且剥夺了他们的财产。与 C 本的编写者相比，《爱德华王传》的作者更不尊重史实。但是，后者选择了记录这些指控，而不是反驳它们。如果不是这样的话，我们可能会再一次认为，事实可能是上述两种说法的中和。"指控这位业绩辉煌的伯爵太过残忍的人不在少数。而且，他受到了这样的指控，即他之所以惩罚滋扰生事者，多半是因为他对这些人被罚没的财产有贪欲，而不是因为他对正义的热爱。"在《爱德华王传》的另一处，这位作者还略显失望地评论道，托斯蒂"偶尔会对打击犯罪一事显得过于热衷"。[9]

这样一来，根据他的朋友所选择的那种宽厚的说法，托斯蒂不受欢迎的原因在于，他过于热心地执行他的两大任务，即收税和执行正义。相反，我们并没有看到时人有关他的另外一个责任的指责。相较于其他的两个任务，这一责任更加基础。这个任务是保护他的伯爵领，使之免受外来的攻击。事实上，在《爱德华王传》的一个充满对哈罗德和托斯蒂的溢美之词的章节中，作者表示，正像哈罗德击败国王在南方的敌人（即威尔士人）一样，他的弟弟也吓退了北方之敌。令人惊讶的是，各类文献对这一记载都没有提出异议。这样说是因为，首先，《爱德华王传》的这一说法明显是不真实的；其次，托斯蒂没能捍卫自己的伯爵领。这件事直接引发了危机，而这一危机最终吞没了他。[10]

自公元 1000 年以来，一旦成为诺森伯里亚的伯爵，这个人就不得不奋力与苏格兰诸王抗衡，阻止他们的扩张。11 世纪上半叶，苏格兰人曾 3 次入侵英格兰北部。在发生于 1040 年的最后一次围攻当中，苏格兰人还包围了达勒姆。正如我们之前所见到的那样，托斯蒂的前任休厄德伯爵以强硬的手段解决了这一问题。1054 年，他率军侵入苏格兰，并废黜了国王麦克白。在他的位置上，伯爵安插了前代国王邓肯（Duncan）之子马尔科姆（Malcolm）。他的父亲就是麦克白那桩著名的谋杀案的受害者，而麦克白也借此机会夺取了对方的王位。显然，马尔科姆曾作为流亡者在虔信者爱德华的王廷当中长大，而虔信者似乎也支持休厄德将马尔科姆重新扶上王位的主张。毫无疑问，他的想法是，一个因为英格兰的军事援助才坐上王位的苏格兰国王，不太可能会推行侵略诺森伯里亚的政策。[11]

即便这一推测是正确的，它也只是在短期内起到了效果。在他执政的头几年，马尔科姆继续专心对抗麦克白。（与传统戏剧里的叙述不同，麦克白并不是在邓斯纳恩［Dunsinane］战死的，而是在3年后的伦法南战役［Battle of Lumphanan］之后死去的。）但是，在平定内乱后，马尔科姆马上翻脸了。在麦克白死后，他的继子卢拉赫（Lulach）也于1058年被杀害。此后，马尔科姆就沿袭了他的先祖们所最擅长的那一套，深入英格兰北部，不断袭扰当地的百姓。《爱德华王传》解释道，新任苏格兰国王是为了测试比他就任更晚的新伯爵托斯蒂，而他一直看不起后者的能力。但是，作者继续写道，托斯蒂太聪明了，"不但通过勇武和实战，而且使用巧妙的策略"来消耗对手。这在某种程度上是真的。1059年，托斯蒂的确在达勒姆主教和约克主教的帮助下，不知通过何种话术说服了马尔科姆，让他重返英格兰，并与虔信者爱德华进行一次私人的会面。为此，爱德华很可能还特意冒险渡过了亨伯河。马尔科姆和托斯蒂达成了和平协议，并交换人质。而且，按照北部习俗，马尔科姆和托斯蒂二人在这一场合下也成了"结拜兄弟"。[12]

但到这里，故事只讲了一半。不久之后，1061年，托斯蒂和朱迪丝在他们的家族成员和一些英格兰主教的陪同下虔诚地前往罗马朝圣。这就意味着，他们的伯爵领向马尔科姆敞开了大门，而后者很难抵挡这样的诱惑。根据12世纪史家达勒姆的西缅

巴约挂毯第一个场景里的虔信者爱德华。

瑞米耶日的威廉把他的历史著作呈给征服者威廉（出自
一份12世纪的手稿）。

克努特大王与埃玛在温切斯特的新教堂献上十字架（出自一份当时的文献）。

哈罗德·戈德温森向博瑟姆骑马行进。

1066 年之前的英格兰建筑。位于北安普敦郡厄尔斯巴顿（Earls Barton）的教堂塔楼是于 11 世纪早期建成的。这座建筑表明，当时的英格兰人更看重装饰，而不是线条的顺序与准确性。而在这一时期，欧洲大陆的建筑则逐渐开始使用这样的线条。

位于阿尔克的巨大城堡，建于威廉的幼年时期。现存的石质结构可以追溯到 12 世纪。

1066 年之前的诺曼底建筑——瑞米耶日的罗马式修道院教堂，始建于 1040 年。

卡昂的圣斯蒂芬修道院，始建于 1063 年。

横渡海峡的诺曼舰队，桅杆上挂着灯的可能是威廉的旗舰，即"摩拉号"。

"斯库勒莱乌3号"，11世纪的船，现藏于丹麦罗斯基勒的维京海盗船博物馆。

"北方浩劫"中的一幕。诺曼人点着了一座房屋,一个女人带着她的孩子从这座房子里逃了出来。

在黑斯廷斯战役当中，诺曼骑士们正在冲击英格兰人的盾墙。

在黑斯廷斯战役当中，奥多主教冲进己方阵营以鼓舞将士们（confortat pueros）。

（Simeon of Durham）的说法，"同年，苏格兰国王疯狂进攻他的结拜哥哥托斯蒂的伯爵领"。他所造成的破坏是如此之惨烈，就连英格兰北部基督教的摇篮——林迪斯芳的霍利岛（Holy Island of Lindisfarne）——也没能幸免于苏格兰人的蹂躏。

很有可能也就是在这一刻，马尔科姆入侵了坎布里亚。在动荡的英格兰北部所有存在争议的地区当中，没有哪一个地方会像这个位于西北海岸上的、以多山闻名的地方那样，被争夺过那么多次。它最初是一个不列颠王国（其名字与凯尔特语的"威尔士"〔Cymru〕一词有着共同的语源）。7世纪时，坎布里亚被纳入诺森伯里亚王国的管辖范围之内，但是，公元900年，它又落入另一个不列颠王国（斯特拉斯克莱德王国）的手中。在接下来的120年里，这个地方名义上一直处于斯特拉斯克莱德国王的统治之下。然而，在此期间，从爱尔兰渡海前来的几批挪威维京人也侵入了此地，并在此定居下来。之后，在英格兰和苏格兰国王对统治权的争夺当中，这里一次次地被征服、割让、骚扰和再被征服。后来，到了1080年，这一地区被苏格兰人占领了。这次入侵最终结束了斯特拉斯克莱德国王们的统治。但在休厄德伯爵的统治期间，它再次成了英格兰的一部分。虽然没有确凿的证据，但似乎可以肯定的是，马尔科姆利用了托斯蒂不在伯爵领内的契机，于1061年再次扭转了局面。而坎布里亚也再次被苏格兰人收回。

在丢失了坎布里亚之后，托斯蒂明显需要在军事上做出回应。更不用说，这个时候，林迪斯芳也陷落了，苏格兰人还在其伯爵领的其他地区上大肆破坏。然而，据我们所知，没有任何迹象表明，《爱德华王传》用来称赞伯爵的"勇武"一词是真实的，也没有任何证据表明，他发动过这本书中所记载的"实战"。从罗马回来以后，托斯蒂似乎接受了既成的事实，默许马尔科姆入侵自己的伯爵领。他再次会见苏格兰国王，并提出和平的主张。坎布里亚成了苏格兰的一部分。[13]

但并不是每个人都愿意既往不咎。一些人很可能因托斯蒂未能捍卫先辈的胜利果实而感到愤怒。在这些人中，有一个是班堡家族的后裔戈斯帕特里克（Gospatric）。如果可以重新掷一次历史的骰子，那么成为诺森伯里亚伯爵的将会是戈斯帕特里克，而不是托斯蒂。正如我们此前所提及的那样，在远古的时候，戈斯帕特里克的先祖以国王的身份统治着诺森伯里亚。而就在 50 年前，他的父亲尤特雷德（Uhtred）则作为伯爵统治着这里。正如我们此前所提及的那样，班堡家族在克努特到来以后便日渐衰落。尤特雷德伯爵在 1016 年被克努特下令谋杀。他伯爵领的南半边则被分封给了一个新来的丹麦人。25 年后，戈斯帕特里克的弟弟埃德伍尔夫伯爵同样被休厄德伯爵命人杀害。休厄德随后接管了他剩下的伯爵领。因此，戈斯帕特里克有充足的理由对事态的发展感到心痛。但是，休厄德拥有足够的智慧，足以安抚他的不满。在他接管班堡家族的领地后不久，休厄德便迎娶了尤特雷德伯爵的孙女阿尔弗莱德（Ælfflaed）。这样一来，他就把一个战败王朝的命运同他自己的命运捆绑在了一起。大约在同一时间，他让戈斯帕特里克当自己的副手，令他掌管坎布里亚的事务。[14]

因此，虽然托斯蒂能平静地看待苏格兰收回坎布里亚一事，但对于戈斯帕特里克来说，丢掉坎布里亚就意味着他失去了他的安慰奖。尽管我们不敢确定地说，这就是二人日后不和的原因（伯爵不受欢迎的理由太多），但这个理由肯定是最站得住脚的。我们可以看到，不久之后，戈斯帕特里克与托斯蒂之间就爆发了

冲突。这是因为，人们都知道，1063 年或 1064 年，托斯蒂邀请
了戈斯帕特里克的两名亲戚来到他位于约克的议事大厅参加和平
会议（或许只有这两个人是这么认为的）。事实上，托斯蒂准备
的是一次伏击，而这一做法与他的丹麦前辈的做法如出一辙。这
二人也就被阴险地杀害了。二人的死很可能会促使戈斯帕特里克
直接向国王控诉。1064 年圣诞节，他出现在爱德华的宫廷里。然
而，这也是他最后一次出现在王廷，因为他根本没考虑到，戈德
温家族竟然如此团结。在圣诞节后的第四个晚上，在托斯蒂的姐
妹伊迪丝王后的命令下，戈斯帕特里克本人也遭暗杀。

　　托斯蒂的斩首策略一度看似已经奏效了：随着戈斯帕特里克
的死，北方似乎已经变得足够消停。但是在接下来的一年里，
一场针对伯爵蠹政的反抗正在稳步地推进。这一次，反抗的规模
远比上次更大，所参与的势力也更多。如果伯爵这时现身于诺森
伯里亚，他可能会察觉到某些端倪。例如，1065 年 3 月，达勒姆
的教士发起了公开的抗议，他们挖出了 7 世纪的诺森伯里亚统治
者奥斯温（Oswine）的尸骨，并把它展示给众人看。奥斯温正是
被其奸诈的亲戚害死的。但是，托斯蒂似乎没有把这种赤裸裸的
宣传放在心上。伯爵总是不在领地。他更愿意把日常政务交给别
人打理。因此，直接承受北方人怒火的并不是托斯蒂本人，而是
他的这些代理人。[15]

　　1065 年 10 月 3 日（星期二），一群效忠于戈斯帕特里克的
塞恩率领着 200 名全副武装的人进入了约克城。伍斯特的约翰为
我们提供了关于此事的最为详细的信息。他显然认为，这次行动
是伯爵及其手下的背叛所导致的。这支队伍似乎是出其不意占领
约克城的。这是因为，在那个星期一，据说只有两个隶属于托斯

蒂的丹麦御卫被杀。他们是在试图逃跑时被拖回去处死的。第二天，他们与伯爵拥护者的战斗显然变得更加激烈。其结果是，有200多名伯爵的拥护者死亡。叛乱者继而砸开了托斯蒂位于约克的金库，抢走了他所有的武器和所有的金银财宝。[16]

这是一次大规模叛乱的开始。蒂斯河以北的塞恩显然已经击败了托斯蒂的庞大部队。他们得到了约克人的支持，而后者的加入也正是托斯蒂倒行逆施的明证。为了反抗他，他的领地上的两大宿敌此时竟然走到了一起。这次起义明显组织有序，并且直接针对托斯蒂本人。《爱德华王传》描写了托斯蒂的手下在各处被屠杀的场景。他们不仅在约克被杀，就算是在林肯的大街上，他们也会遭到屠戮。即便是在路上、在船上或者在树林里，这些人也不能幸免于难。"无论是谁，只要是被认为曾为托斯蒂家族做过事，都会被拖出去折磨至死，并不需要先接受审判。"[17]

据传，反叛者打算让一位名叫莫卡（Morcar）的年轻人代替托斯蒂。莫卡是戈德温家族之前最大的死对头前伯爵埃尔夫加的次子。根据《爱德华王传》所述，莫卡和他的哥哥埃德温继承了他父亲所有的恶意（特别是针对托斯蒂的恶意）。很可能在一段时间以来，托斯蒂和哈罗德一直在想尽办法剥夺埃德温的继承权。直到1065年春，埃德温才以麦西亚伯爵的身份出现在历史文献中，而此时距离其父去世已经差不多过去了3年。麦西亚两兄弟这么快就倒向叛军的事实表明，他们早就知道了这一阴谋。莫卡立即接受提议，出任叛军领袖，并率领着他们一路向南。在行军途中，他也促使林肯、德比（Derby）和诺丁汉（Nottingham）3个郡的人民揭竿而起。与此同时，埃德温则在麦西亚组建了军队。在那里，他父亲的旧友威尔士人也加入了他的队伍。每个因为戈德温家族的崛起而遭受苦难的人此时都团结了起来，试图终结这一家族的政治垄断。[18]

当叛乱爆发的消息传来时，托斯蒂正在他姐妹的丈夫的宫中。而那时，爱德华国王在威尔特郡。他之所以来到那里，显然是为了举行庄严的仪式，再次将威尔顿修道院献给上帝。这里是伊迪丝童年时所居住过的地方。也正是在她的资助之下，修道院被重新修缮了。由于这件大事是在其辖地的中心地带所举办的，我们可以大胆地假设，哈罗德当时也在场。受命前往北方与叛军谈判的人也一定是哈罗德。[19]

当伯爵到达时，埃德温和莫卡的两队人马已经在北安普敦镇（town of Northampton）会合了。据《爱德华王传》所述，他们的士兵从麦西亚、威尔士及整个北部英格兰赶过来，"聚集成了一股就像旋风或暴风雨一样庞大的力量"。哈罗德传达了国王的口信。其大意是，叛军应该就此罢兵。如果他们能够证明，他们的确遭受了任何不公的话，国王会在适当的时候帮助他们解决问题。毫不意外的是，这一口信并不能安抚众人。叛军回应道，爱德华不但应该把托斯蒂从诺森伯里亚清除出去，而且还要把他从整个王国中驱逐出去；否则，就连国王本人也会被视为他们的敌人。在哈罗德回到威尔特郡后，他便向国王禀报了叛军所开出来的上述条件。[20]

目光转回威尔特郡。此时，爱德华已经在他的布里特福德庄园（manor of Britford）里召开了一次贤人会议。这座庄园位于威尔顿以东几英里处，靠近现在的索尔兹伯里（Salisbury）。但当参会人员集结的时候，令人不悦的一幕出现了。此时，许多要人都站出来控诉托斯蒂，认为他在其伯爵领内部实行了残暴的统治。事实上，他们是在指责托斯蒂，认为后者让他自己陷入了危机。然而，在哈罗德从北安普敦带回叛军所提出的条件之后，这种恶语相向的场面才出现了。就是在这时，托斯蒂开始指责他的兄长，认为他与叛军沆瀣一气。事实上，他所说的是，正是哈罗德首先挑起了叛乱。虽然《爱德华王传》的作者记载了托斯蒂所提出来的指控，但他也提出了他个人的观点，认为这一指控并不可信。他进一步让我们确信，哈罗德发了誓，并用这一方式为自己洗脱了罪名。同时，该书作者也偷偷提醒我们，哈罗德的誓言并不代表什么（这似乎是在影射伯爵的诺曼底之行）。[21]

抛开这种影射不提，伯爵似乎是最不可能暗中算计他弟弟的人。倘若哈罗德之前有这种想法，他也一定有更为稳妥的策略，而不是引发现在这样一场无法预测的风暴。自从哈罗德离开北安普敦后，叛军便开始骚扰城镇周边的乡村，因为他们知道这里的大部分土地都属于托斯蒂。正如《盎格鲁-撒克逊编年史》所记载的那样，叛军不但杀了人，而且点着了房屋和堆满玉米的谷仓。他们还抢夺了成千上万头牛和数以百计的俘虏。后来，他们将这些人和牲畜都带回了北方。随后，叛军继续向南推进，抵达牛津。在这里，泰晤士河将麦西亚和威塞克斯分隔开来。毫无疑问，英格兰正处在内战的边缘。[22]

更合理的结论是，哈罗德运用了他所有的谈判才能，竭尽所能地安抚叛乱者，并希望能救出他的兄弟。这是伍斯特的约翰的看法。他坚持认为，只有在托斯蒂本人的请求之下，伯爵才会前去担任谈判者。哈罗德显然并不准备为了他的弟弟而与叛军决一死战。据《爱德华王传》记载，在谈判未果的情况下，国王下令集结王家军队，但并无军队应召前来。《爱德华王传》认为，征兵之所以如此吃力，不但是因为冬天已经降临，而且也因为人们大都不愿参与内战。无论如何，国王和他的近臣们此时都已身处哈罗德的伯爵领。最后，一定是哈罗德亲口拒绝了国王，不让自己的军队去白白送死，才改变了托斯蒂的命运。1065 年 10 月 27 日，哈罗德在牛津向叛军们传达了国王的指示，告诉他们，国王接受了他们的各种条件。他承认了莫卡作为诺森伯里亚新伯爵的地位，还给诺森伯里亚人重订了"克努特的法律"（《盎格鲁-撒克逊编年史》称）。所谓"克努特的法律"，就是他们旧时所享受的各项权利的笼统称谓。那时，托斯蒂还没有把新的法律和新的赋税带到此地。与此同时，令他的母亲和姐妹感到悲痛的是，托斯蒂自己也已经为流亡生活做好了准备。同年 11 月 1 日，托斯蒂、他的家人以及一众忠诚的塞恩们横渡了英吉利海峡，到达佛兰德。在那里，托斯蒂的岳父鲍德温伯爵再次收留了他们。[23]

然而，和国王的痛苦相比，戈德温家族的女性的悲伤根本不值一提。1052 年，当爱德华要求采取军事行动时，众人曾对他的要求置若罔闻。和那时一样，此时的爱德华又一次因为大权旁落而怒不可遏。《爱德华王传》写道："他悲痛地向上帝抗议……认为自己失去了臣子对他应有的服从，无法制裁奸邪之人的非分行为。他请求上帝给他们降罪。"《爱德华王传》继续写道，对于国王来说，精神上的苦痛是如此地巨大，以致他一病不起，而且病情日益恶化。大家都心知肚明：国王将不久于人世。因此，宏大的威斯敏斯特教堂的献堂仪式被安排在圣诞节进行。根据《爱德华王传》的说法，教堂已经基本建成了，只差门廊尚未修好。但是，人们要抓紧修好新教堂的各个房间须，以容纳前来参加仪式的人群。圣诞节当天，爱德华明显已经尽了其最大的努力。他强忍着病痛，平和地坐在一张摆满各色美味佳肴的桌前，却丝毫没有食欲。唉！3天后，爱德华还是没能撑下来，没法出席新教堂的献堂仪式。在他的坚持下，仪式还是按照原计划进行了。伊迪丝代表国王参加了仪式。又过了8天，在王后及几个亲信的陪伴下，老国王逝世了。[24]

就在虔信者爱德华逝世后的一天，他的遗体就经由威斯敏斯特宫殿与其附属修道院之间的那段短短的路，被运往并安葬在威斯敏斯特大教堂。这一天是1066年1月6日。而就在当天稍晚的时候，哈罗德·戈德温森加冕为他的继任者。

9

山雨欲来

为了继承虔信者爱德华的王位，哈罗德·戈德温森到底采取了什么办法？为什么是由他来继承王位？既然就血统而言，流亡者爱德华的儿子埃德加王子显然更有可能继承英格兰的王位，那么他为何无法继承王位？到底是哈罗德蓄谋已久，早已觊觎他姐妹丈夫头顶的王冠，还是出于国王临终的托付，在最后一刻才接受了王位？他是正当继承还是谋权篡位？是野心使然还是出于责任心？就像往常一样，诺曼征服史上的这一重要时刻带来了无数的问题。而针对这些问题，我们都无法给出确定的答案。

当然，回答上述问题之所以如此困难，部分是因为 11 世纪的英格兰并没有一套管理王位继承的硬性规则。11 世纪初，王位继承一般遵照世袭制进行。但维京人的回归破坏了英格兰人按照传统继承王位的计划。这些人重新强调了暴力和机会主义的重要性。普瓦捷的威廉评价道，克努特之所以可以统治英格兰，"不过是因为他父亲和他自己征服了英格兰，并没有其他的理由"[1]。

既然如此，那么还有其他（影响王位继承权）的因素吗？在克努特死后有关王位继承的讨论中，我们可以找出三个关键的要素。首先，虽然没有严格的优先顺序，但与先王有密切血缘关系的人往往是更理想的人选。也正是出于这一原因，才有人在暗地里诽谤，说飞毛腿哈罗德根本不是克努特的亲生儿子，而是出身卑贱的调包婴孩。其次，如果候选人被他的前任以某种形式指定为国王，这显然有利于他继承王位。因此，《埃玛王后颂》才会坚称，克努特"在世时"就将一切托付给了哈撒克努特。也正是出于这个原因，作者才坚持说，哈撒克努特也在 1041 年将虔信者爱德华请回英格兰，与他共同治理国家。[2]

然而，要决定谁才是最终的王位继承人选，最重要的因素显然还是选举。当然，这个词并非现在人们所谓的那种广义上的选举，而是指获得王国内部大多数重要人物的承认。飞毛腿哈罗德之所以可以在 1035 年顺利登基，就是因为他获得了大多数英格兰要人的支持。正如《盎格鲁-撒克逊编年史》所明确指出的那样，1040 年，哈撒克努特是在一群英格兰要人的邀请下继承王位的。尽管虔信者爱德华拥有古老的王室血统，可能也有先王的授意，但他最终得以继承王位的决定性因素还是英格兰贵族的集体意志，特别是戈德温伯爵的意志。[3]

那么，在戈德温还在世的儿子中最年长的儿子哈罗德又是如何在 1066 年 1 月登上英格兰王位的呢？毫无疑问，从血统的层面来看，哈罗德处于极端的劣势。虽然哈罗德与爱德华国王有亲属关系，但也不过是因为他的姐妹与爱德华有婚姻关系而已。因此，如果要继承王位，他在很大程度上依赖于先王的指定和权贵们的推举。而根据某些文献，他后来的确得到了这些东西。《盎格鲁-撒克逊编年史》E 本写道："哈罗德伯爵继承了英格兰的王位。这既是国王的意愿，也是人们推举的结果。"类似地，伍斯特的约翰在几十年后写道，作为"国王死前所指定的王国继承人"，哈罗德"被英格兰的所有权贵选举为国王"。[4]

但是，无论是伍斯特的约翰还是《盎格鲁-撒克逊编年史》E本的编写者，他们的作品中都洋溢着对戈德温家族的支持。除此之外，其他的历史资料对于哈罗德继承王位的合法性则不那么确信。例如，他真的是前任国王所提名的吗？《爱德华王传》恰好详细地描述了爱德华生命的最后几个小时。作者告诉我们，老国王已经在床上躺了几天。他时而清醒，时而昏迷，几乎说不出任何人能够听得懂的话。关于他临终时身边所围着的一小群人，《爱德华王传》只提到了其中的四个人，"王后坐在地上，把他的脚放在自己的腿上，帮助他取暖。在场的人还有王后的兄弟哈罗德伯爵、王宫管家罗贝尔和斯蒂甘德大主教"。[5]

我们可以更全面地描绘当时的场景，因为它出现在巴约挂毯上（与哈罗德从诺曼底归来的场景紧密相连，故事由此继续）。在描绘了虔信者的遗体被运往威斯敏斯特教堂下葬之后，如同倒叙一般，画面又回到了先王临终的那一刻。巴约挂毯的这一幕与《爱德华王传》书中的描绘是如此地相似，以至我们不禁怀疑，其中的一个场景一定是受了另一个的启发（可能在此处，挂毯的灵感来自《爱德华王传》）。我们可以看到，爱德华躺在床上，身旁围着四个人。一个用人（可能是管家罗贝尔）扶着他坐起来，一个女人则坐在国王脚边哭泣（此人或许是伊迪丝王后）。在离我们稍远的一侧的床边站着一个神职人员。我们认为，他应该就是斯蒂甘德大主教。而在离我们稍近的一侧，床边所站的第四个人一定就是哈罗德。他跪在地上，用自己的手去触碰国王那只伸出来的手。图下的说明是："在这里，国王爱德华躺在床上，与他忠诚的仆人对话。"

　　和往常一样，在这里，挂毯并未告诉我们国王到底说了什么。但《爱德华王传》的作者声称，他记录了国王的遗言。"愿上帝念在她对侍奉上帝一事的热忱上，对我的妻子仁慈，"他对伊迪丝说，"毫无疑问，站在这里的这个女人全心全意地为我服务，并且永远陪在我的身旁，就像我亲爱的女儿一样。"之后，爱德华又转过头去和哈罗德说话。（《爱德华王传》表示，在说话的同时，就像挂毯所描绘的一样，他"伸出了他的手"。）"我将这个女人和整个王国托付给你，"他继续说道，"你要忠诚地服从她。你要将她当作自己的女主人和姐妹，对她履行役务，并使她荣耀。她也确实是你的女主人和姐妹。只要她活着，你就不要剥夺她从我这里得到的任何应有的荣誉。"[6]

　　在这里，如此强调伊迪丝的福祉并不令人惊讶，因为《爱德华王传》正是王后托人所写的。令人惊讶的一点在于，王国这一主题被提及的方式竟是如此地随意。爱德华就像是随口提了一句，好像是后来才想到这件事一样。因此，这些话根本无法作为对王位继承人明白无误的指定。事实上，国王所说的不过是把王国托付给哈罗德，似乎更像是在指派一位摄政者。当然，就像我们不必相信亲戈德温派的历史记述一样（他们坚持认为，哈罗德的确得到了前任国王的祝福），我们也不必相信这段记述真的是爱德华的临终之言。《爱德华王传》一书是在诺曼征服之后所写的，其内容可能会受到事后认识的影响。即便爱德华国王真的明确地把王位赠给了哈罗德，由于生活在诺曼征服之后的时代，本书作者及其庇护人也可能会低调地处理此事。不管怎样，在考虑了所有可能的情况之后，我们还是会对这一文献的讳莫如深而感到吃惊。这是因为，尽管这本书为我们提供了关于虔信者之死最为详细的叙述，但在爱德华想要谁来继承他的王位这一问题上，它的作者却含糊其词。[7]

措辞谨慎的并非只有《爱德华王传》。《盎格鲁-撒克逊编年史》E 本的编写者或许还坚持认为，是爱德华将王国"授予了"哈罗德。在 C 本和 D 本当中，编写者的说法却只不过是，国王"委托"他管理王国。这一在语义上的显著弱化再次表明，哈罗德可能只是暂时被赋予了监国权而已。巴约挂毯似乎提供了一些更为强力的证据。按挂毯所示，在爱德华死去的场景之后，紧接着的一个场景就是，有两个人把王冠交给了哈罗德。其中一人指向国王临终的场景，似乎是想说，其中一个场景是另一个场景的合法依据。但挂毯在此处再一次表现得含糊不清。哈罗德的支持者可以把这个场景解读为哈罗德获赠王冠的时刻；而在另一方面，反对他的人则可能认为，在这一场景中，哈罗德不过是在声称自己被授予了王位。类似地，普瓦捷的威廉的记述也往往被认为是对哈罗德有利的。作为一个诺曼编年史家，普瓦捷显然与哈罗德对立，但他却数次提及爱德华的临终嘱托。尽管他对这一继承的合法性提出了质疑，却从未否认过此事。但这并不能证明什么。只有少数几个人（在国王临终时陪伴他的那几个人）可以否认，爱德华在其死前几小时里曾传位给哈罗德。据我们所知，他们都没有这么做。我们唯一可以确定的是，伊迪丝王后记述此事的方式十分含混，而在很多与之同一时期的其他记述中，对这一事件的记载也很模糊。看起来，很多人对哈罗德的说法抱有深切的怀疑。[8]

哈罗德又是通过怎样的方式继位的？是否如《盎格鲁-撒克逊编年史》E 本的编写者和伍斯特的约翰所言，他是被英格兰的要人们选出来的？或者如普瓦捷的威廉所声称的，他是"在几个奸佞之人的配合下"才篡取了王位？当然，对于哈罗德来说，当时的局面非常有利，可以向更多的人讲述他这个版本的故事。如我们所见，虔信者爱德华是在圣诞节以及威斯敏斯特教堂献堂仪式的几天后去世的。在接连有大事发生的情况下，众多英格兰要人自然会聚集在王廷。这一推论或多或少得到了献堂仪式当天（1065 年 12 月 28 日）所颁布的几份证书的支持。这些文件表明，在爱德华生命的最后几天里，王国里最重要的人物的确陪伴在他的左右。就宗教界而言，我们可以看到的主教不少于 10 位（2 位大主教和 8 位修道院院长）；就世俗界而言，我们则可以看到 5 名伯爵：哈罗德、格思、利奥弗温、埃德温与莫卡。[9]

埃德温和莫卡的出席（以及托斯蒂伯爵惹眼的缺席）立即让我们想起近来所发生的叛乱。就在 8 周前，在这场有史以来最大规模的叛乱当中，两兄弟攫取了领导权，并成功推翻了托斯蒂的统治，而托斯蒂正是英格兰第二有权势之人。莫卡现在是诺森伯里亚的新伯爵。这意味着他和埃德温（最近被授予麦西亚伯爵一职）控制了英格兰王国几乎一半的国土。显然，为了成功登上王位，哈罗德需要他们的支持。当然，哈罗德在 10 月主持了与叛军的谈判，并最终接受了莫卡取代托斯蒂一事。我们不禁怀疑，当时他们是否达成了其他的协议？

这一协议肯定在某一时刻达成了，因为就在 1066 年初，哈罗德迎娶了埃德温和莫卡的姐妹埃尔德格思（Ealdgyth）。很明显，这是一场政治婚姻。别的姑且不论，哈罗德早已按照丹麦人的习俗拥有了一个名为天鹅颈伊迪丝（Edith Swan-neck）的长期伴侣。令人失望的是，我们并不知道他与埃尔德格思的婚礼是在何时举办的，因而也就无从得知，这一婚姻背后的政治联盟是在何时结成的。埃尔德格思曾是格鲁菲德·阿普·卢埃林这位威尔士国王的妻子。卢埃林于 1063 年 8 月被杀。在理论上，只要她的第一任丈夫死去，她就有可能嫁给哈罗德。然而，在 1065 年 10 月的叛乱之前，她一定还没有嫁过去。无论托斯蒂再怎么指责哈罗德，我们都很难相信，哈罗德事先就知道叛乱者们的计划。远比这一指控可信的是，正是叛乱本身迫使哈罗德与其弟的敌人达成了和解。自此，问题变成了这一协议是在虔信者爱德华死前还是死后达成的。在 1065 年的最后几周里，国王的身体状况每况愈下是有目共睹的。因此，双方最有可能在这时达成协议。尽管这一协议很可能是秘密的，但哈罗德不可能在不向对方透露自己对英格兰王位企图的情况下与埃德温和莫卡的姐妹结婚。如果正如后世的史家所说的那样，他此前曾答应与诺曼底公爵的一个女儿结婚的话，他就更不可能隐藏自己的意图了。[10]

哈罗德的祸心究竟埋藏了多久？显然，早在被虔信者指定为王位的继承人之前很久，哈罗德就已经在觊觎王位了。[11]这一点明确体现在《爱德华王传》当中，而它原本的意图只是为了证明，在虔信者去世后，戈德温家族接管王国具备一定的正当性。但是，他们将会以哪种形式接管王国则并不确定：该书作者将颂词分别献给了哈罗德、托斯蒂和他自己的庇护人伊迪丝王后，每个人都得到了同等程度的赞扬。但是，既然这一计划以及《爱德华王传》原本的意图都被北方的叛乱破坏了，我们就可以合理地推测，早在1065年之前，哈罗德就有对王位的野心了。一些史学家猜想，正是诺曼底之行刺激了哈罗德，也正是这次旅行揭示了威廉公爵丝毫未曾减弱的、对英格兰王位的野心。然而，如果说伯爵的野心受到了这一事件的影响，倒不如说它表明伯爵的这一野心早在这一事件之前就已经产生了。这是因为，现有史料一致认为，营救弟弟和侄子至少是哈罗德前往诺曼底的部分理由。毕竟，这二人是威廉为确保未来对英格兰的统治而长期扣留的人质。哈罗德渴望救出亲人，希望他们免遭伤害。可以说，这一点令他和威廉产生了相同的想法。[12]

如果北方叛乱没有爆发或者最终失败，谁也说不清哈罗德将如何实现这一野心。但是，如果在爱德华去世时，托斯蒂仍留任诺森伯里亚伯爵的话，那么，他几乎不可能成为哈罗德继位过程中的障碍。托斯蒂和哈罗德之间交恶是10月叛乱的结果而非这一叛乱的原因。事实上，如果我们回顾二人此前的生涯的话，我们所能看到的只有合作。关于这一点，最明显的例子是托斯蒂支持哈罗德征服了威尔士。戈德温家族之所以能够成功，部分原因就是，他们总是能够同甘共苦。鉴于他们过去的行为，更为合理的假设是：如果托斯蒂没有遭到放逐，他会支持其兄长夺取君主之位，而不是对他的主张提出反对。

在哈罗德实现野心的道路上，真正的障碍既不是托斯蒂也不是威廉，而是埃德加王子。此人是流亡者爱德华之子，同时也是虔信者爱德华的侄孙。埃德加是威塞克斯王国最初的统治者的直系后裔，而这一古老家族后来也是英格兰最初的统治者。他血管里流淌的是阿尔弗雷德大王和埃塞斯坦（Athelstan）的血。更不用说，他还与10世纪著名的国王埃德加有着亲缘关系。之前，为了确保他从匈牙利安全回国，人们还付出了很多努力。这两项事实定会让许多人充满期待，希望埃德加王子能够适时继承其叔公的位置。毕竟，按照当时文献的记录，他被授予的封号表明他具备继承王位的资格。更有甚者，根据一位与英格兰王廷联系紧密的欧洲大陆史学家的记载，哈罗德本人曾向虔信者爱德华发誓，在国王百年之后，他将会辅佐埃德加。不论这一记载究竟是真是假，只要有合法继承人存在，就足以让哈罗德感到十分尴尬。[13]唯一可以挽回颜面的一点在于，1065年秋，埃德加明显还不到13岁。而且，由于爱德华在政治上软弱无力，埃德加没有自己的权力根基。[14]哈罗德所需要的不过是说服足够多的英格兰贵族，并让他们同意埃德加的权利应当被放在一边。而在埃德温和莫卡这里，他势必已经得到了他们的同意。他们所得到的奖励当然是哈罗德与他们姐妹的结合。作为王后，一旦埃尔德格思生下后代，两个昔日敌对家族的命运就会被联系在一起，而一个新的王朝也将就此崛起，并取代旧王朝。

没有哪一个事实能比哈罗德的加冕典礼更加清楚地揭示出这种阴谋。1066年1月6日，哈罗德的加冕礼很可能在威斯敏斯特教堂举行。据巴约挂毯显示，新王手握他的权杖和宝球，加冕并

登上王位。在他的一边站着两个人，而他们正把一把礼仪佩剑递给哈罗德；而在他的另一边则只有斯蒂甘德大主教一人。几乎可以肯定，画面上出现被绝罚的坎特伯雷大主教是诺曼人卑鄙的宣传手段。正如伍斯特的约翰后来所坚持认为的那样，哈罗德的加冕典礼很可能是由约克大主教奥尔德雷德主持的。真正让哈罗德下地狱的，不是因为他找了不合适的人来主持，而是因为这场典礼被安排得如此急迫，甚至不合时宜。新王的加冕礼被安排在虔信者爱德华去世的第二天进行，并与老国王的葬礼选在了同一天。此前，从没有一个英格兰国王表现得如此急不可耐，如此急切地要求举行涂油仪式。理由在于，这个国家从没有把加冕礼当作国王身份确立过程中的基本环节。一般情况下，选举这一重要环节和新王正式登基的仪式之间会间隔好几个月。正如我们此前所看到的那样，虔信者爱德华在 1042 年夏天就被人们推举上了王位，但直到第二年复活节，他才被加冕。这样看来，哈罗德在其前任国王去世几小时内就仓促举行加冕礼一事是史无前例的。这也表明，他试图通过立刻举行涂油仪式来支持自己对王位的诉求。这是这场大戏当中最可疑的行为。[15]

这样一来，在 1065 年的最后几周里，情况可能如下所述。国王明显已经奄奄一息，王国中最重要的伯爵也已决心要取代他，而且，他想这么做已经很多年了。他与其敌人达成协议，以获得他们的支持。不出所料，国王驾崩的消息遭到了封锁。他死时，环绕在周围的只有少数内部人员，包括伯爵本人、他的姐妹（即王后）及偏心戈德温的坎特伯雷大主教。之后，老国王在临终时指定哈罗德为继承人的消息传了出来。在有人提出反对意见之前（他们的动作确实太快，前任国王甚至刚刚入土），新的国王就已经加冕了，而且因此被视作上帝的受膏者。

很明显，并不是每个人都被说服了。哈罗德的继位令世人震惊，其中最明显的原因是，埃德加王子这一更具合法性的候选人被晾在了一边。半个世纪后，史学家马姆斯伯里的威廉写道，在迫使英格兰最尊贵的贵族们向他宣誓效忠之后，哈罗德攫取了王位。对哈罗德继位一事，马姆斯伯里并没有敌意。就在同一段文字中，他赞赏了哈罗德，认为他具有审慎和刚毅的品性，还提及了英格兰人有关虔信者爱德华把王位赠给哈罗德的说法。"但是我认为，"他补充道，"这一说法更多的是基于善意而非判断。因为，如果这一说法是真的，这就意味着（虔信者）把自己的王位传给了一个他一直不信任的人。他时刻怀疑，这个人会利用自己的权势来做点什么。"[16]贝里圣埃德蒙兹（Bury St Edmunds）修道院的院长鲍德温在11世纪90年代所写的一份文件更能说明问题。他写道，哈罗德仓促地举行加冕礼是对上帝的大不敬。他指控伯爵"用诡计"取得了王位。鲍德温曾是虔信者爱德华的医生。当国王临终时，他很可能在场。也正是基于这一点，他的证言很有分量。威塞克斯伯爵的登基出乎所有人的意料。随之而来的是，在英格兰的北方，反抗势力出现了。我们知道，在他的加冕礼之后不久，哈罗德就去了约克。在通常情况下，英格兰的国王并不会对这个地区施加影响。这样做可能是因为，他与埃尔德格思结了婚。这场此前处于秘密筹划之中的婚姻现在被公之于众了。另一种可能是，哈罗德是不得已才去的约克，为的是镇压此处反对他的势力。马姆斯伯里的威廉就采取了后一种解释。他还表示，一开始，诺森伯里亚人拒绝接受哈罗德做他们的国王。不幸的是，从他记述的细节来看，马姆斯伯里可能是把这些事同上一年所发生的北部叛乱混为一谈了。无论如何，哈罗德的约克之行，最可能的原因就是当地出现了某种程度的动乱。《盎格鲁-撒克逊编年史》C本的编写者不无沮丧地评价道，就在哈罗德戴上王冠的时候，英格兰少有安宁之地。[17]

遗憾的是，我们几乎找不到好的同时期的记录，因而难以了解诺曼底方面对哈罗德继位的即时反应。史学家瓦斯在一个世纪后写道，当时，威廉正在鲁昂附近，准备与他的骑士和侍从一起去打猎。就在这个时候，一个信使从英格兰回来了。在私下听取了汇报之后，他愤怒地返回了他位于城里的府邸，其间一言未发。[18]

　　无论这一幕的真相如何，我们都能够推测出一些事情。虔信者爱德华已经病了很久。因此，在1065年最后几周里，威廉一定已经知道，英格兰的王座即将空置。这让一些史家产生了疑问。他们很好奇，威廉为何不早点动身。如果他早点动身，也许在圣诞节时，他就能够横渡海峡了。这样一来，等时机一到，他就可以提出自己对英格兰王位的主张。但是事实上，早点动身并不在威廉的选项当中。如果威廉满怀希望而来，不论英格兰人允许他带来多少卫队，他仍是来到一片陌生土地上的客人。他无力对抗任何阻挡其继位的派别。更有甚者，他也会陷入英格兰宫廷里的那种致命的阴谋中，成为待宰的羔羊。对威廉来说，他所做的是唯一现实的选择：正如以前哈撒克努特和虔信者爱德华一样，他留在了诺曼底，静待一张邀请函的到来，然后登上王位。更确切地说，威廉在英格兰本应已经有一个利益代表了，而那个人就是哈罗德·戈德温森。据普瓦捷的威廉所述，哈罗德在其诺曼底之行期间曾向威廉承诺，"他将凭借其谏言和财产，尽全力确保威廉在爱德华死后得到英格兰的君主之位"。因此，当哈罗德自封为王的消息传到诺曼底的时候，威廉不但将这一行为视为背叛，而且认为这违背了效忠誓言和其之前所发的神圣誓言。瑞米耶日的威廉记载道，公爵的第一反应就是派使者到英格兰，敦促哈罗德放弃王位并信守承诺。不出所料，哈罗德选择了无视这些警告。[19]

　　因此，在早期阶段，威廉就已经很清楚，如果他想要得到王位，就必须发动一场入侵英格兰的战争。正如普瓦捷的威廉所说的那样，他要"用武力主张他的继承权"。毫无疑问，这个方案太过冒险，与之前20年间他已经熟知的那种小心翼翼的战役不同。就风险程度而非规模而言，真正可以与入侵英格兰相提并论的战役只有他在其戎马生涯初期所发动的瓦尔斯沙丘之战。那时，国内的敌人正威胁要消灭他。基于这一点，我们可以合理地推测，当时的诺曼史家们不但强调了威廉对王位主张的合法性，而且确切地反映了公爵本人的态度。作为威廉的牧师，普瓦捷的威廉尤为出色地完成了这两项任务。在选择了直接面对之后，威廉事实上把他对王位的主张、他自己的名望和生命以及成千上万的诺曼底同胞的生命一起交给了上帝，由上帝来裁决。[20]

公爵坚信他对王位的主张是正当的，而这也反映在他向教宗所提的诉求中。在得知哈罗德登基之后，他马上派使节前往罗马，并向教宗亚历山大二世（Alexander Ⅱ）提出异议。遗憾的是，没有任何有关这一诉讼的文本记录存留至今。但毫无疑问，这次诉讼确实曾经被记载了下来，并在当时广为流传。这是因为，它似乎影响了几个诺曼史学家对于 1066 年的记载（特别是普瓦捷的威廉的记载）。爱德华的承诺和哈罗德的伪誓显然是这一争论的焦点。但诺曼人可能也会指责英格兰教会，认为它软弱涣散，而大主教斯蒂甘德就是一个典型的例子。教宗显然觉得，公爵提出的理由很充分。（他以前是兰弗朗克的学生，这可能也是他做出这一决定的理由。）因为，他迅速认定，诉诸武力是合法合理的。作为这一决定的信物，教宗让威廉的特使从罗马带回一面旗帜，方便公爵在战斗当中使用。[21]

虽然威廉已经得到了教宗的支持，但就诺曼底本土而言，他又得到了多少支持呢？1066 年，威廉召集了公国疆域内的要人，召开了一次代表会议。这显然是他一开始所采取的另一个行动。在普瓦捷的威廉和瓦斯所提及的参会人员中，有很多我们已经熟知的人物，包括他同母异父的弟弟罗贝尔和奥多以及他的密友威廉·菲茨·奥斯本和蒙哥马利的罗歇。按瓦斯所言，作为公爵最为亲密的议事顾问，这些人都给予了他全力的支持，但他们同时也建议，要召开第二次会议。这次会议所涉及的范围应当更大，以便其余的诺曼底贵族了解他的意图。这又是一个只有后世文献的支持，但较为可信的例子。另外几位作家也提及威廉对建议的寻求，不过都比较隐晦。马姆斯伯里的威廉于 12 世纪初写道，威廉将要人们召集到利勒博讷镇（town of Lillebonne），"以确定人们对计划的态度"。马姆斯伯里也表示，会议是在公爵收到教宗的旗帜之后召开的。如果真是这样，那就表明，这次范围更大的会议是在初春召开的。[22]

　　尽管我们的资料十分零散，但这些资料仍可说明，与之前那次会议中的成员相比，这次的与会成员并不那么热衷于入侵。"许多要人一致认为，这一计划太过艰巨，远远超出了诺曼底的能力范围。"普瓦捷的威廉说道。这些怀疑者也指出了哈罗德的优势，并表示"无论是就财富还是士兵数量而言，哈罗德的王国都要远远胜过他们自己的国家"。诺曼人的焦虑似乎与横渡英吉利海峡的困难有更大的关联。在瓦斯的陈述中，他们说道："大人，大海让我们感到恐惧。"而根据普瓦捷的威廉的说法，他们主要关注的是英格兰人在海军方面的优势："哈罗德的舰队有无数的战船和熟练的水兵，都经受过许多危险和海战的考验。"[23]

　　关于这一点，我们很容易赞同那些持否定意见的人。虽然我们无法精确地比较英格兰和诺曼底的海军军力，但根据文献，前者显然具有优势。正如前文所述，在虔信者爱德华执政期间，英格兰的军事史在很大程度上是海战的历史。11 世纪 40 年代，爱德华曾多次指挥着舰船，以抵御维京人的进攻。他也曾应神圣

罗马皇帝的请求，在海上封锁佛兰德。戈德温家族之所以能够在
1052 年利用武力回归，同样得益于他们在流亡期间招募强大舰队
的能力。1063 年，哈罗德能够在威尔士取胜，部分原因也在于他
能够获得海军的支持。相比之下，这一时期的诺曼底人则跨过了公
国的边界，在陆上作战。据我们所知，诺曼底只有爱德华和阿尔
弗雷德在 11 世纪 30 年代所建立的那些舰队。正如 1066 年春的一
些诺曼人所言的那样，这些舰队还从未有过胜绩。[24]

　　而且，对英格兰发动海上进攻，问题并非只在于可行性。除
此之外，还有关于义务的问题。根据瓦斯所言，那些声称恐惧大
海的诺曼人还补充了一句："我们没有义务到海峡的另一侧去作
战。"既然这次旅程这么危险，为什么诺曼人还要追随他们的
公爵，并踏上旅程呢？我们知道，就总体而言，威廉的臣民认
为，自己应当为公爵履行军役。对于这一点最为明确的表述出
现在诺曼征服之后不久所起草的一份文献（所谓的《悔罪条例》
［Penitential Ordinance］）里。这份文献提到，那些人之所以作
战，是因为他们需要履行这样的役务。[25] 人们猜测，这一役务早
在 1066 年前就已经普遍存在了。这也就部分地解释了威廉为何
能在其生涯的早期招募到士兵。令人沮丧的是，我们并不知道诺
曼底的军役是在什么样的基础上形成的。过去的历史学家们认为，
诺曼人发展了一套早熟的封建制度。在这套体系里，大多数的大
地主都认为，给公爵提供固定数量的骑士是他们的义务。问题是，
几乎没有证据表明，在 1066 年之前，这种向公爵提供确定数量的
骑士的要求是存在的。[26]

　　事实上，正是在 1066 年，我们才首次看到关于这一义务的正
式讨论。这一关于义务的讨论发生在诺曼人入侵英格兰之前，即

威廉集结部队的期间。瓦斯说，威廉和他的每一个封臣都进行了一对一的协商。在协商期间，他请求他们提供比之前多一倍的骑士，并且向他们保证，这一役务只是暂时的，不会变成惯例。"每一个人都告诉了他，自己会做什么以及会出多少艘船。公爵立即把答复一一记录在案，也就是说，他记录下了那些船和骑士的数量。而那些贵族也同意照办。"[27]

如果不是威廉自己的书面记录（或者说，至少是它的一个修订版）还存世的话，只凭借一个世纪之后的瓦斯的记述，我们很难相信这次讨论真的存在。存世的这一小段拉丁文仅仅占了一页纸的篇幅。史学家们称这一 12 世纪的手抄记录为《船籍簿》（Ship List），因为它只是一份清单，上面有 14 名贵族的名字以及他们在 1066 年愿意提供给威廉的船只的数量。然而，在很长一段时间里，这份清单都被认为是伪造的。因为，在如此早的历史时期，我们没有找到第二份有关军役的如此精确的说明。现在，学者则倾向于将其视作一份真实的记录。他们认为，它是在诺曼征服不久后被拟定的，而且是有关当年战前部署的记录。也就是说，它记录了一个关键的时刻。这一时刻不仅对威廉征服的准备过程来说是重要的，对于公爵与他的封臣关系的发展来说也是如此。1066 年的特殊需要本身似乎就把诺曼人引上了一条更严格的封建主义道路。后来，他们也以此而闻名。[28]

威廉究竟是如何赢得怀疑派臣属的支持的，我们已经不得而知了。瓦斯说，威廉·菲茨·奥斯本代表公爵同这些臣属谈判，哄骗他们提供更多的士兵。无疑，这不但会对公爵行为的正当性以及他对王位的主张产生不利的影响，而且会削弱他从教宗那里得到的许可的效力。如果马姆斯伯里所记载的大会召开时间是对的，在会议召开的时候，威廉就能向与会者展示教宗所授予的旗帜，并告知他们，上帝绝对是站在他们一边的。当然，计划一旦成功，诺曼人必定会得到巨额的物质回报，而这一定是摆在诺曼人眼前的诱惑之一。根据普瓦捷的威廉的叙述，公爵指出，胜利后的哈罗德不能给他的手下任何回报，而他则承诺，凡是随他征战之人都能够在战利品当中分一杯羹。这也许可以解释，为什么诺曼人最后还是同意威廉把他们的服役条件写下来。这是因为，履行的役务越多，所获的回报越大。[29]

承诺履行大量的役务是一回事，实际履行役务则是另一回事。《船籍簿》中所列出的数字一定是最低的军役要求。但即便如此，其舰队规模仍令人印象深刻。自公爵发迹起，威廉·菲茨·奥斯本以及蒙哥马利的罗歇这2位议政大臣便伴其左右。他们的名字都出现在清单中，每人承诺提供60艘船；威廉同母异父的弟弟奥多和罗贝尔则被分别要求提供100艘和120艘船。尽管这些人地位如此显赫，他们获得这些私人舰队的方法仍像很多其他议题一样是未解之谜。巴约挂毯给人的印象是，整个诺曼舰队都是从零开始逐渐形成的。挂毯上面的文字写道："在这里，威廉公爵下令建造战船。"紧接着，我们在画面上就会看到，拿着斧头的人在砍伐树木，而造船工人正在把这些木材制成船只。鉴于所需船只的数量巨大，建造时间又有限，我们可以推测，不是每艘船都是这样从无到有建造出来的。公爵和要人们一定有一些可供利用的船只，而其他船只则可能是从诺曼底国内或更远的地方（如佛兰德）购买或征用的。无论如何，1066年春，诺曼底的森林和造船所里一定有人在发疯一样地劳作。因为，人们要拼命赶工，以满足公爵已然启动的宏图伟业所带来的巨大需求。[30]

诺曼人秣马厉兵的消息一定很快就传到了海峡对岸。普瓦捷的威廉告诉我们，哈罗德曾派间谍潜入诺曼底。更何况，如此大规模的活动根本无法保密。复活节的时候，英格兰新国王结束了神秘的约克之旅，回到英格兰南部。也就是在这时，外敌入侵所带来的恐惧必然已经与日俱增。

因此，对于哈罗德来说，这样的一个巧合是不幸的：就在他回到威斯敏斯特的同时，一个罕见的天文现象出现了。《盎格鲁-撒克逊编年史》记载道："整个英格兰境内，从未见过的凶兆在天空显现。"4月最后一周的每个夜里，人们都能看到一颗不寻常的星星闪耀着划过天空。《盎格鲁-撒克逊编年史》写道，有人称它为"长毛星"（the long-haired star），另一些人称之为彗星。事实上，这颗彗星正是最为著名的哈雷彗星（Halley）。650年过去后，经计算，天文学家埃德蒙·哈雷（Edmond Halley）最终得出了该彗星每76年回归一次的结论。但对于那些经历过1066年动荡的男女老少来说，它完全是前所未有的事物，因而也就被视

为不祥之兆。瑞米耶日的威廉指出，"许多人说，这预示着，某个国家将会发生变革"。在巴约挂毯上，有一群神色焦虑的英格兰人正疑惑地指着天空上的彗星。而在下一个场景里，哈罗德国王得到了一则消息，而这一消息显然令人不安。在他脚下、挂毯的边缘处，一支幽灵般的舰队早已航行在大海上。[31]

确实，哈雷彗星刚刚隐去，英格兰南部遭敌舰袭击的消息就传来了。但来犯的舰队并不是诺曼人的，而是哈罗德被流放的弟弟托斯蒂所统领的。此人上一次露面还是在他因为前一年的叛乱而遭到驱逐的时候。时至今日，我们还是不知道，他在流亡期间具体做过些什么。13世纪的冰岛史家斯诺里·斯蒂德吕松（Snorri Sturluson，后文有更多关于他的内容）坚称，流亡中的伯爵来到了丹麦，试图说服丹麦国王斯韦恩·埃斯特里特森帮他夺回英格兰。但奥德里克·维塔利斯表示，托斯蒂去过诺曼底，并且是作为威廉公爵的代表回到英格兰的。与斯诺里相比，奥德里克生活的时代与事件发生的时间更为接近。然而，这两位作者在叙述当中都有事实错误。这也警醒我们，不能过于信任他们的叙述。[32]我们唯一可以确定的是，就像《盎格鲁-撒克逊编年史》与《爱德华王传》所告诉我们的那样，在托斯蒂于1065年离开英格兰之后，他就坐船前往佛兰德。在那里，他的岳父鲍德温伯爵收留了他。最大的可能是，托斯蒂是从佛兰德出发并发起进攻的。[33]

据《盎格鲁-撒克逊编年史》记载，托斯蒂和他的军队首先在怀特岛登陆，在那里抢钱抢粮。随后，他们又沿海岸线向东航行，一路强取豪夺，最终到达桑威奇港口。我们并不清楚他们这一行为背后的更为深层的原因。鉴于他与哈罗德充满怨恨的分裂，或许托斯蒂是想要废黜他的哥哥，自己坐上英格兰的王位。更令人信服的猜测是，年轻的托斯蒂·戈德温森不过是想要夺回他在去年秋天所失去的土地和地位。他所面临的情况和他的父亲14年前所面临的情况几乎一致，而他所采取的策略也几乎和他的父亲如出一辙。

无论托斯蒂有过怎样的希望，这些希望最后都一一破灭了。在听到消息之后，哈罗德即刻启程前往桑威奇，以讨伐他的弟弟。得知此事的托斯蒂则立刻带上全镇的水手出海逃走。据《盎格鲁-撒克逊编年史》记载，这些人中"有自愿跟去的，也有被迫去的"。这样的一个描述表明，至少在英格兰南部，人们并不是很支持托斯蒂。就是其中最支持他的那些人，他们对于托斯蒂的感情也是复杂的。托斯蒂向北航行，但局面并无转机。在到达亨伯河后，他便率军一路向南，突袭到林肯郡，"杀了很多无辜的人"。他的这一行动可能是为了故意激怒他的死敌埃德温和莫卡。如果真是这样的话，这两位伯爵没有让他等多久，因为他们很快率领着陆军来到此地。我们并不知道，双方是否真的发生了战斗。《盎格鲁-撒克逊编年史》只是说，麦西亚的兄弟二人赶走了托斯蒂。显然，托斯蒂失败的一个决定性的因素就是，他从桑威奇强征的船员抛弃了他。这一人员大量流失的状况又被《盎格鲁-撒克逊编年史》D本的编写者记录了下来。他们写道，在驶入亨伯河时，托斯蒂的舰队有60艘战船，但在离开时只剩下12艘。毫无疑问，令托斯蒂备感受挫的是，他发现，他的对手哈罗德、埃德温和莫卡所获得的支持远比他所预想的要多。所以，他只好率余部沿亨伯河继续向北，并在他从前的敌人苏格兰国王马尔科姆处寻求庇护。[34]

在成功击退了麻烦的弟弟之后，哈罗德便抽出身来应对其他的威胁。这一威胁远比其弟所造成的威胁更大，而且正从海峡对岸向他迫近。他开始为应对诺曼人的入侵而做准备。托斯蒂的进攻或许迫使他提前调动了军队。没能及时到达桑威奇并阻击其弟的哈罗德就留在了那里，等待他的部队集结起来。部队没能及时集结的原因可能是招募的规模太大。《盎格鲁-撒克逊编年史》C本的编写者显然对此留下了深刻的印象，"他所召集的陆军和海军士兵的数量比这个国家过去的任何一位国王所召集的都要多"。来到此地的士兵数量可能达到了《末日审判书》中所估计的征兵惯例的上限，即 1.6 万人。人们逐渐意识到，国家处于危急存亡之际。他们也感到恐惧，担心敌国即将入侵。在这些情感的驱动下，国王的军队势必在迅速扩张。而且，正像历史上其他时期的英格兰领袖一样，在面对类似的危难之时，哈罗德无疑利用了这种情感，以完成征兵任务。几十年后，伍斯特的约翰描绘了一位笼罩着五彩光环的君王。他的赞美中有很多是套话，但就回忆哈罗德是如何命令各伯爵和郡长"在海上和陆地上誓死保卫国家"这一点而言，他可能是在描述事实。[35]

等到哈罗德在桑威奇集合完他的军队之后，此时大概是 5 月份了。这时的哈罗德却做出了一个惊人的决定：他要把集结起来的军队再次分散到各个地方。正如《盎格鲁-撒克逊编年史》所言，国王决定在海岸的各个地方排布兵力。[36] 他这样做可能是出于恐惧，担心威廉会模仿托斯蒂，为寻求供给和支援而沿海岸一路洗劫。除此之外，这一做法也便于各支队伍有效地监控诺曼人的舰队。而且，如果敌人大规模登陆，国王无疑有一些能够重新集结整个军队的计划。而哈罗德本人则决定，乘船从桑威奇驶向怀特岛（另一个可能是，他做出这一决定是为了应付他弟的进攻），并把指挥部设在那里。此后，与数千名分散在英格兰南部海岸的士兵一样，在这一状况下，他只能守望并等待。

1066 年 6 月 18 日，威廉与妻子玛蒂尔达站在卡昂的圣三一修道院里，身边围绕着一群贵族、主教、修道院院长和市民。这是修道院举办献堂仪式的日子。我们对当时场景的想象，得益于一份在那一天所签署的证书。这座修道院是玛蒂尔达大约 7 年前建立的。到了 1066 年的夏天，圣三一修道院根本不可能完工。正如几个月前威斯敏斯特教堂所经历的情况一样，政局的迅速变化显然是献堂仪式早于教堂竣工进行的原因。对威廉和玛蒂尔达而言，还有另一个公开事件能够证明他们的虔诚，并为计划内的入侵寻求上帝的允许。根据这份证书，他们不仅向这座新的修道院赠予土地，并赋予其权力，夫妇二人还把他们的一个女儿塞西莉亚（Cecilia）送到这座修道院当了修女。做出类似捐献的也不光是公爵和他的妻子：这份证书（更为确切地说，这是一份公告[pancart]）也记载了多位诺曼要人对这家修道院的馈赠。在这一时期诺曼底的其他地方，其他人也同样在向修道院馈赠土地和财物。从某种意义上说，他们在为一触即发的战争做精神上的准备。例如，一份证书表明，一个名叫罗歇·菲茨·图罗尔德（Roger fitz Turold）的人曾向鲁昂的圣三一修道院捐赠土地。这份证书还提到，他"即将和威廉伯爵一起出海作战"。同年夏天，威廉自己也向位于费康的公国修道院发放证书，向这里的僧侣们保证，"如果上帝让他打败英格兰"，这里的僧侣就可以拥有苏塞克斯斯泰宁地区（Steyning）的土地。[37]

既然他们已经做了精神上的准备，这也就意味着，到了 6 月中旬，诺曼人已经基本准备好实施入侵计划了。早在数月前，人们已经开始组建横渡海峡的舰队。此时，这一工作一定已经接近尾声了。那些买来的、借来的或是新建的船只此时已经在迪沃河口的滨海迪沃（Dives-sur-Mer）集结待命。正如瓦斯的记述和巴约挂毯所说明的那样，船只的大小和形状各异，有些是类似于我们所熟知的维京长船的战船。这些船的长度在 15 至 36 米不等。另外一些则是船舱更深的货船，适合运送大量食物和酒。人们也可以给它们配上马厩，以运送战马。11 世纪末沉没于丹麦斯库勒莱乌（Skudelev）的船是现存船只中与这类船最为接近的。这批船是于 20 世纪 60 年代被打捞上来的，现藏于罗斯基勒（Roskilde）的维京海盗船博物馆（Viking Ship Museum）。瓦斯还记录了一些更小的船和快艇。它们被用来运送士兵、马具或其他装备。[38]

至于这一成分混杂的舰队到底有多大规模，这一问题一直让人捉摸不透。《船籍簿》无疑是我们最可靠的参考。它告诉我们，威廉的要人们一共资助了他 1000 艘船。实际上，他们所提供的船只只有 776 艘。《船籍簿》也指出，公爵还从其他人那里得到了很多船只。虽然如此，但这些船只也远不足以建立起某些史学家想象中的那种庞大的舰队。例如，瑞米耶日的威廉就给出了一个令人难以置信的数字，他认为，这一舰队有 3000 艘船。一个世纪后，瓦斯提出了对这些数据的质疑。他认为，这些数据是言过其实了，因为这和他所听到的数字不符，"我记得父亲说过船的数量。尽管那时我还未穿上铠甲成为一名骑士，但我记得很清楚，这个舰队还差 4 条船就够 700 艘船了"。696 艘（根据瓦斯的说明，这一数字还包括一些小船和小艇），这一数字与《船籍簿》

的记载更为接近。而且，由如此多的船所组成的舰队仍然称得上规模庞大。[39]

舰队是必不可少的。这是因为，和哈罗德一样，威廉正在招募一支庞大的新军队。《船籍簿》显示，除去愿意捐助船只外，诺曼要人们还同意派出一定数量的骑士，以支援这场战争。但遗憾的是，在这一文献中，仅有四个地方提到了具体的数额。显然，实际同意履行军役的诺曼人数量一定比这个数目更多。他们或者是出于对公爵的现有义务，或者为了换取新的收益。更重要的是，愿意追随威廉的不仅是诺曼人。"很多的外国骑士蜂拥而至，"普瓦捷的威廉说道，"他们都知道，公爵是出了名的慷慨，但他们也都确信，公爵的主张是正当的。"当然，"慷慨"一词是对威廉正在招募佣兵的一种委婉的描述。正如奥德里克·维塔利斯所言，"那些渴望战争的人正喘着气，想要获得来自英格兰的战利品"。他们从法兰克王国各地，甚至可能是更遥远的地方赶来。这两位史家所提及的这些人中，有来自法兰西、布列塔尼、曼恩、阿基坦、普瓦图、勃艮第的骑士，还有来自"阿尔卑斯山以北的民族"的战士。[40]

唉！我们无法确定，威廉最终到底招募了多少人马。在估算人数这一点上，中世纪的史学家们是出了名的误人不浅。例如，普瓦捷的威廉就曾告诉我们，军队总人数为5万人。在几页之后，他又把这一数字增加到6万人。奥德里克·维塔利斯则认为威廉手下有5万名骑兵，"另有大量步兵"。他可能是抄了普瓦捷的记述。其他编年史家则把总数写得更多：至少有两人将这一数字记载为15万人。中世纪史上从未出现过如此庞大的军队。根据花名册（而非修道院的记载），中世纪英格兰军队的人数峰值出现在爱德华一世时期。这一最为庞大的军队有 3 万名左右的士兵。毫无疑问，如果英格兰国王在人口众多、经济繁荣的 13 世纪也只能召集到这么多的人的话，那么，11 世纪的诺曼底公爵所能召集到的人数便可能很难与之相比，更不用说超过它。当代史学家尝试过对威廉的入侵军力做一个更为准确的估计，但到了最后，他们都只能推测。（例如，他们会根据船只数量来推断军队人数。这一做法毫无意义，因为即使有那么一艘船，我们也无从得知船只大小和搭载人数。）[41]

在这种情况下，我们唯一能做的就是，在之后的世纪里寻找可供类比的情况。就横渡英吉利海峡来说，没有一个中世纪晚期的英格兰国王所带领的士兵人数超过了 1 万人。鉴于到此前所提到过的军力和人口上的差异，哪怕威廉所招募的军队人数只是上述数字的一半，那他就已经非常成功了。维多利亚时期的学者们一致的看法是（不管他们在其他方面犯了什么错误，只要对骑兵登陆外国海岸作战略知一二，任何人都是这么认为的），诺曼底军队的人数约为 7000 人。尽管近来有人试图推翻这一数字，这一结论仍然有效，并令人信服。[42]

就普瓦捷的威廉所做出的说明而言，8 月的第 1 周，诺曼底的海陆入侵军队就已经集结完毕。但在那之后，因为风向不如人意，威廉公爵扬帆出海的计划被推迟了整整一个月。近来，史学家们已经对这一说法很是怀疑了。他们断言，威廉这样做的目的其实是在等待哈罗德军队的解散。这或者是因为，军队的给养已然消耗殆尽；或者是因为，其中的大部分人都要在收获的时候回到家里。然而，这些怀疑都是站不住脚的。首先，有证据显示，时常有人因为风向相反而推迟渡过海峡。在此后的几百年间，相关的文献记载更为完备。我们看到，常有军队和使节因连续的恶劣天气而在此滞留，甚至有数周之久。我们也可以看到，有人丧失了所有的希望，并在这种天气里渡海，而他们被海浪击成了碎片。有丰富航海知识的专家则倾向于认为，如果这一年8月的风向合适的话，威廉不会愚蠢到不抓住这一良机。更切中要害的是，双方都存在给养的问题。等哈罗德的军队陷入困境并自行解散固然好，但如果要让这个计划真正奏效，威廉就要做到在同样长的一段时间内为他那支同样庞大的军队提供充足的给养，并保证纪律的严明。[43]

这绝非一般人所能办到的事。数年前，一位名叫伯纳德·巴赫拉赫（Bernard Bachrach）的美国学者撰写了一篇文章。文中，他探讨了如果要让诺曼底的侵英部队在滨海迪沃驻扎一个月时间的话，需要怎样的后勤储备。根据一些可信度不高的证据（这些证据基本上都出自同一本编年史。尽管这一编年史写作于同一历史时期，它却语焉不详），他认为，这支军队有1.4万人（即为人们所普遍接受的数字的两倍）。但即便我们把他的统计数据减半，其结果仍旧是引人注目的。假设士兵只吃谷物维生（当然，这是不可能的），那么全军一天就需要约14吨谷物。与此同时，为了喂养大约2000匹马，还需要另外14吨谷物。战士及其坐骑每日还需要大约3万加仑（1加仑约合4.6升）的饮用水。除此之外，马匹每日还需要4至5吨的垫草。由此，可以得出结论，一个月的总需求是极其巨大的：军队需要不可计数的食物和水，而所有的这些给养都要被运往营地。人们或者通过迪沃河船运这些物品；或者借助马车，通过凹凸不平的道路将其运到营地。当然，同样需要考虑的还有卫生问题。如此多的人马将会排出粪山尿河（根

据巴赫拉赫的估算，光是马粪和马尿就分别有 2000 吨和 70 万加
仑）。最后一点，这些人马当然也需要遮风避雨的地方。人需要
帐篷，马则需要马房。需要再次强调的是，这只是满足了人在一
个月内能活下去的最低要求。这一标准更像是在维持一个难民营，
而不是在维系一支志愿军。为团结士兵，提振士气，威廉还需要
提供更多的食物，如肉、鱼、葡萄酒和啤酒。它们的数量同样大
得惊人。[44]

　　因此，仅仅是维持他的军队的给养，这一任务就足够艰巨了。
但很显然，威廉成功地完成了这一任务。"正是因为他的节制和
智慧，战士及其指挥官们都得到了充足的供给。"普瓦捷的威廉如
是说。同时，他也煞费苦心地强调，公爵严令军队不得掠夺当地
人。"庄稼安然无恙，等待着收割者的镰刀。它不曾遭到骑兵傲
慢的踩踏，也没有被抢劫者砍倒。即便一个人弱不禁风或者手无
寸铁，也可以骑上马，随处放声歌唱。在看到骑兵队伍的时候，
他们不必吓得发抖。"像往常一样，普瓦捷的这一描述难免有粉饰
之嫌。但总的来看，他的这一说法还是真实的。当他们还留在诺
曼底的时候，诺曼底的士兵不能靠劫掠这里的人民过活。因此，
秩序和纪律必须得到维护。[45]

　　9 月 8 日这一天，僵局终于被打破。此时，哈罗德被迫解散
了军队。《盎格鲁-撒克逊编年史》记载道："军需品已经用完，
没人还能把他们留在那里。"我们被告知，战士们获准归乡。国王
仍留在怀特岛。在命令舰队返回伦敦之后，他自己也出发去往伦
敦。正如《盎格鲁-撒克逊编年史》所写的那样，哈罗德的军队
一直集结在一起。他一定希望，无论是什么拖慢了他对手的脚步，

它能够再牵制这位对手一小段时间。很快，威廉将会丧失在这一
年内横渡海峡的时机。

可一回到伦敦，哈罗德就收到了可怕的消息。敌方船队终于
出现在地平线上，而一支入侵的船队已然登陆。但是这一次，又
不是哈罗德意料之中的敌人。[46]

来者是其谋求第二次机会的弟弟托斯蒂。只不过这一次，他
还带来了一些维京人。

10

雷　电

显而易见，同时代的人都对哈拉尔·西格森（Harold Sigurdson）有着深深的敬畏。11 世纪 70 年代，不来梅的亚当（Adam of Bremen）形容他为"北方的雷电"（the thunderbolt of the North）。普瓦捷的威廉评论道（尽管是转述他人评论），他是"普天下最强之人"。哈拉尔生于 1015 年前后，是挪威国王奥拉夫二世（Olaf Ⅱ）同父异母的弟弟。哈拉尔在十几岁时被迫远遁异国，并最终在基辅罗斯大公智者雅罗斯拉夫（Yaroslav the Wise, King of Russia）的宫廷里度过了几年。之后，他便像无数的维京前辈一样，一路涉险，到南方寻找机会。最终，他到达了拜占庭（Byzantium，罗马帝国的东部残余）首都君士坦丁堡，并先后为几代皇帝东征西战，最终声名显赫，权倾一时。名利双收后，他于 11 世纪 40 年代中期重返斯堪的纳维亚。在使用了他磨炼多时的技能后，他便夺得了挪威的王位。随后，他以铁腕治理国家，不但向邻国开战，而且还处决异己。难怪后世的挪威史学家在回顾他的一生时，总是称他为"铁腕统治者"（Hardrada，又可译为"哈德拉达"）。[1]

这一响亮的绰号直到 13 世纪才见于史册。这一事实也提醒了我们，有一个问题不可回避。哈拉尔史诗一般的人生或许给其同时代人留下了深刻的印象，但他们并没有用纸笔将其记录下来。这并不是意料之外的事。在很大程度上，11 世纪的斯堪的纳维亚仍是一个非基督教社会，大部分人都目不识丁。12 世纪末到 13 世纪初的挪威萨迦首次提到了他的统治，而这些文献是在它们所描述的事件发生后近 150 年所创作的。其中，最著名的萨迦则是所谓的《哈拉尔王萨迦》（*King Harold's Saga*）。这一萨迦为冰岛历史学家斯诺里·斯蒂德吕松所著。斯诺里逝于 1241 年，而该作则写于 13 世纪 20 年代到 13 世纪 30 年代期间。也就是说，这一萨迦是在哈拉尔去世后近 200 年才完成的。

既然这一文献的年代如此晚近，那么它的可信度又如何呢？从积极的方面来看，我们可以根据斯诺里的描述，认定斯诺里吸取了早期萨迦和一些口耳相传的故事中的内容。毕竟，他的记叙和这些故事都是那么相似。同时，作者斯诺里自认他的记载十分客观。在好几个段落中，他都试图向读者证明他治史的良心。例如，在《哈拉尔王萨迦》的中间部分，他指出，自己略去了主人公的很多功绩。"部分是因为我对此知之甚少，部分是因为我不愿把无法证实的东西写进来。尽管我被告知过有关他的各种故事，也听过他其他的事迹，但对我来说，续写总比订正要好得多。"[2]

我们没有理由怀疑斯诺里的真诚。但是，唉！我们还是不能像相信当时的文献一样去相信他的故事。对于其中的细节，我们就更要抱有怀疑的态度了。他对哈拉尔东征的描写就是一个例子。一方面，可以确定的是，这位未来的挪威国王的确去过君士坦丁堡，并在那里取得过功名。这是因为，他的名字出现在了同时期拜占庭的文献中（该文献称之为"阿拉提斯"［Araltes］）。同一文献也证明了斯诺里的另一个说法，即哈拉尔的确曾在西西里岛和保加利亚（Bulgaria）为罗马皇帝作战，最终获得了宫廷卫队长（spatharocandidate）一职，只比皇帝低三个品级。但在另一方面，当谈及哈拉尔东征的细节时，这些当地文献则显示，斯诺里频频出错，有时他弄错了事件发生的顺序，有时则混淆了关键人物的姓名。例如，斯诺里说，哈拉尔弄瞎了皇帝莫诺马库斯（Monomachus），但同时代的史料则显示，真正的受害者是前任皇帝米海尔·卡拉法提斯（Michael Calaphates）。[3] 这样一来，我们便可以对斯诺里作品的价值得出一个大致的结论。它在总体上是真实的，但是某些细节值得怀疑。除非有其他更为可靠的证据能够证明，斯诺里所记录的细节是真实的，否则这些细节就都毫无用处。

哈拉尔显然于 1045 年结束了他在东方的冒险并回国。也就在这段时间，他介入了他的侄子（挪威国王马格努斯）和丹麦国王斯韦恩·埃斯特里特森的斯堪的纳维亚权力之争（具体细节参见本书第 4 章）。如果斯诺里的版本可信的话，这位前宫廷卫队长在这一过程中采用了奸诈且不道德的手段。而且，他曾经依靠这些手段在拜占庭取得了巨大的成功。他一开始支持斯韦恩，后来又以获得其半壁江山的条件投诚于马格努斯。据称，1047 年，马格努斯在死前把整个挪威赠给了哈罗德，并且宣布，他们不会干扰斯韦恩对丹麦的统治。但马格努斯的这位叔叔绝不是满足于这种折中策略的人。不久后，两国间战事又起。[4]

一些当代史学家认为，哈德拉达在其统治初期对英格兰也有相同的安排。然而，不论是在同一时期的记载中还是在后世的萨迦里，都难以找到支持这一观点的证据。人们常说，基于马格努斯和哈撒克努特的协议，即所谓的"互为彼此的继承人"的协议，这位挪威国王曾认为，他也有对英格兰王位的继承权。在 12 世纪中期的一份文献里，这一协议首次出现。不论这一协议是否有事实依据，在这位 12 世纪中期的作者的笔下，马格努斯似乎的确认为，他对英格兰有着正当的权利。正如我们所看到的那样，在其执政的初期，虔信者爱德华一直十分重视来自挪威的威胁。每年夏天，他都会亲自率舰队航行，保卫自己的海岸不受侵犯。[5]

相反，就哈拉尔而言，几乎没有证据能够证明，他曾有过类似的敌意。历史学家们曾花费了大量的笔墨，描绘了 1058 年挪威人偷袭英格兰的事件。虽然这一战斗并不出名，但它是由哈罗德之子马格努斯指挥的。一位爱尔兰编年史家将其描述为一次挪威人征服英格兰的尝试。但就现实情况而言，它可能只是年轻人为追逐冒险和战利品而进行的一次失败的尝试。任何一篇挪威萨迦都没有提及此事，《盎格鲁-撒克逊编年史》对此也不过是一笔带过。（《盎格鲁-撒克逊编年史》D 本只是简单地提及"一支海盗军队从挪威而来"，并将这句话作为同年埃尔夫加伯爵叛乱事件的结尾。）除此之外，没有任何英格兰方面的资料显示，人们能够预料到挪威人的入侵，或是为他们的入侵而担忧。虔信者爱德华非但不再于每年夏季从桑威奇出发巡卫海疆，还在 11 世纪 50 年代初遣散了舰队，并取消了为此而征收的土地税。在爱德华统治的后期，作为这个国家事实上的统治者，戈德温兄弟也没有担心过来自斯堪的纳维亚方面的进攻。托斯蒂专注于同苏格兰修好，而哈罗德则全力与威尔士作战。他们二人都对国土安全有着足够的自信，甚至都曾离开英格兰去欧洲大陆旅行。当然，有人会说，在打败了他们的凯尔特邻居之后，戈德温兄弟从总体上加强了国力。既然他们的实力已经有所增强，那么，他们就能够应对任何未来可能发生的维京人的侵扰。但是，如果这种袭击真的是迫在眉睫的话，这种准备方式也未免太过迂回了。合理的结论是，英格兰人并没有把挪威人当成迫在眉睫的威胁。在1066年以前，《盎格鲁-撒克逊编年史》只提到过哈德拉达一次。那时，他刚刚当上国王，并派遣使节到英格兰言和修好。[6]

事情的真相是，从他继承王位开始，这位挪威国王就完全专注于同斯韦恩·埃斯特里特森争夺丹麦的控制权。直到1064年，他才同意与对方议和。而即使在此以后，他也在承受自己高压统治所带来的苦果，不得不与挪威国内的反抗势力进行斗争。[7]简而言之，斯堪的纳维亚和英格兰的文献都指向了同样的结论：在1066年以前，哈拉尔从未认真考虑过进攻英格兰。而在这一年，他却突然产生了这一想法。最有可能的解释是，正是托斯蒂·戈德温森让他产生了征服英格兰的想法。

正如我们之前所了解的那样，托斯蒂从未接受过亡命天涯的命运。我们知道，1065年11月，在被逐出英格兰后，托斯蒂远遁佛兰德。1066年春，他可能就是从这里返回英格兰的。在最后退居苏格兰之前，他曾沿着英格兰南部和东部海岸一路洗劫。根据《盎格鲁-撒克逊编年史》记载，直到这一年的夏末，他一直是苏格兰国王马尔科姆的客人。[8]

因此，我们至今仍然不清楚，他到底是什么时候与哈德拉达取得的联系，又是以什么方式与他联系上的。一种可能是，此事发生在这一年的早些时候，甚至早于他在春天所发动的突袭。这正是斯诺里的说法。在其他的历史资料里，我们也能找到某些证据，能够给这一说法提供某些支持。例如，12世纪的英格兰编年史家若弗鲁瓦·盖马尔（Geoffrey Gaimar）就告诉我们，那个春天，托斯蒂的士兵大多来自佛兰德。但他同时也说，有些船只来自奥克尼地区（Orkney），而这一地区当时为挪威所控制。[9] 很多史学家据此认为，托斯蒂在 1066 年的诸多行动是经历过缜密的策划的。从这个角度看，他最初在英格兰海岸的袭扰战非但没有失败，而且是一个聪明的举动，为的是把英格兰的注意力吸引到南部海岸，掩盖他在英格兰北部发动更大规模袭扰的意图。[10] 如果这种猜想成立的话，那么这一猜想的确会在某种意义上改变我们对过去一系列事件的解读。过去，我们将这些事看作偶然发生的事件；而现在，我们则认为，这一切都在托斯蒂的掌控之中。据此，也有人可能会认为，在发动对英格兰的进攻之前，伯爵只不过是和哈德拉达达成了某种心照不宣的合作。紧接着，在那年春天的进攻失败之后，他再次转向哈拉尔，以寻求更有力的支援。

不管二人是何时达成合作意向的，为了建立这一联盟，托斯蒂很可能亲自去过挪威，并拜会了哈德拉达。这样说的部分原因是，很难想象这样一个联盟会在没有私人会谈的情况下建立起来。但是，更主要的原因则在于，正如许多挪威萨迦所说的那样，托斯蒂到达挪威是这个故事非常重要的组成部分。在斯诺里的记述和他所引用的一些文献中，托斯蒂首先来到了丹麦，以寻求斯韦恩国王的帮助，但对方拒绝了他的要求。虽然备感不悦，但托斯蒂毫不气馁，继续奔赴挪威。他在奥斯陆峡湾（Oslo Fjord）见到了哈德拉达。（这一描述与事实十分吻合，因为哈德拉达的根据地就在奥斯陆城。）一开始，挪威国王非常冷漠，并且疑虑重重。他告诉托斯蒂，自己的臣民不会有兴趣参与他的计划。可是，托斯蒂还是继续和哈拉尔攀谈，并提醒国王，他拥有对英格兰王位的继承权。他其至一刻不停地恭维哈罗德。("人人都知道，没有任何一个斯堪的纳维亚的勇士能与您相比。")托斯蒂强调，只要他参与此事，征服英格兰便易如反掌。他对国王说道："我向您保证，那里的大多数要人都会成为您的同盟。"当然，我们不必完全相信这个故事。斯诺里使用了夸张的手法，而且，这些对话一定是被编造出来的。然而，尽管这一故事里有那么多被编造出来的细节，人们还是会认为，斯诺里所记载的基本内容是真实的。哈德拉达的人生本来就是建立在机会主义和暴力之上的。对他来说，无论是最后再进行一次伟大的冒险，还是重现昔日克努特大王的辉煌，又或者仅仅是重温昔日地中海的荣耀时光，都必然具有极大的诱惑力。此外，如果能从英格兰内部得到支持，入侵的可行性就将大大提升。简而言之，我们很难推翻斯堪的纳维亚传说中的说法。托斯蒂似乎确实到访过挪威，并且刺激了哈德拉达的入侵。这一说法也不是没有更早的文献证据支持：奥德里克·维塔利斯的记载与这一说法基本一致。12世纪早期，维塔利斯写道，在听到托斯蒂的建议后，贪婪的挪威国王大喜过望。"国王立即下令，要求他的手下集结一支军队，准备好战争的兵器，并整理好王家的舰队。"[11]

如果托斯蒂是从苏格兰赶到挪威的，那么在夏末时节，他一定已经返回了苏格兰。当哈德拉达于接近8月末的时节扬帆起航的时候，他的英格兰盟友并未同行。随行的是国王的几位家人，其中包括王后伊丽莎白（Elizabeth）、他的两个女儿和一个幼子。长子马格努斯则留在挪威摄政。此前，国王已经采取了预防措施，即如果他不能如期归来，那么马格努斯就将成为他的继承人。不出我们所料，关于这一船队的规模，人们有着各种猜测。同时代的《盎格鲁-撒克逊编年史》认为，这一舰队由 300 艘船组成。
后世的伍斯特的约翰则把这一数字提高到 500 艘。一向更为夸张
的斯诺里则写道，据说，哈德拉达所集结的强大军队是由 200 艘
战船及其他一些用来运输物资的小型舟船构成的。对我们来说，
这个提醒非常有用。它告诉我们，即便是这样规模的舰队，也已
经称得上庞大了。它同时也提醒我们，这一时期其他的历史著作
中所提供的那些更为庞大的数字不足采信。按照保守估计，挪威
国王有 200 艘船，平均每艘船乘坐 40 人。这就意味着，挪威军队
的人数达到了 8000 人。[12]

斯诺里给出了一个较为令人信服的说法。他认为，哈德拉达
首先到达的是设德兰群岛（Shetland），然后到的是奥克尼。在
那里，许多当地伯爵前来与他会合，而他则把妻女临时安顿在那
里。接着，他从北部群岛出发，继续沿苏格兰和诺森伯里亚东海
岸向南航行，一直航行到了泰恩河（River Tyne）。在此处（根
据最为详尽的英格兰方面的资料），他再度与托斯蒂会合。至于
托斯蒂是否也将夏初时跌跌撞撞地跟着他来到苏格兰的那支由
12 艘船所组成的弱小舰队带来与哈德拉达会合，我们不得而知。
即使马尔科姆国王为其曾经的义兄扩充了海上的力量，但很明
显，托斯蒂只是个次要的盟友。哈德拉达带了很多士兵前来征服
英格兰，并想担任这个国家新的统治者。依据《盎格鲁-撒克逊编
年史》的记载，哈德拉达一登陆，伯爵便向他宣誓效忠，把他当
成了自己新的君主。此后，他们一同开启了最后一段航程。在最
终出现在亨伯河河口地区之前，他们沿着英格兰的东北海岸，一
路袭扰前行（不论其记述是否有用，斯诺里记载了他们在斯卡伯
勒［Scarborough］和霍尔德内斯［Holderness］两次重要的遭遇

战）。到达亨伯河河口之后，他们又溯乌斯河（River Ouse）而上，最终在位于乌斯河北岸的里卡（Riccall）登陆。从此处定居点再往北大约 10 英里，人们就可抵达他们的主要进攻目标——约克城。[13]

尽管他们不可能做出一个精确的计划，但侵略者显然早就估算好了他们的最佳到达时间。我们无法得知他们沿诺森伯里亚海岸的具体行军日程，但根据《盎格鲁-撒克逊编年史》当中的证据，这一事件大致发生在 9 月的第 1 周。假如他们到得更早的话，可能在 9 月 8 日之前，他们来犯的消息就已经传到了英格兰的南部。据《盎格鲁-撒克逊编年史》记载，正是在这一天，哈罗德·戈德温森解散了自夏初以来就一直整装待命的海陆两军。就在此时，挪威人也入侵了英格兰。这样说是因为，《盎格鲁-撒克逊编年史》同时也记载道，哈罗德刚到伦敦，坏消息就接踵而至。那时，他大概刚离开怀特岛几天。看起来，哈罗德一定是在入侵者登陆的那一刻解散了自己的军队。而对于英格兰国王来说，这一结论势必会令他极为恼火。[14]

比起任何事来说，这一戏剧性的事态转变都更能显示出，来自北部的入侵是多么出人意料的事。整个夏天，哈罗德都在全力备战来自诺曼底方面的入侵。为此，他把所有的资源都调往南方。单是这一事件也足以表明，许多当代史作品中所提出的那种看法——斯堪的纳维亚人早就图谋入侵英格兰——不过是一个假设而已。没有任何证据能够支持这一观点。事实上，不论是直接的还是间接的，依靠所有现有的证据，我们都只能得出相反的结论。它们也表明，入侵者把自己的侵略意图隐藏得非常之深。例如，奥德里克·维塔利斯表示，诺曼底方面对哈德拉达的战争准备同样一无所知。《盎格鲁-撒克逊编年史》则称,挪威舰队到达英格兰是"出人意料的"（unwaran）。[15]

　　显然,对于哈罗德来说,此时的当务之急在于迅速重新集结他的部队。尽管据《盎格鲁-撒克逊编年史》记载,之前沿着南部海岸进发时,许多船只消失了,但他之前派回伦敦的舰队还是完整的。其原因可能在于英吉利海峡内的糟糕天气。国王当然还有自己的御卫,并且还把他们带在身边。像往常一样,他们时刻准备着成为任何一支新军队的核心力量。但是,哈罗德已经等不及这样一支军队在伦敦重新集结了。在前往约克郡之前,哈罗德只能在城中小驻数日。与此同时,信使一定在向四面八方送信,以召回数日前刚刚解散回城的各大塞恩。据《盎格鲁-撒克逊编年史》记载,英格兰国王"日夜兼程,一路向北而去。与此同时,他也在尽可能快速地集结他的人马"。

　　我们完全不清楚,那年9月的第2周约克郡发生了什么。哈德拉达和托斯蒂已经在里卡扎营,并且一定已经派遣自己的军队去周边的乡村抢劫粮食。然而,到此时为止,约克显然并没有遭到进攻。我们唯一可以确定的是,麦西亚的埃德温伯爵和诺森伯里亚的莫卡伯爵此时已经开始募军迎敌。到了9月的第3周,他们明显对自己所招募的士兵数量有了充分的自信,认为可以与敌一战。9月20日,双方在约克以南乌斯河东岸的一个叫富尔福德（Fulford）的地方展开战斗。[16]

　　遗憾的是,尽管当代人试图还原这场战斗,但实际情况是,我们对此几乎无话可说。就连战场的具体位置,也是直到12世纪才有记录。斯诺里的描述则明显与事实不符,因而毫无参考价值。他的确提供了一些生动的细节。正是他告诉我们,哈德拉达举着其著名的"土地蹂躏者"（Land-waster）的旗帜，并向前方推进。也是在同一篇萨迦当中，斯诺里告诉我们，这一旗帜有着神奇的魔力，可以保佑它的主人在战斗中获胜。在富尔福德，战旗显然发挥了魔力。关于这一场战斗，我们唯一可以确定的事实是，埃德温和莫卡被打败了。《盎格鲁-撒克逊编年史》C 本的编写者尽了最大的努力来维护其庇护人的荣誉。他们告诉读者，二人重创了侵略者。但即便是这本于麦西亚的修道院编撰而成的书，也并不能掩盖这场战斗最终的结果，"大批英格兰人或遭杀害，或者溺水而死，或者溃逃"。这本书也哀叹道："挪威人把这里变成了屠宰场。"埃德温和莫卡一定也在逃亡的人群中，因为兄弟二人都从这场战争中幸存了下来（尽管这一点与斯诺里的说法相悖）。[17]

在取得胜利之后，挪威人进入了约克。在我们的想象中，城市将遭到一场洗劫。但显然，事实情况并非如此。据《盎格鲁-撒克逊编年史》C 本记载，"在战役结束后，挪威国王哈拉尔和托斯蒂伯爵带着足以与他们的身份相配的军队进入了约克，而且得到了城市方面所提供的人质和给养"。听起来，约克的市民似乎不战而降，并且得到了优厚的条件。当他后来重写有关这一段历史的《盎格鲁-撒克逊编年史》的时候，伍斯特的约翰切切实实地写道，双方交换了人质。150 名市民被用于交换同样数量的挪威人。这确实是哈德拉达所期待的友好合作。在前一年，托斯蒂可能还是全诺森伯里亚人的公敌；而现在，他显然能得到一小部分约克人的支持。在他身后有一支凶残的维京人军队撑腰的情况下，事情则尤为如此。约克的盎格鲁-丹麦血统的贵族素来对南方的统治者并不十分忠诚。当他们面临选择的时候，在一个新的斯堪的纳维亚统治者及一个新加冕的威塞克斯伯爵之间，他们更愿意选前者。据《盎格鲁-撒克逊编年史》的记载，约克市民同哈德拉达进行了协商。要得到长期的和平，"他们中的所有人都要跟着他向南征战，以征服这个国家"。[18]

在约克得到了厚待，并赢得市民的支持之后，挪威人撤回到了他们停靠在里卡的战船中。然而，在他们前去征服英格兰南部前，他们一致认为，应该再召开一次大会。在这次会议上，从约克郡其他地方俘虏的人质也将被移交。出于某些我们仍不清楚的原因，[19] 会议的举办地既未选在里卡也非约克城，而是选在了约克城以东 8 英里的一处定居点。这里是德文特河（River Derwent）上的一处名为斯坦福桥（Stamford Bridge）的渡口。9 月 25 日，哈德拉达和托斯蒂正在此等候。他们期望，在前去征服英格兰其余地区前，能够在这里接受最后一轮投诚。

结果，他们等来的却是带领着一支新的王室军队的哈罗德·戈德温森。这位英格兰国王已经向北进军了。而且，他还迅速重新召集了人马，其速度远远超过了其敌人的预期。哈罗德大约是在 9 月中旬离开伦敦的。此后，他于 9 月 24 日抵达约克郡的塔德卡斯特镇（town of Tadcaster）。也就是说，在一周多一点的时间里，他走完了 200 英里的路程。据《盎格鲁-撒克逊编年史》记载，哈罗德本以为托斯蒂和哈德拉达会据守约克城，并与之对抗。为此，他安排好了自己的军队，以防备从那个方向来的袭击。但第二天清晨，他却发现他的弟弟和挪威国王已经离开约克，前往斯坦福桥赴约。显然，二人并未察觉到他的到来。这是一个不容有失的良机。哈罗德率军直接穿过约克，然后出城，向德文特河渡口而去。其行军路程大约为 18 英里。等到英格兰国王碰上这些毫无戒备的敌人的时候，天一定已经黑了。[20]

和有关 5 天前的富尔福德战役的记载一样，有关斯坦福桥战役的记载并不多。斯诺里再次交出了一篇文采飞扬（但仍不可信）的文章。他对这场战役初期阶段的记载同《盎格鲁-撒克逊编年史》的记载完全不同，其中包括两位国王的战前会晤。这场会晤是完全不可能的。（后人经常引用这样一句话，而这一会晤也因为这句话而出了名。这句话表示，哈德拉达只能得到"长度为 7 英尺［1 英尺约合 0.3 米］的土地"。）但在斯诺里的记述中，的确有一处值得我们注意。他宣称，挪威士兵在前往斯坦福桥时不但戴着头盔，而且拿着利刃。但因为天气温暖且阳光明媚，他们并没有穿锁子甲。你可能会想，这一定是作者为了给挪威人开脱而编造出来的故事。但是这个故事得到了一位当时的历史学家马里亚努斯·斯科特斯（Marianus Scotus）的证实。《盎格鲁-撒克逊编年史》C 本则补充了更多的细节。其叙述证实，英格兰国王打了他的敌人一个"措手不及"，战斗异常"惨烈"。《盎格鲁-撒克逊编年史》还补充说，战斗一直持续到当天很晚的时候。这一记载的结尾是 12 世纪的后人添上的，后又被其他史家不断引用。在这个结尾中，英格兰军队遭到了一个挪威战士的阻挡。这位战士明显穿着锁子甲，十分勇武，英格兰人甚至一度无法抵达德文特河的对岸。直到最后，一名英格兰士兵鼓足勇气，潜到桥下，用长矛刺穿了这个维京人身上唯一没有铠甲保护的地方。这应该就是整场战役的转折点：在通过这座无人把守的桥梁之后，哈罗德和他的队伍一口气把挪威军队的余部屠杀殆尽。哈德拉达和托斯蒂也未能幸免。[21]

《盎格鲁-撒克逊编年史》D 本记载，"战斗异常地胶着"。当挪威人的残部试图逃回他们停靠在里卡的战船时，英格兰军队就紧跟其后，并在他们逃跑的过程中攻击他们。根据《盎格鲁-撒克逊编年史》，他们有的被淹死，有的被烧死。其他的人则以各种不同的方式死去。到了最后，挪威一方几乎无人幸存。《爱德华王传》的作者为托斯蒂之殇而泣泪，描写了血流成河的场景，"乌斯河道被死尸阻断"，而距亨伯河入海处"几英里远的水域都被维京人的血水染红了"。只有那些逃回里卡的人才得到了对手的怜悯。而且，只有发誓永不再来，他们才能逃过一死。《盎格鲁-撒克逊编年史》D 本记载，哈德拉达的儿子奥拉夫（Olaf）也在逃过一死的人当中。总而言之，挪威人的惨败已经得到了《盎格鲁-撒克逊编年史》的印证。按照这一描述，只需要 24 艘船就可以把所有的幸存者送回国内。[22]

　　战斗结束后，无论是英格兰人还是挪威人，成千上万的士兵的尸体被丢弃在他们倒下的地方。半个多世纪后，奥德里克·维塔利斯写道，旅行者们仍可以看到山一样的逝者遗骨，并以此辨认出昔日的战场遗址。尽管如此，托斯蒂·戈德温森的尸体还是被人从大屠杀的现场找到并带回约克厚葬。喜欢描述此类细节的马姆斯伯里的威廉写道，人们是靠两片肩甲之间的一个疤辨认出他的尸体的。（这句话的潜台词是，伯爵的身体被砍得血肉模糊，几乎认不出来。）可以确定的是，他的兄长在取胜后同样返回了约克。即便不讨论其他的事情，他也会想要与当地的市民进行一次严肃的对话，讨论一下他们对挪威国王的热心支持。因此，哈罗德·戈德温森很可能出席了托斯蒂的葬礼。北风仍然在吹，就像鞭子一样抽打着他。[23]

　　然而，就在战斗结束后两天，风向变了。

11

入 侵

如果普瓦捷的威廉所言非虚，对于诺曼底公爵及他的大军来说，1066 年夏末一定是一段近乎绝望的日子。虽然早在 8 月初，这些未来的入侵者就已经准备妥当，但是，本应载着他们横渡海峡到达英格兰的舰船却迟迟无法下海。其出发日期因为恶劣天气和逆风而被无限期地推迟。直至 9 月的第 2 周，那 700 条船仍停泊在迪沃。数以千计的骑兵、步兵与战马只得终日在附近营地里消磨时日。

然而，如果我们同意大多数当代历史学家的观点的话，上述说法便只是无稽之谈了。这些历史学家坚持认为，威廉一定是故意把入侵行动推迟了这么长的时间。普瓦捷的威廉则是在歪曲事实，让事件的进展符合他自己耸人听闻的时间表，而这已经不是第一次了。这些怀疑者称，公爵之所以等待这几周，其真实的目的其实是等待哈罗德解散军队。这样一来，诺曼人就可以顺利地登陆英格兰了。[1]

这一观点受到如此追捧的原因其实很简单：无论如何，从时间节点上看，后续事件的发生次序似乎很好地支持了这一猜想。《盎格鲁-撒克逊编年史》告诉我们，哈罗德在 9 月 8 日左右解散了军队。根据我们的推测，在那之后不久（仅四五天），威廉的舰队终于扬帆起航。然而，在深入研究了这些证据之后，人们发现，怀疑论者们所提出的时间线根本站不住脚。公爵似乎确实为逆风所阻。这一次，普瓦捷的威廉看起来并没有夸大事实。

我们相信普瓦捷的威廉的主要原因在于，他的说法得到了一份新资料的证实。这一资料就是所谓的《黑斯廷斯战役之歌》（*Carmen de Hastingae Proelio*）。这部作品本身就有着一段有争议的历史。这是一部共 835 行的史诗。1836 年，它在布鲁塞尔（Brussels）的皇家图书馆被发现。尽管它是一部匿名作品，但很快就被认为是出自与征服者同时代的亚眠主教居伊（Guy, bishop of Amiens）之手。几十年后的奥德里克·维塔利斯告诉我们，这位居伊主教曾撰写过一篇关于黑斯廷斯战役的长诗。这也就是人们产生这种观点的原因。自从其发现之日起，学术界对其真实作者和这一史诗真实性的质疑几乎就从未停止过。20 世纪 70 年代后期，学术界对其质疑之声是如此之巨，以至于许多在此后不久面世的书和文章都不再将其当作论据。近来，《黑斯廷斯战役之歌》的命运似乎发生了很大的改变。学者们现在倾向于相信，它就是奥德里克所谈及的那首诗。而且，根据奥德里克的说法，作品的完成时间早于 1068 年春。因此，这部史诗可能是我们所能看到的关于 1066 年事件最早的历史资料之一。当然，它仍然是一首诗，也就是说，它可能带有艺术虚构的成分。但无论如何，《黑斯廷斯战役之歌》现在已经是研究诺曼征服的关键文献之一了。[2]

有一个事实让《黑斯廷斯战役之歌》显得尤为有趣，那就是这部作品显然是写给征服者威廉自己的。（这首诗的开头约 150 行所使用的都是第二人称。例如，"你做了这个，你做了那个"。）当然，很多其他的文稿也同样如此，例如瑞米耶日的威廉和普瓦捷的威廉二人的作品。《黑斯廷斯战役之歌》的不同之处在于，它的作者居伊主教并不是诺曼人。亚眠位于相邻的蓬蒂厄郡，而居伊自己则出身蓬蒂厄的统治家族。基于这样的背景，尽管其目的明显在于赞颂威廉和诺曼人，比起其他作家（如普瓦捷的威廉）的作品，居伊的文字多了几分客观，而且少了很多阿谀奉承的成分。另一个令《黑斯廷斯战役之歌》显得极为有趣的事实是，普瓦捷的威廉无疑拜读过它。在他自己所写的史书中，威廉时常对居伊主教的诗做出回应。有时，他会借用其中的一两个词句，以表达自己的认可，有时则含蓄地否定这一记述，然后代之以自己的一套说辞。[3]

然而，这些同威廉是否故意推迟航行又有什么关系呢？答案在于，作为一份单独的、早期文献，《黑斯廷斯战役之歌》在一开篇便描述了1066年夏末持续的恶劣天气。他向公爵呼告，"长期以来，暴风雨和持续的降雨阻挡了你的舰队，使得它无法穿越海峡……所有出航的希望都一一破灭了，你陷入了绝望。但最终，无论你喜欢与否，你启航离港，率领你的船队驶向了邻国的海岸"[4]。

普瓦捷的威廉采纳了《黑斯廷斯战役之歌》的说法，并在其基础上进一步地叙述。他在著作中写道："现在，这支有远见的舰队被一股西风吹到了瓦莱里（Valéry）的泊船地。在那之前，他们已经在迪沃河口和其邻近港口等待了很长时间，盼望一股南风能够助他们渡过海峡。"[5]普瓦捷把这一灾难完全归结于天气。在这里，他可能稍微偏离了事实。可以想见，船只不会自己升锚并漂流出海。当时一定发生过什么，而这位编年史家也费尽心思，想把这个事实从他的记述当中删掉。这一事实就是：决定在不利的天气条件下起锚的是威廉公爵。等待一个多月（或者更久）的南风迟迟未来，而在 9 月 8 日后不久，他肯定已经知道了英格兰军队解散的消息。这一定是一个好机会，不容错过。而且无论如何，他在迪沃费心囤积的给养几乎已经撑不了多久了。大约在 9 月 12 日或 13 日，威廉抓住机会开始远征，几乎造成了灾难性的后果。

《黑斯廷斯战役之歌》坦诚地写道："汹涌的大海强迫你掉转船头。"诺曼人最终并未到达他们的目的地英格兰，而是（如普瓦捷的威廉所言）到达了法兰西西北部海岸以东 100 多英里的圣瓦莱里。正如《黑斯廷斯战役之歌》所精确描述的那样，这是"一片危险的岩石海岸"。实际上，威廉已经非常幸运了，因为他逃脱了一场更严重的灾难。普瓦捷的威廉曾提到"可怕的海难"。他还告诉我们，人们开始逃离威廉的军队。为了维持士气，威廉曾试图秘密掩埋溺毙战士的尸体。尽管这一说法令人感到有些怀疑（在《埃涅阿斯记》[The Aeneid] 当中，薛西斯 [Xerxes] 也用过类似的办法），但普瓦捷的记载就总体而言还是非常可信的。事实上，这一说法得到了既有事实的支持。可以看到，与此同时，已经被解散的英格兰舰队在驶回伦敦途中也遭受了类似的损失。[6]

因此，到了 9 月中旬，威廉计划的入侵行动陷入了僵局。他的舰队因为海难而减员，供给也大大减少。此时的他也不再在自己的公国里。（圣瓦莱里位于相邻的蓬蒂厄郡。因此，《黑斯廷斯战役之歌》里有关威廉偏离航路的记载是可信的。）而且，天气依旧不遂他的愿。亚眠的居伊表示，公爵不仅忙着参拜圣瓦莱里的圣物匣，还焦急地观察着教堂尖顶上的风向标，为的是能够及时看到风向转变的迹象。《黑斯廷斯战役之歌》写道："你被 [上帝] 遗弃了。天气又冷又湿，云雨遮盖了整片天空。"既然天时不合，那么，除去求助神灵以外，诺曼人什么也做不了。威廉亲自来到圣瓦莱里的圣物匣前面祷告并献祭。他还发誓（如随后的记录所示），如果此次征讨成功，就要在英格兰为圣人建一座新教堂。眼看这些个人努力并没有明显的效果，他便让整支军队都参与进来。按照普瓦捷的威廉的说法，在一场公开的典礼中，公爵命人将瓦莱里的遗骸从其圣物匣里取出，并搬出了教堂。这位编年史家写道，"所有的士兵都以与公爵同样虔诚的方式参加了"这场大规模的典礼。

他们不得不再等上 2 个星期，但是，他们的祈祷还是应验了。关于这件事，普瓦捷的威廉写道："最终，盼望已久的风终于来了。人们高举双手，高喊着感谢上苍。与此同时，人群中发出阵阵喧哗。那正是人们在奔走相贺。"巴约挂毯的画面显示，此时的人们正在把武器和红酒运上战船。从某种意义上说，他们的运送过程相当有序。他们或者扛着这些物件，或者用车子运送它们。《黑斯廷斯战役之歌》准确地捕捉了这一喜庆而又忙乱的气氛：

> 一时之间，所有人心力合一，要将他们自己托付给终于平静下来的大海。尽管分散在各地，所有人都兴高采烈，立刻跑去工作。一些人爬上了桅杆，而一些人则升起了风帆。许多人奋力将骑士的战马拉上了船，其余的人则匆匆收好了自己的武器。就像鸽群寻找它们的巢一样，成群的步兵争先恐后地找好自己在船上的位置。我的天，当水兵们寻找他们的船桨，骑士们寻找他们的武器的时候，竟会突然发出如此巨大的声响！[7]

令人沮丧的是，原始文献中所记载的日期各不相同。这也就意味着，我们无法得知这一奇景究竟发生在哪一天。这件事很可能发生在 9 月 27 日，也可能是在 9 月 28 日。然而，我们可以通过观察潮汐来估计，诺曼人是在一天当中的什么时候出航的。诺曼人需要在涨潮的时候开船，并赶在退潮之前离港。只有这样，才能确保他们所有满载的船只都有足够的时间出港。1066 年 9 月27 日，圣瓦莱里附近海域于早上 9 点左右开始落潮，而开始涨潮的时间则约为下午 3 点。下午 5 点 30 分之前，这里的太阳刚刚落下。这非常符合《黑斯廷斯战役之歌》的记载。当船只最终离开它们的停泊地时，"天色已晚，落下的太阳在天边闪耀着余晖"。也就在这个时候，公爵的座舰一马当先，开始引领整个船队。[8]

我们有幸可以看到有关威廉座舰的描述。根据《船籍簿》末尾增加的几行字，我们可以知道，它叫"摩拉号"（*Mora*）。这是他的妻子玛蒂尔达为他准备的船只。遗憾的是，我们无法确定船名的含义（尽管有关于它的各种猜测）。《船籍簿》也告诉我们，在船只即将完成之际，玛蒂尔达让人在船上加了一个最后的点缀：船头的那个镀金的小型男孩雕像。男孩一只手拿着小号，另一只手则遥指英格兰。巴约挂毯所描绘的一艘船上面也出现了类似的雕像。[9]

据普瓦捷的威廉记载，舰队一到达公开水域，便马上下锚。这样做的部分原因在于，舰队就能组成《黑斯廷斯战役之歌》所谓的"有序阵形"。但也正如普瓦捷所说的那样，他们这样做也是因为，"他们担心自己会在黎明之前到达他们的目的地，并在一块充满敌意的、未知的陆地上遭遇危险"。当然，他们并不缺少建议。那些之前曾横渡海峡数百次的水手告诉他们，什么时候才是最佳的登陆时机。英格兰海岸距圣瓦莱里约 60 英里，如果他们保持 3 到 4 节的航行速度，全程至少要花费 12 个小时。这也就意味着，正如普瓦捷所说的那样，舰队会在日出前抵达英格兰。因此，当夜幕降临后，他们又在入海口逗留了几个小时。《黑斯廷斯战役之歌》写道，当天空布满了星辰时，海面上满是闪动摇曳的火把。最后（大约在晚上 9 时），威廉的船上亮起了一盏灯。号角被吹响，而舰队继续航行。[10]

到了第 2 天早上大约 6 点的时候，旭日东升，"摩拉号"上却无疑充斥着极度的焦虑情绪。根据普瓦捷的威廉的记述，在夜里，公爵的旗舰已然远远甩开了其他的船只（"想用速度反映他的激情"）；拂晓时分，船员才发觉，此刻的他们形单影孤，其他船只都不见了踪影。自然，公爵自己泰然自若，并且平静地坐下来享用一顿丰盛的早餐，以缓解同伴紧绷的神经，"就像安坐在自己府邸的厅堂当中一样"。在描述这个场景的时候，普瓦捷的威廉模仿了古典作家的口气，但他这次没有照抄任何人的词句。因此，人们无法把它当作胡说八道。当然，在威廉用过他丰盛的早餐（据说，他还喝了加了香料的红酒）后，危机已经过去。据普瓦捷的威廉记载，"当再一次被询问的时候，瞭望手看到，有 4 艘船跟了上来；而在被问到第 3 次的时候，他大声说道，跟上来的战船很多，就像由绑着船帆的树所组成的、密密麻麻的树林一样"。[11]

约 3 小时之后，也就是大约早上 9 点的时候，诺曼舰队在英格兰海岸登陆了。舰队停靠于佩文西（Pevensey）。几乎可以肯定，这就是他们计划好的登陆地点。小镇本身并无特别值得称道之处，却有一座罗马人废弃的要塞安得日托姆（Anderitum），入侵者则能够利用这一要塞快速布防。更重要的是，将佩文西作为目标之后，威廉便可以利用开阔的佩文西湾来停泊他那几百艘船。在巴约挂毯上，马匹被卸下船，而诺曼骑兵则疾驰前去占领沿海岸以东几十英里的黑斯廷斯镇。在那里，他们同样控制了一座古老的要塞。这一次，他们所占领的是一座铁器时代的山堡。它耸立在悬崖之上，从那里，人们可以俯瞰整个城镇。《黑斯廷斯战役之歌》写道："你整修了昔日残破的防御工事，并派兵保护它们。"正如位于佩文西的那座要塞一样，位于黑斯廷斯的那座要塞也立即被整修了，以迎合诺曼人的需求。正如我们从现存的建筑遗迹中可以看到的那样，入侵者们开挖沟渠，并筑起壁垒，以缩小 2 个要塞的面积。这样一来，他们就把老式的公共要塞（communal fortress）改建成了近来才出现的那种法兰西式的城堡。在有关黑斯廷斯的场景里，挂毯还表现了几队挖掘者。在他们的努力下，早期城堡最为明显的特征——土堆——出现了。[12]

因此，威廉到达英格兰的时间既可能是 9 月 28 日早晨，也可能是 9 月 29 日的早晨。哈罗德是何时得知他的到来的呢？这一答案取决于英王当时所在的位置。然而，在这个问题上，原始资料几乎没有给我们任何的帮助。我们知道，他在 9 月 25 日的斯坦福桥战役中获得了胜利，但却不能确定，在之后的几天里，他做了什么。其中一种可能是，他仍然在担心诺曼人的威胁。于是，在战役结束后，他便立即召集剩余军队赶往南部。但这一说法似乎是完全不可能的。在大胜维京人之后，哈罗德更有可能在约克郡驻留些许时日，让军队休养生息，并维持这一地区的稳定。我们知道，他同幸存下来的挪威人谈判过，并保证让他们安然回家。同时，我们也有理由相信，哈罗德也想在约克重建自己的权威。正如我们所知道的那样，根据马姆斯伯里的威廉的说法，托斯蒂·戈德温森的遗体被运回城中安葬，而他的哥哥很有可能亲自参加了安葬仪式。另一位 12 世纪的作家亨廷登的亨利（Henry of Huntingdon）则明确表示，在收到诺曼人登陆的消息时，哈罗德正在约克举办庆功宴。[13]

国王的所在地之所以重要，是因为它决定了他做出反应所需要的时间。佩文西和约克之间的距离大约有 270 英里。假使诺曼人于 9 月 28 日早晨登陆，那么直到 10 月 1 日之前，这一消息几乎不可能传到哈罗德的耳朵里。我们暂时把时间稍微推后到那个无可争辩的时间点（我希望这句话并没有透露太多后面即将发生的事），即 10 月 14 日。那时，黑斯廷斯战役爆发了。换句话说，从约克郡到苏塞克斯海岸，哈罗德大概花了 2 周的时间。更有甚者，正如所有编年史家所证实的那样，他还在伦敦停留了一段时间。如果奥德里克·维塔利斯所言不虚，那么他就在伦敦停留了 6 天。所有这些均说明，国王当时一定是以极快的速度从约克郡前往南部的，其速度超过了他之前来到约克郡的速度，而后者往往会吸引更多的褒奖。如果奥德里克所述属实，哈罗德就是在四五天内走完了自约克到伦敦之间 200 英里的路程。显而易见，如果带着步兵的话，他就不可能以每天 40 或 50 英里的速度前进。最有可能的是，这些步兵在取得了斯坦福桥战役的胜利后就被尽数遣散了。这样一来，结论一定是：国王仅带了骑兵，并骑马全速南行。就在他们前进的途中，新命令一定已经下达到了各郡，要求人们前往伦敦组建新军。[14]

回到苏塞克斯这边，诺曼人一定也在焦虑不安地等待敌人的信息。他们尤其关心的问题是，究竟谁才是他们的敌人。正如我们所知的那样，威廉原本打算在 9 月 12 日前后离开迪沃河口，而这很可能是在得知了哈罗德的举动后做出的决定。毕竟，哈罗德在几天前刚刚解散了军队。同样有可能的是，在接下来的几天内，诺曼人得知了托斯蒂和哈拉尔抵达约克郡的消息。但他们不可能在离开圣瓦莱里前就听说 9 月 25 日发生的斯坦福桥战役。这是因为，在这一战役发生后的两三天，他们就离开了圣瓦莱里。多位史学家已经记载过这一事实，但这并不妨碍我们强调这一事实的重要性：在他抵达英格兰时，威廉仍然不知道，自己将要对付的是哈罗德还是哈拉尔。

在他登陆后的几天里，威廉就一定得知了斯坦福桥战役的结果。差不多与此同时，哈罗德也得知了诺曼人登陆的消息。据普瓦捷的威廉记载，罗贝尔·菲茨·威马克（Robert fitz Wimarc）派遣信使向威廉传递了消息。威马克是诺曼人，多年前曾随虔信者爱德华同来到英格兰，并为先王及其家人服务（他就是在虔信者临终时陪在他身边的管家罗贝尔）。如果我们可以相信普瓦捷的威廉的话（在此，我们必须始终牢记，他有把事件戏剧化的倾向），这一同情威廉的诺曼人所送来的消息并不令人感到鼓舞。哈罗德战胜并杀死了托斯蒂与哈德拉达，并摧毁了他们的大军。此时，他正向南回军，准备迎战威廉。他建议公爵据守自己的堡垒。[15]

因此，哈罗德知道威廉已经到来，而威廉也知道哈罗德正在返回伦敦的路上。因此，我们不难相信众多编年史家的叙述，即在这之后的几天内，双方互有通信。《黑斯廷斯战役之歌》的作者和普瓦捷的威廉都声称，他们完整地转述了传递这些信息的僧侣们的说法。实际上，这两份文献所做的，不过是重复了双方关于英格兰王位的主张而已。特别是普瓦捷的威廉，他的论述完全是合理化诺曼入侵的一场修辞游戏。他很可能在此援引了此前为教宗准备的诉讼当中的内容。我们再次听到，心怀感恩的虔信者爱德华请求威廉做他的王位继承人；爱德华发下了誓言，而人质也到了威廉的手中；哈罗德出访了诺曼底，并承诺要支持公爵继承王位。实事求是地说，普瓦捷并没有抹去英格兰方面的内容。在他的叙述中，我们也听到了哈罗德的抗辩。例如，他提到了虔信者的临终的馈赠以及其在历史上的合法性。自然，上述内容不可能都包含在双方的信件中，但是，有一些内容的确是包含在内的。当然，我们可以相信《黑斯廷斯战役之歌》的相关表述，即双方都做出了一些让步，希望能够避免冲突。它告诉我们，威廉提出，如果哈罗德能放弃王位，他就可以保住威塞克斯的伯爵的爵位。但哈罗德就没有那么慷慨了。哈罗德承诺，如果威廉愿意赔偿损失，他可以保证威廉毫发无伤地回到诺曼底。[16]

毋庸置疑，诺曼人已经造成了重大的破坏。在描摹舰队到岸的画面上方，巴约挂毯上的文字显示："在这里，马被运下了船。而在这里，骑兵们直奔黑斯廷斯，去掠夺食物。"当他们在法兰西境内等待的时候，威廉的军队收到了禁令，不能掠夺周边的地区；而一到英格兰，他们就可以开始大肆抢劫周边村庄。按照挂毯的描述，这一掠夺行为看似理所当然。比起获取这些美味食物的方式，作者花费了更多画幅来表现他们准备餐会的场面。当然，与建造佩文西城堡和黑斯廷斯城堡的过程一样，搜刮食物的过程中所造成的破坏可能是在所难免的。但是，原始资料并没有给我们留出想象的空间。它告诉我们，诺曼人也参与到这种故意而无差别的破坏之中了。在《黑斯廷斯战役之歌》当中，哈罗德得知，威廉"已经入侵了这片土地。他把土地毁成了一片荒芜，让它陷入了火海之中"。挂毯的一个著名场景是，有两个诺曼士兵点着了一座房子，而一个妇女和一个孩子正试图逃离这座着火的房子。[17]

　　这些破坏看似无差别，但其实它是有目的的。在威廉的戎马生涯中，这是他第一次主动求战。假使哈罗德留在伦敦，公爵将深陷困境。他唯一的选择可能就是离开安全的营地，率军深入敌境，并面对这样做所带来的所有危险。假如一支军队被迫靠掠夺来获得供给，那么在搜寻食物的过程中，它就有暴露在敌人攻击范围当中的可能；而如果没能获得食物，部队又将面临疾病或饥饿所带来的死亡。因此，从威廉的角度来看，更好的选择就是引诱英格兰国王来与他对战，并靠一场战役决定他们的胜负。诺曼人登陆的是哈罗德自己的领地，并以此恐吓了国王的臣民。无疑，这一事实将会促使哈罗德前来对战。

　　哈罗德似乎上了钩。综合几份资料可以发现，英格兰国王从伦敦出发的时机过早了。据《盎格鲁-撒克逊编年史》E本记载，还没等"他全部的士兵集结完毕"，哈罗德便出发迎敌。此后，伍斯特的约翰充实了这一描述，并表示"他的人马才到了一半"。另一位后世作家奥德里克·维塔利斯则记载了哈罗德国王同其家人的一次戏剧性的谈话。在那时的伦敦，他的母亲吉莎已经因为失去托斯蒂而备感痛心。她尝试劝说哈罗德，让他不要再上战场。哈罗德的弟弟格思也善意地提醒："你才刚刚结束与挪威人的战斗，筋疲力尽地回来。你现在就要这么着急地拔营，去迎战诺曼人吗？"据奥德里克记载，格思主动请求代兄率军前往迎战。其所提出的理由却不太令人信服，即他并没有向威廉宣誓效忠过。

然而，这些劝说并未发挥作用。哈罗德雷霆震怒。他指责亲人无知，并火速奔赴战场。[18]

有人已经公正地做出了评价，认定所有这些资料都出自英格兰人（或者像奥德里克这样明显对英格兰抱有同情的人们）之手。因此，我们似乎有理由假设，这些说法都在为哈罗德不久后的败局寻找借口。但是，正是普瓦捷的威廉告诉我们，"在听闻诺曼人驻地周边地区被洗劫的消息之后，愤怒的国王更加快了行军的速度"。出于其立场，普瓦捷的威廉自然没有采纳这样一种观点，即仓促离开将在任何形式上削弱哈罗德的战斗力。同其他的诺曼作家一样，他坚持认为，国王的军队是非常庞大的。但是，普瓦捷的威廉此前曾在许多地方与英格兰人意见相左。这一点也令他对哈罗德匆忙出兵一事的意见变得十分重要。与此同时，他的观点也表明，国王的确出发得过早了。[19]

除了希望阻止诺曼人的破坏行为外，哈罗德快速出战还有另外一个理由。根据瑞米耶日的威廉的说法，他"着急出战，是为了出其不意地擒获威廉"。根据普瓦捷的威廉更为全面的解释，这位英格兰国王认为，"只要发动一次突袭，便有可能［在诺曼人］没有察觉的情况下打败他们"。这些说法是完全可信的。在斯坦福桥一役中，哈罗德正是通过这种偷袭获得大胜的。当然，这两次战斗有些许的不同。挪威人似乎完全不知道英格兰军队靠近一事。然而，虽然威廉和哈罗德在战前数天通了信，但这并不意味着英格兰人不会发动突袭。他们可能会比敌人所预计得更快动手，或者在夜色的掩护下发动偷袭。哈罗德仍然有机会出其不意地擒获威廉，特别是如果他行军速度够快的话，他成功的概率就会更大。[20]

然而，威廉嗅出了其对手的意图。据《黑斯廷斯战役之歌》所述，正是公爵自己的特使告知了他哈罗德的计划。在同英格兰国王进行最后一次谈判之后，特使回到威廉身边，并告诉他："哈罗德希望出其不意地俘虏你。他正在准备从海陆两线发起大规模的战斗。据说，他已经派出了 500 条战船，来切断我们的返航路线。"普瓦捷的威廉肯定了上述关于战船的记载，但他将公爵的先见之明归功于他丰富的军事经验，而这一观点更加令人信服，"此前外出侦察的骑兵回来报告说，敌人很快就要到达那里了"。（在接下来的叙述当中，要记得普瓦捷本人也曾是一名骑士。这一事实很重要。）21

既然双方都试图算计对方，那么，相关的记载自然无法清晰地描述各时间点的作战安排。最有可能的情况是，哈罗德大约是在 10 月 11 日从伦敦出发的。10 月 13 日，他正在黑斯廷斯的附近。也就是在这时，威廉得到了哈罗德正在靠近的消息。根据瑞米耶日的威廉记载，"为防止敌人夜袭"，公爵"下令，从黄昏一直到第二天的黎明，全体将士必须严阵以待"。但一夜过去，英格兰军队并未出现。第二天清早，威廉便前去寻找他的敌人。22

此时，哈罗德的军队已来到位于黑斯廷斯西北约 7 英里的一个地方。那时，这个地方还没有正式的名称，唯一的记载见于《盎格鲁-撒克逊编年史》D 本。在这本书中，英格兰军队当时行至"一株灰色的苹果树下"。这棵树可能是一个重要的地标，但是在很久以前，这个地标就消失不见了。50 多年后，奥德里克·维塔利斯坚持认为，该地自古以来就被称为"森拉克"（Senlac）。尽管如此，直到弗里曼于 19 世纪采用这一名称之前，没有人用这一名称来称呼它。在 1066 年以后，大多数人称呼它为巴特尔（Battle）。[23] 这个地名直到今天仍在使用。

之所以用这个名字来称呼它，是因为正是在那个地方，10月14日清晨，诺曼军队让哈罗德的士兵们大吃一惊。《盎格鲁—撒克逊编年史》D 本明确地写道："威廉遇上了他，令哈罗德措手不及，而后者的军队此时还没有列好战阵。"凭借其出色的侦察能力，公爵成功地扭转了战局。哈罗德原本想要在黑斯廷斯偷袭对手的营地，令威廉大吃一惊。但威廉及时发现了他的意图，并驱兵迎敌。虽然有一些史学家认为，威廉出兵的时间一定比10月14日清晨更早，但从我们所掌握的资料来看，威廉公爵显然是在10月14日（星期六）日出前离开黑斯廷斯的。而且，就在几小时以后，他便与哈罗德的军队遭遇了。此时，时间大约是上午9点。真正无法解决的问题是，到底哪一方更加疲惫。没有现代学者愿意接受瑞米耶日的威廉的说法。他认为，英格兰人彻夜行军，并于黎明时分到达了战场。但无论他们是何时到达的，他们都必须为急行军付出代价。与此同时，诺曼人也不可能比英格兰人休息得更好。据称，他们整夜戒备，并在一个早晨就行进了好几英里。许多年后，马姆斯伯里的威廉记载了这样一则著名的传闻。他写道，英格兰人整夜都在欢饮歌舞，而诺曼人则整夜都在为他们的罪恶忏悔。毫无疑问，这就是恶意的诽谤。但它的确符合这样的一种想法，即"英格兰人被打了一个措手不及，而诺曼人却知道将会发生什么"。[24]

虽然威廉主动求战哈罗德，并扭转了危局，但很清楚的一点是，这并不能给诺曼人带来伏击英格兰人的机会。双方都提前发现了对方，而士兵们都匆忙地操起武器。可能正是在这一阶段（即在清晨的急行军后），威廉的士兵才穿上了他们厚重的锁子甲。根据一些编年史家的记述（普瓦捷的威廉也在叙述中影射了这个故事），公爵在仓促间穿反了他的锁子甲。有人对他说，这是不祥之兆，他只能一笑置之。普瓦捷说，为了在精神上武装自己，威廉还把哈罗德向他宣誓效忠时所触碰过的圣人遗物戴在了自己的脖子上。[25]

这时候，威廉恰好有足够的时间做战前演讲。巴约挂毯上的说明是："在这里，威廉公爵勉励他的骑士们，要有勇有谋，力破英格兰军队。"在这个问题上，普瓦捷的威廉一反常态，十分坦诚。他承认，他是在改写威廉的话，并声称，他告诉了我们威廉讲话的要点。威廉提醒诺曼人他们昔日所取得的胜利和他本人的不败战绩，并号召战士们证明自己的英勇。威廉还有充分的理由强调，即将到来的战争在本质上是一场生死战。他提醒自己的士兵们，撤退是绝无可能的。最后，威廉贬低了英格兰人的军事声誉。他告诉士兵们，英格兰人在历史上曾无数次被敌人击溃，"他们从没有过任何值得标榜的战功"。当然，这一说法并不是十分公正。但是，对于即将率军作战的指挥官来说，他对敌人的贬低正好符合我们对他身份的想象。

在同一段演说中，普瓦捷的威廉暗示，诺曼人处于人数上的劣势。他说："不会打仗的部队很容易被少数勇士击垮。"这句话的真实与否令人怀疑，而这在很大程度上是因为它改编自罗马军事专家韦格蒂乌斯（Vegetius）的名言（尽管普瓦捷的威廉可能借鉴了《黑斯廷斯战役之歌》的说法，因为其中也有类似的表述）。正如我们之前所看到的那样，英格兰的文献表明，哈罗德在没有聚集起全部军队的情况下就开始了战斗。也就是说，在军队的规模方面，英格兰人与普瓦捷找了类似的借口。在接下来的几年里，双方还会就兵力问题争论不休。有人认为，哈罗德尽管手握大军却仍然大败。被这一观点激怒的马姆斯伯里的威廉则坚持认为，英格兰人的"兵力虽然更弱，但士兵们个个勇武"。几十年后，诺曼作家瓦斯同样认为，威廉所部军队并不比哈罗德的军队规模更大，并得出结论，双方军队规模相当。就像所有有关数据的问题一样，后人已不可能就军队的数量给出定论。毫无疑问的是，面对奋勇冲杀之敌，防御一方往往显得更怯战。在看到了接下来的战役之后，正如瓦斯所说的那样，最合理的结论应该是：双方大体上势均力敌。[26]

幸运的是，史家对于作战的地点并无争议。要从黑斯廷斯出兵，威廉只有一条可行的路线，一定要经过一处被称为"山岭"（the Ridge）的高地。对于双方来说，地面都是难以通行的，因为上面遍布着森林。一意识到诺曼人接近，英格兰人便从林中撤出，占领了附近的一座山丘。普瓦捷和《黑斯廷斯战役之歌》的作者都是这么说的。时至今日，我们还能毫不费力地认出这座山丘。这是因为，在黑斯廷斯战役的几年后，威廉在此处建立起了一座修道院。而且，大量的战争废墟还历历在目。

在占领山头之后，英格兰军队便摆出了自己最拿手的战阵。"士兵下马，并把他们的马匹留在后方，"《黑斯廷斯战役之歌》的语气中带着一丝疑惑，"这些不擅长战斗的人放弃了马匹，完全依靠自己的力量。"事实上，这正是几百年来英格兰军队所采取的传统作战方式。他们排成一列长龙，其中有几个人隐藏在盾牌的后面。他们举着盾牌，蹲在队伍的正前方，形成所谓的"盾墙"。我们知道，哈罗德居于队伍正中，在山顶上挥舞他的旗帜。据12世纪后期的当地传说所述，他所站立的地方正是巴特尔修道院主祭坛所在的位置。

当时处于山脚下的威廉则摆出了更复杂的阵形。根据博学的普瓦捷的威廉的记述，威廉的阵营中共有三支队伍。第一队居于最前列，由"装备弓弩"的步兵组成（换句话说，就是弓箭手）。第二队也是由步兵组成，但这些步兵"身披锁子甲，且战斗力更强"（也就是穿着锁子甲并带有武器的士兵，他们很可能手持利剑）；最后一队，普瓦捷说："就是骑兵方队了。"在队伍的中间，公爵本人端坐在马上，"这样一来，他就能用手势和呼喊声指挥作战"。自然，普瓦捷用"经过详细规划的"这一短语来形容这一作战部署。也许实际情况正是如此。然而，《黑斯廷斯战役之歌》却告诉自己的读者，威廉原本打算把骑兵摆在弓箭手的后面，即把他们排在第二列。但是，"还没等他这样做，战斗就已经开始了"。[27]

普瓦捷说，双方的进攻开始于"刺耳的号声"。紧接着，浓云般的飞矢便飞向了战场。"弓箭的攻击就像冰雹一样阵阵袭来。"《黑斯廷斯战役之歌》这样记载道。在阅读了这两位作家的记述之后，人们可能会推断，只有法兰西一方使用了弓箭，因为这两个人都没有提及英格兰军队的弓箭手。后世的一些编年史家在这一问题上向前更进了一步。他们坚持认为，当时的英格兰人根本不懂弓箭术。例如，布尔格伊的博德里（Baudri of Bourgeuil）说道，黑斯廷斯一战中的英格兰人"被弓箭"射杀，而"他们从来没有见识过这种兵器"。这一说法显然是荒谬可笑的。（石器时代的穴居人就已经会用弓箭捕猎。）因此，历史学家们开始化圆成方，猜测博德里所谈论的其实是弩弓。1066年，弩弓的确是一个新发明。然而，这一观点扭曲了博德里的原意。博德里可能会认为，在黑斯廷斯时期，英格兰人完全不懂传统的弓箭术。这可能是因为，在早期文献（例如《黑斯廷斯战役之歌》和普瓦捷的威廉等史学家的记载）当中，不仅没有关于英格兰的弓箭手的记述，而且，这些文献还坚称，英格兰人对于军事事务简直一窍不通。因此，在同样为12世纪史学家的亨廷登的亨利的笔下，威廉公爵在其战前演讲中将英格兰人描述为"一个习惯于吃败仗的民族、一个缺乏军事素养的民族、一个连弓箭都没有的民族"。事实上，并不是所有文献都没有提到黑斯廷斯战役当中的英格兰弓箭手。巴约挂毯显示，在英格兰方面，有一个士兵手持弓箭，同形成盾墙的其他士兵们站在同一列。但是，同各种编年史记载中有关法兰西弓箭手的记录相比，这个孤独的身影是哈罗德携带了弓箭手唯一的证据。而且，事实上，挂毯还描绘了24个手持弓箭的诺曼人。合理的结论应该是，可能是因为匆忙迎战，英格兰国王没能征召更多的弓箭手入伍。[28]

这样一来，箭雨如泻，纷纷射向哈罗德的士兵。这些箭矢击穿了盾牌（《黑斯廷斯战役之歌》称），很多士兵被杀死，或者身受重伤（普瓦捷的威廉称）。然而，按《黑斯廷斯战役之歌》的说法，英格兰人就"像在地上生了根一样岿然不动"。他们不打算冲下山丘，并放弃高地的优势。盾墙的意义就在于完好且不可穿透。因此，为了能和英格兰人正面交锋，诺曼人被迫发起冲锋。等弓箭的攻击一停下来，诺曼人的重装步兵（《黑斯廷斯战役之歌》称之为"盔甲兵"）便向前冲杀，"直接用盾牌撞击盾牌"。据普瓦捷的威廉记载，这些士兵马上陷入了困境，因为每一名英格兰士兵都"在英勇地抗击。他们中的每一个人都尽其所能地抵抗。他们投掷各种各样的东西，包括长矛、锋利的斧子以及系在木棍上的石头"。为了给这些士兵解围，诺曼人的骑兵也前来帮忙，并用剑砍杀敌军。"无论是这边诺曼人的大喊，还是那边异邦人的冲杀声，都被武器的撞击声和垂死士兵的呻吟所淹没，"普瓦捷记载道，"一时间，双方都像这样全力战斗。"[29]

据《黑斯廷斯战役之歌》记载，作战刚开始时，一个著名的插曲出现了。一位名叫塔尔莱费尔（Taillefer）的诺曼骑士走到威廉公爵的军队的前面，用言语和精深的剑术来激励士兵。他一边说话，一边把剑投到高空中，用它来玩杂耍。这些滑稽的动作激怒了一名英格兰士兵。他从队伍里冲过来，想要攻击这个玩杂耍的。但是塔尔莱费尔的动作太迅速了：他掉转马头，长矛一挥便刺穿了攻击者的身体。在所有目睹了这一切的他的战友看来，令他们开心的是，塔尔莱费尔砍下了倒下的敌兵的头，并举在空中，以宣示他的胜利。[30]

即使这个小插曲真的发生了，诺曼人也没有什么值得庆祝的。正如普瓦捷的威廉所说明的那样，"英格兰人的高地优势不可小觑"。哈罗德所选取的山顶阵地似乎坚不可摧。这不仅是因为骑兵根本无法沿陡坡发起有效冲锋，而且也因为地形本身也对进攻一方非常不利。普瓦捷的威廉曾提及那里的"地面高低不平"，而《黑斯廷斯战役之歌》则表示，"土地太过高低不平，无法开垦"。无法发起大规模冲锋的诺曼底骑兵被迫与英格兰人近身肉搏。他们或者策马前进，向他们投矛；或者离得更近一点，用剑砍杀。显然，要采取这些战法（这两种战斗方式都能在巴约挂毯上看到），攻击一方会冒更大的风险。当普瓦捷的威廉引经据典地提到，英格兰人挥舞着"能轻而易举刺穿对方盾牌或其他保护物"的武器的时候，他所指的可能是那种巨大的战斧，而我们也可以在巴约挂毯上看到它。画面上，挥舞着这种战斧的正是全副武装的英格兰御卫。"那些胆敢拔剑前来攻击的人一看到他们，或是停下了脚步，或是掉头离开"，普瓦捷说，"这些人甚至能伤到从远处向他们掷矛的人。"[31]

诺曼人一次次尝试突破英格兰军队的防线，但每一次都失败了。血腥的拉锯场面一定持续了数个小时：我们知道，黑斯廷斯之战持续了一整天。尽管普瓦捷的威廉和《黑斯廷斯战役之歌》对其的描述有所不同，但在战斗的某个阶段，可能就是在战斗开始几小时后，战役确实迎来了一个重要的转折。根据普瓦捷的威廉所述，转折开始于一个近乎灾难的事件。他记载道，因为英格兰军队的凶猛反抗，法兰西军队左翼的一些士兵掉头逃走了。与此同时，威廉被杀的谣言在军中迅速扩散，"公爵的战线几乎全线溃退"。这种局面只有威廉个人的英勇之举才能够扭转。他冲向溃逃的士兵，并大喊："看着我！我还活着，而且，在上帝的帮助下，我会征服这里的！是什么疯狂的念头让你们逃走？逃走有活路吗？"普瓦捷的威廉记载道，听了这番话后，诺曼人重振士气。他们在公爵的带领下返身迎战追来的英格兰人，很快就杀光了敌军。

《黑斯廷斯战役之歌》的描述与此有些出入。在这个版本中，这一转折以诺曼人假意逃跑为开始：这是一个计划，为的是引诱英格兰军队从自己坚不可破的盾墙阵中出来。这一战术起初是奏效的。英格兰人上钩了。他们以为敌军真的撤退了，便从山上跑下来追击敌人。然而，这样做的结果却是，法兰西人回身开始进攻他们。但是不久后，计划出错了。英格兰人反击的气势出乎法兰西人的意料，迫使后者真的开始溃退。《黑斯廷斯战役之歌》

写道："一开始，这场溃败是假的，后来，在敌人力量的迫使下，诺曼人真的溃败了。"正是此刻，威廉驱马前来施救。他集合了溃逃的军队，并成功地发动了反击。[32]

毋庸置疑，类似的危机一定发生过。这两个版本有很多相似之处。特别是，它们都认为，威廉在这场危机中发挥了关键作用。和普瓦捷的威廉的记述一样，《黑斯廷斯战役之歌》也写道，为了粉碎他战死的谣言，公爵摘下了头盔。这一场景也出现在巴约挂毯当中。（尽管就像在巴约挂毯上的多数场景一样，在这个场景中，真正的主人公是奥多主教。他骑马进入战场，并挥舞着牧杖"以鼓励年轻人"。）这两份记载最大的不同之处在于，《黑斯廷斯战役之歌》记载了一个差点导致灾难的计谋，而在普瓦捷的威廉的解释中，这一计谋是由一场灾难转化而来的。正如普瓦捷的威廉所说的那样，诺曼人很快意识到，他们的危难时刻反而给他们带来了一个难得的时机，便于他们杀死英格兰人。"他们记起来，就在刚才，逃跑带来了他们想要的结果。"因此，他们继续逃跑，只不过这一次逃跑是假装的。和之前一样，英格兰人奋力追杀，只等来诺曼人掉转马头并将他们砍杀。[33]

我们没有太多的依据来分辨这两个版本中的哪一个才是真实的。我们的第一直觉似乎是相信普瓦捷的威廉，因为他有着军旅生活的经验。然而，这位老战士在这里更像是公爵功绩的吹鼓手。从他的文字中，我们可以推测，他试图修改《黑斯廷斯战役之歌》对于这一事件的叙述。例如，后者并没有写明谁应对几乎造成灾难的逃亡行为负责，但我们可以清楚地得知"诺曼人掉头逃跑，边逃边用盾牌来防御他们的后背"。普瓦捷的威廉却将最开始造成溃逃的责任归咎于"布列塔尼骑兵和其他左翼的辅助兵士"。

他写道，如果诺曼人真的逃走了，那也仅仅是因为他们相信自己的领袖被杀死了，而并不是一件令人感到羞耻的事。他继续写道，即使是罗马帝国的军队，在这样的情况下也可能会溃逃。普瓦捷的反应似乎是过激了。这样看来，《黑斯廷斯战役之歌》的说法似乎更加可信。按照普瓦捷的威廉的说法，诺曼人似乎是在战斗的过程中发现了这一战术的。当然，这一说法实在很难令人信服。

尽管在过去的几十年间，总有许多人纸上谈兵，对于佯败战术之事表示质疑，但实际上，早在几百年前，法兰西骑兵部队就已经开始使用佯败这一战术了。据说，在应对1053年入侵的法兰西军队时，诺曼人就应用了这一战术，并取得了奇效。那时，双方正在争夺阿尔克。[34]

无论逃跑了多少次，究竟是真的溃逃还是出于计谋，其结果都是一样的：大量的英格兰士兵被杀死，而英格兰军队的盾墙也已不再完整。据普瓦捷的威廉记载，"此前，敌人有很多的武器，我们很难包围他们"。这明显在暗示，现在的局势已经不再是这样了。他记载道，随着诺曼人"不断射穿、重击和刺穿英格兰人"，英格兰军队的势头越来越弱。弓箭可能已经成为取胜的关键因素。关于这一点，我们可以观察巴约挂毯下侧的边缘，那里绣满了弓箭手。普瓦捷的威廉说："死去的人倒下来所发出的动静比活人的还要大。轻伤的人也不可能轻易逃脱，因为他们会被同伴的身体压倒，并因此而死。就这样，威廉一方获得了好运，而这些因素都加速了他的胜利。"[35]

人们一致认为，最终决定战争结果的是哈罗德国王之死。《黑斯廷斯战役之歌》记载道，在夜幕降临时，"哈罗德已死"的消息传遍了整个战场，英格兰人则开始失去信心。普瓦捷同意这一说法。在得知他们的国王死去的消息之后，"英格兰军队意识到，自己再也没有办法继续与诺曼人对抗"。在他对战役的简要描述中，瑞米耶日的威廉告诉我们，"当英格兰人得知国王的死讯之后，他们非常担心自己的性命，马上趁着夜色逃命去了"。像往常一样，巴约挂毯对这件事的描述像电报一样简短："在这里，哈罗德国王被杀，英格兰人转身逃跑。"[36]

但是，哈罗德国王是怎么死的？人们所熟知的版本是，国王被流箭击中眼睛而死。这个故事广为流传，受到了很多人的承认。巴约挂毯中的一个著名场景就是，哈罗德正抓着射中他面庞的一根箭杆。几位编年史家似乎也同意这一说法。布尔格伊的博德里

写道："一支箭射中了哈罗德，昭示着致命的厄运。"马姆斯伯里的威廉则写道："一支箭射中了他的脑袋。"亨廷登的亨利表示，"弓箭手射出的箭如倾盆大雨一般浇在哈罗德国王的身上"，"而他则倒在地上，被箭射中了眼睛"。[37]

但是，这一叙述中存在着疑问。众所周知，巴约挂毯所描绘的场景是存在争议的。首先，我们并不知道在这幅画面里到底哪一个人才是哈罗德。他是那个挺直身躯并抓住箭杆的人吗？（毕竟，他的头把图片说明中的"哈罗德"一词分成了两半。）还是说，他是最右边的那个人？这个人位于"被杀"（interfectus est）这两个字的下方，被一个骑兵砍倒了。一些史学家在解答这个谜题时说，这两个形象都代表了哈罗德。在很多其他的场景中，巴约挂毯的创作者就采取了这种处理办法。但是，其他人则表示反对。他们说，如果情况的确如此，哈罗德怎么会在垂死一刻丢了盾牌，却又变魔术一般搞到了一把战斧呢？

然而，即便我们接受了第一个人物才是哈罗德的说法，关于箭本身也存在着争议。19世纪中期，巴约挂毯曾被大面积修复过。而在处理哈罗德战死的这处画面时，修复者们可能加入过很多自己的想法。在分析了刺绣技术及修复前的巴约挂毯上最早的画面之后，一些专家认为，事实上第一个人物所握着的并不是箭而是矛，他正准备用力将其投向进攻他的人。[38]

即便描绘那支箭真的是挂毯制作者的本意，我们也无法确定，他所描绘的就是真正发生过的场景。我们知道，在许多情况下，挂毯往往会包含一些非原创内容。制作者经常会摘取或者改编他们所能看到的其他的插图手稿中的内容，并把它们加到挂毯里。哈罗德之死的场景似乎正是来自其他的手稿。在国王之死的上一个场景，我们可以看到，一个诺曼士兵正要砍下一个手无寸铁的英格兰人的头。如果这一场景不是原封不动地从《旧约全书》（Old Testament）的一个插图本中抄来的话，我们就无法解释这一人物形象了。这个《旧约全书》的故事的主人公是犹太国王西底家（Zedekiah）和他的儿子们。他们中的其中一人就是这样被斩首的。制作者之所以加入这些人的形象，可能是因为这个故事与哈罗德命运具有相似之处：因为违背了对最高统治者效忠的誓言，西底家和他的家人遭到了惩罚，他本人更是瞎了双眼。因此，哈罗德眼睛里的箭可能只是一种艺术虚构，不过是对这个圣经典故的暗示。而且，变瞎尤其适合作为这位背弃誓言的国王的最终结局。[39]

最后，我们还须考虑这样一个事实：在所有的原始文献中，只有挂毯显示了哈罗德脸部中箭。诚然，意大利编年史家蒙特卡西诺的阿马托斯（Amatus of Montecassino）在其大约作于1080年的一部作品中也有类似的说法。但是，这部作品的拉丁文原稿已经佚失，只有一份14世纪的法文译本存世。而且，这一版本有多处篡改痕迹，因此参考价值有限。[40]除了这两份存有争议的文献外，哈罗德中箭一事只出现在较晚的文献当中（布尔格伊的博德里、马姆斯伯里的威廉以及亨廷登的亨利都是12世纪的作家）。与此相对的，诸如《黑斯廷斯战役之歌》、普瓦捷的威廉的记载、瑞米耶日的威廉的记载以及多种版本的《盎格鲁-撒克逊编年史》这些同时代的文献却完全没有提及此事。在后面的两份文献中，因其语言风格洗练，这种删略并不引人注目。但对于《黑斯廷斯战役之歌》和普瓦捷的威廉的作品来说，这一缺失就难免醒目了。普瓦捷的威廉对于这一战役做了最长也最详细的描述，但他却未提到哈罗德死去的方式。这很可能是因为作者自己也不知情。另一种情况是，作者谙知内情，而在拜读过《黑斯廷斯战役之歌》的叙述之后，他并不想花费笔墨来为其背书。

至于《黑斯廷斯战役之歌》，它是我们所知道的关于该战役的最早的史料。关于哈罗德之死，它则有着一番截然不同的描述。据《黑斯廷斯战役之歌》记载，战斗胜利在望，诺曼人已经在收集战利品了。就在这时，威廉注意到，哈罗德正在山顶杀敌。公爵召集了一批人前去杀死国王，其中包括布洛涅伯爵欧斯塔斯、蓬蒂厄的休（Hugh of Ponthieu）和一个叫作"吉尔法德"（Gilfard，"以他的父姓知名"）的人。他们成功了，《黑斯廷斯战役之歌》还生动地描述了他们每一个人对哈罗德造成的伤害。一根长矛刺进了哈罗德的身体。他的头被人用剑砍了下来，腹部也被一支矛划开了。我们被告知，哈罗德的大腿（可能是生殖器的委婉说法）也被砍断，并被扔得很远。[41]

关于上述说法，史学家们一直争论不休，而且依然倾向于完全否定它。作为 20 世纪最具权威的专家之一，R. 亚伦·布朗（R. Allen Brown）教授完全无法相信，威廉本人与哈罗德之死直接相关。这并非因为公爵并没有参与战斗（这已是学界的共识）。更确切地说，他反对的理由是，如果威廉的确直接参与了斩杀哈罗德的行动，"这一战绩就会传播到海外，传到拉丁基督教世界的每一个宫廷里，出现在每一首歌曲（chanson）里，甚至还会传播到世界的其他角落"。[42]

但是，这一说法成立的前提是，基督教世界里的每一个人都能接受，一个加冕称王者可以有预谋地杀戮他人，而这并不一定是事实。《黑斯廷斯战役之歌》坚持认为，杀害哈罗德的凶手是"依照战争规则行事"的。这一说法本身就表明，很可能有人认为，规则已经被打破了。有一个人也许就认为，规则已经被打破了，这个人就是普瓦捷的威廉。总的说来，普瓦捷的威廉并不怕在细节上与《黑斯廷斯战役之歌》的作者叫板，并提出自己的叙述。但就哈罗德血淋淋的结局而言，他既未加否认，也没有提出另一种说法，而是三缄其口。就大多数作者而言，他们之所以在特定事件上保持沉默，往往是因为他们的立论根基是薄弱的。但就普瓦捷的威廉这样的饱学之士而言，我们可以合理地认为，这一沉默代表了更多的信息。普瓦捷的威廉希望通过努力，把公爵刻画成为一个审慎、仁慈和公正之人。在对英格兰王位的主张上，他更是抱有这样的希望。既然公爵得到了教宗的授权，普瓦捷便不想让他笔下的英雄把敌人砍成碎块。普瓦捷的威廉没有写到杂耍者塔尔莱费尔。这更加令人怀疑，他是否在试图隐瞒《黑斯廷斯战役之歌》对于哈罗德之死的记述。也许他这么做是因为，他认为这些资料未必可靠，但更有可能是因为，他耻于提起这些事：嗜血屠戮的行径会毁坏诺曼人的形象。在描述夺取阿朗松镇的行动时，我们就曾发现，普瓦捷的威廉模糊过事实（suppressio veri）。在瑞米耶日的威廉的记述中，公爵砍掉了城中守军的手脚。尽管他把瑞米耶日的记述当作依据，普瓦捷的威廉却对公爵的暴行只字未提。因此，在哈罗德之死这一件事上，普瓦捷的威廉的沉默不应破坏我们对《黑斯廷斯战役之歌》的信任。相反，这一内容变得更加可信了。更何况，诗歌的作者亚眠的居伊与威廉的帮凶们交往甚密。这一事实也增强了他的叙述的可信度。[43]

当然，我们不能确定，哈罗德到底是怎么死的。和以往一样，各种资料的说法相互矛盾，而且每一份材料似乎都是真实的。（它们或者源自圣经或古典的母题；或者蕴含内在的偏见；或者更像是基于想象的艺术作品，而非严肃的史实记载。）据我们所知，在战斗当中，诺曼人经常以弓弩为武器，朝着英格兰人狂射不止。因此，哈罗德的确有可能被射中。他或许受到了致命的箭伤，或许这根箭正中眼部。与此同时，我们也不能采取史学家们惯常的做法，轻易忽视《黑斯廷斯战役之歌》里的证据。它告诉我们，哈罗德是以一种完全不同的方式死去的，即被他的敌人故意斩杀。抛开其他的事情不谈，这场有意的杀戮很符合威廉的战斗目标。他赌上了自己的一切，就是为了把一支军队带到英格兰并与哈罗德一战。经过一天的苦战，就在秋日的暮色渐渐低垂之时，英格兰国王很可能就此撤退，以期择日再战。威廉不可能冒这种风险。对他来说，当务之急是在这一天结束之前将其对手置于死地。鉴于这一情况，如果威廉公爵在战斗的收尾阶段决定放手一搏，并率领一支像《黑斯廷斯战役之歌》所描述的那种敢死队去杀死国王的话，这一点并不令人感到惊讶。出于同样的原因，在行动完成后，大多数诺曼人（特别是像普瓦捷的威廉那样的人）可能也会试图抹去这些细节。归根结底，假如哈罗德眼上插了一支无名箭，这似乎就能更好地说明，哈罗德的死是上帝审判的结果。

12

战利品

　　黑斯廷斯战役结束后的夜晚几乎同那个白天一样糟糕。普瓦捷的威廉生动地描写了英格兰人从战场上溃逃的情形，"有的人骑着他们所抢来的马，有的则徒步奔逃；有一些人是沿着路逃跑的，另一些则穿过人迹罕至的荒野逃命"。普瓦捷的威廉说得很清楚，这些人是幸运的，因为他们要么毫发无损，要么受了轻伤。他在对那些想要逃走却没能逃掉的人的描述中灌注了更多的同情。这些人无助地倒在自己的血泊中。那些被砍断手足的士兵挣扎着爬行了一小段距离，最终横尸于树林之中。在那里，他们的尸体阻断了其他逃命者的求生之路。普瓦捷说道，诺曼人一直在追杀他们。诺曼人用刀砍他们的后背，并且纵马从他们的尸体上踏过，以"享受最后的胜利"。但就算是胜利者，他们在那个晚上也一样死伤惨重。在他们一头撞上了一个看不见的障碍之后，追击变成了灾难。奥德里克·维塔利斯说道："高高的野草里隐藏着一处古代的壁垒。全副武装的诺曼骑兵一向其冲锋，他们立刻就摔倒了。后面的人摔在前面的人身上。就这样，他们相互把对方压死了。"巴特尔修道院的编年史作者记录道，这处深坑日后被当地人称为"恶沟"（Malfosse）。[1]

　　因此，当第二天清晨太阳初升时，黑斯廷斯到处是一派可怖的景象。普瓦捷的威廉写道："到处都是英格兰青年的尸体，血染透了大地。"他提到，这些人中包括哈罗德国王的两个弟弟利奥弗温和格思。据说，他们的尸体紧挨着国王。然而，除此之外，普瓦捷的威廉对他的故事做了很多的修饰。例如，他没有述及诺曼人的伤亡代价，但他们一定付出了很大的代价。(《盎格鲁-撒克逊编年史》提到了"双方的伤亡都很大"。) 同样，在他的记载中，胜利者也没有掠走过死者身上的贵重物品，而这一行为是中世纪的惯例。然而，据其他资料记载，在战斗结束之前，人们就已经开始这么做了。(例如，在巴约挂毯的边缘处，我们就能看到，有人剥掉了士兵身上昂贵的锁子甲。) 最为有趣的是，我们看到，普瓦捷的威廉还含蓄地质疑了《黑斯廷斯战役之歌》的作者的一个论断，即威廉掩埋了本方阵亡士兵的遗体，却任凭英格兰人的尸体"虫食狼啃、鸟啄犬咬"。由于埋葬数以千计的英格兰人需要耗费大量的人力，你可能会认为，这一做法没什么好奇怪的。但是，无论多么违背军事常识，普瓦捷的威廉都决心把威廉描述成一位道德最为高尚的人。我们被告知，对于征服者来说，不掩埋战场上的死者"看起来很残忍"。因此，只要有人想为自己的亲属收尸，他就允许他们这样做。[2]

但哈罗德的尸体则是个例外。正如普瓦捷的威廉和其他几份资料所阐明的那样，国王的尸身已经面目全非。不但其身上所有的贵重财物被洗劫一空，他的脸也被砍得血肉模糊，只能通过某些"特殊的部分"来确定身份。根据 12 世纪沃尔瑟姆修道院（Waltham Abbey）的一则传说，确认哈罗德的身份需要他曾经的伴侣天鹅颈伊迪丝出面，"因为她与哈罗德本人关系更为亲密"。[3]然而，在同时代的其他记载中，现身屠杀现场乞领他的遗体的却是国王的母亲吉莎。尽管她声称，为了交换国王的遗体，她愿意支付与国王体重相等的黄金（这一细节出现在《黑斯廷斯战役之歌》以及普瓦捷的叙述之中），但她的要求还是被拒绝了。威廉气愤地回应道，有那么多人因他而不能得到埋葬，为哈罗德收尸实在不妥。这一记载直接与后来的一个传说相矛盾。在这则传说中，国王最终葬在了沃尔瑟姆。而且，普瓦捷的威廉和《黑斯廷斯战役之歌》都记载道，他的遗体被埋葬在了附近断崖的最高处。在他的坟墓上，还有一则充满嘲讽意味的铭文。这篇铭文表明，他仍然可以用这种方式来守护这片海岸。在那之后，国王的遗体被转移到沃尔瑟姆也不是没有可能。但是，如果哈罗德确实在1066年获得了准许，可以按照基督教的礼仪下葬的话，我们可以肯定，普瓦捷的威廉会让我们知道这件事。

国王就这样死了。现在我们可以说国王万岁了吗？《黑斯廷斯战役之歌》写道，在哈罗德下葬之后，威廉宣布"放弃公爵头衔，并以王室的方式行事"。但普瓦捷的威廉再次尖锐地反驳了这一说法。他认为，胜利者本可以火速进军伦敦，继承王位并将战利品分给下属。与此同时，他也可以屠戮或者流放英格兰人。但是，"威廉宁愿温和行事，并仁慈施政"。当然，两个人的记述都一样毫无意义。没有哪条法令规定，杀死国王之人便可自动取而代之，而威廉也没有任何理由向威斯敏斯特进军。但他已经获得了大胜，并成功实现了所谓的斩首行动。但是，即便是在一段明显带有修辞色彩的话语当中，当普瓦捷的威廉说"诺曼底的军队在一日之内就征服了英格兰所有城市"时，他也在无意中闹了一个笑话。当时的真实情况是，除了佩文西和黑斯廷斯以外，英格兰其余的城市与乡镇都还没有被征服。[4]

例如，在伦敦，街道上熙熙攘攘。"从其他地方成群结队赶来的战士都聚集在这里，"在叙述这件事的时候，普瓦捷的威廉的语气更为平淡，"尽管这座城市很大，但它几乎已经无法容纳这么多人了。"无疑，在这些人当中，有些人受到过哈罗德的征召，但在他过早发兵之后，他们未能及时参战。其他人则是黑斯廷斯战役的幸存者。正如《黑斯廷斯战役之歌》所形容他们的那样，"虽然他们被打败了，但他们绝不屈服"。他们大多心意已决，而且试图反抗。《黑斯廷斯战役之歌》讲道，"他们渴望在这里长久而自由地生活下去"。而普瓦捷的威廉则更进一步，他告诉读者："事实上，这些人最大的期望是，让自己的同胞当上国王。"5

随着哈罗德的去世，世界上的王位候选人就只剩一个人了。"大主教奥尔德雷德和伦敦市民都希望埃德加王子做他们的国王，"《盎格鲁-撒克逊编年史》提道，"而这确实也是他与生俱来的权利。"作为虔信者爱德华的侄孙以及古老的王室家族的最后一根独苗，埃德加确实比其他人更有资格继承王位。然而，正如年初的情势所显示的那样，一个更有资格继承王位的青少年很容易被一个继承顺位靠后的强人排挤到一边。约克大主教的支持是有用的。正是他带领使团把埃德加之父从匈牙利带回祖国。伦敦市民的拥戴也同样有用。但如果这个男孩想要继位的话，他需要更有力的同盟。

在这一年秋季的伦敦，只有两个人具备这一实力。那就是麦西亚伯爵和诺森伯里亚伯爵，即埃德温和莫卡两兄弟。二人上一次出现是在几周前的富尔福德战役中。当时，他们遭遇了惨败。令人挫败的是，我们并不清楚，他们在这一段时期里到底做了什么。同时代的著作中并没有关于他们这一时期行踪的记载，而后世的记述却又相互矛盾。例如，奥德里克·维塔利斯断然声称，他们并没有在黑斯廷斯作战，但伍斯特的约翰却认为，他们参与了战斗，只是还没等到这场血腥的战斗结束，他们就撤走了。据称，一到伦敦，他们就开始协助哈罗德的遗孀埃尔德格思（也就是他们的姐妹）逃难。为了达成这一目的，他们把她送往北方的切斯特（Chester）。但他们也给了埃德加王子支持。《盎格鲁-撒克逊编年史》记载道："埃德温和莫卡承诺，会为他而战。"[6]

当然，在战争刚刚结束的这几天内，威廉是不可能知道这些事的。在埋葬了己方阵亡的战士后，公爵就撤到了黑斯廷斯。据《盎格鲁-撒克逊编年史》记载，他在那里"观望，看看是否会有人来投降"。根据《黑斯廷斯战役之歌》的说法，他在那里驻扎了两周，但并无降军。"当他意识到没有人愿意归顺他的时候，"《盎格鲁-撒克逊编年史》写道，"他便率领剩余的军队前往英格兰内地。"

威廉采取的第一个举措是沿着海岸向东推进。他的第一站是罗姆尼镇（town of Romney）。按照普瓦捷的威廉的说法，在那里，"他施加了适当的惩罚，为那些在此地错误登陆而被杀的部下报了仇"。这则迟来的记录十分有趣。它表明了诺曼人在夜里横渡海峡所经历的危险。在把罗姆尼变为一片焦土之后，公爵可能沿着海岸进一步前进，并到达了多佛尔。普瓦捷说道，"此地已有重兵集结，因为这里似乎固若金汤"。对此，他和《黑斯廷斯战役之歌》的作者都专门用几行文字来说明这一岩石岬角对守军来说是如何地有利。时至今日，多佛尔城堡还在这一岩石岬角上。但是，在那个时候，当诺曼人逼近时，守军便失去了勇气，并举手投降。在镇子被占领后，随之而来的是更大规模的焚烧活动。普瓦捷的威廉坚称，这是偶发事件，并将之归咎于公爵手下那些低等级的士兵。他告诉读者，想要掠夺财物的是这些贪婪的人。

威廉在多佛尔驻扎了一段时间。尽管《黑斯廷斯战役之歌》的说法是，他在此驻扎的时间是一个月，但普瓦捷的威廉暗示，他可能只在此逗留了一周多。后者的说法可能更为可信。原因之一在于，据说他有意固防现有驻地（一些史学家会将多佛尔城堡的始建日期追溯到此时）；另一个原因可能是，他们需要等待《盎格鲁-撒克逊编年史》D 本所提到的"外部援兵"。尽管经历黑斯廷斯一役，诺曼大军有所损失，但威廉的军队的规模仍旧令人生畏。其规模可能是过于巨大了。在多佛尔驻军期间，他的一些士兵以水和生肉充饥，这造成了痢疾的暴发。在一段时间内，这场瘟疫造成了很多人的死亡。他们这种高风险的饮食方式表明，当时的他们一定没有其他的东西可吃。这也提醒了我们一个基本的事实，即诺曼人靠周围土地上的食物过活。为了活命，他们需要不断地寻觅和掠夺。普瓦捷的威廉告诉我们，不久后，威廉本人也病倒了。但他不顾身边人的担心，继续向前推进，"如果不这样的话，军队就会因为供给短缺而饱受苦难"。[7]

在把守军和因病无法继续行军的士兵们留在了多佛尔后，威廉把目光投向了伦敦。在他行军的过程中，不断有其他城市的代表接近他，并向他投诚。普瓦捷的威廉说道，坎特伯雷的市民们就是这样做的。他们害怕，如果再做抵抗的话，会招致彻底的毁灭。与此同时，《黑斯廷斯战役之歌》也记载了一个故事。虽然这个故事未经证实，但它是完全可信的。公爵率军前往温切斯特，要求此地投降。温切斯特是国库重地所在，因此具有令人垂涎的价值。自年初起，这里就成了虔信者爱德华的遗孀伊迪丝的领地，并接受她的管辖。根据《黑斯廷斯战役之歌》的说法，这一点也是这里的居民受到宽大对待的原因。威廉只要求他们宣誓效忠和承诺在未来缴纳赋税，而前王后和城市元老们则选择接受这些条件。其他城镇显然不得不按照他们所能得到的条件投降，而这些条件大多包括缴纳大量的贡品。《黑斯廷斯战役之歌》写道，"就像成群饥饿的苍蝇前来噬咬带血的伤口一样"，"英格兰人从四面八方赶来，争先恐后地向国王大献殷勤。他们也不是空手而来。来者都带着厚礼。他们将自己的脖子套进轭里，伏在地上，亲吻国王的双脚"。[8]

但是伦敦的市民并没有这样做。如果说，他们之前并不知情，那么此刻的威廉应该已经知道，埃德加王子被选为了国王。《黑斯廷斯战役之歌》写道，"当他了解到伦敦城里的情况时，威廉背离了正义。更何况，他又听取了愚蠢之人的谗言。在那之后，他便挥师直逼伦敦城下"。但遗憾的是，《黑斯廷斯战役之歌》在这里变成了一本不那么可靠的指南。它描述了一场包围伦敦的战争，而这一描述与其他很多作者的描述有着多处的不一致。在这里，我们似乎更应当相信普瓦捷的威廉的说法。他表示，一支诺曼骑士先遣部队的接近激发了英格兰军队出击的欲望。虽然普瓦捷的威廉并没有提及这一细节，但既然这座城市坐落在泰晤士河以北，而诺曼人是从南侧推进的，那么防守方必须过河迎敌。这样一来，他们很可能要经过伦敦桥。这一出击并未取胜，而英格兰军队则被迫撤退。他们经由桥梁退回城内，并据墙而守。诺曼人为了发泄心中的怒火，放火焚烧了南岸所有的房屋。[9]

威廉的军队在泰晤士河的一侧，而拒不投降的伦敦市民则安全地待在另一侧河岸的城墙里。这就让此时的威廉面临着一个重大的问题，即如何才能在不展开自杀式的直接进攻的同时诱使敌人投降。他所采取的解决的办法是震慑自己的敌人。在更早一些的时候，威廉就使用过这样的策略。在勒芒战役当中，他刚刚使用过这一战略。与后世某些编年史家所想象的不同，诺曼人从黑斯廷斯到伦敦的行程不可能是和平的。除去其他因素不言，仅就掠夺粮食而言，暴力占用便不可避免。即使是普瓦捷的威廉这样支持诺曼人的史学家，也无法掩盖他们惩罚性地摧毁罗姆尼和火烧多佛尔的事实。然而，在普瓦捷的威廉看来，这些行动或者可以用正当理由解释，或者可以被解释为偶发事件，理应受到宽恕。与之形成鲜明对比的是，当他开始描写两军在南岸的对峙之后，他便陷入了选择性的沉默，只是意味深长地说，公爵"想去哪里，就去哪里"。尽管一贯行文简洁，但是英格兰历史资料为我们提供了更为全面的记载。《盎格鲁-撒克逊编年史》写道，凡威廉"大军所到之处，都备受其袭扰"。至少从这时起，对食物的掠夺演变成了彻底的破坏。他们的破坏无疑是蓄谋已久的，为的是把恐惧播撒到那些仍未投降的人的心里。从某种程度上说，我们可以从伍斯特的约翰的叙述中看到这次行动所造成的破坏。他写道："诺曼人把苏塞克斯、肯特、米德尔塞克斯（Middlesex）、汉普郡和赫特福德郡（Hertfordshire）等地夷为了平地，而且不停地焚烧村镇和屠戮民众。"[10]

至于他们到过哪些地方，我们不得而知。一个多世纪前，一个叫弗兰西斯·巴林（Francis Baring）的学者提出了自己的见解。他认为，可以依靠《末日审判书》中有关土地收入减少的记录来复原威廉的路线。听起来，这一推算法似乎非常聪明，而且有事实上的依据。在比较晚近的著作当中，仍然有人赞成巴林的这种复原方法。但最近，巴林的方法遭到了质疑。相当重要的原因是，即便是其最为忠实的拥护者也没有办法得出与他同样的结论。[11]事实上，我们只能通过各个编年史著作当中的记录来重现公爵大致的行军路线。我们可以大致确定的是，在做出不直接进攻伦敦的决定后，威廉便挥军向西。如果伍斯特的约翰所言不假，在反复侵扰并攻下汉普郡之后，诺曼人便一路向北，经由伯克郡突入了牛津郡。他们一路放火，直到沃灵福德（Wallingford）才驻扎下来。正如这个地名的含义所示[*]，在沃灵福德，诺曼人能方便地渡过泰晤士河（显然，这是他们所遇到的第一个不借助船只和桥梁就可以过河的地方）。将这一地点作为军事目标可能还有另外一层的意义：在《末日审判书》关于这个镇子的记录当中，作者曾顺便提及，这里是"御卫的驻地"。根据几个编年史家的记载，我们可以推定，威廉在沃灵福德驻留了数日。即便是在瑞米耶日的威廉的那种简短的记述中，我们也可以看到，公爵命军队在那里搭起了帐篷。人们自然会想到，正如在多佛尔一样，新城堡就是在这段时间里开工的。[12]

据普瓦捷的威廉所述，正是在沃灵福德，坎特伯雷大主教斯蒂甘德现身了，并向威廉宣誓效忠。与此同时，他也宣布，自己将与埃德加王子决裂。尽管我们并没有理由怀疑这一描述，但普瓦捷的威廉似乎夸大了大主教在英格兰抵抗活动中的作用。在他的描述中，斯蒂甘德俨然被描绘成了伦敦人的领袖。英格兰史料所认定的领袖奥尔德雷德却没有被提及。在这里，普瓦捷的威廉很可能已经知道了二人后来的命运，因而故意篡改了历史。他这

---

[*] "ford"一词有"河流浅水处、涉水"的意思。

样做的目的是让斯蒂甘德充当替罪羊以维护奥尔德雷德的名誉。（在处理 1066 年年初哈罗德的加冕礼一幕的时候，他很可能也运用了类似的手法。）坎特伯雷大主教的倒戈当然影响重大。但是在一段时间内，伦敦的反对派仍在坚持反抗。[13]

因此，袭扰战也仍在继续。在于沃灵福德横渡了泰晤士河之后，诺曼军队继续了他们的摧毁之旅。他们掉转了方向，并向东北进发。这样一来，其行军路线就开始逐渐向首都伦敦合围。一种可能是，沿着奇特恩斯（Chilterns）旁边一条被称为伊克尼尔德驿道（Icknield Way）的古道，威廉率军通过了白金汉郡（Buckinghamshire），并进入了赫特福德郡境内（正如伍斯特的约翰所说的那样）。在那里，他们于伯克姆斯特德（Berkhamsted）建立了另一座营地（可能就是那座城寨式［motte-and-bailey］的大城堡）。

这时，伦敦人一定十分沮丧。诺曼人正在推进，这一点无疑令人恐惧。除此之外，埃德温和莫卡的逃离对于英格兰人的气势更是造成了毁灭性的打击。伍斯特的约翰说，两个伯爵"收回了施以援手的承诺，并率军返还"。这大概意味着，就在这个秋天，他们就离开了伦敦，一路向北回到他们的伯爵领地。这一行动的结果是，在人们的心目中，埃德温和莫卡此后便一直扮演着大叛徒的角色，虽然这一论断对他们来说很可能并不公平。如在 12 世纪早期，马姆斯伯里的威廉就把他们描述为"野心勃勃的两兄弟"。他还错误地声称，这两个人之所以离开伦敦，是因为在这之前，市民拒绝选他们二人之一作为国王。但就像我们所看到的那样，在《盎格鲁-撒克逊编年史》D 本中，一开始，两位伯爵都承诺为埃德加王子而战。这本书是我们所能看到的成书年代最为贴近的史籍。而在这本书中，我们完全看不到任何有关他们回到北方的记载。与此同时，在《盎格鲁-撒克逊编年史》D本当中，我们可以看到，在接下来几周的时间内，伦敦市民的希望破灭了。尽管极为简略，这本书的描写却极为生动。他们想象着以少年国王之名与那些可怕的敌人作战，而与此同时，敌人正在他们的城墙外，毁坏那里的土地。"每当事情应当出现进展的时候，它就会受到阻碍。日复一日，事态越发变得严重。最后，每件事情都变得很糟。"14

因此，伦敦城里的英格兰人（或者至少那些昔日拥护少年埃德加的人）决定投降。随着一年内黑夜最长的那几天的到来，在一个由要人和主教组成的代表团的陪同下，埃德加本人启程从伦敦去往伯克姆斯特德，当面向更为强大的威廉力量表示臣服。《盎格鲁-撒克逊编年史》写道，他们"这样做是必要的，毕竟大规模的破坏已经被造成了。而且，他们没有尽早这么做是一种极为愚蠢的行为"。他们最终来到征服者的面前，"交上人质并宣誓效忠，而威廉则承诺做一位仁慈的君主"。

这就意味着威廉成为英格兰的新王了吗？在英格兰人看来，回答一定是肯定的。就像我们所看到的那样，英格兰的国王是由选举产生的，统治者的统治始于他得到本国要人们的认可。当然，这就意味着，王子此前也已经被认定为英格兰的国王了。尽管《盎格鲁-撒克逊编年史》有理由对此事含糊其词，但在黑斯廷斯一役之后的几天里，埃德加的统治显然已经得到了承认。例如，我们被告知，当他们的院长在战争中受伤而死以后，彼得伯勒修道院的僧侣们便将继任者派往面见埃德加，以获得他的批准。更能说明问题的是，埃德加"非常高兴地同意了"。普瓦捷的威廉甚至说得更为直白："与爱德华国王同属王族的埃德加王子已经被选为英格兰的国王。"很明显，和虔信者爱德华一样，在其执政之初，埃德加并未举行加冕典礼，但这在英格兰人的眼里无关紧要。不妨再重复一遍，加冕礼不过是一次确认——它代表来自上帝的祝福，但并不等同于王权本身。[15]

然而，诺曼人却从另一个角度来看问题。在欧洲大陆，只有在加冕之后，一个人才会被称为国王。埃德加还没有加冕的这一事实自然会让他们更加坚持这种观点。他们认为，如果这个男孩还未加冕，那么他就不能算是国王。英格兰人可能也觉得这一做法不符合常规，但他们很显然没有能力反驳这一惯例，并很快地认同了诺曼人的思考方式。与此同时，他们也意识到，这种新逻辑令整个国家陷入了一种不稳定的状态——在威廉加冕前，英格兰会一直没有国王。因此，普瓦捷的威廉说："主教和要人们恳请他加冕。他们说，自己习惯于服从国王，并且希望有一位国王作为他们的统治者。"诺曼人也在催促自己的领袖尽早登基，但他们的焦虑是出于不同的理由。"他们希望在威廉当上国王后分得更多的战利品，并得到更高的头衔。"[16]

但是，根据普瓦捷的威廉的记载，到了这个时候，威廉自己却犹豫了。他认为，急着爬到权力的最高点是不合适的。既然征服的全部意义就在于夺取英格兰的王位，那么，不难想见，威廉的犹豫其实是普瓦捷自己的创造。这一私见旨在强调他的宗主谨慎而谦逊，有足够的能力来统治英格兰。然而，根据文献记载，征服者不立刻加冕的理由不只有"不合适"这一条。他对自己的近臣们说，英格兰的乱局才是阻止他这么做的主要原因。这个时候，一些人仍然在反抗。而且，他也想让他的妻子与他一同加冕，而此时她还身在诺曼底。这些理由听起来颇为可信。此时，威廉只控制了这个国家的东南部分。一个可能的解释是，威廉希望武力征服英格兰全境，并让所有的英格兰人都臣服于他，以便他和玛蒂尔达能够有条不紊地加冕。至少从某种意义上来说，威廉对待加冕仪式的态度和他的盎格鲁-撒克逊前辈并没有什么明显的不同。

人们在贤人会议上讨论了这件事，而威廉最终被众人说服了。"在重新权衡了每一件事之后，"普瓦捷的威廉说道，"他妥协了，并接受了他们所有的请求。"显然，他之所以会改变主意，主要是出于军事方面的考虑。普瓦捷指出，"最重要的是，他希望，一旦他登基称王，叛军就不能理直气壮地发动叛乱了，镇压叛乱也会变得更容易"。普瓦捷说，在做好决定之后，威廉便把他手下的一部分人派往伦敦，为加冕做必要的准备。[17]

几天后，威廉本人到达伦敦。当时，那里的局势一定已经非常紧张了。正如我们之前所说的那样，这座城市里到处都是黑斯廷斯战役的幸存者。和他们一样，数千名死者的家属们只能以痛恨来迎接诺曼人的到来。根据瑞米耶日的威廉的描述，征服者之前派出的先遣队"发现了众多决意拼死抵抗的反叛者。战斗立即展开，而伦敦也因此而陷入了失去子民的哀恸之中"。瑞米耶日的记述可能并不是最可靠的。但是，了解更多信息的普瓦捷的威廉也含蓄地对他的说法表示赞同。普瓦捷告诉我们，先遣队受命在城中筑造堡垒，"以抵挡众多敌对的市民"。[18]

加冕典礼在圣诞节当天举行。尽管我们知道，在后世君主的加冕典礼之前，人们一般都会沿街游行。而在此时的伦敦，这种游行基本不可能出现。如果《黑斯廷斯战役之歌》可信的话（令人失望的是，这本书有关这一事件的大部分记录都是不可信的），在加冕典礼前的几天里，威廉可能住在虔信者爱德华位于威斯敏斯特的宫殿中。我们知道，典礼是在虔信者位于威斯敏斯特修道院里的新教堂里举办的。我们也知道，参加者中有英格兰人和诺曼人。既然新教堂的空间只能够容纳几百人，大多数伦敦市民一定留在了家中，而大部分诺曼军队则在别处扎营。（他们可能待在位于城市东南角的新城堡中。）然而，大量全副武装的诺曼骑兵却被安排在修道院外，以防敌人设伏。[19]

至于这个典礼，我们所持有的证据已经能够说明，它遵循了传统的形式。虽然史学家们一直在讨论这样一个问题，即仪式是按照什么次序进行的，但所有人都认同，尽管它开创了国王由此而产生的先河，威廉的加冕典礼仍然遵循了英格兰的传统。就像虔信者加冕时那样，人们唱响了歌颂国王的赞美诗，英格兰大主教则主持了仪式。和年初一样，主持仪式的是约克大主教奥尔德雷德，并非斯蒂甘德这位人人唯恐避之不及的坎特伯雷大主教。出于显而易见的原因，英格兰的历史文献更强调仪式的第一部分。在这一部分里，新王遵照传统，发下誓言，表示他将像最为良善的先王那样，善待自己的臣民。正如伍斯特的约翰所说的那样，威廉承诺，他会保护教会及其领袖，会公正地统治所有的子民，也会制定和维护法律，完全禁止"掠夺行径和不公的审判"。[20]

鉴于最近所发生的事情，在场的英格兰听众肯定会特别想听到誓词的最后一部分。普瓦捷的威廉的描述让人觉得，从伯克姆斯特德人归顺直至加冕礼的这段时间里，一切都是宁静而平和的。他告诉我们，如果征服者乐意，他甚至可以把他全部的时间都花在擎苍狩猎之上。与之相比，《盎格鲁-撒克逊编年史》D 本却道出了一段不一样的历史。在写完威廉于伯克姆斯特德所做的"做仁慈的君主"的承诺后，它刻薄地补充了一句，"然而，在此期间，他们每到一地，都会把这里洗劫一空"。正如英格兰人所害怕的那样，在这几周里，诺曼人并没有做出什么改变。现在，随着新王发下誓言，英格兰人终于看到了希望。他们认为，诺曼人将会停止他们的劫掠行动。[21]

但是，有些人显然忘记了，要向那些在门外守卫的诺曼士兵解释这个时刻的重要性。正如普瓦捷的威廉所说的那样，仪式的下一环节是，询问在场的所有人，他们是否愿意接受新王的统治。这个问题必须要问两遍。在英格兰大主教奥尔德雷德提问过一遍之后，诺曼一方的库唐斯主教会用法语再提问一遍。自然，在座的每个人都大声地做出了肯定的回复。但是，他们所用的语言各不相同。不幸的是，普瓦捷的威廉说，教堂外的守军认为，这种大声喧闹源自英格兰人在最后一刻的背叛。于是，作为回应，他们点燃了附近的房子。

正如当代历史学家所评论的那样，在普瓦捷的威廉所有的描述当中，这一描述是最不可信的。如果守卫们真的认为教堂中发生了麻烦，他们肯定会冲进去。在这里，我们所看到的似乎是一个拙劣的借口。普瓦捷企图以此来粉饰更多的焚烧和劫掠行为，而这些行为甚至在加冕的过程中也没有停歇。同时，普瓦捷的威廉不得不提到这起意外表明，这一行为一定造成了严重影响，而这一猜测得到了奥德里克·维塔利斯更为晚近却更为详尽的记述的确认。他写道，随着火势迅速蔓延，"教堂中欢声庆祝的人们都吓坏了。不同等级、不同身份的男女都在疯狂地往外冲"。我们被告知，有些人去救火，而另一些则趁着火势抢劫财物。与此同时，在修道院里，只有主教、几个僧侣和几个教士留下来完成加冕典礼。根据惯例，大主教奥尔德雷德给威廉涂上圣油，给他戴上王冠，并让他在王座上就座。据说，神职人员们都吓坏了。就在他们祈求上帝保佑他们的新国王，并让他的国家长治久安的那个时刻，教堂外面却是一片混乱。到了加冕典礼结束的那个时刻，我们得知，即使是征服者本人也在从头到脚地颤抖。正如维塔利斯评论的那样，这是一个不祥的开端。[22]

在加冕礼后的几天里，威廉一直逗留在伦敦。如果我们以普瓦捷的威廉的记载作为依据，威廉在加冕后所采取的第一项举措就是奖励他们的支持者。长期以来，他的手下们一直渴望得到这种奖赏，而这也是他们响应英格兰人对威廉早日加冕的要求的原因。自然，普瓦捷的威廉将尽其最大的努力，把世人对这件事的印象扭转到积极的方向上来。他说，新国王"将哈罗德先前藏匿在王室宝库中的财富公平分配给众人"。尽管他没有办法否认，威廉之所以能够如此慷慨，是因为他在之前的几个月里收到了大量的贡金。我们几乎可以确定的是，在把部分战利品分给了那些"帮他赢得战争的人"的同时，威廉也把更多且更贵重的战利品赠给了修道院。不管分配比例究竟是多少，许多教堂的确都收到了威廉的礼物。不用说，普瓦捷的威廉在这里提到的教堂是大陆的教堂，其中的很多僧侣曾为诺曼征服的胜利而祈祷。我们知道，其中的一些教堂收到了巨大的黄金十字架，上面镶有精美的珠宝。与此同时，其他教堂则收到了黄金容器或金线法衣。很容易推断（普瓦捷后来试图否认这一点，而这恰恰使得他想掩盖的事实更为明显），这些财宝实际上是从英格兰的各个教堂抢劫而来的。最上等的礼物被留给了威廉在宗教界最大的支持者——亚历山大教宗。后者不但收到了"不可胜数的金币和银币",而且还收到了"就连拜占庭都要视为珍宝的珍贵饰品"。这些珍贵的物品中还包括哈罗德自己的旗帜——上面有一个用金线绣成的武士像。威廉可能是把这面旗帜当成了之前教宗授予他的那面旗帜的回礼。(此前,为了支持威廉入侵英格兰,教宗曾经交给威廉一面旗帜。)[23]

在他统治的初期,威廉并未完全无视英格兰人的需求。普瓦捷的威廉向我们保证,就在他的加冕礼后,威廉马上"制定了许多睿智、公正且仁慈的条款"。其中的一些是专门为伦敦而制订的,而另一些则推行到全国。至少在伦敦,普瓦捷的说法得到了一份令状原件的证实。几乎可以确定,这份文件是在威廉执政的初期草拟而成的。历经风雨,它现在仍然保存在伦敦大都会档案馆中。在这一令状中,新国王向城市要人们允诺,他将会维持"爱德华时期"的法律不变。普瓦捷的威廉多次强调了威廉的公正("除去那些十恶不赦的人,他不会给任何人治罪";他不接受"任何违反公平交易的行为")。然而,总的来看,这些做法就像是在回应一些人的批评。这些人认为,新国王根本没有做任何公正的事。我们尤其需要注意其中关于威廉"为赋税设定上限"的记载,并将其与《盎格鲁-撒克逊编年史》D本的观点相对照。后者不但记载了国王的加冕誓词,还评注道,"然而,他却向这个国家征收重税"。[24]

诺曼人和英格兰人在记录上明显相悖的情况还不止于此。在有关1067年召开的一次重要会议的记载上,我们也能够看到这一点。根据普瓦捷的威廉的记载,在了解了伦敦市民的分寸之后,国王认为,在新要塞完工前,他们可能更应该先留在别的地方。

因此，他从伦敦撤到临近的巴金（Barking）。普瓦捷的威廉说道，正当威廉留在那里时，"或许是全英格兰最有权势的两个人"前来投降了。这两人正是埃德温伯爵和莫卡伯爵。和"其他许多富有的贵族"一起，两兄弟"为他们之前所表现出的敌意而请求威廉的宽恕。与此同时，他们也将自己以及他们所有的财产交由威廉处置"。[25]

但是，那些财产到底得到了怎样的处置呢？根据普瓦捷的威廉的记述，国王不但"欣然地接受了他们的誓言，赐给了他们恩惠，还不求他们付出任何的代价。他恢复了他们对领地的权利，并以非常尊敬的态度来对待他们"。然而，其他资料却显示，威廉所给予的恩惠根本就不是无条件的。《盎格鲁-撒克逊编年史》E本写道，"人们向他缴纳贡品，并交出人质"，"然后再从他那里赎买土地"。与此相似，尽管可能是无心的，但《末日审判书》也不止一次地提到，"英格兰人需要赎回他们的土地"。换句话说，英格兰人被迫从征服者威廉手中买回他们昔日的财产。而我们也可以认定，他一定狠狠地敲了他们一笔。[26]

当然，许多英格兰人已在黑斯廷斯战场中殒命，因而再也不能讨价还价。一份令状揭示了这些人的土地的命运。几乎可以肯定，这份令状是在威廉执政的初期被颁布的。其中，国王坚持要求贝里圣埃德蒙兹修道院的院长上缴"那些人所持有的所有土地……他们在战斗中与我作对，而且被杀死了"。阵亡者名单中还包括这个王国最有势力的一些地主。不仅有先王哈罗德，还有他的弟弟利奥弗温和格思。这意味着，被没收的土地的面积极为广大。其中的大部分在第一时间就被威廉本人所占有了，但另外一些则被作为奖赏，并被迅速重新分配给了与他最为亲近的追随者。例如，威廉将整个肯特赠予了其同母异父的弟弟奥多，而那曾是利奥弗温的土地。多佛尔城堡同样归奥多统治。而与此同时，威廉·菲茨·奥斯本则得到了怀特岛和与之相邻的汉普郡的一些土地。在巴金会议后不久，国王亲自巡行汉普郡，并开始在温切斯特筑造一座城堡，以便菲茨·奥斯本在这里驻守。[27]

威廉最信任的两位议政大臣所得到的土地表明，他们二人掌握了极其重要的权力。这一做法是恰当的，因为威廉打算让他们摄政了。尽管距离登基只有几周的时间，新王已经开始计划重返诺曼底。3月，他来到佩文西。这里是去年9月他率领军队登陆英格兰国土的地方。现在，还不到6个月之后，他就已经准备好让这些士兵离开了。在他离开的日子里，仍有大量的骑兵和步兵在英格兰驻守，但大多数人在这时已经被遣散了。他们所得到的钱财是对他们在这场伟大的胜利中所发挥作用的奖赏。

按照国王指令，一群位高权重的英格兰人也聚集到了佩文西。其中，大主教斯蒂甘德、埃德加王子、埃德温伯爵以及莫卡伯爵的名字尤其引人注目。普瓦捷的威廉如此描述他们："无论就忠诚度还是所拥有的权力而言，这些人都让他特别地不放心。"这些人都要陪他一起返乡。"如此一来，在他离开期间，他们就不可能煽动叛乱。而在失去领袖的情况下，普通民众也不太可能造反。"换句话说，他们就是人质。《盎格鲁–撒克逊编年史》就是这样称呼这些人的。事实上，普瓦捷的威廉也发觉，自己无法绕过这个词语。尽管这些人几乎被等同于"人质"，我们仍然被普瓦捷告知，他们"不会像俘虏那样被呼来喝去，而是作为随从陪伴在国王的左右，以便获得更多的恩惠和荣耀"。[28]

就这样，征服者在获胜的法兰西人和战败的英格兰人的陪同下回到公国。对于普瓦捷的威廉来说，这是一个巅峰时刻。他不遗余力地描述了这一情景：天气出奇地亮丽晴明；海风正好，海浪有利，横渡海峡恰逢其时。我们可以看到，普瓦捷花费了几页的篇幅，仔细地对比了威廉和尤利乌斯·恺撒。他的话语大多是对国王的赞美以及对恺撒的贬低。因此，当我们得知，诺曼人的船只为返航而挂起了崭新的白帆时（而这也是效仿了古典时代船队的做法），我们不禁要怀疑，普瓦捷是否已经开始杜撰了。然而，作者的确告诉了我们一些事实。那年春季，大斋节的严苛戒律被抛到了脑后，而诺曼底的每一个人都好像在欢度最盛大的节日。不论威廉去哪，来自远方的人们都会前去看他。在诺曼底的首府鲁昂，男女老少都高呼着他的名字。诺曼底各个教堂得到了英格兰教堂所慷慨赠予的各种宝物。现在已是国王的公爵与留在诺曼底的家人和朋友团聚了，其中还包括他现在已经成为王后的妻子。当他们在费康庆祝复活节时，威廉的周围不仅有诺曼底的主教和修道院院长们，还有来自临近的法兰西的贵族代表团。所有的人都满怀敬畏地注视着新国王和他的随从们。威廉等人穿着饰有黄金的衣服，身边还伴着英俊的长发英格兰来宾。在复活节仪式后的宴会上，他们只从两端镀金的角杯以及金制或银制的高脚杯中饮酒。[29]

这是普瓦捷的威廉所描绘的主公回归的场景。虽然他在某些地方夸大其词，另有多处弄粉调朱，但总的来说，他精准地描述了公爵及整个公国境内欢欣鼓舞的气氛。在各个意义上，公爵及其公国的命运都被这场难以置信的胜利改变了。这位编年史家说道，"凡是为了庆祝荣耀而应该做的事，人们全都做过一遍"。而我们也可以看到，庆祝活动一直持续到了夏天。例如，约30年前动工的、位于迪沃河畔圣皮埃尔（St-Pierre-sur-Dives）的新修道院教堂如今已经落成。5月1日，奉威廉之命，教堂举行祝圣仪式。而在仪式当天，征服者本人亦莅临现场。在7月1日的瑞米耶日，类似的仪式也得以举办。就在这个夏天，国王还去了卡昂以及由他亲自捐建的圣斯蒂芬修道院。他所带来的礼物是如此地珍贵，以至于"它们值得被永远铭记"。普瓦捷的威廉写道，"这个地区似乎突然被一种宁静的氛围所笼罩，而这种氛围并不常有"。"在那一年的大部分时间里"，威廉"就留在大海的这一边，并把他所有的时间都倾注在他的家园上"。[30]

但是，随着冬季的到来，海峡的彼岸传来了一则不祥的消息：英格兰人计划杀光占领者，让诺曼人刚刚完成的征服大业化为乌有。

戈德温一族似乎有再度回归的打算。

13

暴 动

在之前的叙述中，我们已经好几次遇到过编年史家奥德里克·维塔利斯了。奥德里克是一座名为圣埃夫鲁的诺曼修道院里的一位僧侣。这座修道院距离莱格勒（L'Aigle）镇不远。虽然奥德里克是在 12 世纪早期才开始写作的，但这并不影响他著作的史料价值。即便是对于远早于他本人的时代的事件而言，他作品的价值也很宝贵。例如，关于征服者威廉动荡不安的少年时代，他的叙述可谓极其详尽。这是因为，奥德里克热衷于听当地的贵族讲述他们的先祖的事迹。[1] 他里程碑式的作品《宗教史》（*Ecclesiastical History*）一直是有关诺曼征服的主要历史文献之一。虽然他取了这样一个标题，但是这本书并不是因为对宗教的描写而变得著名的。

尽管从童年起，奥德里克就生活在圣埃夫鲁，但他并不是在诺曼底出生的。在其第 5 本作品的开头部分，他说道："当我从遥远的麦西亚来到这里时，我还是一个 10 岁的英格兰小男孩。"更精确地说，他来自什罗普郡（Shropshire）。正如他接下来所告诉我们的那样，他于 1075 年 2 月 16 日出生，并在阿查姆（Atcham）的圣埃塔教堂（St Eata's Church）受洗。他以当地的一位牧师的名字命名。5 岁时，他被送往什鲁斯伯里学习识字。而就在 5 年后，他就被其父打发到圣埃夫鲁修道院，成了"一个无知的异族陌生人"。在诺曼征服后没多久，一个来自什罗普郡的儿童就被送到了圣埃夫鲁修道院。对于很多人来说，这都是非常奇怪的。但既然他的父亲是一个诺曼人，那么这一切都可以解释得通了。作为牧师，他的父亲在威廉取胜的初期就来到了英格兰。我们可以推测，奥德里克的母亲（他从未提及过）一定是一位英格兰人。正是他母亲的缘故，他认定自己是一个英格兰人。[2]

既然他是诺曼人与盎格鲁-撒克逊人通婚的后裔，那么从两个意义上来看，奥德里克对于诺曼征服的看法都很有趣。与许多中世纪的作家一样，他随意地引用早期史料当中的内容。奥德里克对诺曼征服的描述大多取自普瓦捷的威廉（事实上，正是因为奥德里克自己承认了此事，我们才对普瓦捷的威廉自己的人生有了一星半点的了解）的叙述。[3]有时，照抄照搬就已经令他感到满足了。他或者在这儿丢掉一个词，或者在那儿加上一句话。但在另一些情况下，他也会做出更为重大的修改。他偶尔也会明确地指出，他之所以写得和普瓦捷不一样，是因为他不能赞同其叙述中的反英格兰腔调。例如，普瓦捷的威廉把黑斯廷斯战役前夕的哈罗德国王描述为"一个被好色玷污的人，也是一个残忍的凶手。他因掠夺来的财富而光彩照人，并且是上帝和正义的敌人"。但在奥德里克的笔下，国王哈罗德却成了"一个勇敢无畏、强壮英俊而且言辞和蔼的人。他值得追随者的信赖，是他们的挚友"。[4]

对于诺曼征服之后几年的历史来说，奥德里克作品的价值也是独一无二的。这是因为，普瓦捷作品的最后一部分已经不幸遗失了。由于奥德里克的努力，我们得知，普瓦捷的作品原本一直写到了1071年初，但我们手边唯一的版本却在1067年处中断了。

因此，阅读奥德里克作品的一部分乐趣就在于，人们要努力地揣摩，他在哪里抄袭了普瓦捷的威廉的著作，他可能在哪里加入了其他的资料，他又是在哪儿感到作为英格兰人的自己受到了冒犯，以至于要提供另一个版本的叙述。

举例来说，我们可以对比一下两位史学家关于威廉缺席期间英格兰地区所发生事件的不同记述。正如我们所知，在返回诺曼底前，这位新加冕的国王已把英格兰的一干事务交给了巴约的奥多和威廉·菲茨·奥斯本两个人。他们分别驻扎于多佛尔和温切斯特，共同管理英格兰的事务。就在普瓦捷的威廉的文稿中断之前，他已经不再赘述他的主人奏旋回乡之事，而是继续写在英格兰所发生的故事：

> 与此同时，巴约的主教奥多和威廉·菲茨·奥斯本管理着他们在王国中的领地……他们抱有共同的热忱，希望信仰基督的人们能够和平相处。而且，他们随时听取彼此的意见。正如国王告诫他们的那样，他们对正义给予了最大的尊重。这样一来，凶残之人和敌人或许就可以改邪归正，并成为朋友。位置稍低的官员同样带着非凡的热情，在他们各自的城堡里各司其职。

在看完普瓦捷的威廉的描述后，奥德里克将其替换为了下面的记述：

> 在此期间，英格兰人不但在诺曼之轭（Norman yoke）下呻吟，还要遭受那些无视国王禁令的自大的领主的压迫。不

管当地人的地位如何，那些守卫城堡的小领主不但压迫他们，还把不体面的重担压在他们的身上。对于巴约主教奥多和威廉·菲茨·奥斯本这两位国王的代言人来说，他们实在是太骄横自大了，从不会倾听英格兰人的正当请求，也不会给予他们公正的判决。每当他们的士兵犯下抢劫和强奸的罪行，他们便用武力加以庇护。一旦有人抱怨自己受到了残忍恶行的欺凌，他们就变本加厉地把怒火发泄到他们的身上。[5]

很显然，这两个版本并没有多少共同点。唯一的共通之处就是，普瓦捷的威廉和奥德里克似乎都认为，那些新来的人是以城堡为基地的。正如我们所见，从他们来到英格兰的第一刻起，诺曼人就开始挖沟建堡了。我们听说，在佩文西、黑斯廷斯、多佛尔、伦敦和温切斯特等地，人们正在建立新的防御工事。而且，有强有力的间接证据表明，在其他地方同样有城堡出现。这些地方包括坎特伯雷、沃灵福德和伯克姆斯特德。这些城堡究竟采用了怎样的具体建筑方式则一直是人们争论的话题。在诺曼时期的英格兰，大部分的城堡都是城寨式的城堡。这种类型的城堡里有一个巨大的土堆，上面是一座木质的塔楼。除此之外，还有一堵矮墙环绕着四周，遮蔽并且保护着城堡里的其他建筑物。在我们所知的遗迹中，大概有 3/4 的城堡都是以这种方式修建的。这可能是诺曼人最早的城堡。在巴约挂毯上，我们可以看到，人们正在黑斯廷斯筑造一个土堆。时至今日，这个土堆依然清晰可辨。但是，就像先前的情形一样，在描绘每一座城堡的时候，巴约挂毯都使用了同样的手法。所以，描绘一个土堆也可能只不过是为了方便而已。在坎特伯雷、沃灵福德和伯克姆斯特德，仍有一些土堆留存下来。与此同时，考古发掘已经发现，温切斯特的土堆是在诺曼征服的几年后才建起来的。而在佩文西、多佛尔和伦敦，土堆则从未出现过。这种规模的城堡大概要数周才能完成。有的时候，工期可以持续好几个月。因此，最早的诺曼城堡可能不过是被圈起来的一片地（或正如它们常被命名的那样，是一种"环状工事"）而已：靠近福克斯顿（Folkestone）的城堡山（Castle Hill）上的那座城堡就是很好的例子。[6]

无论他们以何种样式建造而成，重要的一点是，城堡在英格兰是一个新事物。这一点可以反映在诺曼人的所作所为上。自从他们到达英格兰的那一刻起，他们就感到，必须多建城堡。尽管11世纪的英格兰曾遭受诸多磨难，但它仍然以强大而统一的王国而存在。和西欧的各个国家不一样，它没有经历过政治分裂。它的币制、法院以及律法长期以来都为王室所控制，其防御工事——威塞克斯的征服王们于10世纪建立的"堡镇"——亦然。与我们在欧洲大陆所找到的真正城堡相比，这些被称为"布尔吉"（burhgeat）的私人住宅根本就没有那么坚固，也没有同等的防御能力。但是，一些史学家仍把这些与塞恩阶层紧密相关的建筑称为事实上的城堡。[7]在英格兰，没有人会以城堡为据点来造反，国王也不会把自己的重要臣下围困在他们自己的家中。一旦英格兰的贵族豪绅们失去了高贵的社会地位，他们一般都会逃往国外。而且，如果他们能够做到的话，他们会招募一支舰队。

凡有规则，必有例外。在1051年之前的几年，虔信者爱德华的几位法兰西朋友修建了几座城堡，而这些城堡就违背了这种规则。其中一座显然建立在埃塞克斯的克拉弗灵（Clavering），另三座则建于赫里福德郡。后三座城堡是为了牵制威尔士人才建立的（事实证明，这一尝试相当失败）。这样的一个事实很好地强调了这些城堡的新奇之处：在描述 1051 年赫里福德郡的状况时，《盎格鲁-撒克逊编年史》首次用英文书写了"城堡"这一个单词。正如这个物件本身，"城堡"一词也是舶来品。除此之外，在英格兰境内，没有哪一类建筑可以被称作城堡。正如奥德里克·维塔利斯后来在一个非常著名的段落中所写的那样，"在英格兰的各个地区，几乎无人了解那种防御工事，即诺曼人所谓的城堡。所以，尽管英格兰人有勇气，也有对战斗的热爱，他们所建立的防御也只能是薄弱的"。[8]

因此，当城堡大量出现时，我们能感受到英格兰人的震惊。正如在法兰西一样，这些建筑在英格兰的引进同样是伴随着压迫的。《盎格鲁-撒克逊编年史》写道，在赫里福德郡修建城堡的那些外国人"尽其所能地伤害和侮辱这里国王的子民"。这样说可能有很多种的原因。一种可能的原因是，当地人会被他们逼着修建城堡。另一种可能的原因则是，当地人的家园被毁，为的是给城堡让路。这样说也可能只是因为，城堡是那些骑士的基地。这些人每天骑着马去恐吓周围的居民，让他们屈从于自己。这些人终日耽于奥德里克所描述的那些暴行，即掠夺他人财物、奸淫妇女以及伤害他人。比起普瓦捷的威廉的歌功颂德，奥德里克的记载与英格兰方面的史料更为符合。"主教奥多和威廉伯爵被留在这里，"《盎格鲁-撒克逊编年史》痛苦地抱怨道，"他们不但在我们的土地上到处修建城堡，而且压迫不幸的人民。事态从不好变得更糟。但愿上帝施恩，让这一切有个好结果！"[9]

这样一来，正如奥德里克所言，既然"人们无法忍受这一栅锁"，英格兰人无疑"从未停止过谋划，以找到摆脱这种枷锁的方法"。[10] 1067 年，我们听到了几则有关英格兰地方起义的消息。在赫里福德郡，野蛮的埃德里克（Eadric the Wild）对在驻扎在城堡（早在诺曼征服之前，这一城堡就已经建成了）里的诺曼守军进行了反击，并取得了一定的效果。此人是当地最有势力的塞恩之一，他的这一"野蛮的"称号也是名副其实。根据伍斯特的约翰的描述，诺曼人经常毁坏他的土地。但每当诺曼人来攻打他时，他们都会失去很多士兵。最后，8 月中旬，埃德里克联合了威尔士的 2 个国王布莱斯金特（Bleddyn）和里格瓦塔（Rhiwallon），一起带兵洗劫了赫里福德。他们"一直攻到勒格河（River Lugg）上的大桥"才收兵，还"带回了一大堆战利品"。[11]

与此同时（或可能比这一时刻稍迟），一场叛乱在英格兰的西南部爆发。这场叛乱可能会造成更严重的后果。也许"是出于对诺曼人的痛恨"（普瓦捷的威廉语），也许"是受到了诺曼人的压迫的促使"（奥德里克·维塔利斯语），肯特人派遣使节渡过英吉利海峡，试图说服布洛涅伯爵欧斯塔斯帮助他们夺取多佛尔城堡。鉴于双方不久前的关系，这一提议几乎是不可思议的。1051年，正是欧斯塔斯对多佛尔的进攻引发了当年的大危机。而且，在黑斯廷斯战役中，伯爵本人还曾为诺曼人而战。事实上，他正是《黑斯廷斯战役之歌》所说的参与杀害哈罗德国王的那四人之一。然而，欧斯塔斯与诺曼底的关系并不像这些事实所暗示的那样紧密。1053 年，欧斯塔斯曾参与叛乱，试图推翻威廉的政权。而当这一叛乱以失败告终时，他不得不把自己的儿子交给威廉作为人质。1067 年上半年，两人再次交恶，原因不详。奥德里克只是说双方之间存在妒忌。普瓦捷的威廉则只是声称，如果要描述细节的话，他很容易就能让人相信，威廉才是正义的一方。当代的历史学家则倾向于认为，两人之所以交恶，似乎是因为，欧斯塔斯伯爵对于他在战后所得到的土地的数量感到不满。除此之外，再也没有更好的理由了。

不论二人分道扬镳的原因为何，这一分裂的确诱使欧斯塔斯接受了肯特人的提议。他集结了一支入侵的军队，并在夜里横渡海峡。他试图趁诺曼不备，在黎明时分攻下多佛尔。这一计划看起来很好，因为巴约的奥多和城堡的指挥官蒙特福特的休（Hugh de Montfort）二人当时都在很远的地方，即泰晤士河的对岸。而且，大部分的守军也被他们带走了。普瓦捷的威廉称，肯特人已经集结完毕。而且，如果欧斯塔斯的围攻能够持续两天的话，其他地方的反叛者就能够从各地赶来，加入肯特人的队伍。欧斯塔斯和他的英格兰人同盟发现，多佛尔的守军比想象中的更勇猛。这些诺曼人并没有给敌人更多的机会。赶在敌人到来之前，他们便从大门鱼贯而出，并迫使他们的敌人逃跑。得益于对地形的熟悉，欧斯塔斯设法回到了一只船上，并安然回到了布洛涅。他手下的许多人马却被追到了悬崖边上，被迫跳崖而死。与此同时，英格兰人也四散奔逃。他们用另一个外国领主替换眼前这一个的计划落空了。[12]

最后，诺森伯里亚地区也出现了麻烦。在名义上，英格兰北部仍归莫卡伯爵统治。1065 年，在托斯蒂·戈德温森被推翻之后，北方人把莫卡选为了他们的新伯爵（在诺曼征服之后的一段时期内，这位新伯爵仍拥有这一头衔）。然而，从一开始起，莫卡就不得不和他人分享统治权。我们可以看到，班堡家族的领袖戈斯帕特里克的遇害引发了 1065 年的大叛乱。由于忌惮此事，在得到伯爵领的统治权之后，莫卡便立刻将泰恩河上游的控制权让给了戈斯帕特里克的侄子奥斯伍尔夫（Oswulf）。

但是，在 1067 年初返回诺曼底之前，威廉就不再按照原有的安排来处置诺森伯里亚地区伯爵领了。或者说，他至少更改了对该伯爵领北部的安排，将其授予了一个名叫科普西格（Copsig）的约克郡塞恩。这一次任命实在令人感到诧异，因为此人曾经是托斯蒂的一个副手。在北方人眼中，他和他旧时的主子一样遭人憎恨。然而，他以一种特定的方式向征服者表示了臣服，而这种方式恰恰是奥斯伍尔夫所没有采取的。而且，不知使用了什么魔法，他让威廉相信，他才是最适合控制北方的人。（普瓦捷的威廉称，"他完全支持国王以及他对王位的主张"。）事实证明，这次相互信任大错特错。几周后，科普西格刚一抵达就任地点就中了奥斯伍尔夫的埋伏，并惨遭杀害。后者还砍下了他的敌人的头颅。因此，对于奥斯伍尔夫来说，可能会有那么一天，他可以和征服者或者其摄政者算账。但是，1067 年，他自己也意外身亡——他被一名强盗用长矛刺穿了身体。[13]

然而，这一系列的叛乱都没能促使威廉返回英格兰。让他回到英格兰的是某个更大的阴谋。有关这一阴谋的描述十分简略。而且，我们也必须从众多编年史家隐晦含蓄的评论中抽丝剥茧，才能重建故事的原貌。然而，最后得出的总体结论似乎十分明确。在 1067 年的最后几周，征服者了解到，戈德温家族的幸存者谋划着要推翻他的统治。[14]

奥德里克·维塔利斯把这个故事的大体内容告诉了我们。他说，在诺曼底停留期间，威廉因为情报而寝食难安。这些情报透露，威廉留在英格兰的军队将会遭到屠杀，而这只不过是英格兰人的密谋当中的一环罢了。瑞米耶日的威廉提供了一则更具体但未经证实的消息。他指出，叛乱者打算在大斋节首日（即圣灰星期三）*突袭诺曼人。到了那个时候，他们将会赤脚走到教堂。这一计划的具体实施日期是 1068 年 2 月 6 日。

因此，还没等 1067 年的冬天完全过去，威廉就急忙横渡海峡。12 月 6 日，不顾汹涌的波涛和寒冷的天气，他便从迪耶普出发，并于翌日清早安全抵达温切尔西（Winchelsea）。他从那里直接赶到了伦敦。在那里，他参加了圣诞节庆祝活动，并希望能嗅出某些叛乱者的气息。据奥德里克所说，国王对待出席的英格兰领主和主教的态度十分和蔼。他给了他们恩惠，并赐予他们和平之吻。这位编年史家解释说，这样的举动往往能够挽回那些不太忠诚的人。但与此同时，威廉也背着英格兰人警告了他的诺曼属下，要他们时刻不能放松警惕。

新年伊始，威廉得到了他一直在寻找的确切情报：叛乱者会以英格兰西南部的埃克塞特为基地发动叛乱。国王一定早就开始怀疑那一个地区了。在离开诺曼底之前，他就派他手下的一些骑士横渡海峡，以调查叛乱的传闻，而那些前往埃克塞特的骑士则遭到了"不好的对待"。直到 1068 年，这一传闻才得到证实。那时，埃克塞特人向其他城镇送信，催促其他地方的人共同起事。这些消息被威廉截获了。密谋暴露后，国王向埃克塞特人送信，要求他们向他宣誓效忠。

---

* 即复活节前七周的星期三。按天主教惯例，这一天要将已经祝圣后的棕榈叶烧成灰擦在教徒额上，以示忏悔。

奥德里克·维塔利斯并未提及阴谋者的身份。这可能是因为，他照抄了普瓦捷的威廉的记述。只有在英格兰人有关这段历史的简短描述中，我们才得知，带头发动叛乱的是戈德温家族的幸存者们。而在这些人当中，领头的是哈罗德的母亲吉莎。我们上一次提及吉莎，还是在她与征服者讨价还价，要求获得哈罗德的尸首的时候。到了战后，吉莎来到英格兰西部疗伤，并筹划复仇大计。我们能够想象，她必然极其憎恶自己的敌人。除哈罗德之外，她在1066年还失去了另外3个儿子（托斯蒂、利奥弗温和格思）。她仅存的一子伍尔夫诺思则仍在诺曼人的狱中苦苦挣扎。

吉莎必然会将希望寄托在戈德温家族的新一代的身上。毫无疑问，在哈罗德战死前，他与王后埃尔德格思的婚姻仅持续了很短的一段时间。即便这场婚姻留下了一儿半女，这些孩子此时也还不过是婴孩罢了（据一位后世编年史家称，二人育有一子）。但是，国王早年也有过一次丹麦婚。妻子是天鹅颈伊迪丝，而她为哈罗德诞下了多个子嗣——不少于5个孩子，其中至少有3个男孩。[15] 1066年，在他们的父王刚刚死去时，这些年轻人可能还没到20岁，或者20岁刚出头。他们也向西奔逃，纷纷渡海逃到了爱尔兰。他们和吉莎很明显想要重演1052年的那场好戏，让戈德温家族卷土重来。这场好戏中的演员包括：一支爱尔兰佣兵舰队，在英格兰的一支间谍部队，可能还有来自斯堪的纳维亚的一支入侵部队。普瓦捷的威廉说，叛乱者"不断派使节前往丹麦人或其他可能愿意施以援手的人那里"。与此同时，奥德里克写道，这一计划"得到了丹麦人和其他蛮族的支持"。[16]

威廉显然决意要在这一计划开始前就阻止它。在埃克塞特人拒绝向他宣誓效忠之后，威廉就招募了一支军队，并开始举兵西进。奥德里克强调，这时的国王首次要求他的英格兰臣民履行军役。自然，仍有多支诺曼军队在威廉的身边待命或驻扎在各地。但是，召集英格兰人与他一同作战有着更多的深意。这样一来，这场西部叛乱就成了一次关于忠诚度的测试：那些不愿随他征讨叛军之人就会被算作叛党。

起初，人们似乎不会做任何反抗。随着国王大军逼近埃克塞特，一支由市民领袖所组成的代表团出城讲和。他们的做法就和许多其他城镇的领袖在 1066 年的做法一样。他们承诺，他们会打开城门迎接威廉，并遵守他的命令。他们抵押人质，并保证兑现承诺。然而，奥德里克写道，他们一返回城中就"继续他们充满敌意的准备活动。出于许多目的，他们相互激励对方前去战斗"。[17]

这一古怪举动背后的原因何在？其中一个可能性是，那些市民代表这么做只不过是为了拖延时间，盼着海外盟军的到来。另一种可能性（这种可能性更大）是，叛军内部存在着分歧。在威廉缺席或者在此之后的一段时间内，吉莎和其他叛军首领得到了广泛的支持。伍斯特的约翰说，在返回英格兰之后，威廉所采取的第一个行动就是征收"令人无法承受的税收"，而这显然是许多埃克塞特人造反的关键因素之一。据奥德里克称，甚至是在违抗威廉的时候，市民都表示，他们愿意按以往的税率缴税。简言之，一些叛乱者不过是想让征服者更好地对待他们，而其他人则决心看着威廉倒台。目前看来，似乎是顽固派占了上风。[18]

就此观之，暴力是不可避免的。埃克塞特的四周建有城墙。一到这里，威廉便发现，叛军已经控制了这座城市的每一寸围墙。在最后一次迫使对方投降的尝试中，他让城墙上的人亲眼看到，他们弄瞎了一个人质的双眼。奥德里克说，这却让叛军更加坚定了进行反抗的决心。根据马姆斯伯里的威廉的记述，事实上，其中一名叛军士兵向他们示威，并回击了他们。他脱掉裤子，朝着国王所处的大致方向大声地放屁。接下来的围城战很明显是一场艰苦的战斗。奥德里克说，几天内，威廉曾多次试图用强攻摧毁城墙。《盎格鲁-撒克逊编年史》则补充道，"他损失了很大一部分的人马"。

最终，18天后，埃克塞特的市民同意投降。在这里，奥德里克无疑听从了普瓦捷的威廉。他认为，正是迫于诺曼人持续不断的攻势，埃克塞特人才投降了。马姆斯伯里的威廉宣称，国王的军队在一段城墙倒塌之后进入城中。就像杰里科（Jericho）＊那时一样，这个缺口被归功于神灵的干预，而不是诺曼人在城墙下所挖的坑道。对比之下，英格兰编年史家们则认为，这些人之所以会投降，是因为戈德温家族抛弃了他们。伍斯特的约翰说，吉莎"和很多人一起，从城里逃走了"。《盎格鲁-撒克逊编年史》D本显然也描述了这件事。编写者认为，市民投降是"因为塞恩们早就出卖了他们"。在"众多要人的妻子的陪伴下"，吉莎取道布里斯托尔海峡（Bristol Channel），逃到了一个名叫弗拉特霍姆（Flat Holm）的小岛上。可以猜想，这些支持戈德温家族的女人仍然怀有期望。她们认为，自己的丈夫和儿子将很快从爱尔兰出发，渡海来到她们的身边。[19]

在戈德温一伙逃走以后，再也没有什么能阻挡温和派的埃克塞特市民投降了。据奥德里克和普瓦捷的记述，投降的条件十分

＊ 巴勒斯坦古城。《旧约全书》称，以色列人的领袖约书亚率部攻打杰里科。7个以色列祭司拿着7个羊角绕城7次，并大声吹羊角，城墙就塌了。

诱人。威廉不但会克制自己，不抢夺他们的物品，而且还会在城门设岗，以防止战后发生掠夺行为。不出所料，《盎格鲁-撒克逊编年史》对于这一承诺的评价更为苛刻。《盎格鲁-撒克逊编年史》写道，国王"许以了公正的承诺，执行起来却是一团糟"。这一事件的真相很可能介于这两种叙述之间，但无论如何，这次投降似乎确实是基于谈判而非武力攻打。市民至少在某一个方面实现了他们的目标。《末日审判书》显示，1086年，埃克塞特人所缴纳的赋税总量同他们在"爱德华时代"所缴纳的赋税总量相当。

在埃克塞特投降以后，威廉在英格兰西南地区花费了更多的时间，以维护这一地区的稳定。一座城堡在埃克塞特拔地而起。很有可能的是，他还在其他的地方建了城堡。奥德里克告诉我们，威廉国王率军开进康沃尔（Cornwall），平定"他所注意到的所有骚乱"。很可能在此时，他把这一地区的治理权交给了一个名叫布赖恩（Brian）的布列塔尼下属。最后，威廉解散了他的盎格鲁-诺曼联军，并返回温切斯特，正赶上庆祝复活节。[20]

叛乱阴谋的败露和戈德温一派势力的逃窜无疑都增加了威廉的安全感。他也有了更多可以分发的战利品。这是因为，正如那些曾在黑斯廷斯战争当中战斗的人的土地一样，吉莎及其众多下属的地产现在都被没收了。12世纪，阿宾登修道院（Abingdon Abbey）的一位编年史家回忆了"被杀害的国王的母亲"是如何"赢得布莱克曼（Blæcmann）神父和许多其他人的支持的……此时，就像逃亡者一样，神父的所有财产都被国王收回了"。[21]

在新一轮的战利品再分配过程中，有一些人是主要的受益者。其中就包括国王的挚友蒙哥马利的罗歇。1066年，他曾留在诺曼底，辅助玛蒂尔达摄政。第二年，他陪伴威廉国王回到了英格兰。在他到达后，他即刻受封苏塞克斯的土地。在这个时候，这一地区一定被切分成了很多部分，均处于新诺曼贵族的统治之下。这些贵族领地就是所谓的"雷普"（rape），而这种行政管理划分的方式则一直延续到了当代。诺曼人的势力从这一地区的北部边界一直向南延伸，直至大海。这些狭长的领地都是以他们的新主人在内陆几英里处所修建的城堡而得名的。蒙哥马利的罗歇掌控着奇切斯特（Chichester）和阿伦德尔（Arundel）两个地区。而征服者威廉另一个最亲密的同伴瓦伦的威廉（William de Warenne）则负责管理刘易斯（Lewes）。这些决策很明显带有军事目的，即为了保卫通往诺曼底的最近路线，并加强诺曼人对昔日戈德温势力核心地带的控制。[22]

在这一时期，诺曼人并没有独享国王的恩泽。普瓦捷的威廉说道，"许多英格兰人受到了慷慨的赏赐，得到了过去从其亲属或之前的领主那里所没有得到的东西"。诚然，他这段话写于威廉的加冕礼后不久，而且他无疑夸大了事实。尽管如此，在接下来的 18 个月内，有证据表明，有英格兰人（或至少是非诺曼人）因为忠诚而受到了赏赐。例如，1067 年，曾属于哈罗德国王的土地就被赐给了雷根巴德（Regenbald）。他是一个洛陶林吉奥神父，曾为虔信者爱德华服务。第二年，另一个洛陶林吉奥人——韦尔斯主教吉绍（Giso, bishop of Wells）——同样获得了从死去的国王那里没收的土地。然而，最令人吃惊的例子可能是，为了应对北方的事务，威廉愿意和当地人共理政务。在威廉回到英格兰后的某一天，班堡家族的戈斯帕特里克为得到诺森伯里亚伯爵的爵位而前来拜访威廉。此前，坐在这一位置上的是戈斯帕特里克的

亲戚奥斯伍尔夫。正如我们所看到的那样，奥斯伍尔夫应对被国
王所器重的候选人科普西格被杀之事负责。这必然会令戈斯帕特
里克谨慎行事。然而，他取得了成功。威廉同意将伯爵爵位卖给他，
不过，他需要支付"一大笔钱"（达勒姆的西缅称）。这就是讲求
实际的征服者威廉所愿意做的买卖，为的是以和平方式处理英格
兰北部事务。[23]

　　1068 年复活节，威廉的安全感不断增强。此时，他派人横渡
海峡，把他的妻子玛蒂尔达接了过来。据奥德里克所说，玛蒂尔
达很快就在一干封臣、贵妇以及神职人员的陪伴下抵达了英格兰。
几周后，她在威斯敏斯特的圣灵降临节宴会上接受了加冕。据我
们所知，她的加冕典礼风平浪静，并没有出现国王本人加冕典礼
上的那种出乎意料之事。各编年史家对这一事件的记述都很草率。
幸好有一份在加冕当天拟定的王室证书，我们才获得了有关这一
典礼的宝贵记录。（我们可以在这份证书中看到，那天，"威廉的
妻子玛蒂尔达在威斯敏斯特的圣彼得教堂加冕为王后"。）这一证
明的内容无足轻重，但从见证人名单里，我们能看出威廉王廷的
构成。在国王本人和新任的王后旁边，站着两位英格兰大主教。
一位是奥尔德雷德（再一次主持加冕礼），而另一位是斯蒂甘德。
其他主教则紧跟其后。其中，诺曼人的数量和英格兰人的数量大
体持平。例如，埃克塞特的利奥弗里克和巴约的奥多排在同一列
里。在说到世俗贵族的时候，我们也能看到类似的均衡状况。与
蒙哥马利的罗歇和威廉·菲茨·奥斯本并肩而站的是埃德温和莫
卡。重要的是，这份证书是用英语和拉丁语两种语言拟定的。简
言之，就像征服者一直以来所期盼的那样，盎格鲁人与诺曼人的
妥协局面似乎已经形成了。[24]

　　然而，在这一统一表象的背后，一场更大的危局正在形成。朝野上下，英格兰人群情激愤。其主要原因在于自 1066 年以来对土地的再分配。假设夺走黑斯廷斯一战的死者的财产，那他们的儿子、兄弟、叔伯、甥侄乃至堂表亲戚怎么办？这些人活了下来，但因为土地再分配，他们所有生存的希望都将随之化为泡影。很容易想象，吉莎前去斗争可能纯粹是为了复仇，但她的大部分支持者可能是为了夺回他们所失去的遗产。她的孙子们甚至也可能和她的支持者怀有同样的愿望。而且，很显然，被夺走财产的不止逝者及其继承人。所有曾在黑斯廷斯之战中反对征服者的人都被没收了财产，包括那些活下来的人。近来，从埃克塞特逃走的人也遭遇了同样的命运。更有甚者，越来越多的英格兰人因为不能上缴威廉加冕后不久所设立的两份捐税而被没收了土地。所有的编年史家都提到，土地继承权被剥夺是令英格兰人感到悲愤的主要原因。例如，尽管《盎格鲁-撒克逊编年史》E 本有关诺曼征服后几年的记载都十分简短，但它仅用一句话就概括了威廉从诺曼底回到英格兰 6 个月内的情况。"在回到英格兰之后，他便将每个人的土地都分发了出去。"在描述稍后发生的事件时，奥德里克将英格兰人仇视诺曼人的原因归结于"亲人和同胞的被害"和"祖产的丧失"。针对这一观点，普瓦捷的威廉笨拙地进行了反驳，而这一反驳恰恰证实了其他人对他主公的批评。他说道："只要是用不公正的手段从英格兰人那里所获得的东西，都不会落入法兰西人的手中。"奥德里克·维塔利斯认为，这一表述实在荒谬可笑，因而特意将其删去了。[25]

　　即便是那些被威廉用全力安抚的英格兰人也变得极度不满。埃德温和莫卡可能对被国王胁迫前往诺曼底一事耿耿于怀。但更令他们愤慨的是，他们在英格兰的权力正不断受到侵蚀。以莫卡为例，拜国王封赏戈斯帕特里克所赐，他一直无法控制其伯爵领的北部。但即便是在约克郡，年轻的伯爵所能行使的权力也极其之小。一则后世的当地史料告知我们，当兄弟二人在斯坦福桥战败后，哈罗德便将这一地区的管理权给了林肯郡郡长梅尔斯韦恩（Mæleswein）。在接下来的两年里，此人很可能仍然在那里掌权。[26]

至于埃德温，他一定更能体会到幻想破灭的感觉，因为他所得到的承诺和现实之间存在着巨大的差异。据奥德里克（这一叙述体现了他的麦西亚血统）说，在同埃德温讲和时，威廉同意"赋予他比他的弟弟更大的权力，授予他英格兰近 1/3 的土地，并承诺将女儿嫁给他"。但威廉并未兑现半句诺言。埃德温在麦西亚的实际权力不但没有扩大，反倒被削弱了。例如，国王在赫里福德和什鲁斯伯里设立了新的伯爵领，从而在英格兰和威尔士的边界上建立了一个缓冲地带。落入威廉·菲茨·奥斯本之手的赫里福德可能还包括伍斯特地区，而这一地区此前是由埃德温管辖的。与之不同的是，作为麦西亚的一部分，在被分给蒙哥马利的罗歇的时候，什罗普郡就失去了其英格兰领主的统治。国王的目的很明显，他要在英格兰西部各郡和威尔士王国中间建起一条封锁线。（毕竟在这一地区，野蛮的埃德里克及其威尔士盟友仍然十分活跃。）但这样一来，国王就和英格兰境内最大的伯爵之间产生了隔阂。至于威廉将女儿嫁给埃德温一事，也不了了之了。奥德里克说，威廉"听取了他嫉妒而贪婪的诺曼下属的那些不诚实的建议……他拒绝让这位贵族青年迎娶这个年轻的女孩，尽管他非常渴望得到她，并已经等了她很久了"。[27]

于是，奥德里克写道，埃德温和莫卡奋起反抗，许多人也随之反抗。"鉴于威廉对英格兰人的不公以及他所施行的暴政，一场普遍而强烈的抗议爆发了……所有人都在为恢复自由而战。共同反抗诺曼人的铮铮誓言则将他们紧密地团结起来。"奥德里克只提到了其中的几个人。例如，昔日支持野蛮的埃德里克的威尔士国王布莱斯金特，这次则挺身支持麦西亚兄弟二人。但是，在阅读了其他的历史资料之后，我们便可以拼出一张很长的、令人印象深刻的反抗者的名单。例如，莫卡在诺森伯里亚是否有实权其实并无大碍，因为英格兰北部的实际统治者们都参与了这一次的反叛。可以看到，约克郡的实际统治者梅尔斯韦恩也将他的命运赌在了反叛者们的身上。就连新任伯爵戈斯帕特里克也参与了进来。(他在几个月前刚向威廉表示臣服，开始统治泰恩河以北的地区。)据说，在约克城，大主教奥尔德雷德曾试图平抚民众的不满情绪，但却完全失败了。相反，达勒姆主教却似乎站在了叛乱者的一方。[28]

然而，名单中最醒目的当属埃德加王子的名字。由于他是虔信者爱德华的亲属（至少普瓦捷的威廉的记载是这样的），征服者将他视为最亲密的朋友之一，并"赐予他大量的土地"作为补偿。即便如此，埃德加还是参与了叛乱，给了谋反者一个合法的理由。奥德里克说，无论在丛林、沼泽还是在城镇中，英格兰人都已经准备好保护自己了。《盎格鲁-撒克逊编年史》写道："国王被告知，北方民众已经聚在了一起。如果他来的话，他们就要发动针对他的抗争。"[29]

威廉马不停蹄地赶来了。奥德里克紧接着解释，国王是如何做出回应的。他向北进军，并在行进的同时筑起新的城堡。(在这里，他说了之前所提到的那句著名的话，即英格兰人没有堡垒，因此无法抵御敌人。）在读了他的记载（记住，他的记载是基于普瓦捷的威廉的描述）之后，人们可能会认为，接下来的战斗是一场纯粹的防御战。他告诉我们，"国王驱马前往王国的各个边远地区，构筑战略基地，以抵御敌人的进攻"。然而，我们有理由推测，像之前一样，诺曼人的战争机器一旦开动，必然会带来毁灭的痕迹。在《盎格鲁-撒克逊编年史》有关这一年的记述当中，我们可以看到，"威廉准许士兵在他们所到之处抢劫"。[30]

要了解这场暴行的规模，我们也可以观察叛军投降的速度。当威廉在沃里克（Warwick）建好了第一座城堡时，埃德温和莫卡——两个名义上的叛军首领——就投降了。随着诺丁汉的沦陷以及另一座堡垒的建立，约克民众就陷入了极度的恐慌，并迅速交上了人质和城门的钥匙。威廉在不久后便到达这座城市，并建起了第三座城堡（今称克利福德塔［Clifford's Tower］）。这个时候，剩下的诺森伯里亚叛军也投降了。一些人来到国王的身边，并试图得到他的宽恕。达勒姆主教就是其中的一个例子。另外一些叛乱者则试图向北部逃亡，并最终来到苏格兰避难。梅尔斯韦恩、戈斯帕特里克和埃德加王子这些叛乱领袖也在前往苏格兰避难的人当中。据奥德里克说，马尔科姆国王从一开始就支持叛乱，还一直想要派遣援军。但是，按照奥德里克的说法，在看到叛乱以如此快的速度失败之后，他决定要和平而不要战争。当威廉的使者传令要他投降时，苏格兰国王便派遣使者代表他向威廉宣誓效忠。在那之后，威廉心满意足地撤离约克。他留下了一大批守军，以驻守那里的新城堡。随着威廉率军南归，更多的新城堡在林肯、亨廷登和剑桥建立了起来。[31]

正当威廉在北方作战时，哈罗德国王的儿子们则决定继续完成他们入侵英格兰的计划。当年年初，这一计划被威廉对埃克塞特的先发攻击打乱了。这三个年轻人（伍斯特的约翰称他们为戈德温、埃蒙德和马格努斯）都认为，是时候发动第二次攻击了。他们在萨默塞特郡（Somerset）登陆，并开始在埃文河（River Avon）河口地区进行掠夺活动。（据登陆地点显示，他们很可能一度经过弗拉特霍姆，而他们的祖母仍然藏身在那里。）在攻占布里斯托尔（Bristol）的行动失败之后，他们带着尽可能多的战利品（差不多可以确定，这些战利品中也包括奴隶）回到了自己的船上，并开始沿着萨默塞特海岸继续向南侵袭。但在此处，他们卷入了一场与当地军队的战争当中，双方都死伤惨重。根据伍斯特的约翰所述，戈德温家族的子嗣们都最终赢得了胜利。之后，他们又来了一次，并继续推进到德文郡和康沃尔。在那之后，三个戈德温家族的子嗣带着战利品回到了爱尔兰。如果说，这次出兵原本是为了在英格兰重振戈德温家族的话，那么它就是一次惨淡的失败。[32]

1068 年的夏天显然是一段糟糕的时光。不仅对于英格兰人来说是如此，对于诺曼人来说也一样。"不论是胜利者和被征服者，他们都落入了坏运气所设下的陷阱，"奥德里克说道，"战争、饥荒和瘟疫击垮了所有人。"在一段极为露骨、往往只因为它的娱乐价值而被引用的文字当中，这位史学家继续解释，为什么在这个时候，许多诺曼人想要离开英格兰：

　　　　一些充满强烈欲望的诺曼女人一封接着一封地给自己的

丈夫寄信，催促他们立刻回家，并补充说，除非他们以最快的速度到家，否则她们将改嫁他人。这些女人不敢去英格兰找自己的丈夫，她们既不习惯横渡海峡，也害怕在英格兰到处找寻她们的丈夫。在那里，他们每天都在各处打仗。无论是诺曼人还是英格兰人，他们都流血不止。

在这里，我们当然能看到中世纪禁欲主义者无意间所表现出来的厌女症。除此之外，这只是一次粗陋的尝试，不过是想要为诺曼男人的怯懦开脱罢了（有人认为，这段文字是普瓦捷的威廉所写的）。英格兰的局面让人绝望，而这无疑造成了士兵的大量逃离。奥德里克告诉我们，此时，在温切斯特、黑斯廷斯以及许多其他的地区，有很多人决意离开自己所守卫的城堡，并返回故土。不断升级的暴力或许使得人们认为，即使是那些未婚青年（或者妻子不那么水性杨花的男人）都犹豫了。他们得出的最后的结论就是，留在英格兰所得到的奖赏根本不值得如此的冒险。

显然，逃兵问题让征服者自己也陷入了困境。奥德里克说："由于眼前尚有很多战事，国王迫切地需要把所有的骑士留在自己的身边。他分给他们很多土地、财富和重要的权力。他承诺，等他将英格兰的敌人完全消灭后，他将会赐予他们更多回报。"国王的这种行为是可以理解的。但是，要赐予那些坚持到底的诺曼士兵更多奖赏，也就意味着要褫夺更多的地产。这样一来，更多的英格兰人就会失去可以继承的地产，而这恰好是最开始造成反抗的因素。简而言之，作战双方已经陷入了无休止的恶性循环之中。[33]

尽管如此，到了 1068 年秋，威廉可能仍旧认为，他已经完成了这项不可能完成的任务。在此期间，他击败了英格兰西南部、中部和北部的反叛者。在每一次镇压的时候，敌人或者俯首称臣，请求他的宽恕，或者慑于他的军威而逃之夭夭。一系列新的城堡已经在具有战略意义的城镇上建立起来，而他对这一王国的控制也因此扩展到了约克。此外，很多英格兰人显然愿意为捍卫他的王权而战，甚至献身。哈罗德国王的几个儿子刚一出现，就被布里斯托尔人打败了。后来，马厩总管埃德诺思（Eadnoth the Staller）指挥着军队与哈罗德的几个儿子交战，而这个人曾是虔信者的仆人。这一切可能都使得征服者对未来充满了希望。奥德里克说，每当平叛战役一结束，国王就会召集他的雇佣兵。在以国王的名义奖赏他们之后，他便允许他们回到故乡。随着年末将近，他本人也将横渡海峡返回诺曼底。这进一步体现了他的自信。[34]

和平并没有维持很长的时间。威廉显然仍旧很担心北方的安全，而他的这种担忧是有理由的。在 1068 年战争期间，他迫使苏格兰国王所做出的让步显然是有限的。马尔科姆或许以个人身份臣服了，但没有任何证据表明，他交出了在他那里避难的任何一个英格兰反叛者。单就梅尔斯韦恩、戈斯帕特里克和埃德加王子这三个最主要的反叛者而言，我们便可以看到，他们仍然逍遥在外，或者在苏格兰，或者在英格兰的最北部。[35]

因此，到了新的一年（1069 年），这位英格兰国王决定再任命一位新伯爵，以巩固对英格兰北方的控制。在试用戈斯帕特里克失败后，威廉重新采用了他原本的策略，决定任命一个外人。我们对于新人选罗贝尔·屈曼（Robert Cumin）几乎一无所知。后世的一位作家说，当他来到英格兰的时候，他是一群佛兰德人的首领。如果这一说法可信的话，他可能来自佛兰德的屈曼斯

（Cumines）。他的佛兰德出身也意味着，他的手下可能是雇佣兵。无疑，屈曼对他的前任科普西格伯爵的命运了然于心。在到北方就职时，他带来了一定数量的人马。据编年史家们估计，这是一支 500 至 900 人的武装部队。[36]

至于后来所发生的事，当地编年史家达勒姆的西缅已经记载得非常详尽了。西缅记载道，凡是新伯爵所到之处，都是一片狼藉。这是因为，他的手下一路都在抢劫和杀戮，而伯爵对此则不管不顾。很明显，他的职权范围在泰恩河以北。一听说他要来，这一区域的人们都纷纷离开家准备逃跑。但是，正如西缅所说的那样："这里突降大雪。在如此严酷的冬日里，所有出逃的可能性都消失了。"在这样别无退路的情况下，诺森伯里亚人决定背水一战，决心要么杀死伯爵，要么抵抗而死。此时，达勒姆主教匆匆会见屈曼，劝他停止进兵。这位曾与叛军纠缠不清的主教在前一年刚刚与威廉达成了和解。不出意料，这位伯爵并未理会这一劝告。他继续向前推进，并抵达了达勒姆（这正是主教所在的城市），计划在这里度过一晚。而在进城后，他的手下在寻找住处时还在不停地劫掠和杀戮。

后果同样是可以预料的。达勒姆的西缅说："曙光初现，那些已经集结起来的诺森伯里亚人从四面八方涌入了城内。他们搜遍了整个城镇，杀死伯爵的随从。"我们被告知，街上堆满了尸体，血流成河。屈曼自己则躲在主教的房间里。在那里，佛兰德人仍能组织起一些有效的抵抗。但在遭到投枪的阻挡之后，进攻者一把火点燃了整栋建筑。西缅说："房里的一些人被活活烧死，侥幸跑出去的也被斩杀了。就这样，新伯爵于 1 月 31 日被杀了。"[37]

对屈曼及其手下的屠杀激起了新一轮的暴动。不久之后，约克新城堡的管理者也被杀死了。（从接下来所发生的事情来看，他当时一定是离开了城堡。）同时被杀的还有他手下的很多人。奥德里克说道："现在，英格兰人在对诺曼人的反抗当中获得了自信。他们将诺曼人视为压迫自己盟友的人。"一轮在多地同时进行的暴动即将爆发。看到这一情况，英格兰北部的领袖们便结束了流亡，从苏格兰回到这里。正如奥德里克所说的那样，梅尔斯韦恩、戈斯帕特里克和埃德加王子以及其他的一些人加入了反叛势力。他们带领着反叛者攻打约克。在那里，诺曼郡长及其手下的士兵仍在据守。郡长想办法向国王报了信。他表示，约克之围如不能尽快解除，那么他将被迫投降。[38]

几乎可以肯定的是，此时的威廉已经回到了英格兰。这是因为，他再一次突然出现，令他的敌人感到措手不及。"国王的归来真是神速。"奥德里克说。与此同时，《盎格鲁-撒克逊编年史》也确认了这一点。其编写者表示，征服者"出其不意，带着庞大的军队"碰上了他的敌人。奥德里克说道，许多人被捕，更多的人被杀，其他人则纷纷逃走。《盎格鲁-撒克逊编年史》提及了约克城被洗劫一空的场景，而约克大教堂也成了"被嘲讽的对象"。梅尔斯韦恩和戈斯帕特里克显然成功地逃脱了，但是，我们并不知道，他们到底逃到了哪里。我们被告知，埃德加王子返回了苏格兰。奥德里克写道，国王在约克又逗留了8天。在此期间，第二座城堡又被建立了起来（到了今天，我们仍能在乌斯河西岸看到其土垒的部分存留）。最后，就好像是要进一步证明他对待此事的认真程度一样，他把这座城市交给了威廉·菲茨·奥斯本管理。在此之后，他及时返回南方的温切斯特，以庆祝4月13日的复活节。[39]

显然，威廉并不抱有对各地叛乱就此结束的幻想。在他回到南方之后，约克的城堡便再度遭到了进攻。虽然菲茨·奥斯本和他的手下成功击退了敌人，但约克的城堡再度遭袭一事意味着叛军并没有撤远。诺曼人几乎不可能在实际上控制约克以北的地区。据达勒姆的西缅说，国王曾派遣"一名公爵"进入诺森伯里亚，为罗贝尔·屈曼之死复仇。但是，当公爵和他的军队来到诺萨勒顿（Northallerton）时，他们却发现，自己被一场大雾困住了。这里的雾气实在是太浓重了，他们甚至都看不清彼此。这时，一个不知道姓名的人出现了。此人对他们说，有一个伟大的圣人在保护达勒姆。没有人可以在伤害这里的人民之后还免遭惩罚。就在这个时候，他们决定撤兵。这个故事的真实性显然值得怀疑（注意这里完全没有具体的人名和日期）。可以想见，它不过是想要向世人展示圣卡斯伯特（St Cuthbert）那令人敬畏的力量而已。就算这一故事取材于真实事件，它也足以表明，在前往英格兰的北部的时候，诺曼人正学着更加小心。[40]

根据奥德里克的记载，四面八方的战事风起云涌，但威廉本人不会冒无谓之险。在回到南方以后，他便寻找机会把妻子送回了诺曼底，以"远离英格兰的骚乱"。这些骚乱就包括哈罗德国王儿子们的回归。他们在 1069 年仲夏从爱尔兰出航，并在距巴恩斯特珀尔（Barnstaple）不远的德文郡北部海岸登陆。比起第一次进军来说，他们的第二次进军的威胁性可能更大。就连远在诺曼底、一向文字简炼的瑞米耶日的威廉，也对此有着几行记述。瑞米耶日所记载的 66 艘船的舰队规模与《盎格鲁-撒克逊编年史》所记载的 64 艘船的舰队规模大致相符。然而，和之前一样，戈德温家族的年轻人被打败了。在战斗中，他们被当地伯爵、布列塔尼人布赖恩打败了。但在这场战役中，双方都有重大的伤亡。瑞米耶日认为，共有 1700 人战死，"其中的一些还是当地的要人"。
戈德温兄弟则逃回了自己的船上，并回到了爱尔兰。或许就在那
时，他们的祖母——不屈不挠的吉莎——离开了她位于弗拉特霍
姆的堡垒，并乘船去往佛兰德。[41]

只要回溯历史，我们就可以发现，戈德温家族大势已去，但
对于当时的征服者来说，他可能并不这么认为。在佛兰德短暂停
留后，吉莎继续朝着丹麦航行。这一点很可能引发了威廉的警
惕。几乎从威廉加冕的那一刻起，英格兰人就一直在向海的对岸
送信，恳求丹麦国王斯韦恩·埃斯特里特森伸出援手。但在此之
前，斯韦恩·埃斯特里特森对远赴英格兰的冒险并不起劲。1066
年最初的几个月，他很明确地拒绝了来自托斯蒂伯爵的此类邀请。
然而，随着诺曼人取得了军事胜利，他开始对于出兵英格兰一事
更为热心。根据奥德里克所说（在这里，他显然是在重复普瓦捷
的威廉的记述），其部分原因在于，在黑斯廷斯战役中，丹麦国
王曾派出一些军队为哈罗德助战。而现在，他要为被杀的这些士
兵报仇雪恨。但这两个方面似乎都很不可信。更有可能的理由
是，随着时间的推移，斯韦恩更加确信，他很有可能成功入主英
格兰。到了 1069 年，任何人都能看到，诺曼人的统治极其不受
人欢迎，在英格兰北部则更是如此。除此之外，英格兰北部还同
斯堪的纳维亚有着深刻而紧密的历史文化上的联系。英格兰使节
们很轻易地就能说服斯韦恩，如果他入侵的话，定能获得很多当
地人的支持。[42]

因此，1069 年夏季，就像诺曼底公爵三年前所做过的那样，
丹麦国王开始着手征召一支强大的入侵部队。"他调用了王国内
所有的资源，"奥德里克说道，"同时从邻近的友好地区招募了众

多的军队。波兰、弗里西亚（Frisia）和萨克森（Saxon）都提供了帮助。"也可能就在这时，斯韦恩再次使用了从威廉那里学来的招数。他声称，虔信者爱德华在多年前承诺过，要把英格兰的王位传给他。历史学家不来梅的亚当在那段时间里访问过丹麦国王。他轻易地相信了这一表述，并将其写进了他的编年史。从那以后，直到今天，都有历史学家沿袭他的这一说法。[43]

最终，丹麦舰队出海了，而此时已是夏末。《盎格鲁-撒克逊编年史》E 本记载，他们在 8 月 15 日（圣母升天节）和 9 月 8 日（圣母诞辰日）之间到达了英格兰。在这个问题上，奥德里克无疑接受了普瓦捷的威廉的乐观推测。他认为，北欧人已在多佛尔、桑威奇、伊普斯威奇（Ipswich）和诺里奇（Norwich）被击退了。这似乎不太可能。据传，丹麦舰队十分庞大（《盎格鲁-撒克逊编年史》D 本和 E 本给出的数据分别是 240 艘和 300 艘），而英格兰人根本不可能同时在那么多地方被击退。接下来，丹麦人沿着昔日维京海盗舰队的行军路线，在英格兰东部的沿海地区进行劫掠。而这正是他们入侵的序曲。当他们到达亨伯河河口时，他们的英格兰盟友加入了战斗。和以往一样，这一军队仍由梅尔斯韦恩、戈斯帕特里克和埃德加王子领导。我们并不太清楚，埃德加的抱负与丹麦国王的野心是如何相互迁就的。但是，在短期内，这个问题可能并不存在，因为斯韦恩决定不亲自参加这次征战，而是把丹麦舰队交给他的弟弟阿斯比约恩（Asbjorn）指挥。无论计划究竟如何，没有什么能够遏制英格兰阵营内欣喜若狂的氛围。《盎格鲁-撒克逊编年史》D 本记载了叛军领袖是如何与"诺森伯里亚人以及其他人"一同出发的："他们骑着马，和一支庞大的军队一同行进。队伍中洋溢着喜庆的气氛。"诺曼人统治英格兰的日子似乎屈指可数了。[44]

　　奥德里克告诉我们，当威廉第一次听到丹麦人到达的消息时，他正在迪恩森林（Forest of Dean）里狩猎。丹麦人决定袭击英格兰的东海岸，而这给了威廉充分的时间。他差人前往约克郡，警告那里的手下要抓紧准备，并指示他们在必要时知会他。出乎意料的是，在这一情形下，约克驻军依然自信地回复说，他们可以在没有援军的情况下坚持一年。但在其他地方，丹麦人入侵的消息则造成了极大的恐慌。据传，在获悉了丹麦人入侵的消息后，年迈的约克大主教奥尔德雷德十分苦闷。最后，他忧虑成疾，并于9月11日不治身亡。[45]

　　大约一周以后（也许是在确定了逼近的敌军的规模之后），约克的诺曼守军开始绝望了。根据伍斯特的约翰所提供的更为完整的记录，9月19日（星期六），因为担心房屋的材料可以被用来搭建桥梁，跨越护城河，守军开始放火焚烧那些矗立在城堡附近的房子。大火不可避免地失控了。很快，整座城市（包括约克大教堂在内）都被大火点燃了。2天后，大火依旧在燃烧，而就在这时，盎格鲁人和丹麦人的联军抵达了。出于绝望，驻军从城堡里冲了出来，与敌军交战，但很快就被击垮了。伍斯特的约翰说，有超过3000名诺曼人被斩杀。只有诸如约克郡郡长及其家人等少数人被留了一命，成了阶下囚。在摧毁了2座城堡，掠夺了城中其他各处的财物后，丹麦人回到了他们的船上。[46]

　　在短短几天内，消息一定已经传到了英格兰的南部。"人们夸大了敌军的数量，让人感到害怕，"奥德里克说，"消息称，叛军自信满满，期待着与国王本人交战。"然而，最后一个消息是假的。"满怀悲愤"的威廉招募了一支军队，并且出兵抵抗丹麦人。

就在这时，他发现，敌军已经放弃了约克郡，并到了亨伯河的对岸。他们现在扎营在林肯郡，龟缩在一个名叫阿克斯霍姆岛（Isle of Axholme）的地方。那里到处都是沼泽，几乎无法进入。无论丹麦人的战略是什么，主动挑起战斗显然不是他们的意愿。

根据奥德里克的说法，国王把敌人从他们的藏身之所里赶了出来。一些人被斩于剑下，另一些人则被吓得落荒而逃。然而，就在他开始行动的时候，王国其他地方叛乱的消息就一一传来。在多塞特和萨默塞特两郡的边界处，约维尔（Yeovil）附近的蒙塔丘特城堡（castle of Montacute）受到了这两个郡的人的攻击。与此同时，埃克塞特也遭到了类似的攻击。德文郡和康沃尔郡的民众联手围攻它。什鲁斯伯里所面临的形势则似乎更为严峻。在那里，镇上的新城堡承受着来自威尔士人、切斯特人还有当地居民的联合进攻。奥德里克表示，攻击者中包括"强大好战的野蛮的埃德里克和其他难以驯服的英格兰人"。看起来，威廉的敌人似乎都抓住了这个机会，试图摆脱他的统治。

国王的反应表明，西米德兰地区的叛乱正在日益升级。这是相当严重的，而国王也意识到了这一点。他派遣身边的威廉·菲茨·奥斯本和布赖恩伯爵前往西部平叛。然而，西部的叛军和北部的叛乱分子一样难以捉摸。在国王的代理人到来之前，他们先是放火烧了什鲁斯伯里，然后又分散到各地。只有当诺曼人移兵埃克塞特时，他们才又重新集结起来。最终，征服者被迫亲自对付这次暴动。他将在亨伯河的战争全权委托给他同母异父的弟弟罗贝尔，自己则亲自迎战这些西部的叛乱分子，最终在斯坦福德（Stamford）击败了一股庞大的反抗力量。奥德里克指出："在这些战役中，双方都有人伤亡。无论是否参与到战争当中，人们都因战乱而陷入极度的悲伤之中……惨遭屠杀的人数不断增加。嫉妒和愤怒的罪孽威胁着人们的灵魂。数以千计的人则下了地狱。"[47]

在返回林肯郡的途中，威廉发现，丹麦人再次消失了。"有传言说，那些强盗已经回到了约克，"奥德里克说，"这不但是为了庆祝圣诞，也是为了备战。"第一个原因似乎不大可能（之前我们被告知，入侵者依然崇拜和供奉奥丁［Odin］、托尔［Thor］和弗蕾娅［Freya］*)，但它至少提醒了我们，此时距 8 月（丹麦人开始入侵的时刻）已过去了数周。威廉可能是在 11 月中旬收到这一消息的。在听到了这一消息之后，他们就挥师向北。当他们发现自己无法渡过约克郡的艾尔河（River Aire）时，他们耽搁了更多的时间。无法渡河的原因可能是，他们本想使用的桥梁已被蓄意破坏（这是最早的关于"庞蒂弗拉克特"［Ponte-fract］的记载了）。为了防止受到袭击，诺曼人不愿建造一座新桥。直到三周后，诺曼人才终于在上游找到一处方便渡河的地方。在这里，河水的深度刚好合适。即便是在这时，他们也必须击退河对岸的守军。由于他们的干扰，诺曼人在树林和沼泽之间挣扎。等到他们最后接近约克郡时，一定已经是 12 月的上旬了。他们发现，这时的丹麦人早就再次消失得无影无踪了。[48]

到了这个时候，事情一定已经足够清楚了。尽管有关丹麦人想要和威廉对战的谣言一直存在，但这一点绝非事实。然而，他们似乎也并不急着离开英格兰。那么，他们究竟想要干些什么呢？从后续的事件中，我们可以推断，他们的目标可能是占领英

---

* 奥丁，北欧神话中的主神；托尔，挪威和条顿神话中的雷神；弗蕾娅，北欧神话中掌管爱情、繁衍、战争和死亡的女神。

格兰的北部，为斯韦恩国王创建一个桥头堡，方便他在一年之后到达此地。某位当代历史学家已经论证过，他们本来是要继续留在约克郡的，但在发现火灾已使得这座城市不堪一击之后，他们放弃了这一想法。然而，我们被告知，正是丹麦人自己亲手摧毁了这两座城堡。要解决这一历史悬案，最简单的解决方法就是重新审视我们的历史文献。在奥德里克·维塔利斯的记录中，丹麦人似乎处于绝望的境地。但是接下来，几乎可以肯定的是，奥德里克是在重复普瓦捷的威廉的乐观评价（在这些评论中，敌人总是在逃窜，而诺曼人则战略性地回撤）。其他资料则表明，诺曼人所经历的困难比侵略者更大。《盎格鲁-撒克逊编年史》D本写道，丹麦人的舰队"在亨伯河上停泊了一个冬天。国王根本无法接近它们"。49

威廉在打一场令人绝望的战争。他在整个国家内四处追击敌人，却无法击溃他们。奥德里克告诉我们，一进入约克郡，国王就命人重建城堡。但是，如果他撤军，这里驻军还能坚守吗？他曾两次把人马留在约克郡，而留在那里的人都惨遭屠杀。在不到十八个月的时间内，这已是他第三次来到北方。经验告诉他，只要他南下，叛军就会重新从他们藏身的地方出来，并夺回这座城市。与此同时，他无法接近丹麦人的舰队，而我们被告知，诺森伯里亚人也撤回了他们的故土。50

威廉的解决方案包括两个部分。首先，他派遣使者去跟丹麦人交涉，并许以优厚条件。伍斯特的约翰说，他在暗地里许诺了阿斯比约恩伯爵"一大笔钱，他的军队也可以沿着海岸随意地抢粮。条件是，他不能发动战争，并在冬天结束时离开"。令这位编年史家感到恶心的是，这位"对金银财富贪得无厌"丹麦指挥官同意了这一条件。[51]

在收买了他的主要对手后，威廉就开启了他计划的第二部分。正如奥德里克所说明的那样，国王离开约克郡，并把他的军队分成几个分队，以搜查反叛者在深山老林中的藏身之所。我们得知，这些人分散开来，在超过 100 英里的战线上展开搜索。他们杀死了很多人，并摧毁了另一些人的巢穴。然而，这只是威廉战略的开始。奥德里克继续写道："一气之下，他下令说，要把所有的庄稼和牲畜聚到一起，并用一把大火把它们烧成灰烬。这样一来，整个亨伯河北部地区可能都没法再住人了。"征服者的目的是，确保未来不会再有军队（不管是英格兰还是丹麦的军队）能在此地维持生计，并且与之为敌。正如奥德里克所明确指出的那样，这种焦土政策残忍而有效。"其结果是，英格兰的资源变得十分匮乏，可怕的饥荒降临在卑微和无助的百姓身上。在这一可怕的境况当中，男女老少都因饥饿而死。因为饥荒而死的基督信众总共有 10 万人。"[52]

无论是对于威廉统治时期而言，还是对于整个英格兰历史而言，这一历史事件（即所谓的"北方浩劫"[Harrying of the North]）都十分可怕，并且臭名昭著。长期以来，它经常被人们提及，以谴责威廉国王和诺曼人的暴行。近年来，有人试图淡化其严重性。有人认为，编年史家们所描述的大破坏得不到《末日审判书》的支持。但是，正如我们接下来所要看到的那样，这些争论很容易就可以被搁置不论。[53] 更有甚者，即使我们不去理会各种编年史里的那些可怕的证据，剩下的证据也既真实可靠又骇人听闻。例如，伍斯特的约翰告诉我们，饥荒非常严重。除去吃马肉、猫肉和狗肉以外，人们也会吃人肉。达勒姆的西缅则补充道，有人把自己卖作奴隶，只求能够活下去。关于饥荒的故事一直在遥远的伍斯特郡的伊夫舍姆修道院（Evesham Abbey）流传着。那里的僧侣们一直在说，数量众多的饥民是如何来到这里寻找食物，又是如何（像现代集中营的幸存者一样）被食物撑死的。修道院的编年史家说，他们每天都会掩埋 5 至 6 具尸体。[54]

因此，这一话题的总结仍须由奥德里克做出。正如我们开始所说的那样，当奥德里克写下关于这些事件的记载时，他所面对的正是普瓦捷的威廉对诺曼人无情的支持。而且，我们已经看到，在大部分时间里，他都会重复普瓦捷的记述，并不会对其加以驳斥。然而，当他看到普瓦捷关于"北方浩劫"的记述的时候，奥德里克却不再照抄照搬了。由于原本的结尾已经遗失了，我们永远无法知道，这位征服者的牧师是如何证明他的主公在这年冬天的行动是具有合法性的。但是，他的这些论点却引发了奥德里克这样的反应。在这一事件发生的 5 年后，后者出生于麦西亚：

在我的记述中，我在很多场合下赞美过威廉。但他的这种行为让所有人——无论其有罪与否——都被饥饿慢慢折磨至死。对于这种暴行，我绝不能称赞。这是因为，每当我想到那些无助的孩子、正值最美好年华的青年和花白胡子的老人都一样因饥饿而死时，我都会感到十分痛心。我宁愿为那些经历各种苦难的不幸的人感到悲痛，也不愿做徒劳的尝试，为做下这等恶行的犯罪者开脱。

此外，我声明，如此残忍的大屠杀的实施者肯定没有办法逃脱惩罚。这是因为，万能的上帝总是公平地对待地位高下不同的人，并做出审判；他会用一座公正的天平衡量所有人的行为。正如正义法则向所有人所阐明的一样，作为一个正义的复仇者，他会惩罚恶行。[55]

14

余 震

就在 1069 年接近尾声，威廉驻地周围的村庄仍在冒烟的时候，征服者把他的军队留在营地里，自己则前往约克城庆祝圣诞节。在最近的这阵暴乱风波过去之后（9 月，诺曼守军引发了失控的大火），这座城里可能只有少数建筑是完好的，约克大教堂的主教座堂则处于极为糟糕的状态。用《盎格鲁-撒克逊编年史》的话来说，它"完全成为废墟，并被彻底焚毁了"。根据后世的史学家的记述，教堂的装饰物和文件或已丢失，或被毁掉。然而，几乎可以肯定的是，正是在教堂的这片烧焦了的废墟上，威廉庆祝了圣诞节。用奥德里克·维塔利斯的话来说，他"庆祝了我们救世主的生辰"。当然，他也是在庆祝他自己加冕三周年的纪念日。这种巧合不可忽略。正如奥德里克·维塔利斯所言，在作战期间，国王曾派人把王冠和王袍送到了温切斯特。在那个圣诞节的约克，他不但佩戴着王冠，而且还穿着王袍。近来变化无常的北方臣民也在此时得到了提醒，即威廉的权威并不仅仅是单纯地建立在强大的武装力量之上的。他也是他们的合法君王，在神圣的教堂里被涂过油，并且是上帝所选择的。[1]

无论如何，军事力量还是很快重新得到了应用。在圣诞节后不久，威廉就收到了某些有关英格兰叛军领袖的藏身之地的消息，并且出兵迎敌。当他们反过来逃跑的时候，他横穿约克郡北部来追逐他们，而这里的地形并不适合人的前进。"他用力在没有道路的荒野上开辟出一条道路，其地面是如此地坑洼不平，以至他不得不常常下马步行。"最后，他终于来到蒂斯河畔。他的军队在此处驻扎了 2 周。在此期间，一些重要的人物归降了。奥德里克·维塔利斯说，一些重要的叛乱分子亲自出现，并向国王宣誓效忠。戈斯帕特里克伯爵本人并不在场，但也委托他人代表他向威廉发誓效忠。诸如梅尔斯韦恩和埃德加王子等其余的人显然都逃往了更北的地方，最终回到了苏格兰。我们并不十分清楚，国王是否亲自征讨了他们。但是，据达勒姆的西缅说，威廉的大军已经"占领了泰恩河与蒂斯河之间所有的地区"。然而，无论他们去往何处，"四处都杳无人迹"。达勒姆的百姓都已经逃进了深山老林；他们听说了约克郡糟糕的命运。[2]

因此，1070 年 1 月末，威廉决定放弃对叛军领袖的追捕。在返回约克郡之后，他花了一些时间重建城堡以及秩序。此后，他又前去对付麦西亚的残余叛军。奥德里克·维塔利斯只是说，威廉以"王室力量"镇压了叛乱。但我们可以合理地推断，此处发生了更多残酷的掠夺事件：《末日审判书》显示，威尔士边境郡县的土地收入显著下降。什鲁斯伯里不再受到叛军的围困，人们则在切斯特和斯坦福德建造了更多的新城堡。这些一定花了数周的时间，所以，在国王抵达索尔兹伯里之后，3 月肯定已经过去了一半了。也正是在这时，他的军队才最终解散。[3]

历经 2 年的战斗，英格兰的叛乱结束了。上千（或许上万）人死去了。具体人数将永远不为人知，但一定远远超过在黑斯廷斯战死的人数。当然，英格兰人本身遭受了最为深重的灾难。他们或者在战斗中被杀，或者在镇压暴乱的过程中被无差别地屠戮。更多的人则由于北方浩劫而受伤致死。而且，在接下来的几个月里，有更多的人将会因为饥饿而死去。在《盎格鲁-撒克逊编年史》有关1070年的记载中，编写者写道，"这一年发生了大饥荒"。它所忽略的一个事实是，这一饥荒大多是人为造成的。[4]

然而，有必要指出，对于诺曼人来说，日子也十分艰难。他们也在战争中倒下，或者在他们的城堡被攻陷时被大规模屠杀。他们同样也陷入了可怕的困境。例如，我们可以参考奥德里克·维塔利斯对1070年最初几个星期内征服者从约克向切斯特的进军场景的描述：

> 他下定决心，继续在一条骑手从未走过的路上行军。他攀上陡峭的高山、经过陡峭的山谷，渡过一条条河流、湍急的小溪和深渊。他们一边磕磕绊绊地行进，一边承受着雨水和冰雹的鞭打。有时，全员被迫食用在沼泽中死去的马的肉。

对于国王的一些部下来说，这一切实在是难以承受。即便是在出发去切斯特前：

> 来自安茹、布列塔尼和曼恩的战士怨声载道，声称他们不幸承担了令人难以忍受的任务，并多次提出要求，希望国王放他们解甲归田。他们为自己的行为争辩，称他们无法听命于一个总是刚出虎穴又入龙潭且不断提出苛刻要求的领袖。

很明显，在此处，奥德里克·维塔利斯沿用了普瓦捷的威廉的记述。我们可以看到，他试图将这种异议归咎于军队中的异族士兵。然而，普瓦捷的威廉被迫将此事记录下来这一举动本身就非常重要。可以想见，抗议的声浪实在是太高了。即便作为征服者最主要的辩护人，普瓦捷也无法对其避而不谈。1069 至 1070 年的冬天，威廉军中的境况非常糟糕，甚至出现了某种近似于哗变的现象。逃兵现象一定非常普遍，因为我们后来被告知，国王"称呼离开他的人为懒惰的胆小鬼和软弱的人"。像以前一样，要激发动摇者的干劲，威廉只能许诺他们一种东西。"他承诺说，在完成了最重要的作战任务之后，胜利者就可以休息了。他告诉他们，不苦干就别指望得到奖赏。"[5]

一些人想要得到土地，而国王手中还有很多可以分给他们的土地。少部分英格兰叛军（如戈斯帕德里克）在 1 月已经递上了投降书，并拿回了他们全部的财产。但是，还有很多人被杀或者走上了流亡之路。也就是说，新一轮的财产充公已经展开。失去土地的人中可能包括埃德加王子。至于与他一起流亡的同伴梅尔斯韦恩，他的全部地产都被转到了一个叫拉乌尔·帕尼尔（Ralph Pagnell）的诺曼人的名下。在这段时间里，获封土地的诺曼人还有珀西的威廉（William de Percy）。他在叛乱后积极重建了约克郡的秩序。休·菲茨·巴尔德里克（Hugh fitz Baldric）也是在这个时期获封土地的。他是约克郡的新郡长。[6]

然而，并不是所有人都能得到土地，也不是所有人都能对土地提出要求。即使是最刚勇和最贪婪的诺曼人，对于是否要接受如此荒凉的边境线上的土地，也是要再三考虑的。一旦获封了这一地区的地产，他们就要每天担心，这里的英格兰人是否会发动叛乱，丹麦人又会不会入侵此地。无疑，在战争结束时，威廉的许多部下都更愿意把自己的奖赏带回自己欧洲大陆的家乡。然而，这似乎带来了更多的问题。威廉或许拥有足够的土地，但没有足够的金银以及其他动产。这一情况并不值得大惊小怪。因为，自1066 年以来，威廉已经以税收和贡金的形式攫取了大量钱财，很难再用这种方式得到金钱。在这个国家的很多地区，经济已经遭到了全面破坏。尽管如此，威廉也必须支付雇佣兵的报酬。

按照今天的说法，要解决这一问题，就是要在 11 世纪抢银行。正如伍斯特的约翰所说明的那样，为了逃避掠夺和暴力，11世纪，许多富裕的英格兰人已经将财产秘密转移到了修道院内。当然，他们认为，在这种理论上不可侵犯的地方，贵重物品相对比较安全。但在大斋节期间（也就是 1070 年 2 月 17 日以后），国王却"命人搜查全英所有的修道院，查封那些存放在修道院内的财产，并将其纳入他的宝库"（据称，这是威廉·菲茨·奥斯本想出来的办法）。在阿宾登修道院，12 世纪的编年史家记述了几乎同样的一个故事。但他表示，这次充公的不仅仅是世俗财产。"除此之外，许多在僧侣区内所能找到的珍贵物品也都被抢走了，其中包括大量的金银、法衣、书和各种在教堂内使用并彰显教堂尊严的容器。"鉴于这次大搜刮发生的时间，这些战利品无疑成了不久以后发放给国王部队的"大量奖赏"。那时，他们在索尔兹伯里被解散。尽管解决了雇佣兵的佣金，这一权宜之计却根本无助于改善征服者与被征服者之间的关系。[7]

1070 年的复活节，威廉第二次被加冕。这次典礼在温切斯特举办。而且，典礼的过程中没有发生任何的意外。就像近来在约克戴着王冠一样，国王想要借助这次加冕来声明，自己的统治是合法的。在更早一些的时候，国王已经向支持他的挚友亚历山大教宗请愿，请求他的帮助，以巩固自己在英格兰的统治。作为回应，亚历山大教宗向英格兰派出了由两位枢机主教和一名主教组成的使团。奥德里克·维塔利斯表示，在那个复活节，这些人再次为威廉加冕。这一庄严的举动也强调了这样的事实，即他是教宗最珍爱的子民。[8]

再次举行加冕礼并不是枢机主教到来的全部原因。他们来到此地的另一个原因是，诺曼人十分迫切地想要赎罪。即使是按照11世纪的标准来衡量，国王及他的士兵也应该为如此庞大的伤亡承担责任。事实上，1069至1070年，国王所面临的反对，不仅仅是基于物质上的匮乏，而且还基于道德上的谴责。在奥德里克·维塔利斯的记述中，至少有一个诺曼人在此时返乡，并拒绝再参与任何与征服相关的事情。《盎格鲁-撒克逊编年史》D本在记载"北方浩劫"时则暗示道，即使是在一个习惯于见到如此暴行的时代，对于某些人来说，人们所遭受的苦难仍然是触目惊心的。[9]

威廉敏锐地意识到了这一批判声音的存在，并感到有传播它的必要。在征服的最初阶段，很可能就在他1067年复活节奏凯回国之际，诺曼底的主教们为那些参加黑斯廷斯战役的将士制定了一套忏悔的方法。这些内容在一份迷人的文献当中幸存了下来。今天，我们称这份文献为《悔罪条例》。既然这一方式极不寻常，而征服者也已经完全控制了诺曼教会，那么，我们就可以做出一个合理的假设，即一定是威廉本人批准的《悔罪条例》。而且，他也势必认为，在军中推行忏悔仪式反映了他一直以来的愿望，即他自己的行为具有合法性。[10]

总的来看，条例中所推行的忏悔仪式看起来十分严格："任何知道自己在这场大战中杀过人的人都必须忏悔。每杀一个人，就要忏悔一年……对于任何（在这场大战中）重伤过他人的人来说，每攻击一个人，就要忏悔40天。"以此估算，威廉军中的那些更有经验的战士都将在忏悔当中度过很长的一段时间。然而，这一条例中也有一些条款，规定在某些特定的情况下，人们可以不必承受那么重的负担。例如，弓箭手不可能知道自己杀死了多少人或者让多少人受重伤。他们的忏悔时限则为3个大斋期（1个大斋期为40天）。事实上，正如另一条款所写明的那样，在经过当地主教的裁决之后，凡是记不得自己杀了多少人的人都可以每周选择任意一天进行忏悔。为了赎罪，他也可以向教堂捐钱，或者兴建教堂。当然，威廉选了最后一种方式。在他刚刚开始征服的时候，国王曾在黑斯廷斯战场遗址上建立了巴特尔修道院，既是为了纪念这场胜利，也是为他的杀戮行为赎罪。[11]

《悔罪条例》的规定也沿用到了后黑斯廷斯时代。《悔罪条例》承认，威廉军中的战士可能会在寻找粮食的过程中遭遇抵抗，但对于那些在劫掠行动中进行杀戮的人，《悔罪条例》制定了更为严格的赎罪方式。加冕典礼成了一个分界点：任何在此之后进行的杀戮行为都会被当作一般的杀人行为，是出于本人的意愿的，因此必须接受通常的（更严格的）惩罚。但是，这一条例仍然存在例外：如果他们所杀死的人正试图武装反抗国王，那么即便是在加冕礼之后，这些杀人的人仍然适用与加冕礼之前的那种特殊的忏悔方式。当然，这就意味着，虽然《悔罪条例》可能是在黑斯廷斯战役之后的几个月起草的，但它仍对接下来几年的暴力事件有效。此条例仅存在于英格兰方面的史料当中，而且，这些史料均与1070年教宗使团的来访相关。这一事实表明，这一条例得到了确认，或者被重新颁发了。毫无疑问，这一次也是基于国王的特殊命令。[12]

然而，使团造访的最主要原因既不是将威廉的王权合法化，也不是赎罪，而是推行改革。奥德里克·维塔利斯写道："当他们发现缺失宗教层级和纪律的地区非常需要改革的时候，他们就开始参与全国的各种事务。"为了保证教宗对诺曼征服的支持，威廉提出了各种论点。其中的一个主要论点是，英格兰教会处于涣散的状态当中。所以，教宗使团的插手不足为奇。在某种意义上，它只不过是早就应该颁布的一项政策，只是被多年的叛乱耽误了。

与此同时，叛乱本身也对改革的本质产生了影响。在统治之初，征服者曾承诺，他将保留现有的法律和习俗，并承认大多数臣民的领土和头衔。但如果说，威廉在1068至1070年学到了什么的话，那就是绝不能轻易相信英格兰人。威廉一次又一次地原谅某些人。然而，一旦他离开，这些人就会伺机造反。对于平信徒而言，威廉可以采取强硬的路线。他可以没收他们的财产。这样一来，他们就失去了在社会中的立足之地。但是，要处置神职人员就没那么简单了。最桀骜不驯的神职人员早已不在其位。他们或者已经战死沙场，或者已经流亡异国。在经过简易审判之后，此外的少数人似乎也已服法。最为著名的例子是前任达勒姆主教埃塞尔里克。1069年夏季，他与他的兄弟——现任达勒姆主教的埃塞尔温——被分别逮捕，并被判有罪。原因是，他们可能支持过北方的叛乱者。[13] 但是，无论这些高级神职人员犯下了多少罪行，或者多么不值得信任，国王都不能随意罢免或替换他们。

但是教宗使团可以。在复活节之后不久，一次特别的宗教会议在温切斯特召开了。在这场会议上，英格兰教廷的改革开始了。他们的第一个举措就是罢免大主教斯蒂甘德。当然，从诸多方面来看，斯蒂甘德早就应该被解职了。毕竟，他曾是戈德温家族所认定的坎特伯雷大主教的人选。1052 年，在前任坎特伯雷大主教瑞米耶日的罗贝尔逃走以后，斯蒂甘德就以非常规的方式上任了。而在温切斯特的审理过程中，他的上任方式也成了他的罪责。另一个对他的核心指控在于身兼多职（这一点无法反驳）。即使斯蒂甘德已升任坎特伯雷大主教，他仍继续在温切斯特担任主教。既然基于这些理由，他已经受到了教宗的绝罚，那么，教宗使团罢免他也并不令人奇怪。到了这个时候，他之所以能幸运地稳坐这一位置，很可能是因为他的财富和影响力。普瓦捷的威廉也是这么总结的。另一个原因则是他的高寿。既然他是从 1020 年开始担任牧师的，那么到了 1066 年，他可能很快就会死去，没法再继续担任神职人员了。然而，到了 1070 年，威廉显然已经厌倦了等待。他也终于不再假意尊重英格兰人的情绪了。这位大主教令人难堪，因此他必须离开。[14]

但是斯蒂甘德远非唯一的受害者。要么是在温切斯特的同一次会议上，要么就是在几周后在温莎（Windsor）的第二次教会会议期间，另外三位英格兰主教也被人用类似的方式剥夺了教职。在利奇菲尔德主教利奥弗温（Leofwine, bishop of Lichfield）的案件中，我们知道，人们指控他在"肉体上荒淫无度"。这是因为，这位主教有一个妻子和一些孩子。另一宗类似的案例可能是东盎格利亚的埃特尔迈尔（Æthelmær），因为他也是个已婚男人。至于苏塞克斯的埃塞尔里克主教，我们无法确定对他的指控是什么，但这一指控不可能十分令人信服。这是因为，在案件发生之后的第二年，教宗就下令复查该案，并让主教官复原职（但这一命令被有意忽视了）。

这些案件集中爆发的数量以及其爆发时机都暗示着权力的斗争。埃特尔迈尔和利奥弗温也许结过婚，但有很多其他神职人员也是如此（在埃特尔迈尔一案中，这么做的还包括他的继任者）。罢免他们的真正原因很显然是他们的背景：利奥弗温是麦西亚伯爵的亲属，而且身份显赫；埃特尔迈尔则是斯蒂甘德的兄弟。事实上，威廉在 1070 年彻底清扫了一众忠诚度成疑的主教。无论就道德还是法律而言，对于苏塞克斯的埃塞尔里克的指控都很没有说服力。但是，在国王的眼里，此人一定早已成为主要的安全威胁。之所以这样说，是因为他不仅被撤了职，而且还被羁押起来。按伍斯特的约翰的话说，"尽管他是无罪的"，他还是"被关在莫尔伯勒（Marlborough），并被严加看守"。[15]

当然，这几乎重演了 16 年前发生在诺曼底的一系列事件。当时，大主教鲁昂的莫热在一次叛乱的初期遭到免职，因为他被怀疑与一次叛乱的敌人有所勾结。在那个案子里，威廉同样谨慎地遵守了程序。这位受到指控的人被一个由教宗使节所主导的议事会定了罪，原因是所谓的道德缺陷。实际上，哪怕是对征服者的早期活动有过一丁点的关注，在 1070 年教宗使团到来的时候，英格兰的主教们就能嗅到危险的气息。这是因为，负责诉讼程序的主教不是别人，正是锡安的埃尔芒弗雷德。此前，此人一手造成了莫热的倒台。[16]

话虽如此，比起之前的行动来说，1070 年行动的范围更大。在温切斯特和温莎，被清扫出门的绝不仅仅是主教们。伍斯特的约翰说道："许多修道院院长也被撤了职。"虽然他并未列举具体的名字，但被剔除出去的人当中似乎很可能包括阿宾登、圣奥尔本斯（St Albans）和圣奥古斯丁（St Augustine）的坎特伯雷这些修道院的院长。这些人都是在这一时期丢掉自己的职务的，有的甚至失去了他们的自由。约翰说，国王"剥夺了众多主教和修道院院长的教职。但无论是就教会的法律或世俗的法律而言，他们都没有因为任何明显的原因而被定罪过。仅仅因为怀疑（正如我们说过的那样），他就让他们终身监禁"。[17]

自然，取代他们的是诺曼人。出于明显的理由，威廉更喜欢提拔他所熟悉的人。所以，他首先想到的就是他小教堂里的牧师们。温切斯特、东盎格利亚、苏塞克斯和利奇菲尔德教区的主教都由前王室牧师担任。前一年因奥尔德雷德去世而空缺的约克大主教的职位也同样由王室牧师填补了。只有在达勒姆，国王没有采取这种做法，而是安插了一位名叫瓦尔歇（Walcher）的洛陶林吉奥牧师。这次新任命的最终结果是，英格兰教会的高层大换血。就像黑斯廷斯战役以及接下来的几场叛乱彻底地改变了世俗贵族一样，英格兰教会的高层也转变了。在1070年的大清扫结束之后，在英格兰的15个主教当中，只有3个是英格兰人。[18]

大斋节期间，修道院的财富被掠夺了；春季，众多修道院的领袖则被革了职。很明显，对于英格兰教会来说，1070年是"可怕的一年"（annus horribilis）。但在同一年，英格兰教会似乎不得不再经受一次打击。此时，征服者给许多教区和修道院附加了一种新的负担，即军役。

所有中世纪统治者都要求其臣民服军役。正如我们之前所说

的那样，在诺曼底，现有的证据不足以说明，1066 年以前的征兵
是如何完成的。但这些证据足以证明，诺曼底公国正走在日益"封
建化"的道路上。权贵们不得不接受这样一个事实，即一旦在公
爵处领有了土地，他们就必须为他服役。其中一项役务的内容是，
无论何时，只要他提出要求，这些权贵就要向他提供一定数量的
骑士。正如我们之前所说的那样，英格兰的体制有着些许的不同。
按照英格兰的体制，领主被要求给王室军队提供一定数量的士兵。
而他们所提供的士兵的具体数量显然取决于他们所拥有的土地数量
（以海德计）。自威廉在英格兰继位以来，他不断地把土地奖励给
自己的诺曼下属。不仅如此，有时他还允许英格兰的地主赎买他
们现有的土地。根据后来的证据，我们可以推测，国王肯定抓住
了这一机会，精确地规定了每个人应该完成多少军役。这一军役
具体表现为每个人所需提供的骑士数量。[19]

　　在威廉执政的初年，这些新要求明显与英格兰教会无关。
在诺曼底，人们普遍期待修道院为其建立者的封臣们提供采邑
（benefice）。英格兰的情况则并非如此。在那里，更为普遍的情
况是，僧侣们挥动着某一位热心肠的先王所赠予的证书，并以此
为据，不去承担这种世俗的负担。在最初执政时，威廉曾公开表
明，自己愿意遵守英格兰诸位先王制定的法律和习俗。看起来，
他似乎从一开始就承认了这种豁免权的存在。

　　然而，在统治了 4 年之后，征服者改变了他的想法。编年史
家文多弗的罗杰（Roger of Wendover）说："1070 年，国王威廉
在所有的主教辖区和修道院院长的辖区征兵，而这些地方在此之
前不受制于任何的世俗权威。"他补充道："国王还写了每一个修
道院在战时需提供给他及其继任者的骑士的具体数量。"诚然，就

时代而言，文多弗的记述显然较为晚近。在文多弗创作他的史书时，已经是 13 世纪的早期了。这也使得很多史学家对此存疑。（在诺曼征服的历史中，很少有比军役的引入更具争议的话题。）但是，他的评述得到了 12 世纪的其他编年史著作和一份令状的支持。如果这份令状是真实的话，那么它的签发时间应该不会迟于1076 年。尽管存在争议，但是大多数史学家们一致认为，征服者此时确实向英格兰教会提出了新的军事要求。[20]

如果我们要问他为何这么做的话，那么答案是不言自明的。这是因为，他感到这些额外的役务是有必要的。在威廉执政的初期，他或许还能像英格兰先王们一样信守承诺，不让修道院承担军役。但是，从那时起，他的王国就开始遭受叛乱的威胁。在长达 3 年的时间里，这些叛乱一直没有停歇过。我们知道，在这些年里，他曾经招募英格兰人加入他的军队。这些人之所以参与作战，很可能是因为，这些人在诺曼征服前就已经要为威廉服役了。但是，我们也可以看到，威廉曾从欧洲大陆各国征召了很多雇佣兵。在两次收税的过程中，他征收了数额巨大的捐税，并以此作为他们的奖赏。鉴于他在 1070 年绝望地掠夺了修道院，可以想见，收税的方法是难以维系的。事实上，我们可以看到，该年年初的现金流转危机足以给国王及其顾问们敲响警钟。这一危机告诫他们，有必要寻找一种新的办法，好让他们的臣民继续承担负担。虽然叛乱可能早在 1070 年夏季就已经结束，但国王仍旧十分需要能够服军役的人。威廉不再供养一支庞大的军队。但是，在过去的两年间，他却修建了数十座新的城堡，而这些城堡都需要常备的守军。谁会一周又一周地为这些分散的占领军支付军费，直至不可预见的未来呢？

答案显然是英格兰教会。12 世纪，伊利修道院的一位编年史家记载道，威廉通知了所有的修道院院长和主教"从这时起，他们将负责供养英格兰国王的守军……这是一项永久的法律规定。即使有最高权威的支持，任何人也不得有反对这项法令的想法"。成书于 12 世纪的阿宾顿编年史的记载与此相似，但这一记载更为具体。"该修道院接到了国王的命令，要为温莎城堡提供骑士"。当然，因为不久前的大清洗，有一些修道院的院长是由诺曼人担任的。这些人无法想象，假如不向国王提供骑士，获得国王的保护的话，他们要怎么得到这些职位。后人回忆道，"在这个诺曼人的任期的最初几天里，除非有一支武装骑士队贴身保护"，阿宾顿修道院的新任院长阿德勒姆（Adelelm）"不会去他所管辖的任何地方……因为，在那个时候，许多有关推翻国王及其王国的谣言正在不断发酵，迫使身在英格兰的每一个人都全力自保"。[21]

而且，就在温莎宗教会议结束后不久，一场新的军事危机爆发了。或者说，这场危机是此前危机的重演。虽有去年达成的协议，但丹麦的斯韦恩国王所派出的维京军队仍然没有回国。他们似乎一直都想要在英格兰北部建立一个基地。这样一来，斯韦恩就可以直接从此处发动一场征服战争。而且，就在 1070 年 5 月末，丹麦国王抵达了英格兰。他在亨伯河河口处与他的弟弟阿斯比约恩会合了。据《盎格鲁-撒克逊编年史》记载，他的欢迎会是盛大而且欢乐的。在这一年的年初，英格兰的叛军将领们就已经纷纷逃亡或投降，但当地人还是都出来支持入侵者，认为他会打败所有的敌人。斯韦恩本人似乎一直驻扎在亨伯河地区，但阿斯比约恩和一支丹麦御卫部队却南下到了东盎格利亚，并占领了伊利镇。据说，当地人对他们也非常友善，并且对未来的发展非常乐观。"整个沼泽地的英格兰人都前来迎接他们，"《盎格鲁-撒克逊编年史》E 本记载道，"他们以为，丹麦人会征服整个国家。"[22]

在对于丹麦征服的前景极其热衷的英格兰人中，有一个叫作赫里沃德（Hereward）的人。后世称他为"觉醒者"（the Wake）。在所有的抵抗者中，赫里沃德可以说是最有名的一个。但遗憾的是，直到去世后近百年，他才声名鹊起，而那时他已被奉为传奇。例如，12 世纪的《赫里沃德传》（*Gesta Herewardi*）里的一些事似乎有一些史实基础，但这本书花费了太多的篇幅来写巫婆、公主和怪兽，以至于无法被看作严肃的史料。即便是赫里沃德引人注目的绰号（人们一度认为，这意味着他拥有超常的警觉性）也是直到 13 世纪才出现的。而且，它可能也只不过是说明了他与林肯郡的韦克（Wake）家族所谓的血缘联系。有关赫里沃德，我们唯一能确定的是，虽然其血统不明，但此人似乎拥有贵族身份。在诺曼征服时期，他还在外流亡，而到了 1066 年之后的某一天，他回到了英格兰。这时，他发现诺曼人杀了他的兄弟，霸占了他的田产。显然，当 1070 年夏赫里沃德首次出现在历史记载当中时，他已经是一个亡命之徒了。[23]

在记述了丹麦人来到东盎格利亚之后，《盎格鲁-撒克逊编年史》E 本表示，"赫里沃德和他的同伴们"正在计划掠夺彼得伯勒的修道院。（这里也是后人誊抄和增补《盎格鲁-撒克逊编年史》E 本的地方。因此，这本书对此事描述得十分详细。）他们这样做似乎不仅仅是因为丹麦人的入侵，而且还是因为他们得知，彼得伯勒最近将迎来一位新的诺曼院长。由于他有再次战胜压迫者的决心，赫里沃德决定在新院长到任前洗劫修道院。尽管僧侣们尽了全力（他们向外求援并尽其所能地抵抗），赫里沃德和他的部下还是强行闯入了彼得伯勒镇，一把火把镇中的大部分房屋都烧成了焦土。之后，他们冲进了修道院教堂，抢走了修道院所珍藏的财宝（其中包括十字架、祭坛前的帷幕以及圣物匣——均以金银制作而成。此外，他们所掠夺的东西里还有金钱、书籍和圣衣）。最后，他们趾高气扬地把这些战利品都带到了驻扎在伊利的丹麦人营中。《盎格鲁-撒克逊编年史》E 本的编写者明显对此感到十分怨恨，"他们声称，这样做是出于对这座修道院的忠诚"。如果说，赫里沃德和他的同伴们并没有说服僧侣们，但他们貌似说服了他们自己，而且自认是罗宾汉的先驱。他们没收了修道院的贵重物品，以防它们被贪婪的诺曼人掠走。公正地讲，这一说法并非完全没有道理：赫里沃德和他的人马是这一座修道院的佃户。年初，征服者洗劫英格兰所有修道院的情景仍然令人们记忆犹新。[24]

在烧毁了城镇并抢劫了修道院之后，这群不法之徒很可能与他们的丹麦盟友讨论过，要据守彼得伯勒并与诺曼人对峙。《盎格鲁-撒克逊编年史》E 本称："丹麦人认为，他们可以打败法兰西人。因此，他们赶走了所有的僧侣。"然而，没过多久，当新任修道院院长图罗尔德抵达的时候，他发现这里已被废弃，侵略军也早已回到了他们的战船上。不得不提的一点是，图罗尔德不是一名普通的僧侣。马姆斯伯里的威廉后来评价道，图罗尔德的行事风格"不像一个修道院院长，更像一个骑士"。在《盎格鲁-撒克逊编年史》E 本中，他则被称为"非常凶残之人"。这本书还表示，在他就职的时候，至少有 160 名全副武装的法兰西人陪同。为了保留丹麦人和他们的英格兰盟友的脸面，尽管他们选择从一个僧侣面前逃跑了,《盎格鲁-撒克逊编年史》也并没有说什么。无论图罗尔德多么令人畏惧,相较而言,他所领导的只是一小撮诺曼人的军队。[25]

事实上,丹麦人的征服梦也许在几周前就已经破碎了。在他抵达英格兰时,斯韦恩似乎就已经发现,他弟弟所指挥的军队正处于一种十分糟糕的状态之中。奥德里克·维塔利斯不厌其烦地讲述了他们在冬天里因为暴风雪和饥荒而经受的种种磨难。他说:"一些人死于船只失事,剩下的人则以劣质浓汤勉强维持自己的生命。诸侯、伯爵和主教们所处的境况也并不比普通士兵好多少。"几乎可以肯定,他在这里借用了普瓦捷的威廉的表述,其言辞之间带有明显的偏见。比如,在书里的某一个地方,我们被告知,丹麦人因害怕当地人而不敢离开战船,而这与《盎格鲁-撒克逊编年史》所带给我们的印象并不相符。更有甚者,这一份记述还富有误导性。它忽略了斯韦恩亲自前来的事实,只说丹麦军队的余部回到了国内,告知了国王他们损兵折将的悲伤故事。无论如何,丹麦人很可能真的面临着困难。此时,"北方浩劫"才刚刚过去不久。对这些人来说,要找到足以维持生命的粮食一定是非常艰难的。[26]

斯韦恩一定很快就意识到,其庞大舰队的剩余部分已经不足以开展一次征服行动。从这一个角度来看,他派阿斯比约恩到东盎格利亚的行为与其说是一次军事行动,不如说是一次由维京人所发动的劫掠,目的是收回在外航行的成本。在彼得伯勒遇袭(这件事发生在6月2日)后不久,威廉提出讲和,而丹麦国王则欣然接受了威廉所提出的条件。他的船队沿着东海岸航行,在泰晤士河上逗留了两个晚上,之后便返回丹麦。到了仲夏,也就是他来到英格兰还不到 1 个月的时候，斯韦恩就离开了。他抛下了那些支持他的英格兰人，令他们处于孤立无援的境地。他们对于再一次改朝换代的期待则又一次落空了。如果赫里沃德和他的绿林兄弟真的只不过把自己当作彼得伯勒财富的临时托管人，那么他们是时候该打消这个念头了。《盎格鲁-撒克逊编年史》E 本记载道："丹麦人离开了伊利，并带走了所有之前提到的宝物。"修道院的僧侣们只能安慰自己，他们的掠夺者也没能全身而退。在返航的途中，丹麦船队被巨浪冲散了。因此，只有一小部分战利品最终被带回了丹麦。就是这一小部分战利品，也在几年后的大火中损失殆尽。与此同时，阿斯比约恩伯爵也受到了指控。有人认为，正是因为他收受了威廉的贿赂，入侵行动才会不了了之。他本人则因此而遭到了放逐。[27]

无疑，威廉似乎认为，随着斯韦恩的离开，危机就到此结束了。在夏末或是秋初的某一天，国王离开了英格兰，并乘船前往诺曼底。在欧洲大陆上，危机正在发酵。从他妻子的家乡佛兰德所传来的消息尤其令人不安。在那个临近的地区，一场继承争端正在演变成一场内战。相比之下，在海峡的另一边，一切似乎都很平静。奥德里克·维塔利斯说："此时，承蒙上帝恩赐，和平之光笼罩着英格兰。既然强盗已被击退，百姓的生活便重归宁静……没人再敢抢劫。每个人都安心地在自己的土地上耕作，心满意足地和邻居们一同生活。"[28]

"但是，"奥德里克补充说，"这种情况没有持续太久。"他之所以不得不修改自己的评论，是因为一场新的暴乱出现了。威廉似乎认为，随着丹麦人的离开，支持他们的英格兰人将会一哄而散。即便不是如此，他们也会被修道院院长图罗尔德这样令人敬畏的地方长官轻易地剿灭。但是，藏匿在沼泽地带当中的英格兰反抗势力是难以根除的。丹麦人在伊利建立基地绝非偶然。这是因为，11世纪（以及此后的几个世纪），这个小镇就是一个四面环绕着沼泽的孤岛，只能靠船只进出。在丹麦人离开之后，伊利的居民被留在了这个地方。这些焦虑不安的人认为，他们势必会因为过去与丹麦人的合作而遭到暴力镇压。根据《赫里沃德传》的记述（尽管可信度不高，但只有这份资料涉及了反叛的原因），伊利的修道院院长担心，因为损害了诺曼人的利益，就像这一时期很多的英格兰神职人员一样，他在不久之后也会被罢免。自然，修道院僧侣们开始寻求赫里沃德的帮助，而且得到了后者的回应。但是，正如随后的事件所表明的那样，回应伊利方面呼吁的不只是这位当地的英雄和他的队伍。在全国范围内，其他走投无路的人都开始从四面八方赶往东部沼泽地带。《赫里沃德传》写道："因为害怕异族的统治，那里的僧侣宁可将自己置于危险之中，也不甘沦为奴隶。他们联合了许多人，包括亡命之徒、罪犯、被剥夺继承权的人和失去父母的人等等。他们用这种方式来保卫自己的住所和整个岛屿。"[29]

达勒姆主教埃塞尔温正是这些走投无路的人当中的一个。从某种程度上来说，埃塞尔温并不是自愿叛乱的。1068至1069年，他被叛乱牵连，继而被宣布为不法分子。"北方浩劫"期间，他逃离了征服者的军队，带领着他的教众在林迪斯芳的一个临时庇护所内避难。而到了1070年的春天，他已经返回了英格兰本土。但根据达勒姆的西缅的记载，他无意在此久留。"他看到，英格兰人全境都处于一片混乱之中。而且，他害怕受到异族人的统治。关于那些残忍的人的语言和风俗，他都不了解。基于这些原因，他决定辞去主教之职，并远走他乡。"但是，即使在这件事上，埃塞尔温的运气也不怎么样。在这一年的夏天过去一大半之后，他乘船从韦尔茅斯（Wearmouth）出发，并计划前往科隆。但是，一股逆风把他的船吹到了苏格兰。在那里，他遇到了埃德加王子和梅尔斯韦恩以及他们所带领的流亡者。极有可能的是，不久后，伊利方面正在组织反抗的消息就传到了这些残兵败将的耳中。到了这个时候，主教一定感到，自己再没有什么可以失去的了。他的兄弟埃塞尔里克在一年前锒铛入狱。这一年的春天，罗马教宗使团又把他当成了不法分子。对埃塞尔温来说，伊利的叛乱或许拉动了他的情感闸门。埃塞尔温同样来自英格兰的沼泽地带。他原本在彼得伯勒，后来才前往达勒姆任职。无论确切的原因到底是什么，他最终放弃了逃离英格兰的计划，并选择与反叛者患难与共。在新的一年（1071 年）年初的一天，他从苏格兰来到伊利。和他一同来的是一个名叫休厄德·巴恩（Siward Barn）的北部英格兰要人以及其他数百名流亡者。这些人全都下定了誓死抵抗诺曼人的决心。[30]

如果不是埃德温和莫卡两位伯爵在同一时间采取了行动的话，伊利叛乱的规模可能还不会如此之大。自从他们在 1068 年夏迅速投降之后，兄弟二人就再没有在英格兰的反抗运动中发挥过任何作用。事实上，在之后所发生的任何政治事件中，他们都没有扮演过重要的角色，甚至在之后的历史记录中消失了。一份可能起草于 1069 年春的王室证书显示，此时的他们仍然留在威廉的宫廷中并保有各自的头衔。但是，无论是称呼埃德温为"麦西亚伯爵"，还是称呼莫卡为"诺森伯里亚伯爵"，这对他们来说都无异于一种嘲讽。这是因为，他们在各自对应的地区根本没有任何实权。

此时，约克郡的城堡主们和近期恢复爵位的戈斯帕特里克共同统治着英格兰的北部。与此同时，麦西亚则由诺曼人所担任的新郡长统治。这些人的统治也受到了沃里克、诺丁汉、什鲁斯伯里和斯坦福德等地新筑城堡守军的支持。早在 1068 年，威廉就以赫里福德和什鲁斯伯里两地为中心建立了敌对的伯爵领，而这也使得埃德温的权威遭到了严重的削弱。这两处伯爵领则分别为威廉·菲茨·奥斯本和蒙哥马利的罗歇所持有。从 1070 年年初开始，埃德温在当地的统治就遭受了进一步的打击，而这一打击可能是毁灭性的。这个时候，另一个以切斯特为中心的新伯爵领被建立起来，而这一伯爵领又被授予了热尔博（Gerbod）。此人是征服者威廉众多佛兰芒人下属当中的一个。看起来，我们应当能够相信奥德里克·维塔利斯的说法，即两兄弟在 1068 年确实只是"在表面上"得到了国王的宽恕。人们不禁要怀疑，在那之后，他们的自由可能再次受到了限制。我们不清楚，威廉于 1070 年回到诺曼底一事是否表明，他暂时放松了对二人的限制。同样地，我们也不知道，是否正如伍斯特的约翰所解释的那样，他们离开的原因是害怕被更严密地监禁起来。无论怎样，埃德温和莫卡都决定逃跑。1070 至 1071 年的冬天，他们秘密地逃离了威廉的王廷，并着手筹划叛乱。[31]

然而，我们很快就能看出，他们的运势已经不济到了怎样的地步。这样说的原因是，似乎没有人愿意在他们的麾下集结。自从诺曼人接管国家以来，两兄弟就没能履行好他们作为领主的基本职责。也就是说，他们没能保护好自己领地上的人民。当征服者大军肆意践踏米德兰的时候，埃德温在哪里？当北部地区遭到大规模侵扰时，莫卡又在哪里？从这个意义上说，他们实在比不上戈德温伯爵。1051 年，戈德温违背了国王的命令，没有破坏他治下的多佛尔。他们同样比不上国王哈罗德。1066 年，哈罗德驰援黑斯廷斯，部分原因就是他自己的佃户受到了威胁。1068 至 1070 年，两位伯爵都置其追随者于不顾，任由他们落入诺曼人之手，或是面对死亡，或是被剥夺财产。两兄弟那时很可能并没有多少行动自由。这一点固然能赢得我们的同情，但对于那些失去土地或亲人的人来说，这实在称不上安慰。[32]

伯爵们叛乱的失败导致他们沦为逃犯。《盎格鲁-撒克逊编年史》的编写者回忆道，"兄弟二人漫无目的地在树林里和荒野上前行"。根据伍斯特的约翰的说法，他们最终还是分道扬镳了。埃德温前往北方，打算到苏格兰与其他被流放的人会合。莫卡则往东行进，并参加了伊利叛军。由于他们的领地靠近林肯郡，莫卡很可能会把赫里沃德看作他的封臣。如果是这样的话，那么伯爵可能仍旧可以指望这个不法分子。[33]

埃德温和莫卡的逃亡以及后者到达伊利这两件事很可能是导致威廉在 1071 年返回英格兰的主要因素。他回到英格兰就是为了亲自处理这次叛乱。不幸的是，我们对这一年中国王的活动都知之甚少，所以无法确切说出其返回的具体时间。我们也没有任何有关后来的军事行动的具体记录。《盎格鲁-撒克逊编年史》记述道，威廉召集陆海两路大军，从各个方向发起了进攻。战船被用来封锁该岛东部靠海的一边，而在西部，威廉的大军建造了一条堤道（或一座浮桥），以便通过沼泽地发起进攻。[34] 除去《盎格鲁-撒克逊编年史》之外，后世的伍斯特的约翰也做出了几乎一样的叙述。然而，至于战斗的细节，这些可靠的资料来源则没有提供什么帮助。《赫里沃德传》写道，诺曼人曾多次尝试占领这一岛屿。但是，赫里沃德和他的战士技高一筹，每次都能击退他们。与此形成鲜明对照的是，另一份 12 世纪的历史资料《伊利史》（*Liber Eliensis*）则令我们相信，在威廉的亲自率领下，诺曼人通过浮桥发动了一次袭击，大获全胜，并迫使守军外逃。这两种描述都有某些缺陷。对于《赫里沃德传》而言，它确实想取悦读者，而且塑造赫里沃德的光辉形象，这也使得它的真实性大打折扣。《伊利史》则不过是一个弗兰肯斯坦式的怪物罢了。它的作者抽取了其他编年史中的记述，并将这些碎片粘贴在一起。它对强攻伊利过程的描述之所以有意思，是因为它貌似引用了普瓦捷的威廉的作品中的结尾部分，而这一结尾后来失传了。（这一记述从一开始就告诉我们，在威廉的宫廷以外，埃德温和莫卡从未享受过那么多的恩惠和荣耀。除了普瓦捷之外，还有谁还会这样写呢？）因此，诺曼人成功发动袭击一事或许有一定的事实依据。[35]

除了《伊利史》外，现有的各个史料都认为，战斗最后以英格兰人的投降告终。据《盎格鲁－撒克逊编年史》记载，"国王获得了他们的船只、武器和大量的财宝，并按其心愿处置了这些人"。主教埃塞尔温被监禁在阿宾登修道院，并于第二年冬天去世。莫卡伯爵同样被判处终身监禁。然而，他的刑期要比埃塞尔温长得多。至于其他向威廉投降的人，伍斯特的约翰说，"一些人被判入狱。另一些人则被砍掉了双手并被挖掉了双眼，但他们却获得了自由"。唯一逃脱了刑罚的重要人物是赫里沃德。他不仅拒不投降，还巧妙地策划了一次令人印象深刻的逃脱。他带着那些愿意跟随他的人秘密地取道沼泽，并逃了出去。时人所编写的《盎格鲁－撒克逊编年史》D 本记载道："他英勇地带着他们冲了出去。"这表明，赫里沃德的英雄主义绝不仅仅是后世传说的产物。[36]

在读过普瓦捷的威廉有关伊利陷落的记录之后，奥德里克·维塔利斯就完全推翻了这一记述。他坚称，莫卡并没有对国王造成任何损害，而后者却许以虚假的和平与友谊，并以此诱降了他。关于埃德温伯爵，奥德里克继续写道，在埃德温伯爵得到伊利陷落的消息之后，他发誓要继续战斗。他花了6个月的时间走遍了英格兰、威尔士和苏格兰，试图寻找支持力量，以解救自己的兄弟。但是在这里，奥德里克的这一记载一定是错误的。他在这里引用了一个带有亲麦西亚色彩的故事，而这一富有传奇色彩的故事可能已经流传了一段时间了。其他时代更为接近的记载（例如《盎格鲁-撒克逊编年史》）都指出，甚至在伊利之围开始前，埃德温就已经死了。所有关于此事的记述都提到了"背叛"这一主题。"作为他最亲密的臣属，他的3个兄弟向诺曼人出卖了他。"奥德里克如是说。听起来，这句话引自某部史诗。我们被告知，上涨的溪水挡住了伯爵逃走的去路，而他就是在这条小溪边上被抓的。他和他的小股人马一起被杀死，"所有人都绝望地战斗到了最后一刻"。这就是利奥弗里克后人的结局。他们是被此前他们未能保护的人所打倒的。后者看不到任何继续抵抗诺曼人的希望。[37]

异邦人与本地人

事后总结起来，在诺曼征服史上，伊利的投降以及埃德温和莫卡的倒台这两个事件都具有重大的意义。从那以后，英格兰就再未发生过任何重大的叛乱。但是，威廉国王显然不可能有这种远见。他在叛乱之后就立即开始调查情况。伊利的归顺具有多重含义。这一事件不仅意味着又一个地区的归降，还意味着新的王室城堡的建立。一支耗资巨大的守备部队也被部署在了那里。麦西亚兄弟的倒台则意味着国王再一次收获了大量的土地。继 5 年前戈德温家族垮台以来，国王还没有得到过这么多的土地。然而，维护英格兰安全的斗争远未结束。这是因为，征服者认为，自己还有一个必须解决的问题。[1]

除伊利以外，大部分的叛乱者来自何处？在被抓到之前，埃德温是要逃往哪个方向？最重要的是，为等待事态变得更好，英格兰王室最后的后代仍旧躲藏在何处？答案当然是苏格兰和马尔科姆王廷。苏格兰国王最初不过是一个麻烦制造者。近来，他却开始变本加厉，不断地对英格兰进行侵扰。他不但在英格兰北部肆意地掠夺（一直推进到了达勒姆），而且还迎娶了埃德加王子的姐姐玛格丽特（Margaret）。现在回顾起来，埃德加及其支持者的威胁似乎都是微不足道的，但也就像之前所说的那样，对于当时的人来说，要弄清这一事实并不那么简单。毕竟，诺曼征服的过程中并不缺少命运逆转的故事，也不缺少明显处于绝境中的年轻人激励自己并成为伟大人物的故事。[2]

因此，威廉决定将这一潜在的阴谋揭灭在萌芽状态之中。1072 年夏，威廉发动了对苏格兰的入侵。这是一个大胆的举动。这意味着，他要在距离英格兰南部权力中心很远的地方发动战争。在历史上，只有一位英格兰国王冒过这样的险。那就是伟大的埃塞斯坦。他曾于 934 年入侵苏格兰。因此，攻打苏格兰必然是威廉军事生涯中的一个重要的事件。然而，我们几乎对这场战争一无所知。普瓦捷的威廉无疑可以为我们提供一份扣人心弦的描述，但他在伊利陷落后就搁笔不写了。奥德里克·维塔利斯也没有给我们什么帮助。在这一事件之前，他一直以普瓦捷的叙述作为自己叙述的凭据。而在这一事件之后，他的记述出现了时代上的混乱，并没有提及这一重大的历史事件。接下来，我们记述的依据是《盎格鲁-撒克逊编年史》中的只言片语和伍斯特的约翰所提供的一些补充性叙述。正如之前的埃塞斯坦国王一样，威廉也征召了陆海两路入侵大军。他用战船封锁了苏格兰海岸，而他本人则亲率一支军队渡过福斯河（River Forth）。《盎格鲁-撒克逊编年史》以其一贯的轻蔑口吻评论道，"在那里，他没发现什么值得捞的好处"。和以往一样，威廉可能又摧毁了沿途的乡村，直到敌人决定投降为止。马尔科姆在泰河河口附近的阿伯内西（Abernethy）拜见了征服者。他向其宣誓效忠，并交上了人质。人质中似乎还包括他的长子邓肯。除此以外，我们对双方的具体约定一无所知，但马尔科姆一定已经承诺，他将不再收留流亡的英格兰人。与此同时，我们没有听到任何关于埃德加王子的消息。

但最大的可能是，在得到敌人进军的消息后，他就马上逃走了。当我们下一次再听到他的消息的时候，他已经在佛兰德了。[3]

在给马尔科姆上了一课并迫使埃德加王子落荒而逃之后，威廉返回了英格兰的南部。当他回到南部后，便开始采取措施，进一步维护北部的安全。在前一年，他任命洛陶林吉奥牧师瓦尔歇为达勒姆的新任主教。而在这一年，当他路过达勒姆时，威廉决定在教堂旁边建起一座城堡，以更好地保护主教。很明显，威廉还记得罗贝尔·屈曼及其属下的命运。大约 4 年前，他们在达勒姆遭到了屠杀。也正是出于这一原因，威廉在此时剥夺了戈斯帕特里克的诺森伯里亚伯爵头衔。后者既是屈曼的继任者，也是一个英格兰人。戈斯帕特里克在 1070 年 1 月投降。而在那之后，他被允许继续保有他的领地和头衔。这种做法很明显是一个政治上的权宜之计。现在，国王能够更为直接地对英格兰北部施加影响，而这也就使得他拥有了足够的底气，可以罢免一个他一直以来都不信任的人。戈斯帕特里克被定罪的理由是，他参与了 1069 年 9 月对约克的诺曼守军的屠杀，而且参与了同年年初对达勒姆的进攻。他很可能没有出席（in absentia）自己的审判，因为这类指控肯定会导致嫌疑人的无限期监禁。戈斯帕特里克于第一时间逃到了苏格兰，这才让他逃脱了这一命运。但马尔科姆一定告知了他，自己不能再为不走运的英格兰人提供避难所了。因此，伯爵追随着埃德加王子的脚步逃到了佛兰德。[4]

人们可能会认为，戈斯帕特里克去职的部分原因在于，威廉对英格兰人的偏见在日益增加。但是，情况并非如此，因为伯爵是被其自己家族中另一成员所顶替的。这个人就是瓦尔塞奥夫。和伯爵一样，他同样出身班堡家族，只不过他比伯爵更为年轻。

一方面，他足以胜任管理北方之职，因为他是休厄德伯爵与阿尔弗莱德的儿子。前者十分好战，是克努特大王所任命的诺森伯里亚伯爵。后者则是尤特雷德伯爵的孙女。也就是说，他是创建班堡家族和驻扎在约克的丹麦人联姻的结果。1055 年，在他父亲去世的时候，瓦尔塞奥夫还是一个十多岁的孩子。那个时候，他曾被托斯蒂·戈德温森排挤。然而，就在几年以后，作为补偿，他在英格兰的东米德兰得到了一小块土地。因为年纪尚轻，在 1066 年之前，瓦尔塞奥夫在政治上并没有什么大的作为。他首次登上历史舞台的时间是在一年之后。[5] 当时，一些编年史家注意到，他也是陪同征服者回到诺曼底的人质之一。在此期间，他一定十分努力，试图赢得威廉的信任和喜爱（他是公爵所颁发的一份证书的证人，和他同为人质的埃德温和莫卡则没有这一待遇）。[6] 事实上，瓦尔塞奥夫与威廉二人的友谊十分深厚。这一点可以体现在，即便瓦尔塞奥夫参与了 1069 年英格兰人的反抗，他们的友谊也没有受到影响。在他于 1070 年年初归顺后，这位伯爵不单得到了谅解，而且得到了更多的恩惠。在此之后，他与国王的外甥女朱迪丝结了婚。这真的是一个特殊的荣誉（人们不禁想起，埃德温伯爵也曾收到类似的婚配承诺，但这一承诺却从未兑现）。这也强调了瓦尔塞奥夫仍然受到威廉的尊重和信任的这一事实。由于他与班堡家族及新的诺曼王族都有亲缘联系，他一定是诺森伯里亚伯爵最合适的候选人。作为一个真正的盎格鲁-诺曼混血权贵，他有成为两个民族沟通的桥梁的可能。[7]

看起来，英格兰北部局势已然趋于稳定。在这个时候，威廉开始把注意力转移到欧洲大陆那边。一段时期以来，那里的问题正在不断地增多。他的宿敌纷纷逃到了佛兰德，而这也表明，诺曼底和它的这个邻国的关系近来开始逐渐恶化。自从威廉和玛蒂尔达结婚之后，诺曼底和它的这个东北方向上的邻国就一直保持着友好的关系。1067 年，在玛蒂尔达的父亲鲍德温五世去世后，两国之间的深厚感情仍旧得以维系。但就在区区三年之后，这一关系却因鲍德温五世之子鲍德温六世（Baldwin Ⅵ）的英年早逝而濒临崩溃。1070 年，一场激烈的继承权之争爆发了，而诺曼人所支持的候选人落败了。威廉站在长子一方，并支持小鲍德温十多岁的儿子阿努尔夫（Arnulf）。但最终获胜的却是已故伯爵的弟弟罗贝尔。在次年 2 月的卡塞勒战役（Battle of Cassel）中，罗贝尔获得了胜利，并杀死了他的对手。这对于威廉来说是一个双重打击。这是因为，为了应对佛兰德之变，威廉派出了他最信任的副手威廉·菲茨·奥斯本，而奥斯本伯爵也在阵亡之列。这样一来，国王发现，自己不但不得不开始担心诺曼底边境上的敌对势力，而且要为失去自己最亲密的议政大臣而哀恸不已。奥斯本自年轻时起便是威廉的挚友，同时也是诺曼征服的总设计师之一。[8]

问题也不只出现在佛兰德。除此之外，在几乎每一处重要的地方，过去十年间所积累起来的好运（如果不是这些巧合，征服英格兰几乎都不可能）似乎都将耗尽。例如，1069 年春天，在曼恩，一场反对诺曼统治的叛乱爆发了。勒芒市民驱逐了威廉的驻军。这件事本身就已经够糟糕了，因为在这一事件发生的同时，国王正忙于镇压在英格兰的叛乱。然而，随着安茹和法兰西的政治命运的复苏，这件事的性质变得更为严重。1060 年秋天，杰弗里·马泰尔和亨利一世几乎在同一时间去世了。因此，这两大势力在这几年间一直黯然失色。安茹方面受困于继承权之争，而法兰西方面的问题则在于，它的新国王仍是一个孩子。然而，十年后，这一沉寂被打破了。随着新伯爵富尔克·雷什恩（Fulk Réchin）被推举为新的领主，安茹的内讧最终得以解决。在此之前，他打败并监禁了他的对手，即他的哥哥。同时，法兰西新王腓力一世摆脱了其母的政治托管（其母名为基辅的安娜［Anna of Kiev］，就是她给他取了一个不寻常的希腊名字），并有意识地执行着其父所制定的反诺曼政策。1072 年，腓力已经年满 20 岁。通过与佛兰德的罗贝尔同母异父的姐姐贝尔塔（Bertha）结婚，他公开表明了自己的立场。同年，曼恩叛军向安茹伯爵富尔克求助。富尔克以行动回应了他们，入侵和占领了这个地区。时钟好似被拨回到了 20 年前：诺曼人正处于四面楚歌的境地之中。[9]

　　1072 年的情况并没有 30 年前的情况那么严重。根据这一评论，我们应当能认识到问题的严重性。在征服了英格兰以后，威廉成了全欧洲最令人畏惧的战士，而他的对手则是籍籍无名的年轻人。与此同时，作为英格兰国王，他能够调动更为庞大的资源，与他开始统治时的情况有所不同。1073 年，他率领一支庞大的英格兰军队横渡英吉利海峡，于几周之内就重新征服了曼恩。11 世纪 70 年代早期，危机还没有出现。但是即便如此，事态的发展也十分令人分心。威廉不得不花更多的时间来保卫他的公国不受侵犯，重打之前已经打过的仗。只不过这一次，他所面对的是更为年轻的敌人。[10]

　　这样一来，英格兰必须被委托给其他人管理。我们知道，在他于 1067 年第一次离开英格兰期间，征服者让威廉·菲茨·奥斯本和巴约的奥多管理他的新王国。在威廉·菲茨·奥斯本死后，奥多可能独自承担了这一责任。在回顾威廉执政过程时，《盎格鲁-撒克逊编年史》直言不讳地指出，"当国王在诺曼底时"，他同母异父的弟弟奥多"成了这片土地的主人"。然而，没有证据表明，奥多主教在 11 世纪 70 年代前期充当过这一角色。而且，据我们所知，至少在某些时候，他与威廉一起逗留在海峡的另一边。与此同时，其他资料也显示，这一时期担任英格兰首脑的人物具有与奥多完全不同的品质。[11]

1070 年 8 月，经过 4 个月的争论，威廉最终成功任命了一位新的坎特伯雷大主教。就消除人们对于斯蒂甘德的记忆而言，这一做法显然是至关重要的。因此，就威廉所知，只有一个人可以胜任这一工作：那就是他的老朋友兼精神导师兰弗朗克。后者是享有盛名的欧洲学者。但兰弗朗克拒绝接受这一职位。他的态度十分坚决，就和威廉的态度一样不可动摇。7 年前，在威廉的逼迫下，他来到卡昂，担任了圣斯蒂芬修道院的院长。这一次，他心意已决，不会前往坎特伯雷任职。正如他向教宗亚历山大二世所说的那样，"尽管现任英格兰国王使尽法子，想让我担任大主教，但那都是徒劳"。在威廉的催促下，教宗亚历山大下达了命令，要求兰弗朗克接受大主教的职务。只有这样，兰弗朗克才勉强同意了。1070 年 8 月 15 日，他接受了任命。而在 14 天后，他在坎特伯雷被祝圣。几乎可以肯定的是，威廉国王一定出席了这两个仪式。[12]

兰弗朗克抗议道，他并不能堪此重任。"当我在卡昂的修道院处事时，就连管理几个僧侣，我都力有不逮，"他对亚历山大说，"所以，我并不知道，全能的上帝到底对我做出了怎样的审判，让你坚持提出这种要求，要我负责人口如此众多的辖区。"他的这种不情愿在很大程度上是出于恐惧。他担心，正如在诺曼底时那样，他的职责将并不限于为人们谋求精神福祉。他的担心成真了。当兰弗朗克的传记作家把他形容为英格兰的"首领与监护人"的时候，这位 12 世纪的作家或许是夸大其词了。这是因为，在威廉离开英格兰的时候，其他人明显也帮忙分担了世俗管理的重担。在写信的时候，这位大主教的确说过"以君主和我本人的名义命令你"这样的话。这一事实表明，他当时正代表着他的主人行使某种类似总督的权力。在兰弗朗克辞世后的几年内，这些信被收集了起来，而它们也为我们开启了一扇宝贵的窗，方便我们了解诺曼征服不久后的英格兰。[13]

尽管兰弗朗克会因为国事而定期受到征召，但他所关心的主要议题还是教会。迄今为止，关于在诺曼底征服前夕的英格兰教会，史学家们依然争论不休。其中有一些人认为，一切似乎都很好。然而，兰弗朗克和威廉都认为，英格兰教会亟待改革。"在我执政之前，"在 11 世纪 70 年代早期的一份令状中，国王如是宣布，"英格兰主教法令（episcopal law）并不是完全根据圣经法条的训诫而执行的。"令状进一步指出了一个根本问题，即司法管辖权的重叠。在盎格鲁-撒克逊时期的英格兰，负责审判亵渎神灵和通奸这类精神上的罪行的是世俗法庭。在诸如兰弗朗克这些改革者看来，这一情况是可耻的。威廉指出，这些罪行未来将会在特殊教会法庭上接受审判，而且由主教或者其副手负责审理。这就意味着其他变化必然会接踵而至。在 1066 年之前，很少有英格兰人知道主教副手（副主教）这一职位。而现在，由于工作量大大增加，这些人的数量也有了很大幅度的增长。[14]

威廉的令状也强调了另一项重要的创造。这是因为，在这一令状的开篇，国王就说道，他是按照"大主教、主教、修道院院长和全体要人所组成的全体会议"的意见而采取的行动。在诺曼征服之前，诸如此类的改革会议只在诺曼底出现，从未出现在英格兰。但在征服者统治期间，此类会议却变得司空见惯。仅在1070 至 1076 年，威廉就至少召开了 5 次这样的会议。在看过人们在这些会议上所颁布的法令之后，我们可以看到，兰弗朗克进行改革并不仅仅是为了教会制度本身。同样地，为了端正人们的宗教信仰，人们必须首先对管理制度进行改革。1075 年伦敦会议所颁布的第 8 条教条宣称："不得从事占卜、预言或类似的魔鬼的技艺。""这是因为，圣典已经严格禁止了上述行为，任何从事类似活动者将受到绝罚。"当然，尽管这一行为被认定有罪，但从这一事实中，我们并不能推导出来，此类行为在英格兰远比欧洲的其他地方更为普遍，也无法证明，诺曼底的情况更为乐观。1072 年，鲁昂大主教阿夫朗什的约翰（John of Avranches）决定严格执行规定，要求神职人员独身。在一次会议上，他宣布，已婚神父必须放弃他们的妻子。这一宣言引发了一场骚乱。据奥德里克说，人们来到大主教的教堂中，向他丢石头。就在被丢石头的同时，这位大主教还在大喊："上帝啊，异教徒跑到您的产业里面了！"在制定决策时，兰弗朗克也许想到了这一事件。因此，他在英格兰走了相对温和的路线。他允许现任教士保留他们的伴侣，但禁止现在未婚的神职人员再去结婚。[15]

在建筑这一重要的领域当中，兰弗朗克也发挥了引领作用。他没有做出多少指示，而是更多地使用了实例。1067 年 12 月，也就是在兰弗朗克接受任命的 3 年前，坎特伯雷大教堂被大火烧毁了（这场灾难恰逢威廉返回英格兰之时）。新任大主教立即前去处理此事。他命人修建了一座最新的罗马式建筑。如今，虽然当时的建筑并没有多少留存下来，但基于它的平面图，我们可以推断，这座建筑是完全以兰弗朗克先前在卡昂所居住的圣斯蒂芬修道院为模板建成的。后者本身就是一个新的建筑。到了重建坎将伯雷教堂的时候，这座教堂本身的建筑工作都还没有完成。[16]

凡是大主教设立典范的地方，其他教士便跟风模仿。坎特伯雷的新任圣奥古斯丁修道院院长立刻就拆毁了其原本的盎格鲁-撒克逊风格的教堂，以罗马式的新建筑取而代之。1072 年，一座新教堂在林肯郡动工。同附近的城堡一样，它也具有防御功能。就在同一个十年间，其他的大教堂或修道院教堂也在索尔兹伯里、奇切斯特、罗切斯特（Rochester）、圣奥尔本斯和温切斯特等地动工了。（特别是后两个城市，城中至今依然保留着许多原本的诺曼式砖石建筑。）这完全是一场建筑革命。在 1066 年之前，英国只有一座可以与诺曼人的建筑相媲美的教堂，那就是虔信者爱德华的威斯敏斯特教堂。而到了 1070 年之后，似乎每一个主教和修道院院长都有了一座这样的大教堂。这些宏伟的建筑都是用价格高昂的精致石材建成的（为了完成精美的雕饰，大部分石材是从卡昂船运而来的）。同样令人惊叹的是，它们也是在很短的时间里建立起来的。兰弗朗克的新教堂所建筑的速度是如此之快，到了 1077 年，这座教堂就已经举行了献堂仪式。正如马姆斯伯里的威廉之后所评价的那样，"人们不知道该对它的规模还是对其建成速度发出更多的赞叹"。[17]

新鲜的不只是建筑。诺曼人抓住时机，将几个古老的英格兰主教座堂迁到其他地方。例如，诺曼征服前，林肯郡的主教座堂位于泰晤士河畔多切斯特（Dorchester-upon-Thames）；索尔兹伯里的主教先前在舍伯恩行使权力，而奇切斯特的主教早些时候则住在塞尔西（Selsey）的海滨小村。11 世纪 70 年代，这些主教座堂全都改变了位置。同样被搬迁的还有利奇菲尔德（后来被迁到了切斯特）以及东盎格利亚（先从埃尔门［Elmham］移到塞特福德［Thetford］，后又从那里搬到了诺里奇）的主教座堂。和改革会议一样，这同样是诺曼征服所带来的新改变。在诺曼征服前，这类动迁只发生过一次，即克雷迪顿主教把他的主教座堂迁到了埃克塞特。1070 年之后，这种迁移有了政策上的依据。"主教座堂不应在村庄里，而应该在城市里。"在 1075 年的伦敦会议上，这项规定得以通过。同样在这次会议上，人们通过了 3 项迁移提案。从表面上来看，迁移座堂似乎是出于牧灵的需要：假如座堂位于城市当中，主教们就可以接近更多的信众。但显然，安全问题也被纳入了考虑的范围之内。对于外来者来说，城市更加安全，在有城堡的情况下则更是如此。新建成的索尔兹伯里大教堂（最终以"老萨勒姆"［Old Sarum］闻名于世）就坐落于城堡的防御范围之内。[18]

也许现在看来，这些建筑成果很辉煌，但正如选址过程中有关安全的考虑所揭示的那样，这样的变化并没有受到当地人的普遍欢迎。兰弗朗克重建坎特伯雷大教堂就是一个例子。为了给重建做必要的准备，新任大主教命人从被大火烧毁的教堂中拿出所有的圣物盒和圣遗物，并把它们放在其他地方（一度被放置于僧侣的饭厅里）。但是，这种做法有更多的含义，并不仅仅是为了更加小心地保管这些物品。正如他在 1079 年对同一座修道院的学者贝克的安瑟伦（Anselm of Bec，后来成为其继任者）所解释的那样，兰弗朗克对于坎特伯雷所收藏的圣骨持有很多保留意见。"这些在我们周围生活的英格兰人有自己所崇敬的圣人，"他推心置腹地说，"可是，我有时候会反复琢磨他们有关这些圣人的描述。每当我这么做的时候，我都不禁怀疑，他们是否真的如此圣洁。"作为回应，安瑟伦为圣埃尔夫赫亚克发声，而后者正是在 1012 年被丹麦人谋杀的那位大主教。就这一特定的例子而言，兰弗朗克的立场出现了一些松动。他允许僧侣们在坎特伯雷的教会年历上增加埃尔夫赫亚克的记录，并以第二等的节日来纪念他。但其他长期受到敬仰的本土圣人（包括最受尊敬的圣邓斯坦 [St Dunstan]）都被剔除出了教会的纪念周期。除此之外，在兰弗朗克在世期间，也没有任何迹象表明，人们在新的大教堂里用别人的圣物盒取代了埃尔夫赫亚克或邓斯坦的。事实上，和其他的圣遗物一样，它们可能都被保留了下来，并被秘密收藏在教堂北廊楼上的一个房间里。[19]

通过以这种方式行事，新任大主教也许并没有觉得他在做某些特别有争议的事情。就像其他的改革家一样，兰弗朗克希望引导当地民众祭拜基督本身，不再祭拜那些封圣凭据存疑的本土圣人。因此，在他的新教堂于 1077 年举行献堂仪式的时候，他选择在棕枝主日（Palm Sunday）*举行仪式，而不是在邓斯坦的纪念节日。当僧侣团行经坎特伯雷时，他们携带的是圣餐面包（代表耶稣身体），而非邓斯坦的遗骨。然而，一些英格兰人却对大主教的这一行为颇有不满。在历史学家坎特伯雷的厄德麦的笔下，兰弗朗克对英格兰圣徒持有怀疑的态度。而在这一故事的前言中，他写道，某些时候，大主教改变英国人的习俗没有别的理由，只是为了树立他自己的个人权威。[20]

此外，如果说，兰弗朗克在坎特伯雷引发了不满的话，那么

---

* 复活节前的最后一个星期日，旨在纪念耶稣进入耶路撒冷。

与他的一些下属在其他地方的所作所为比起来，他所造成的影响算不了什么。12世纪的人们仍旧记得阿宾登修道院的新任诺曼院长阿德勒姆。这不仅是因为他侵吞了他自己教堂内的财物，还因为他侮辱了前任院长——圣人般的埃塞尔沃德（Æthelwold）——并称他为"英格兰乡巴佬"。同样对前任院长不敬的还有兰弗朗克的侄子保罗（Paul）。保罗自1077年起开始担任圣奥尔本斯修道院院长。据说，他把修道院的前任院长们称为"一群粗鄙的文盲"。而且，他还效仿他叔叔的做法，把这些人的墓碑移出了修道院教堂。还有更糟糕的例子。在马姆斯伯里的威廉的描述中，1070年被派至他所在的修道院任职的诺曼院长瓦林（Warin）"对其前任修道院院长们的成就表示不屑，并且傲慢地对圣人们的遗体表示了厌恶"。在诺曼征服之前的马姆斯伯里，僧侣们通常会把已逝院长的遗骨装进祭坛两侧的两个石制容器里，而遗骨本身则被木头小心的分隔开来。"像堆瓦砾一样，瓦林把所有圣人的遗骨堆放在一起，和堆放一群下等雇工的遗骸没有什么两样，"威廉说道，"他还把它们从教堂大门丢了出去。"与此同时，圣徒的遗骨则被移到两所修道院教堂中较小的一座中，并用石块封好。伊夫舍姆修道院的僧侣们也记录了一则类似的骇人听闻的事件。这一事件是有关院长瓦尔特的所作所为的。据称，在他于1078年抵达后，他无法想象，在诺曼人取得胜利的同时，英格兰本土的圣徒数量还如此之多。因此，他决定给予它们火的神罚，以检验修道院的圣遗物到底是不是圣洁的。他所依据的是兰弗朗克的命令。大主教与几件类似的事件都有关联（他还与在马姆斯伯里检验圣人尸骨的事件有关），而这让诺曼新来者针对英格兰教会的态度带有某种官方色彩。退一万步来说，它也表明了某种集体心态。[21]

征服者和被征服者之间的误解在很大程度上与语言有关。不懂英语正是兰弗朗克拒绝升任坎特伯雷大主教的主要论据之一。有人怀疑，大多数新任主教和修道院院长（即便不是他们中的所有人）都不懂英语，更不用说那些新来的诺曼郡长和城堡主了。当然，一些英格兰人肯定会说法语，而有些诺曼人则可能会学一点英语，以便出门时可以不必总是依赖翻译。据奥德里克·维塔利斯说，征服者本人也开始学英语，希望能够借此更好地管理他的臣民。但是，随着他遇到越来越多的问题，他不得不放弃这一想法。[22]

然而，在一个重要的地方，诺曼人有意地放弃了他们所遇到的这种语言传统。正如我们之前所提过的那样，无论是作为书面语还是口头语而言，英语都极不寻常。在英格兰，不仅簿册和编年史是用方言写成的，就连官方文献（以国王的名义发布的令状和证书）也同样是用本地方言书写的。但是，就在1070年当年或者其前后的几年中，人们突然停止了用英语来书写此类文献。这一定是最高层做出的决定。而且，这一现象出现的时间恰好是兰弗朗克来到英格兰的时间。那么，这可能会让我们认为，他就是这一决定的幕后主使。尽管如此，无论是基于同年所发生的对教会等级制度的清理，还是出于对英格兰俗界官员数量的稳步缩减的考虑，抛弃书面英语是必然的：毕竟，用一种他们所不理解的语言对那些欧洲大陆的新移民发号施令又有什么意义呢？因此，从1070年开始，所有的王室文件的书面语都变成了拉丁语。对于识字的诺曼人和受过教育的英格兰人来说，这一语言都很熟悉。然而，即使这是一种必要的转变，诺曼征服也是造成这一转变的决定性原因。因此，有很多英格兰人可能仍然会认为，这是对他们民族文化的又一次攻击。[23]

无论这种文化上的攻击是真实的还是想象的，它确实能够引发紧张的氛围，而这种氛围最终演化成了暴力。其中，发生于1083年格拉斯顿伯里（Glastonbury）的例子最为臭名昭著。当时，新修道院院长瑟斯坦（Thurstan）和他手下的僧侣们在很多事务上都存在分歧（最为重要的一件事在于，他坚持要求僧众放弃他们所熟悉的格里高利圣咏［Gregorian chant］，改用在费康所使用的版本）。争论不断升级。最终，瑟斯坦调集了一队武装骑士，试图让有异见者闭嘴。《盎格鲁-撒克逊编年史》的编写者一向行文简洁，而针对此事，他们却发表了大段的哀叹：

> 法兰西人闯入唱诗班，向僧众所在祭坛投掷东西。有些骑兵还爬到上面一层，朝着下面的圣物盒放箭。因此，有不少飞矢击中了矗立在祭坛上的十字架。不幸的僧侣们则躺在祭坛的四周。其中的一些人匍匐在祭坛之下，急切地呼唤着上帝。虽然得不到人的怜悯，但他们仍希望能够得到上帝的怜悯。我们能说的是，除了疯狂乱射外，另一些诺曼人采取了其他的措施。他们破门而入，杀掉了一些在教堂里的僧侣，并打伤了另外一些人。血顺着祭坛一直流淌到台阶上，再由台阶流到地板上。共有3人被杀，18人受伤。

显然，就任何意义而言，这都是一则极端的案例。国王亲自出手干涉，而瑟斯坦则被不光彩地遣返回了诺曼底。[24] 然而，仍然有记录表示，尽管没有那么暴力，其他的英格兰僧侣和其诺曼院长之间也产生过类似的纷争。在写给阿德勒姆（即不得人心的阿宾登修道院院长）的一封信中，兰弗朗克就提及了一次曾导致几个僧侣逃走的纷争。他还指出，阿德莱姆应该对这一纷争负有一部分责任。兰弗朗克本人也与圣奥古斯丁的僧侣发生了一次冲突，因为他们拒绝接受新来的法兰西修道院院长的管理。为了让叛逆者顺从，大主教用锁链把其中的一些人囚禁了起来。但是，即使是这样，一个特别顽固的人也没有屈服。兰弗朗克问他：“你会杀掉你们的院长吗？”“如果我能这么做的话，当然会。”这位僧人回答道。就是因为这一回答，当着众人的面，他被裸身捆在修道院的大门上鞭打，最后被驱逐出城。[25]

　　这一互动暴露了诺曼人在征服英格兰不久后最为担心的一个问题：一旦他们不留神，英格兰人就会找机会偷袭并杀掉他们。这一点清楚地体现在威廉所颁布的新法当中。这一法律被称为《偿命法》（murdrum），其目的正是处理此类犯罪行为。根据该法，如果一个诺曼人被杀，那么凶手的领主就必须在 5 日之内把他交出来。如果不这样的话，他们就要缴纳一笔巨额的罚金。在某些情况下，即便领主遭受了经济损失，罪犯仍逍遥法外。这样一来，惩罚就将由当地的社区集体承担。家家户户都要缴纳罚金，直到抓到凶手为止。这样做显然是为了威慑领主和当地的居民，令他们不敢保护或藏匿凶手。从这条法律当中，我们也很容易就能得出结论，长期以来，当地的领主和居民都在包庇凶手。偿命金的出现，为我们勾勒出了一幅英格兰人在全国范围之内的斗争画面。在主要的反抗斗争失败之后，沮丧的英格兰人把他们的怒火发泄到了诺曼占领者的身上。只要有机会，他们便会一个一个地除掉他们。[26]

　　1073 年初，在写给教宗亚历山大二世的信中，兰弗朗克认为，当时英格兰的形势糟糕到令人难以忍受。"我不断听到、看到和经历着不同人群中如此众多的骚乱，体会到如此多的痛苦与伤害，感受到如此冷酷的心灵，体会过如此多的贪欲与欺骗，也看到过神圣的教堂是怎样的衰败。这一切都使得我开始厌倦自己现在的生活，并为生活在这里而深感难过。"值得关注的是，在描述英格兰的苦难时，大主教并没有把责任归于英格兰人或诺曼人中的任何一方。正如他的信所说的那样，如果感到法兰西人已经偏离了正义之路，兰弗朗克也会谴责他们。塞特福德主教受到了严厉的警告，要改变他那种放荡的生活方式。而切斯特主教则因为骚扰考文垂（Coventry）的僧侣们而受到了严厉的批评。在写给罗切斯特主教的书信中，兰弗朗克提及了英格兰妇女的问题，并且批判了诺曼人。他指出，这些女性逃到修道院里"不是因为她们热爱宗教，而是因为惧怕法兰西人"。这句话令普瓦捷的威廉那虚伪的说辞变得一钱不值。普瓦捷说道，在诺曼征服的过程中，"虽然那些性欲旺盛的男人通常会引发暴力事件，但英格兰的妇女们并没有受到这些暴力事件的伤害"。兰弗朗克的这句话也证明了奥德里克·维塔利斯的说法，即诺曼人确实强奸过妇女。[27]

　　然而，就某一个方面而言，这位大主教很可能认为，同征服他们的诺曼人相比，英格兰人确实更应被视为有罪之人。英格兰人有很多问题。他们不仅会趁无人注意时秘密暗杀诺曼人，而且总是会相互杀戮。长期以来，英格兰人就一直在用谋杀来解决政治问题或家族争斗。仅把眼光局限在 11 世纪，我们就可以举出好几个例子。埃塞列德的宫廷中就发生过好几次大清洗。随着克努特大王的继位，贵族又遭受了一场大屠杀。人所共知的是，戈德温伯爵杀死了虔信者爱德华的弟弟阿尔弗雷德。休厄德伯爵设计谋杀了他的对手埃德伍尔夫，而托斯蒂则用类似的手段谋杀了他在诺森伯里亚的敌人。戈德温的女儿伊迪丝王后甚至也参与过谋杀他人的勾当。据说，在她的巧妙策划下，她的兄弟极为讨厌的戈斯帕特里克遭到了谋杀。后者被杀时正悠闲地待在她丈夫的王宫中。僧侣编年史家们可能会为此而哀叹，但世俗社会明显早已对此习以为常，将其当作政治进程中一个有用的组成部分，并容忍了它的存在。[28]

但在诺曼底，情况则并不相同。诺曼人可能曾经以血腥暴力而闻名，并且十分享受自己作为战争大师的名声，但到了1066年，他们的战争和政治的规则都发生了改变。在11世纪的法兰西北方，贵族一旦俘虏了敌人，都要饶对方不死以示仁慈。简而言之，社会已经变得更有骑士风范了。在征服者的生涯当中，诺曼人似乎逐渐接受了这种新的观念。我们上一次在诺曼底看到政治杀戮还是在威廉年幼的时候。那个时候，为了控制年轻的公爵，公国内的大家族进行了一场残忍的斗争。自从威廉成年后，这类行为就逐渐减少了。然而，他自己所发动的战争中仍然充斥着惊人的暴力。当战事来临的时候，许多无辜的人因此而丧命。而且，如果别的策略都行不通，公爵就会挖掉敌人的眼睛，或者砍掉他们的手足。但是，重要的是（同埃塞列德和克努特等人完全不同的是），他不会杀掉自己的敌人，而且，他似乎不会把挖目和砍掉手足这种刑罚用在社会地位较高的人的身上。反抗威廉的贵族要么被囚禁，要么被流放。有的时候，他们甚至会得到宽恕。[29]

诺曼征服后，威廉在英格兰应用了同样的原则。当然，征服的过程是极度血腥的。战争一直持续到1070年，随之而来的则是无差别的屠杀。在英格兰的北方，事情尤为如此。有的时候，为了平定叛乱，人们要砍断那些较为底层的抵抗者的手足。但是，一旦投降，英格兰人就不会被处决。在被抓住之后，莫卡伯爵被关进了监狱。来自伊利的休厄德·巴恩也遭到了同样的对待。诺森伯里亚的戈斯帕特里克虽然一开始得到了谅解，但后来还是被流放了。与此同时，他的继任者瓦尔塞奥夫伯爵不仅得到了原谅，而且还被提拔重用。从英格兰人的立场来看，这些做法显然非同寻常。我们可以看到，有充足的理由可以说明，威廉堪称英格兰历史上第一位具有骑士精神的国王。他的传记作者普瓦捷的威廉显然就是这么认为的。有一次，他中断了他的叙述，并直接向英格兰人喊话。在他的话语里，他隐晦地对比了他的君主和英格兰先王的所作所为：

> 而你们也一样。你们英格兰人民将会热爱他，并且以最高的礼节尊重他……如果放下你们的愚蠢和邪念，你们就能更加公正地评判，统治你们的到底是什么样的人……丹麦人克努特以最为残忍的手段屠杀了你们最高贵的儿子们。无论他们有多大年纪，丹麦人都会把他们杀死。这样一来，他就可以让你们臣服于他以及他的子孙。[30]

普瓦捷将这样一段充满激情的话语写进了自己的书里。然而，这件事本身就说明，在普瓦捷的威廉著书立说的时候（即11世纪70年代中叶），英格兰人并不会为威廉那些更为出色的品质而心存感激。据他们所知，威廉应当对哈罗德及数以千计的英格兰同胞们的死负责。虽然威廉饶了投降者的性命，但这似乎并没有让他更受欢迎。他饶恕投降者的事实似乎也并没有影响到英格兰人，让他们不再自相残杀。在某些情况下，他们还是像之前一样行事。例如，在 11 世纪的大部分时间里，瓦尔塞奥夫伯爵的家族就一直受到家族宿仇的困扰。简言之，伯爵的曾祖父尤特雷德遭对手瑟伯兰德（Thurbrand）设伏而死，而瑟伯兰德又被尤特雷德的儿子奥尔德雷德杀死。为此，瑟伯兰德之子卡尔（Carl）又杀了奥尔德雷德。在这中间的 30 多年，双方暂时没有起什么冲突。直到 1073 至 1074 年的冬天，瓦尔塞奥夫觅到了一个复仇的时机。在位于塞特灵顿（Settrington）的大厅里，当卡尔的儿子和孙子们正打算坐下来用餐的时候，他便派仆从杀了他们。尽管瓦尔塞奥夫迎娶了威廉的侄女，并被纳入了新的骑士社会秩序当中，但就这件事而言，他仍然选择了按英格兰的传统来行事。对诺曼人来说，这种行为一定是极其可怕的。11 世纪 70 年代，几位欧洲大陆的评论者都使用了"野蛮的"一词来形容英格兰人。[31] 这些评论者里还包括普瓦捷的威廉和兰弗朗克大主教，而让他们做出这一评价的可能正是英格兰人的政治谋杀。

　　至此，事情已经很清楚了。要了解 11 世纪 70 年代英格兰的政治形势以及这一时期英格兰人和诺曼人的关系，我们大多只能从趣闻逸事当中找证据。这样一来，人们便可以对这些证据进行不同的解读。例如，兰弗朗克坚持认为，1073 年的情况极为糟糕。但是，把事情描绘得越糟糕越好显然也是他的意愿。可以看到，在那之后，他便立刻向教宗提出要求，希望得到教宗的许可，辞去主教之职，回到诺曼底，并且继续享受平静的修隐生活。类似地，他在信中提到，英格兰妇女为免遭诺曼人强奸而逃到了修道院，是为了回答罗切斯特主教所提出的疑问。后者想要知道，针对现在一些妇女想要放弃修女生活的情况，应当采取怎样的措施。也就是说，截至写信时（在 1077 年之后的某一时间），比起 1066 年的时候，英格兰的情况已经好了很多。

人们也可以收集其他的证据来说明，随着时间的推移，盎格鲁人和诺曼人的关系正在逐渐改善。奥德里克·维塔利斯说，在诺曼征服之后不过几年，"英格兰人和诺曼人就在各堡镇、镇子和城市中和平地居住在一起，并且互相通婚。你可以看到，许多村庄或城镇的集市上满是法兰西的货品。再看那些英格兰人。以前，穿着本土服饰的法兰西人认为英格兰人是卑劣的，而现在，这些人已经完全被异国的风尚所改变"。当然，这一证据也来源于逸事。许多当代的历史学家已经指出，奥德里克生活在他所描述的事件的几十年后。总体而言，他给了人一个过于美好的印象。无论如何，我们最好记得有关奥德里克出身的事实。出生于 1075 年的他本人就是盎格鲁人和诺曼人通婚的产物。正如他的上述引言所示，此类通婚现象在城镇地区更为普遍。[32]

也有其他人提到过英格兰人与他们的征服者之间的合作。除去和诺曼人通婚而融入了诺曼世界之外，瓦尔塞奥夫伯爵与新任达勒姆主教的洛陶林吉奥人也相处得十分愉快。"瓦尔歇主教和瓦尔塞奥夫伯爵非常友好，并且互相包容，"达勒姆的西缅回忆道，"他们的关系实在太好了。伯爵不但会和主教一起参加牧师们的宗教会议，而且会谦卑顺从地在他的伯爵领内执行主教所下达的所有宗教改革指令。"[33]

一些政治上的进展也促进了两个民族关系的改善。瓦尔塞奥夫的前任戈斯帕特里克很快就从佛兰德回到了苏格兰。因此，他本可以继续对诺曼人构成威胁。但是，他似乎在 1073 至 1075 年间死去了。远比戈斯帕德里克之死重要的是，在同一时期，同样在佛兰德流亡的埃德加王子决定，是时候该投降了。一段时间以来，他一直保留着念想，希望能在欧洲大陆继续抗击征服者。年轻的法兰西国王腓力一世将位于滨海蒙特勒伊（Montreuil-sur-Mer）的城堡借给他，而他也以此作为袭击诺曼底北部边界的根据地。1074年，埃德加回到苏格兰，以筹措下一步行动所需要的资源。但就在这之后，计划出现了差错，几乎造成了一场灾难：就在前往法兰西的途中，这位王位觊觎者的船只失事了。他失去了所有的财产，连性命也差点丢掉了。当埃德加最终一瘸一拐地回到苏格兰的时候，他的姐夫苏格兰国王马尔科姆建议他，可能是时候和威廉讲和了。《盎格鲁-撒克逊编年史》记载道，"于是，他的确这么做了"：

> 而国王同意了他的请求，并遣使邀请他返回英格兰。马尔科姆国王和他的姐姐再一次把数不尽的珍宝赠送给他和他的随从，并再一次把他送出了他们的领地。和上一次一样，埃德加的状态也非常好。约克郡郡长来到达勒姆见他，并全程陪伴他。每到一个城堡，他都为埃德加备好食物和草料。直到他们跨海见到国王，他才停止自己的行为。

这确实证明，英格兰人已经意识到了征服者的骑士精神。这样说是因为，在此之前，由于害怕被处决，没有哪个神智健全的贵族敢以这样的方式投降。相对而言，威廉正是以骑士精神待人处事的楷模。埃德加得到了"高规格的接待。随后，他留在了威廉的宫廷里，并享受着国王赐给他的特权"。[34]

黑斯廷斯战场。位于山脊上的巴特尔修道院，这里也是哈罗德倒下的地方。

赫特福德郡的伯克姆斯特德城堡。这是一座巨大的城寨式城堡。几乎可以肯定的是，这座城堡是威廉于 1066 年的最后几周里建造的（石质建筑是后加的）。

约克郡的皮克灵城堡（Pickering Castle）。这是一位画家想象中的图景，描绘了这样一座土木结构的城堡是怎样在 11 世纪建成的。

温切斯特大教堂。这座教堂始建于 1079 年。尽管在接下来的时间里，它历经了多次的改建，其庞大的规模是一开始就形成的。温切斯特大教堂与位于地下的老教堂的遗址规模形成了鲜明的对比。

征服者威廉时期的银便士，发行时间约为 1066 至 1068 年之间。这枚硬币背面的说明显示，它是由铸币者邓尼克（Dunnic）在黑斯廷斯的造币所铸造的。

征服者在切普斯托建造的石塔。

征服者在科尔切斯特建造的石塔。

征服者在伦敦建造的石塔，与他在科尔切斯特所建造的石塔十分类似。

威尔特郡的老萨勒姆。诺曼大教堂的地基以及威廉所建造的城堡都位于铁器时代山堡的防御范围之内。

《大末日审判书》与《小末日审判书》。

《大末日审判书》中关于贝德福德郡的第一页。在简单的评估了贝德福德镇的情况之后，这本书列出了这个郡主要地主的名字，紧接着国王名字的就是他同母异父的弟弟巴约的奥多的名字。

诺曼征服之后民族融合的体现。图为达勒姆大教堂的中殿，始建于1093年之后。它将诺曼人宏伟的罗马式建筑与英格兰式的装饰结合在了一起。

　　然而，最能说明盎格鲁人和诺曼人关系改善的事件，是于1075 年所爆发的一场叛乱。虽然经常有人将它同此前针对征服者的其他叛乱相提并论，但是，这次反叛与先前的反叛最为重要的不同在于，其领导人是法兰西人而不是英格兰人。这次叛乱的主谋似乎是一个名为加埃勒的拉乌尔（Ralph de Gaël）的年轻人。他是一个土生土长的布列塔尼年轻人（加埃勒是他在布列塔尼的领地）。诺曼人通常不喜欢布列塔尼人。但是，早在虔信者爱德华还在欧洲的时候，拉乌尔的父亲（也叫拉乌尔）就已经是他的侍从了，而在诺曼征服后，他顶替了死去的格思·戈德温森，成了新一任的东盎格利亚伯爵。1069 年（如果不是更早的话），老拉乌尔去世，而小拉乌尔则来到英格兰继承父位。很快，他便开始密谋叛乱。[35]

　　策划叛乱的不止他一个人。这位东盎格利亚的新伯爵找到了一个愿意和他共同谋划此事的人。这个人就是赫里福德伯爵罗歇（Roger, earl of Hereford）。此人正是威廉·菲茨·奥斯本的儿子和他（在英格兰的）继承人。这两个年轻人很可能在 1075 年春加强了他们之间的联盟。那个时候，拉乌尔娶了罗歇的姐妹埃玛。婚礼是在埃克斯宁（Exning）举行的，那里距离萨福克（Suffolk）的纽马基特（Newmarket）不远。阴谋正是在这里诞生的。《盎格鲁-撒克逊编年史》写道："那场新娘的酒席（bride-ale）为很多人引来了灾祸（bale）。"[36]

　　我们无法说清楚，令他们不满的地方究竟在何处。伍斯特的约翰说，威廉禁止过这场婚姻。如果不是《盎格鲁-撒克逊编年史》的记载与这一说法正好相反的话，威廉的反对可能会是他们不满的理由之一（尽管这一理由并不充分）。在奥德里克·维塔利斯的笔下，两位伯爵说出了一长串的咒骂之语，而其中的大多数语句不是人人所熟悉的那种语句（例如，威廉的私生子身份），就是明显出自编年史家本人之口（例如，入侵英格兰是不义之举）。然而，在某种情况下，奥德里克有可能是想要暗示一些什么。他借伯爵之口指出，在诺曼征服不久后所分发的土地被没收充公了（或者是全部，或者是其中的一部分）。在征服者加冕后不久，他便按照现有的英格兰模式来任命新伯爵。巴约的奥多、威廉·菲茨·奥斯本和老拉乌尔伯爵接管了戈德温家族离开后所留下的大片领土。他们每个人的势力都覆盖多个郡。但是，就在不久之后，当国王开始设立他自己的伯爵领时（例如在什鲁斯伯里和切斯特所设立的那些），它们所涵盖的范围更小，是以一个郡作为基础的，因而在范围上接近欧洲大陆上的一个郡。罗歇和拉乌尔所面临的情况似乎都是，当他们分别继承了他们父亲的地产的时候，他们所得到的权力都大大地缩水了。这是因为，其旧有的"超级伯爵领"需要和威廉所设立的那些更小的伯爵领保持一致。对此，我们能从兰弗朗克的信中读出，罗歇因为这一事实而感到特别恼怒：在他的伯爵领地上，王室郡长正在处理司法案件。我们可以据此做出明确推断，即在他父亲当伯爵的时候，此种情况从未发生过。[37]

无论二人为何不满，在做交易的时候，两位伯爵显然有着这样的一种假设，即任何针对征服者的反叛都会得到英格兰人的支持。或许也就是出于这一理由，二人决定，要靠近最后一位有权力和地位的英格兰人。瓦尔塞奥夫伯爵出席了在埃克斯宁举办的婚礼，而也正是在那里，他收到了参与这一密谋的邀请。根据奥德里克所述，罗歇和拉乌尔等人意在把这个国家一分为三。其中一人称王，其他两人则以公爵的身份进行统治。但从整体上来说，这种事根本不可能发生。这是因为，根据其他资料记载，阴谋叛乱者曾恳请丹麦人出手相助。然而，奥德里克的确做了一个正确的判断，即叛乱的目标确实是铲除威廉。正如《盎格鲁-撒克逊编年史》所说的那样，"他们正在密谋，想要把他们的君主赶出英格兰"。[38]

伯爵们似乎认为，英国人自然会造反，并加入他们的行列。但是，在这一点上，他们彻底失算了。1075 年的事态反映了许多事情。其中，最重要的一点在于，英格兰人已经不再对发动叛乱感兴趣了。伍斯特的约翰说，瓦尔塞奥夫伯爵很快就恢复了理智，并向兰弗朗克坦白了一切。无论实情是否如此，大主教很快便发现，城堡已经被加固，而士兵也被组织起来以反对国王。关于他对事态的回应，我们可以从他不久后写给赫里福德的罗歇的一系列信中找到某些端倪。一开始，兰弗朗克试图安抚伯爵，并提醒对方，他的父亲对国王忠心耿耿。他告知对方，人们会调查他与国王的郡长之间的争端。他还提出，他想要亲自与之会面，以便进一步商讨这些事情。很明显，他所抛出的橄榄枝被拒绝了。这是因为，在接下来的一封信中，大主教在开头处写道："听到你的消息，我的悲伤已经无以言表了。"他再一次提醒罗歇，他父亲为人多么正直，同时敦促对方赶过来讨论他的问题。但是，这位叛乱者是无法被说服的。因此，兰弗朗克彻底改变了他的态度。在最后的一封信中，他写道："我已经诅咒了你和你所有的支持者，并对你们施以绝罚。"他还补充道："除非我的君主（也就是国王）宽恕了你，我才能解除你身上这可憎的束缚。"[39]

与此同时，国王在英格兰的那些更为好战的副手开始整编军队，以消弭叛乱。从各种意义上来说，这一军队都反映出了盎格鲁人和诺曼人之间广泛的合作关系。根据伍斯特的约翰的叙述，赫里福德的罗歇伯爵所带领的反叛者遭到了阻挡，无法渡过塞文河。除去伍斯特主教伍尔夫斯坦和伊夫舍姆修道院院长埃塞尔威格（Æthelwig）所指挥的军队，他们还要对付"一大群民众"。《盎格鲁-撒克逊编年史》告诉我们，拉乌尔伯爵以及他手下的人在东盎格利亚也同样受到了挫折，因为"在英格兰的城堡守军（即诺曼人）和所有当地民众（即英格兰人）都奋勇迎敌，并阻止了他们采取任何行动"。伍斯特的约翰补充说，拉乌尔在剑桥扎了营。就在这个时候，他遭遇了一支"英格兰人与诺曼人所组成的大军"。后者已经准备好开战了，与此同时，奥德里克坚称，有一场战斗在附近的法顿庄园（manor of Fawdon）中爆发了。而在这场战斗当中，叛军最终被"一支英格兰军队"击溃。[40]

　　显然，伯爵们的计划不够周全。他们的叛乱就这样被挫败了。拉乌尔逃回了他位于诺福克（Norfolk）的驻地，并从那里乘船去往布列塔尼。他的新婚妻子和布列塔尼的追随者们则继续据守位于诺里奇的王室城堡。这表明，他还想要回来。当他回来的时候，他或者带着一支从欧洲大陆招募来的新鲜盟军，或者已经得到了丹麦人的帮助。但是，在被包围了很长时间之后（如果奥德里克所言不假，围城战持续了3个月），埃玛和诺里奇的剩余守军选择了议和。为了保全性命，并免受剁肢的酷刑，他们同意离开英格兰，并且再也不回来了。在写给他的君主的信中，兰弗朗克说道："荣耀归于主！我们已经把布列塔尼的下流胚们赶出了您的王国。"[41]

　　正如大主教的信所表明的那样，叛军投降时，威廉仍在诺曼底。在危机的初期阶段，他显然已经准备好要渡过海峡了，但兰弗朗克劝止了他。("如果你要来援助我们,那么就是对我们莫大的侮辱。"他坚决地告诉国王。)然而,没过多久,威廉的确返回了英格兰。这是因为,他发现,叛乱者确实在某个方面取得了成功。"正如国王之前所告诉我们的那样,丹麦人真的来了。"那年秋天,兰弗朗克在给达勒姆主教的信中写道:"所以,你要加强你的城堡的防御,增添人力、准备武器并备好补给。一定要准备好啊!"但最终,这场风暴也不过是暂时性的。《盎格鲁-撒克逊编年史》写道,虽然有1支由200艘战船组成的丹麦船队适时来到,但"他们不敢与国王威廉作战"。在回家之前,他们在约克抢劫了一番,而这就已经满足了他们的胃口。[42]

因此,威廉得以在威斯敏斯特度过圣诞节,为叛乱善后。《盎格鲁-撒克逊编年史》写道:"所有出席婚宴的布列塔尼人都受到了惩罚。一部分人被弄瞎了双眼,而另一部分人则遭到了放逐。"这些都是重刑。正如任何人所能够想象的那样,作为曾经密谋叛国的人,他们应当受到这样的刑罚。但是,值得注意的是,没有人被处决。这是真正的骑士行为。在国王回来后不久,赫里福德的罗歇立刻就被抓获。他被判失去土地及自由,但并没有被剥夺生命。像莫卡伯爵一样,他将在监狱里度过余生,反省他反抗私生子威廉的愚蠢之举。[43]

剩下的就是瓦尔塞奥夫伯爵。虽然他也涉案了,但从某种程度上说,甚至连当代人都无法确定,他究竟与此事有多少关联。根据《盎格鲁-撒克逊编年史》和伍斯特的约翰的说法,伯爵基本上是无辜的。在婚礼上,他被迫发誓。而在那之后,他便立即前往兰弗朗克处以寻求宽恕。之后,在大主教的建议下,他跨越海峡前往诺曼底,以寻求国王的谅解。相反,在奥德里克的描述中（比起《盎格鲁-撒克逊编年史》，这一叙述的很多地方似乎都不太可信），瓦尔塞奥夫被迫与阴谋造反的人同盟。他不赞同他们的计划，但并未将这一计划告诉任何人。因此，虽然他没有参加叛军，但他仍旧犯下了藏匿不报之罪。

奥德里克说道，就裁决而言，审判官们无法达成一致。在被囚禁在温切斯特数月之后，伯爵才等来了他们的最终决定。显然，最坏的可能就是，他会像罗歇伯爵一样被终身囚禁。但奥德里克说，众人都认为瓦尔塞奥夫会被释放。毕竟，他娶了国王的外甥女。伯爵甚至可能希望，就像埃德加王子那时一样，他可能会因为及时投降而得到赏赐，并且官复原职。[44]

如果他这样想的话，他一定大失所望。6个月之后，瓦尔塞奥夫终于等来了判决。经过判定，他所犯下的罪行并不比其他的反叛者更轻。然而，他所受到的刑罚却有所不同。正如奥德里克所解释的那样，赫里福德的罗歇是诺曼人，因此"要按诺曼人的法律来判刑"。瓦尔塞奥夫则是一个英格兰人，要根据"英格兰的法律"判刑。1076年5月31日的早上，在这个城市中的其他居民还在沉睡的时候，伯爵就被带到了温切斯特城外的圣贾尔斯山（St Giles Hill）的山顶。在那里，他被砍了头。尽管奥德里克描述了他所做的祈祷和流下的眼泪，但我们很难感受到，他对瓦尔塞奥夫有多少同情。毕竟，这个人最近才策划了一场针对其政治对手的谋杀，而在那个时候，他的对手们才刚要坐下，正准备享用晚餐。最后一位英格兰伯爵的命运证明了这位史学家的观点，即征服者和被征服者确实遵循着不同的游戏规则。只要这种差异存在，和解的希望就微乎其微。[45]

16

觅食的饿狼

　　1076 年夏，随着罗歇伯爵入狱和瓦尔塞奥夫的死去，征服者横渡英吉利海峡，以追踪最后的叛乱分子——擅长逃跑的拉乌尔伯爵。这或许表明，威廉做事彻底，几乎有强迫症。但是，拉乌尔也绝不是一个四处游荡的流亡者。在回到故乡布列塔尼以后，伯爵在多尔城堡（castle of Dol）安顿下来。以此为据点，他和他的手下能够对诺曼底西部边界构成威胁。而且，构成威胁的也不只是他的手下：当地的编年史表明，此地的部分守军隶属于安茹伯爵。换句话说，拉乌尔与威廉在欧洲大陆的其他敌人联手了。这样看来，早在发动叛乱之前，拉乌尔可能就已经这样做了。这样一来，我们也就能够从一个新的角度来看待此前的那场叛乱，并且认定，这场叛乱的性质更为严重。正如之前的埃德加王子一样，拉乌尔可能已经成为一场更大的阴谋的一部分。这一阴谋旨在动摇威廉的王权，而且是由安茹伯爵、佛兰德伯爵和法兰西国王所精心谋划的。[1]

　　如果说还有什么考虑不周的地方的话，那便是：威廉似乎低估了对方所能造成的威胁。1076 年 9 月，他举兵攻入布列塔尼，威慑拉乌尔的领地并持续围攻多尔城堡。但是，守军比他们所预想的更加坚决果敢。他们一连坚守了数周。接着，随着冬季的到来，法兰西国王也出兵援助。这让威廉吃了一惊，并迫使他采取行动。如果说，他所遭遇的并不是一次完全的溃败的话，那么，他所采取的行动也充其量是一次匆忙的撤退。《盎格鲁-撒克逊编年史》写道："威廉国王逃走了。他不但损失了人马，而且还丢掉了大量的财物。"在征服者的军事生涯里，这是首次有记载的败绩。50年后，奥德里克·维塔利斯把这一失败描述为神罚，即上帝因瓦尔塞奥夫之死而惩罚威廉。[2]

因此，在1077年余下的时间里，威廉同法兰西及安茹方面进行了和谈。这一次，威廉没能占据上风。就在那一年的夏天及秋天，人们为诺曼底公国内几座新建的重要教堂举办了献堂典礼。这些建筑当中还包括国王自己在卡昂修建的圣斯蒂芬教堂。这些献堂典礼无疑是非常重要的。威廉或许是在担心触怒神灵，并且在尝试进行弥补。可以确定的是，他正在寻求以另一种方式来展示他的王权。在圣斯蒂芬的献堂典礼上，参加者不仅有国王和王后，还有当时在诺曼底的所有要人。根据特殊安排，参与仪式的还有来自英格兰的最为强大的诺曼贵族，以及大主教兰弗朗克和约克大主教托马斯（Thomas）。无疑，这也是一种尝试，旨在提醒欧洲大陆的其他国家，虽然在很多情况下，诺曼人为英格兰的诸多事务缠身，但是，正是因为诺曼征服的胜利，他们也变得比原来强大得多。而且，虽然诺曼人分别居住在海峡的两岸，但他们却没有因此而分裂。不幸的是，这句话并不适用于所有场合。在威廉自己的家族当中，情况尤为如此。[3]

自从二人在1050年（或者在其前后几年）结婚以来，威廉和玛蒂尔达至少生下了9个子女——4个儿子以及（大概）5个女儿。我们之前从未提到过他们，因为我们对于他们成年以前的生活几乎一无所知。威廉的次子理查在十几岁时因为狩猎事故而身亡，剩下的 3 个兄弟则活了下来。最小的孩子亨利大约生于 1068 或 1069 年。威廉则生于 1060 年前后（因为他长了一头红发，他又以鲁弗斯［Rufus］*之名为世人所知）。1077 年的他应该刚过青春期。长子罗贝尔可能是 9 个孩子中年龄最大的。到了这个时候，他已经成年了，而这正是问题之所在。[4]

据奥德里克记载，罗贝尔"夸夸其谈且为人鲁莽。他在战斗中十分勇猛，是一个强壮而出色的射手。他声音清朗、令人愉快且言辞流利。他有着一张圆脸，身形矮小而结实。因此，人们常称他'肥腿'（fat-legs）或'短衬裤'（shorty-pants）"。在诺曼法语中，"短衬裤"这个词演变为"短护腿"（Curt-hose），而这一绰号也流传至今。如果正如马姆斯伯里的威廉所言，这是征服者本人所使用（甚至可能是由他发明）的绰号的话，那么我们会发现，这一称呼很难算作昵称。正如奥德里克和其他作者所指明的那样，威廉和罗贝尔之间几乎只有仇恨。两人之间的问题正是长期以来中世纪统治者与其男性继承人之间所存在的矛盾。[5]

正像载入史册的每一个继承人一样，罗贝尔渴望从他的父亲手中分得更多的权力。在他十五六岁时，一切似乎水到渠成。因为，1066 年，就在前往征服英格兰的前夕，为以防万一，威廉承认了罗贝尔的储君之位，并且要求所有诺曼底要人宣誓并承认罗贝尔的这一地位。然而，也是从那时起，罗贝尔继位的希望却逐渐变

---

* 鲁弗斯，源自拉丁语，含义为"红头发"。

得渺茫起来。威廉通常会把玛蒂尔达留在诺曼底，让她为自己摄政，并让一群年长且有经验的人辅佐她。年轻的候补公爵或许获得了某些管理权，因为他有时会作为公爵的证人出现。但就像每个年轻人一样，他想要的不是行使父亲所授予的权力，而是真正的独立——有权挑选自己的随扈，并拥有能够用来奖赏他们的土地和金钱。他成年的时间恰逢诺曼底国土安全再现严重威胁的时节，而这也就使得事态变得更糟。罗贝尔可能期待自己能够得到更多的权力。而就在这时，他却发现自己的父亲几乎总是出现在公国，亲自处理各种事务。据奥德里克说，罗贝尔要求得到诺曼底和曼恩，但遭到了威廉的拒绝。征服者告诉他，他需要等待一个更为恰当的时机。"因为从父亲那里一无所获"，奥德里克说，罗贝尔"十分气恼，并且屡次傲慢地与其父发生冲突"。[6]

1077 年 9 月，在圣斯蒂芬的落成仪式结束后不久，关键时刻便来临了。这是我们最后一次见到威廉和罗贝尔一起出现。在这之后的某一天，国王正在莱格勒，为其前往南部边疆的远征做准备。就在此时，罗贝尔和他的弟弟们之间爆发了激烈的争吵。根据奥德里克的记述：

> 威廉·鲁弗斯和亨利来到位于莱格勒镇上的罗歇·科舒瓦（Roger Cauchois）的宅邸当中。此前，罗贝尔已经住在了这一座宅邸里。二人就像士兵一样，在房屋上层的平台上玩骰子。他们一边玩，一边制造巨大的响声。不久后，他们开始向下面的罗贝尔及其侍从身上泼水。然后，伊沃（Ivo）和格朗梅尼勒的奥布雷（Aubrey of Grandmesnil）对罗贝尔说："你为什么要忍受这样的侮辱？看吧，你的弟弟们是怎么爬

到你的头上，用脏水浇在你我身上，让你感受到耻辱的？你
还不明白这意味着什么吗？就算是盲人也看懂了。你必须马
上惩罚他们，不然你就完了，你将永远抬不起头。"听了这些
话，罗贝尔怒火冲天，马上跳了起来。他冲到上面的房间里，
令他的弟弟们措手不及。

我们完全有理由怀疑这一记述的真实性，特别是鲁弗斯和亨
利"爬到"罗贝尔"头上"的这件事。乍一看，奥德里克已经知
道了这几兄弟后来的政治命运，并在努力地编造隐喻。但从其他
方面来看，这一故事仍有可信之处。例如，为什么他会告诉我们，
是伊沃和格朗梅尼勒的奥布雷怂恿的罗贝尔？还有，为什么他要
告诉我们，他们待在罗歇·科舒瓦的家里，而对于后世的人来说，
如果不是这一事件，他们会对这个人物一无所知？答案是，奥德
里克肯定知道这一事件的内情。莱格勒距他所在的圣埃夫鲁修道
院只有几英里远，而格朗梅尼勒家族正是这一修道院的创始人。
这位编年史家继续讲道，争吵声很快就把国王引到了现场（威
廉"借宿在甘厄尔［Gunher］的房中"），而争吵也暂时得以平
息。然而，就在第二天晚上，罗贝尔及其侍从便离开了国王的军
队，匆匆骑马赶往鲁昂。他们企图占领该城市的城堡，但未能得
手。当威廉得到消息后，他勃然大怒，并下令抓捕所有的叛乱分
子。此时，罗贝尔及其追随者们逃跑了，并开始流亡。[7]

尽管奥德里克对罗贝尔持轻蔑的态度（根据他的评价，罗贝
尔是"鲁莽的"，而他的父亲则是"谨慎的"），我们也不该因此
而低估这一叛乱的严重性。追随继承人逃亡的人（用奥德里克的
话说，就是那些"阿谀奉承之人"）中包括蒙哥马利的罗歇的长

子（贝莱姆的罗贝尔［Robert of Bellême］）以及威廉·菲茨·奥斯本的长子（布勒特伊的威廉［William of Breteuil］，毫无疑问，后者因为其兄弟罗歇最近被监禁而感到失望）。随行的还有诺曼贵族当中的其他年轻成员。简单地说，正是因为威廉和罗贝尔之间的斗争，整个诺曼贵族群体都按照类似的父与子之间的界限被分割开来。家族成员则各自效忠不同的对象。可以想见的是，国王的对策当然是试图完全掐灭反叛的火苗。叛军首先逃至雷马拉尔城堡（castle of Rémalard），那里距离诺曼底的南部边界不远。威廉适时召集了大军，并在那里包围了他们。于是，罗贝尔再次出逃。这一次，他投往了他父亲的仇敌的怀抱。他首先来到他的舅父佛兰德伯爵那里，后来又来到法兰西国王的宫廷。这位国王一定为自己的好运而感到欣喜若狂。他曾花了数年时间，试图找到一个令人信服的人物。如果以罗贝尔为中心的话，就能够建立起一个对抗诺曼人的联盟。此时，法兰西国王腓力突然发现，自己成了征服者的儿子兼王位继承人的君主。这正是一张能赢过其他一切的王牌。[8]

这一家族裂痕所造成的必然结果是，威廉被迫再次全身心地关注大陆危机，而英格兰则再次交由他人管理。和 11 世纪 70 年代初的情况一样，兰弗朗克继续发挥着关键作用。在国王从诺曼底发往英格兰的信件之中，但凡是存留至今的信，大主教总是被列在众多收信人的第一位。然而，在 11 世纪 70 年代后期的英格兰似乎有另外一个拥有很大权力的人。他所拥有的权力甚至比兰弗朗克还要大。此人正是威廉的弟弟，即巴约的奥多。[9]

毫无疑问，奥多和兰弗朗克的性格截然不同。当然，他也是一名主教。他的巴约大教堂也在 1077 年夏天举行了献堂仪式。这座教堂无比辉煌，而且也是新建的。如果普瓦捷的威廉所言不假的话，在有关宗教信仰的讨论中，奥多表现得睿智而雄辩。但与兰弗朗克不同的是，奥多从来就不是僧侣，也并不渴望回到修道院清修。相反，他似乎十分享受自己的世俗角色。当威廉在诺曼征服后不久授予他肯特伯爵的头衔时，他便欣然接受了这一世俗头衔。对于普瓦捷的威廉来说，这一头衔令奥多"成了最适合同时从事教会事务和世俗事务的人"。而对于奥德里克来说，这一头衔不过证明了奥多"更倾向于做世俗事务，而不是进行精神上的深思"。除去教会人士和世俗人士的身份之外，奥多显然也是个战斗人士。在他自己的纹章上，其中一面描绘的是他高举主教权杖的形象，而在另一面上，他则变成了一个骑士，挥舞着利剑。这使得普瓦捷的说法几乎成了笑话。他声称："奥多从未碰过武器，而且也从没想过要这样做。"他同时也坚称，主教现身黑斯廷斯战场，完全是因为他深爱着自己同母异父的哥哥。（"他们的兄弟之爱如此深厚，即使是在战场上，他也不愿与威廉分开。"）不言自明的是，他的这些话极其荒唐。主教自己命人制作的巴约挂毯也为我们提供了很好的证据，足以证明普瓦捷的这些话都是假话。挂毯显示，这位好斗的主教骑着一匹黑马冲入战场，在紧要的关头重振诺曼人的斗志。无论其他人关于他的行为持有怎样的保留意见，奥多显然能坦然接受他的这种双重身份。[10]

从现存的王室信件中，我们很难看出，奥多在 11 世纪 70 年代后期的英格兰拥有显赫的地位（其中，只有两封信把他列为了收信人），但从各编年史家的记述中，我们可以找到相关的证据。"在英格兰，他的地位仅次于国王，"《盎格鲁-撒克逊编年史》写道，"当国王在诺曼底的时候，他就是这个国家的主人。"而奥德里克则告诉我们，奥多"的权力比王国里任何其他的贵族都要大"。至于奥多的权力到底有多大，《末日审判书》对此有所揭示。其中有一系列条目显示，他有权自己重新分配土地，并自行解决有关土地持有权的争端。而在做出决定的过程中，他无须听取任何他人意见，甚至无须听取国王的意见。就这一方面而言，他的权力是很独特的。《末日审判书》显示，直到他于1071年去世之前，威廉·菲茨·奥斯本偶尔履行过类似的权力。但到了11世纪70年代晚期，奥多显然是唯一可以这样办事的人。例如，阿宾登修道院院长在纳尼汉姆考特尼（Nuneham Courtenay）买了一处新庄园。这位院长曾小心翼翼地向奥多禀明价格，并获得了主教的同意。该修道院的编年史家解释说，这件事发生的时候，"国王还在诺曼底。而在那时，其弟弟巴约主教奥多正统摄着王国"。奥德里克则更为直白地写明了这一状况。他说，奥多受到了"各地的英格兰人的敬畏，并且能像国王一样进行审判"。[11]

　　有趣的是，就在主教统治英格兰的那段时间里，土地分配制度出现了重大的改变。正如我们所见，在加冕典礼之后，征服者最为亲密的伙伴（就像奥多本人和威廉·菲茨·奥斯本这样的人）立刻就得到了封地。而在第二年，国王返回英格兰后不久，诸如蒙哥马利的罗歇的其他宠臣则也得到了这一类型的封赏。威廉把之前的旧领地合并成几个大地产，然后分封给上述这些人：奥多得到了肯特，菲茨·奥斯本得到了怀特岛，而蒙哥马利则得到了什罗普郡。这一分封方式完全打破了原有的土地产权模式。这种情况在苏塞克斯表现得最为明显。在那里，新设立的雷普完全打破了原先的地产边界。既然这些被分封的土地都位于威廉领地的外围，那么我们便可以猜测，威廉这样做首先是出于安全的考虑。[12]

但是，这些早期赠予其近臣和密友的土地是一些例外，似乎并不是按照总体规则分配的。在一些远离海岸和边疆的地区，我们能够看到，诺曼人在按照不同的土地分配原则分配土地。个别诺曼人被赏赐的土地此前为同一个英格兰人所有。就拿马厩总管安斯加尔（Ansgar the Staller）来说，在全英格兰地位低于伯爵的人当中，他曾是最为富有的人。安斯加尔似乎参加过黑斯廷斯战役（事实上，他很可能就是哈罗德国王的旗手），而且受了致命伤。我们上一次看到安斯加尔是在《黑斯廷斯战役之歌》有关伦敦投降的描写。尽管伤情严重，他仍在进行谈判。此后不久，他的伦敦市长（portreeve）之职就被一个名叫曼德维尔的若弗鲁瓦（Geoffrey de Mandeville）的诺曼人接替了。在《末日审判书》的时代，安斯加尔的土地全都归他所有。换句话说，若弗鲁瓦似乎只是填补了他的前任所空出的位置。[13]

同样的情况也发生在 1068 至 1071 年发动叛乱的英格兰人身上。在他于 1070 年逃亡之前，梅尔斯韦恩一直都是叛乱的首领。他一度担任了林肯郡的郡长，而其所有地产都落入了其诺曼继任者拉乌尔·帕尼尔的手中。休厄德·巴恩的情况也是如此。他在伊利陷落后便一直身陷囹圄。而他的所有土地都归一个名叫费勒斯的亨利（Henry de Ferrers）的诺曼人所有。奥德里克还为我们提供了其他几个参与叛乱的英格兰人的名字。而从《末日审判书》当中，我们可以看到，他们的土地都被分别转到新来的诺曼人的名下了。更有甚者，在叛乱结束之后，一直到 11 世纪 70 年代早期，相同的进程似乎还在持续。例如，我们知道，在 1073 至 1074 年的冬季，瑟伯兰德*这位北部英格兰的塞恩死去了。他是卡尔的儿子，而瓦尔塞奥夫派人在塞特灵顿取了他的性命。据《末日审判书》记录，他在林肯郡和约克两郡的土地都变成了诺曼领主托斯尼的贝伦加尔（Berengar de Tosny）的领地。[14]

然而，在这之后的某一段时间里，我们仍能感觉到某种转变。诺曼人所获得的地产不只来自一个英格兰人。相反，我们见证了领地赠予的回归——诺曼征服之后的那种大型分封又出现了。要举例的话，不妨观察一下莫尔坦的罗贝尔（Robert of Mortain）的土地持有状况。他是威廉另一个同母异父的弟弟。在1086年之前，这一大片位于约克郡的领地还没有被记录在《末日审判书》之上，罗贝尔就成了它的新领主。但从土地持有权来看，这片领地完全是一团乱麻：在这一领地范围内的土地先前曾分属几十个英格兰人。有些人的领地被整个涵盖在内，而另一些人的领地则并没有被完全包括在这片领地的范围之内。然而，就地理意义而言，罗贝尔的新领地则是有明确的边界的。这是因为，其边界正是按照现有的郡的下一级行政单位的边界来划分的（在南方，人们将其称为"百户区"，而在北方，人们则将其称为"小邑"）。很显然，在这个时候，正是这些行政单位的边界奠定了土地赠予的基础，现有的土地持有权规划则对此没有什么影响。

与此同时，即便是在这一确定的区域内，罗贝尔也并不完全具备对这一领地的管理权。这是因为，在某一两处地方，其他新来的诺曼人的地产打破了他的领地的完整性。这些人是基于继承的原则而得到土地的。据此，我们可以很容易地做出推断，即这

---

* 和他的祖父名字一致。

些人得到土地在先，而罗贝尔受封在后。简而言之，我们所面临的局面似乎是，罗贝尔分到了以行政边界划分的一块领地，然后被告知，"那里还剩下什么，就拿什么"。[15]

在英格兰的其他地方，按照"那里还剩下什么，就拿什么"的原则，大块的领地被源源不断地分封了出去。在米德兰地区北部以及比这一地区更北的某些郡里，这一现象尤其明显。在很大程度上，这些地区并未受到第一波诺曼人定居潮的影响。这些领地的具体建立日期已不可考，但有证据表明，1080 年前后，几个拥有此类领地的领主已经出现了。可以看到，早期的那种直接继承土地的模式，似乎一直持续到了 1073 或 1074 年。就在这两个日期之间，有人做出了从根本上改变政策的决定。[16]

改变政策的可能正是征服者本人。毕竟，土地分配几乎是人们所能想到的最为重要的任务。如果是这样的话，政策最有可能是在 1075 年的最后几个星期或 1076 年最初的几个月里发生的改变。威廉那时正在英格兰，应对伯爵们所发动的叛乱，并为其善后。正如之前的叛乱一样，在这一次叛乱当中，又有大量的土地被没收。这是因为，这一次，罗歇、拉乌尔和瓦尔塞奥夫都被剥夺了土地。与此同时，征服者之所以做出按照不同的原则来授予土地的决定，可能也有着其他的考虑。如果说，在过去的近十年间，威廉一直是按照严格的继承原则来分配英格兰人的土地的话，那么到了 11 世纪中期，可以用于奖赏忠实的追随者们的领地势必将所剩无几。而且，那些追随者可能更偏好那种连在一起的领地，即威廉在诺曼征服之后不久分封给臣下们的那种领地。他们不愿意顶替他们的英格兰前辈，获封原属于这些人的几处庄园。后者往往分散在好几个郡当中的不同地方。但是，这种变化可能也只

不过是出于政治形势和实用主义的考虑。到了11世纪70年代中期，
威廉便开始在欧洲大陆事务的泥潭当中越陷越深。鉴于这种局面，
在分封土地的时候，他很可能会考虑到国土的安全，而不是遵从
英格兰现有的土地持有模式。如果英格兰掌握在可靠的人的手中
的话，那么威廉自己就能腾出手来，在其他地方作战。

　　当然，这一政策的变化也可能是高层中的人事变动造成的。
可以想到，这种向领地分配的转变是奥多主教的主意。他使用了
自己作为摄政者的权力，以推行这一做法。毕竟，他自己在肯特
的领地就是按照这种原则建立起来的。而且，从其他证据当中，
我们可以看出，他拥有广泛的权力，足以在有关土地持有权的事
务上做出决定。奥多至少负责这一新政的实施。而且，在一些情
况下，他从自己的追随者中选择了一些人，把英格兰北方的土地
赏赐给了他们。[17]

　　11世纪70年代中期，把土地封赏给他人的人不只是威廉和
奥多。正如国王或是摄政者开始把土地授予封臣一样，这些封臣
也同样开始把土地分封给自己的附庸。这一过程被当代历史学家
称为"再分封"（subinfeudation），而与这一过程相关的历史记载
并不丰富。就平信徒而言，这一点尤为如此。奥德里克·维塔利
斯曾经描述了蒙哥马利的罗歇是如何将什罗普郡的一些管理职位
分配给他"勇敢而忠诚的下属们"的。[18]然而，在1070年左右，
修道院被告知，他们也需要为国王提供一定数量的骑士。出于这
一原因，在僧侣们所编的编年史中，我们能够获得有关这一分封
过程更为详尽的描述。在阿宾登修道院的编年史中，我们就可以
看到，新任修道院院长诺曼人阿德勒姆是如何"利用一支武装骑

士队伍，来很好地保卫这座由他主持的修道院的安全的"：

> 最开始的时候，他的确雇用了军队来完成这一任务。但
> 是，在敌人的攻击渐渐沉寂之后，他便开始将属于教会的庄
> 园分封给他的追随者们（此前，他们是因为赏赐才留下的），
> 并以此作为凭据，要求他们向他宣誓效忠。他的这一做法还
> 有另一个背景。过去的王室诏书已经提到，如果碰巧有紧迫
> 的需要，主教辖区应当提供多少骑士，而修道院又应当提供
> 多少骑士。[19]

对于世俗贵族而言，把自己所得到的部分土地分给下属是一
种合理的做法。如果他们曾从国王那里得到丰厚的封赏的话，那
么他们这么做就更为合理了。这是因为，这样做显然比一直让他
们待在贵族的内廷中更加合算。修道院的僧侣们和主教们分封土
地的意愿甚至更为强烈。其理由在于，要维持一支骑士部队，不
仅要花费极其高昂的费用，还会造成极大的破坏。马姆斯伯里的
威廉就回忆道，伍斯特的伍尔夫斯坦主教曾被迫为一支骑士部队
提供给养。这些人花费了他很多的钱。而且，即便已经是深夜了，
他们还在他的厅堂里喝酒斗殴。[20]

作为回报，获封土地的人要为他们的封君履行军役。一份证
书显示，赫里福德的诺曼主教罗贝尔·卢辛嘉（Robert Losinga）
把土地分封给了一个名叫罗歇·菲茨·瓦尔特（Roger fitz Walter）
的骑士。这一文献是最早的有关军役安排的证书之一。而且，其
内容十分明确，足以为我们了解这一议题提供帮助。"此前，这
个主教把这块土地当作他自己的私产，并以之维持教会的生存，"

这份证书中出现了这样的字句，"但是，在其封臣的建议下，主教将这块土地给了罗歇，以换取对方的承诺。罗歇承诺道，他会像他的父亲一样，只要主教有需要，他便会为其提供两名骑士。"[21]

就像我们之前所看到的那样，在许多情况下，国王也要求其佃户为他提供人力，以守卫他的城堡。在这一点上，领主们再一次向自己的封臣们提出了和国王一样的要求。无论是直接顶替了他们的英格兰前辈，还是打破了原有的土地占有模式，这些新来的诺曼领主的第一反应都是要修建一座城堡。如果是前一种情况，他们也许会选择把土垒建在英格兰人已有的住宅的基础上。考古发掘证明，几个诺曼人所建造的土堆正好叠在了盎格鲁-撒克逊建筑主厅的上方。[22] 同样地，只要他想，他便可以在任何地点建立城堡，以宣扬他的领主权。建立城堡的目的在于控制周边的乡村（控制有经济和军事重要性的水路和陆路）并保护这些地方的诺曼居民。在《末日审判书》中，一些领地被称作"城堡领"（castlery）。这表明，这个地区是以城堡为中心的。在其他地方，城堡的功能可以体现在领地的组织结构当中。例如，在约克郡的里士满（Richmond），我们可以看到，一旦领受封地，人们便要轮流执行保卫城堡的任务。每一个佃户都要在此驻守两个月。这样一来，城堡便能永远处于防御状态，可以随时应对敌人的攻击。[23]

按照这种描述，我们可以认为，诺曼人在英格兰的定居是一个井然有序的过程。国王把他的土地分封给他重要的部下，而作为回报，这些人会为国王服军役。与此同时，这些人会保留一部分的土地，并将其余部分分封给别的人。随着城堡的建立，地方上出现了混乱和骚动。如果这些城堡位于新领地的中心地带的话，事态则尤为如此。但是，无论是就土地分配的方式，还是新的土地占有模式的引入而言，人们的印象仍旧是，它们都在有条不紊地推进之中。

毫无疑问，这种印象具有误导性。这是因为，它掩盖了诺曼人在定居过程中所引发的巨大混乱。很明显，以两种准则分配土地就意味着，新来的诺曼领主们之间很有可能会发生冲突。在这些人中，有的人要求得到某一特定行政区内的所有土地，而另一些人则坚持认为，他们持有这些地区的某些庄园，就像其英格兰前辈的继承人一样。然而，由于古老的英格兰领主制的复杂本质，这种混乱局面被放大了数倍。在诺曼征服之前的英格兰，一个人可以通过多种方式成为一个领主的附庸。一个人可以从领主那里领有土地，但他也可以不这么做。在某些情况下，一个领主对一个人具有审判权，但他并非这个人的领主。在其他情况下，领主和仆从的关系可能只是一种"委身制"（commendation）。这种联系是一种纯粹的私人关系，其内容无关土地或是司法。有些人拥有土地，但他们并没有领主。《末日审判书》对这种现象做出过阐释。它频繁地表示，英格兰人"能够顺遂自己的心意来处置自己的土地"。相比较而言，诺曼底的土地领有关系更为紧密。尽管土地和领主权并不一定是结合在一起的，但人们大多认为，它们确实应当绑定在一起。几十年来，这种土地和领主权结合的趋势一直在加强。因此，1066 年，在见识了以错综复杂闻名的英格兰领主权模式之后，很多诺曼人会感到困惑，并试图打破这种模式。例如，一个雄心勃勃的新来者可能会把他领地上的居民当成自己的佃户。然而，这些人可能并不是其前任领主的佃户。一种可能是，他们与其前任领主之间的关系只是一种委身关系。而另一种可能是，先前的领主只有对他们的审判权。可以想见，把他们当作佃户的做法会激起这些人的反感。其他的诺曼人也会对此表示反对，因为他们认为，自己对这些人具有更大的处置权。[24]

这样看来，诺曼人是按照自己的利益诠释（或者刻意曲解）了他们的英格兰前辈的权利，并将这一权利最大化了。与此同时，在很多情况下，他们只是能抢什么就抢什么。有充分证据表明，虽然有大量的土地是从国王那里领有的合法领地，但是，仍有一些土地的获取方式并不那么合法。这些方式包括敲诈、恐吓或暴力。在它关于这个王国的部分区域（东米德兰和东盎格利亚）的记载中，《末日审判书》并没有表现出特定的土地分配模式。历史学家们解释道，这似乎表明，诺曼人在这些地区的定居模式极为混乱。《末日审判书》也保留了一些当地陪审员的证词。他们说，一些诺曼人的土地是靠掠夺得到的。理查·菲茨·吉尔伯特（Richard fitz Gilbert）就是一个例子。此人是征服者长期以来的好友（他是威廉不幸的监护人吉尔伯特伯爵的儿子）。在诺曼征服后不久，理查就得到了一大块以肯特的汤布里奇（Tonbridge）为中心的领地。正是他在那里建造了那座宏伟的城寨式城堡。直到今天，那座城堡还是那座镇子的标志性建筑物。他本人也自称"汤布里奇的理查"。但是，在接下来的数年里，他仍然继续抓住一切可能的机会，以扩大自己的领地。1086年，《末日审判书》中的陪审员发誓说，理查以非法的手段夺取了隔壁萨里（Surrey）境内的3座庄园。而在其子后来所签订的赔偿计划之中，我们可以看到，在同一个郡里，理查也夺取了罗切斯特的僧侣们的几处地产。[25]

1086年，理查·菲茨·吉尔伯特已经成了全国最为富裕的十个人之一。面对像他这样的人，一个失去土地的英格兰人又能向谁求助呢？在过去，他也许可以上诉至国王在本郡的代表——郡长（shire reeve）——那里。毕竟，早在仓促王埃塞列德的时期，郡长一职就已经设立了，为的是在地方上监督国王的那些更有权力的封臣（伯爵）。但自诺曼征服以后，英格兰的本土郡长差不多都被清理掉了。取代他们的是新来的诺曼人。就像他们那些被取代的前辈一样，这些诺曼人的家世大多十分普通。但是，和他们的英格兰前辈相比，他们总体上更为笃定，更想要提高其自身地位。而且，随着伯爵们的离开，还有谁能够阻止他们呢？大量证据表明，在土地和土地持有权的问题上，这些本应守护猎物的人恰恰是最为卑劣的偷猎者。正如亨廷登的亨利所说的那样，"郡长的职责本应是维护正义与法度。但是，他们比窃贼和强盗更凶猛，比世上最野蛮之人更野蛮"。每一座修道院似乎都遭受了当地郡长的蹂躏。马姆斯伯里的威廉说，伍斯特的新任郡长诺曼人阿贝托特的乌尔塞（Urse d'Abetôt）把他的城堡建在了伍斯特大教堂的修道院的附近。其距离是如此之近，以至于这一城堡的护城河穿过了僧侣的墓地。（这一做法激怒了当时的伍斯特主教奥尔德雷德，令他说出了那句著名的奚落之语："你叫作乌尔塞 [Urse]——愿上帝诅咒 [curse] 你！"）与此同时，伊利僧侣们的处境则更糟糕。因为支持过觉醒者赫里沃德及他的追随者，他们长期为王室所不满。因此，许多当地的诺曼人似乎认定，在叛乱之后，他们便可以随便夺取这些修道院的地产。而在这些人当中，再没有谁比郡长皮科特（Picot the Sheriff）更为恶劣了。在伊利，他所侵吞的土地数量如此巨大，以至于 12 世纪的僧侣们将其描述为"一头饿狮、一匹四处游荡的狼、一只狡猾的狐狸、一头脏猪、一只无耻的狗"。[26]

可以看到，僧侣编年史家发了一大通牢骚。这给人的印象是，教士们所承受的苦难远比平信徒所遭受的要多。然而，事实可能正好相反。教会里的人固然经受了磨难，但是，假设他们的权利遭到了侵犯，高级神职人员也往往能得到补偿。他们受益于制度上的连贯性，而且持有大量的证明文件。他们不仅有绝罚这一精神上的武器，还有诸如教宗和国王这样身居高位的朋友。一个有关高级神职人员获得赔偿的例子发生在 1077 年。那时，国王威廉曾亲自给他在英格兰的重要部下（理查·菲茨·吉尔伯特就在其中）写信，要求他们及各郡长把他们以恐吓和暴力的手段攫取的教会地产还给教会。[27]

相反，英格兰平民绝不可能如此幸运。对于那些英格兰小地主来说，剩下的选择不多了。觊觎其土地的不但有他们的诺曼邻居，还有那些作为猎手的郡长。他们所能做的，可能只有寻求好心的本地修道院院长的帮助，让他保护自己及自己的土地。伊夫舍姆修道院的编年史家回忆道，在诺曼征服后不久，埃塞尔威格院长"吸引了一批骑士和其他有土地的人，让他们来到他的身边……他承诺为他们提供保护，不让他们受到诺曼人的侵扰"。但是，至少在这个例子当中，这种保护所持续的时间不长。随着老修道院院长的辞世，这种保护也消失了。1078 年，埃塞尔威格离世，瓦尔特院长继任。除去焚烧教堂的圣遗物之外，新任院长还开始把修道院的地产分封给自己的诺曼亲友。[28] 因此，对于无力自保的世俗地主来说，唯一的办法就是尽力将不利的影响降到最低。他们会选择接近新领主或新郡长，努力保住自己对土地的权利。即便要牺牲一部分土地或接受不平等的条款，他们也在所不惜。

　　这就是诺曼人在英格兰定居过程中较为黑暗的一面。这个过程不仅混乱，而且充斥着暴力和强取豪夺。在很多情况下，它也是不公正的。人们也许会说，这是任何军事占领过程的必然结果。然而，这并不能解释此时在英格兰所发生的现象。11世纪70年代晚期，对人民生活造成最为严重侵扰的人恰恰就是主政之人。似乎从一开始起，巴约的奥多就笃信"自助"（self-help）这一原则：

　　　　他以铁腕手段在肯特郡树立权威，并在此地施以强权。更有甚者，因为在那些日子里，郡里并没有人可以遏制这样一位巨头，他还网罗了一大批坎特伯雷大主教区的神职人员，并让他们依附于他。借此，他得到了适用于该教区的许多习惯性权利。

　　这几行文字是一则报告的开头。这份写于坎特伯雷的报告可能是关于1072年左右威廉在梅德斯通（Maidstone）附近的佩农登希思（Penenden Heath）所召开的一次大会的。报告接着表明了，在于1070年担任大主教之后，兰弗朗克是如何发现奥多掠夺了多少土地，然后又是如何向国王抱怨此事的。威廉之所以选择在佩农登希思召开这次会议，就是为了调查这件事。我们被告知，有争议的土地实在是太多了。因此，听证会持续了3天。到了会议结束的时候，坎特伯雷的权利得到了恢复。[29]

　　尽管大主教成功地从伯爵手中拿回了他被夺走的部分财产，其他教徒则没有如此幸运。"圣洁的修道院有正当的理由认为，奥多对他们造成了巨大的伤害，”奥德里克·维塔利斯说，“他粗暴地抢劫了他们，夺走了虔诚的英格兰古人对修道院的馈赠。”这一情况在 11 世纪 70 年代末期应该尤其普遍。这是因为，那时的奥多显然在英格兰主政，并且没有受到丝毫权力上的束缚。在伊夫舍姆修道院，人们回忆道：“那时，主教奥多就像一个暴君一样管理着国家。”这一修道院的编年史家抱怨道，奥多像“一只觅食的饿狼”一样扑向伊夫舍姆的地产。在庭审上，他纠集了一大批对教会不利的证人，至少从僧侣们那里夺去了 28 处地产。而这一切“更多的是基于他的邪恶影响力，而非合法的理由”。再强调一遍，教会还有一点抵抗这种侵害的能力。如果就连教会都遭受了这么多的话，那么可以想见，反抗奥多的俗界民众必然会承受更多的苦难。实际上，只要一页页地翻过《末日审判书》，我们就可以感受到这一点。陪审团的成员们始终在抱怨，国王的这位同母异父的弟弟对他所夺取的土地并没有合法的权利。[30]

　　“读一下《圣经》，找一找是否有律条可以证明，强行为一群上帝的子民安排一个敌对的统治者是合理的。”如果奥德里克·维塔利斯所言不假，那么这句话就是出自古德曼（Guitmund）之口。此人是一个虔诚而博学的诺曼僧侣。为响应威廉国王的征召，他在诺曼征服后不久就来到英格兰，并得到了一份在英格兰教会当中的美差。“我把整个英格兰视为抢来的东西。就像是从火焰中缩回自己的手一般，我不敢触碰它以及它的宝物。”史学家们有理由对这一小插曲表示怀疑。他们指出，这段话所表达的是奥德里克自己的意思。如果任何僧侣敢在威廉面前如此坦诚，他们很可能就会被吊死在最近的树上，用的还是他们自己的修道士大兜帽。但是，这个故事中可能还是有真实的部分的。几乎可以肯定的是，古德曼确有其人。由于某种原因，在其职业生涯的晚期，这位著名神学家认为自己有必要离开诺曼底，并在教廷中谋职。最终，他在意大利城市阿韦尔萨（Aversa）的主教任上去世。其他证据表明，一些诺曼人的确不愿参与这场瓜分殖民地的行动。但显然，这部分人在数量上远远无法和那些与他们意见相左的人相比。后者中既有世俗人士，也有教会人士。他们争先恐后，纷纷横渡英吉利海峡，以抢夺世俗的财富。[31]

17

帝国的边界

当奥多在英格兰行使统治权时，威廉还在努力地让他走入歧途的长子听话。法兰西国王则充分利用了他敌人的这一痛处。他把热尔伯鲁瓦城堡（castle of Gerberoy）交给了罗贝尔，而那正是一座接近诺曼底东部边界的要塞。奥德里克说，在这里，许多平民骑士和法兰西贵族佣兵加入了这位失意的年轻人的队伍，频频袭扰罗贝尔父亲的公国。最终，在1078年圣诞节后不久，威廉出兵反击，双方陷入艰苦的僵持状态。正如各个编年史著作当中所说明的那样，这位昔日战无不胜的斗士又一次遭遇了惨败。在经受了持续3周的围困之后，罗贝尔带领将士突围了。战斗中，他甚至一度与威廉直接交手，还弄伤了后者的手。征服者的另一个成年儿子——忠诚的威廉·鲁弗斯——也在战斗中受了伤，另有很多人被杀或者被俘。在国王胯下的坐骑被弓弩射中之后，有士兵想要为其替换马匹，但却被接连而来的第二支飞弩所杀。根据伍斯特的约翰所说，威廉之所以能从战场上逃走，是因为罗贝尔认出了父王的声音。他让他的父王骑走了他自己的马。[1]

因此，不出所料，这场遭遇战造成的创伤需要很长时间才能愈合。威廉显然非常痛苦，而当他发现玛蒂尔达"出于母亲对儿子的爱"而秘密送给罗贝尔很多金银财宝时，他愈发感到自己被羞辱了。（当然这些都是奥德里克的说法。）尽管王后、主教和大多数的诺曼要人都代表罗贝尔向威廉求情，希望通过"说好话和恳求，软化国王强硬的态度"，但在 1079 年的大部分时间里，事情几乎没有一丝转机。直到第二年年初，双方的关系才出现了突破性的进展：

> 最后，在这些重要人物的压力下，强硬的国王屈服了。他接受了自己作为父亲的责任，与他的儿子以及他的儿子的同盟尽弃前嫌。根据几位重臣的建议，他再一次安排罗贝尔在其死后继承诺曼底公国，就像之前一样……数年的战争已经使得诺曼底和曼恩两地积贫积弱。所以，当地的百姓十分欢迎和平的到来。

这一和解一定发生在 1080 年复活节前不久。就在那个复活节上，威廉和罗贝尔一同出现了。在众多诺曼要人的陪伴下，他们共同见证了某一证书的签署。这是自他们关系破裂以来，我们首次看到他们在同一场合出现。毫无疑问，这一举动是故意的，目的是展示这对父子已经和解了。这场曾经威胁到公国统一的争端终于结束了。5 月 8 日，消息传到罗马，而教宗则致信罗贝尔，对他表示祝贺。他表示，自己因为这对父子之间裂痕的修复而感到欣慰。在信中，他还为他挑选了《圣经》中有关孝道的一些经典的段落。[2]

争端的结束意味着威廉终于可以把注意力转向英格兰。然而，他并没有立即返回。这可能是因为（正如奥德里克所暗示的那样），要恢复曼恩和诺曼底的和平，他还需要多做一些努力。在 7 月之后的某一天，征服者再次横渡英吉利海峡。这是他 4 年多以来首次回到英格兰。[3]

在很长的一段时间里，征服者一直不在英格兰。那么，威廉此次返回英格兰可能是为了让人民感受一下他的存在。他也想亲自确认一下，就在他不在英格兰的这段日子里，英格兰的各项事务都得到了令人满意的处理。然而，到了 1080 年的夏天，威廉的日程表上至少还有两项紧急事务。而且，这两件事都涉及北方。在前一年的 8 月，苏格兰国王撕毁了 7 年前在阿伯内西签订的和平条约，悍然突袭诺森伯里亚。与此同时，就在不久前，也就是 1080 年 5 月，达勒姆主教惨遭杀害。这两件事似乎有所关联：自从 1075 年瓦尔塞奥夫失势之后，瓦尔歇主教就已经成了事实上的诺森伯里亚伯爵。他本应保护的地区遭到了严重的破坏，暴露了他在管理上的无能。可能正是因为这一点，人们设计了一场阴谋，以结束他的统治。但是，据伍斯特的约翰记载，主教死去的原因是两个仆人之间的私人争执，其中的一个仆人杀了另一个。这件事引发了一场血腥的争斗，并殃及了所有卷入其中的人。瓦尔歇主教尝试与死者家属沟通，但对方选择了复仇。就在盖茨黑德（Gateshead），当瓦尔歇主教及其百余位追随者试图逃到教堂里避难的时候，这些人找上门来，并把他们都杀死了。就这样，一场以寻仇开始的纠纷演变成了一场纯粹的聚众叛乱。在杀死主教的这些人继续前往达勒姆，并试图夺取当地的城堡（但没有成功）的时候，有关聚众叛乱的印象得到了进一步的确认。[4]

无论是就苏格兰人扰边，还是瓦尔歇被害而言，人们都感到，有必要为这两个事件复仇。而威廉则毫不迟疑，决定以牙还牙。1080 年 7 月，他将主教奥多派往诺森伯里亚。总体而言，奥多比瓦尔歇更为勤政。巴约的奥多带了一支军队来到此地，并毁掉了这个地方。如果是普瓦捷的威廉来记述这件事的话，他一定会美化这一行为。他可能还会说，这件事展现了奥多主教在世俗事务上的非凡能力。据达勒姆的西缅记载，无论他所面对的人是否有罪，主教都会杀掉他们或者砍掉他们的手足，甚至还敲诈他们。在那之后，他又动手抢夺了一些大教堂里收藏的珍宝，其中还包括一根华美的牧杖。同年秋，短护腿罗贝尔也接受了类似的命令，并来到苏格兰。此举似乎是想向苏格兰国王证明，后者试图在威廉父子不和之时趁火打劫不但是短视的行为，而且是一个错误。尽管西缅认为，罗贝尔的做法没有什么作用，但罗贝尔似乎成功地重申了此前所签的条约，恢复了英格兰与苏格兰的和平。返程途中，他还在盖茨黑德建立了一处永久性的前哨，巩固了诺曼人对英格兰北方的统治。那是泰恩河畔的一座"新城堡"（new castle）*，就位于瓦尔歇被害处附近。[5]

可以看到，威廉决定委托奥多和罗贝尔来管理北方事务。这表明，在那一年，威廉基本上都不在英格兰。直到那年的圣诞节，我们才能确切地说，他已经横渡海峡，回到了英格兰。那时，他已经现身格洛斯特。威廉选择这里作为目的地具有一定的传统意义。此前，虔信者爱德华一般都会在这座城市庆祝圣诞。他之所以会被吸引到这里，是因为他想要在附近的迪恩森林打猎。这一活动同样吸引着威廉。这位国王迷恋打猎的快乐，并因此而臭名

---

* 现在人称泰恩河畔纽卡斯尔（Newcastle upon Tyne）。

昭著。《盎格鲁-撒克逊编年史》记载道："他尤其喜欢牡鹿，把它们当作自己的儿子。"[6]

事实上，正是威廉对狩猎的热爱，才促使他将"森林"（the Forest）这个概念引入了英格兰。在英语语境中，这个词首次出现在《末日审判书》中。我们倾向于认为，"森林"指的是树木繁茂的地区，但在最初，这个词可以被用来指代各种类型的土地。它可能源于拉丁语单词"foris"（外面）。就其定义而言，它代表着一个受到单独管辖的区域。这是一片供国王娱乐的广阔土地。国王也为此地制定了特定的严格法律。"他圈出大片区域，禁止他人在此地猎鹿，并为此地专门制定了法律，"《盎格鲁-撒克逊编年史》写道，"无论是谁，只要杀掉这里的一只雄鹿或者雌鹿，就会被弄瞎。"[7]

威廉在很多地方设立了森林区，但其中最有名的是他设立在汉普郡的那一个。时至今日，它仍然拥有一个与之极为相称的名字，即新森林（New Forest，又音译为新福里斯特）。这一区域显然创建于威廉执政的早期。这是因为，国王的次子理查正是在此地死去的。他死去的时间不是在 11 世纪 60 年代末，就是在同一世纪的 70 年代初。后来的编年史家将他的死视作神罚。他们认为，既然这一森林区的建立带来了苦痛，那么上帝便会为了这一苦痛而降下惩罚。伍斯特的约翰说："在过去的时代里，那一地区教堂广布，还有很多敬拜上帝的人民。但是，威廉一声令下，人们就惨遭驱逐。他们的家园也荒废了，只有野兽栖息在这片土地上。"事实上，正如历史学家早已论证过的那样，新森林的沙土根本就不能支持如此高密度的人口的生活。这一说法与这位编年史家的叙述恰好相反。《末日审判书》则显示，事实上，该地区的大部分土地（约7.5万英亩）在1066年之前并没有被开垦。但《末日审判书》同时也表明，威廉扩大了这一区域，在其原有的基础上增加了1.5万到2万英亩的土地。他扩大这一区域的做法意味着必须清除大约20个村庄及12个聚落，也意味着大约有2000人会流离失所。这样看来，纵使编年史家有些夸大其词，他们的记载大体上还是真实的。[8]

国王做出在格洛斯特度过1080年圣诞节的决定，还有一个原因，即此处毗邻威尔士。总体而言，对于威廉来说，威尔士的问题远比苏格兰小很多。这在很大程度上要归功于他的前任国王（哈罗德）。尽管征服者可能并不会承认这一点，但在哈罗德于1063年成功推翻强大的格鲁菲德·阿普·卢埃林后，威尔士就重新回到了混乱状态之中。多个统治者为了得到最高的权力而相互争斗。因此，在1066年后不久，当诺曼人来到这一地区时，他们已经不需要再做什么了。

为了将英格兰叛乱分子与其潜在的威尔士盟友分开，威廉沿边界设立了3个新的伯爵领。不久后，持有这些伯爵领的人们便开始不断向西扩展他们的势力范围。什鲁斯伯里伯爵蒙哥马利的罗歇已越过奥发土墙（Offa's Dyke）这一古老的边境线，开始在威尔士内地设立定居点。在那里，他建立了1座城堡和1个镇子。为了纪念其远在诺曼底的故乡，他将这个镇子命名为蒙哥马利（Montgomery）。与此同时，他的手下则沿着塞文河谷继续向前推进，并以类似的方式建立起属于自己的城堡。在北部，通过恐吓威胁当地人，切斯特伯爵休（短命伯爵热尔博的继任者）所攫取的领土甚至比蒙哥马利所获得的还要多。奥德里克·维塔利斯回忆道:"当他出门走动的时候,他从来都是带着一支军队,而不是带领着自己的家兵。"结果是,"大量的威尔士人遭到了屠杀"。这些人的城堡一直建到康威河(River Conwy)沿岸。他们也继续向西袭扰,一直深入到斯诺登尼亚(Snowdonia)的腹地。[9]

相比之下,南威尔士的局面则完全不同。赫里福德伯爵威廉·菲茨·奥斯本同样给威尔士人造成了极大的危害。他渡过了瓦伊河(River Wye),并建立了许多城镇和城堡。他可能是想将这些城镇和城堡当作桥头堡,方便下一步的征服行动。但就最终结果来看,在威尔士境内,他并没有取得什么扩张的成果。由于有其他地方的事务缠身,菲茨·奥斯本决定与当地的威尔士统治者妥协。作为承认他们权利的回报,奥斯本要求对方要尊他为领主。1071年,在伯爵死后,他的儿子罗歇显然继续执行了这一政策。就在伯爵死后的那一年,我们还能看到诺曼骑士在为威尔士统治者卡拉多格·阿普·格鲁菲德(Caradog ap Gruffudd)效劳。卡拉多格及其所部曾经是威尔士东南部的一支不可小觑的力量。(1065年,正是他毁了哈罗德在朴茨基韦特的狩猎小屋。)与此同时,他也把诺曼人看作盟友,能联合起来打败他们在威尔士的劲敌。1072年,正是这一盟友助他击败并杀死了邻国德休巴斯(Deheubarth)的国王。这一点使他实现了长期以来的野心,得以成为格拉摩根(Glamorgan)的主人。事实上,卡拉多格同其诺曼盟友间的关系十分稳固。1075年,罗歇所发动的那场灾难性的叛乱一结束,卡拉多格就接收了部分逃亡的伯爵支持者,把他们纳入他的保护之下。

正是由于罗歇的这次叛乱,征服者开始亲自干预这一地区的事务。伯爵的没落意味着他的地产将被没收。从1075年起,国王就亲自控制着赫里福德，而且获得了南部威尔士的领主权。自然，威廉无法接受卡拉多格的行为。为了惩罚这一冒犯之举，威廉挥兵相向。但很快，此地就又恢复了威廉到来之前的状态，双方之间的妥协也得以维持。

加强对南威尔士的监管是威廉在 1080 年末西行的原因之一，而不久后所发生的一系列事件则促使他以一种更为戏剧化的方式再次来到了南威尔士。可能就是在 1081 年年初的几个月里，威尔士各个统治者的争夺愈演愈烈，最终演变为一场大战。战斗的一方是卡拉多格及其威尔士和诺曼盟友，另一方则是格威内思（Gwynedd）和德休巴斯两国的国王。在他们的身后，有爱尔兰和丹麦佣兵为之撑腰。两军的遭遇战既血腥，又具有决定性。他们在圣戴维教堂（St David's）以北的康岭（Mynydd Carn）上遭遇了。卡拉多格及其盟军被击败，而南威尔士的控制权则落入了德休巴斯国王里斯·阿普·图德（Rhys ap Tewdwr）的手中。

这一意外的结果迫使威廉立即采取行动。这位英格兰国王需要像昔日控制卡拉多格一样，对里斯施加同样的影响力。因此，在同年晚些时候（可能早至春季），征服者便挥师挺进了南威尔士。尽管各编年史只是粗略地提到了威廉的这一行动，但很明显，这是一次大规模的干预行动：威廉穿越了整个王国，直到圣戴维教堂才最后停下脚步。这里已是威尔士的最西部，再向前就只有爱尔兰海了。根据这一落脚点的选择，威尔士本土的编年史著作《布卢特编年史》（The Brut）把这次国王之行描述为朝圣之旅。如果事实真是如此的话，那这也是一次武装朝圣。根据《盎格鲁-撒克逊编年史》的说法，"国王率兵进入威尔士"。这是一次军力的展示，纯粹而直接，意在迫使里斯摆正位置，让他成为受管制的对象。在回程途中，在一个叫作加的夫（Cardiff）的罗马要塞的废墟上，威廉分别建起了一座城镇和一座城堡。他希望借此提醒威尔士人，他一直都在这里。[10]

除记载威廉"率兵进入威尔士"外，《盎格鲁-撒克逊编年史》还记述了有关1081年远征的另一事实。这本书补充道，国王"在那里解救了数百人"。我们知道，有一些诺曼军队为卡拉多格而战，并随之一同落败。一看到这句话，我们可能会认为，国王所救的是自己人。然而，这种可能性很小。因为，正如英格兰人一样，威尔士人对付敌人从不手软。即便这些敌人已经毫无还手之力，任凭他们摆布，他们还是会选择把他们杀死。在描述康岭战役中一名卡拉多格盟军士兵之死的时候，一位12世纪中叶的威尔士作者得意扬扬地写道："特拉黑恩（Trahaern）的身体被捅穿了。直到他即将死去的时候，他的对手才罢手。这个人倒在地上，咬住地面上长长的草，还摸索着要拿起自己的武器。他的爱尔兰对手格威哈里斯（Gwcharis）则把他做成了培根，就像对付一只猪一样。"然而，如果说威尔士人从不俘虏敌军的话，这种说法也不准确。战争结束后，作为胜利者，格威内思国王"前往安维斯特里（Arwystli）。在那里，他杀死了那里的平民，烧了他们的房屋，还掳走了当地的妇女"。[11]

换句话说，威尔士人蓄奴。当然，在这一点上，他们和英格兰人没有什么差别。或者说，在这一问题上，和苏格兰人以及爱尔兰人相比，他们也没有什么区别。在不列颠诸岛，奴隶制、掠夺人口为奴和奴隶贸易都是可以接受的。自克努特时代以来，这一制度在英格兰就从未发生过改变。仅就《盎格鲁-撒克逊编年史》中的相关记载而言，我们就可以发现，早在 1036 年，戈德温就曾把阿尔弗雷德的一些随从卖掉换钱。1052 年，在从爱尔兰归来的途中，哈罗德不仅在萨默塞特掠夺牲畜，而且还在此地掳掠人口。然而，买卖人口的并不只是戈德温家族的人。为了防止读者产生这一印象，我们可以举出 1065 年诺森伯里亚叛军的例子。当时，他们"俘虏了数百人，并带着他们前往北方"。在诺曼征服的前夕，英格兰的奴隶贸易仍在不断发展。这一奴隶贸易有着很长的历史。尽管他们贩运和买卖黑奴的活动更为著名，但在他们贩卖黑奴的整整 7 个世纪以前，布里斯托尔的商人就已经开始买卖奴隶了。马姆斯伯里的威廉生动地描述过此类奴隶贸易。生活在 12 世纪 20 年代的这位作家表示，从布里斯托尔的港口出发，这些商人：

> 在英格兰各地购买人口，再贩到爱尔兰赚取利润。他们还在床上玩弄女仆，致其怀孕，然后再带去出售。看到人们的惨状，你将会忍不住叹息。可怜的人们被绳索拴着，每天待价而沽。其中不乏年轻人。他们的外貌是如此地美丽，又是如此地年幼无知。就算是野蛮人，也不禁对他们心生怜悯。[12]

在一段时间里，人们也能在诺曼底看到类似的情形，而这一情形也同样足以令人扼腕叹息。在诺曼人还未被法兰西文化同化之前，他们常常用船只贩运人口，把人口从法兰西北部运往斯堪的纳维亚。与此同时，鲁昂城中心的奴隶市场也无比繁荣。但是，11 世纪上半叶，这一交易渐趋衰落，并最终消失：在文献记录当中，鲁昂奴隶市场的最后一次出现是在 10 世纪末；而奴隶贸易最后一次被提及则是在 11 世纪 20 年代。传统上,历史学家把奴隶贸易的消失归因于经济因素,但随着改革派神职人员对诺曼底的公爵们的影响逐渐加深,这一制度的消失更有可能是基于道德方面的考虑。更为重要的是,奴隶制度衰落的时间同骑士制度兴起的时间恰好重合。这表明,在诺曼底及法兰西北部的其他地方,当权者变得更加珍惜人的生命了。[13]

诺曼人对于英格兰奴隶制的态度最初是矛盾的。在把他心目中的英雄威廉同尤里乌斯·恺撒做对比的时候,普瓦捷的威廉坚持认为,在他于 1067 年返回诺曼底时,征服者"不曾以罗马人的方式带走一批战俘"。相比之下,《黑斯廷斯战役之歌》的叙述则显得更加漫不经心。(或许其作者并不知道威廉登陆时的情况。)其中提到,当他在 1066 年登陆时,威廉不但掠夺了牛羊,而且还掳走了人。有人说,威廉本人的态度在 1070 年发生了变化。那时,他长期以来的精神导师兰弗朗克已经来到了英格兰。根据马姆斯伯里的威廉所述,正是在这位大主教的坚持下,国王"挫败了邪恶之徒的计划,那些人一直在向爱尔兰贩奴"。尽管他这么做了,征服者还是极不情愿的,因为他也能"从这份买卖中获利"。其他证据也支持了马姆斯伯里的记载,说明他在这两个方面都是正确的。《末日审判书》证明,国王的确与奴隶贸易有着深切的经济联系。该书关于苏塞克斯刘易斯奴隶市场的记载表明,每卖出一个奴隶,这一奴隶市场就会向国王支付 4 便士。但是,所谓的征服者威廉法(Laws of William the Conqueror)也表明,威廉的确曾不顾一切地采取行动,以停止奴隶贸易。但与此同时,威廉也狡猾地保留了部分利润。该法第 9 条是这样规定的:"严禁任何人向国外售卖人口。一经发现,贩卖人就必须向我支付全额罚金。"[14]

当然，禁止奴隶贸易并不意味着废除奴隶制本身：既然有10%的人口都被划定为奴隶，要废除奴隶制几乎是不可能的。但是，禁止奴隶贸易仍然十分重要。它表明，即便这样做会牺牲他自己的经济利益，威廉还是吸收了改革派教会的思想，开始重视人。因此，当《盎格鲁-撒克逊编年史》告诉我们，他进军威尔士并"解救了数百人"的时候，威廉所解救的很有可能是奴隶。这些人在近几年的战争之后被俘，正要被卖往国外。他们或者被绳索镣铐捆绑着，或者被关在笼子里。他们没有想到的是，自己竟会被一位征服者解救并重获自由。

当威廉从威尔士返回英格兰时，他肯定会经过切普斯托。这个堡镇是威廉·菲茨·奥斯本在诺曼征服后不久建立起来的。奥斯本还在这里建了一个小修道院和一座城堡。这座城堡高耸在石岬上，俯瞰瓦伊河。鉴于他还在城堡两侧的悬崖上开凿了沟渠，我们可以认定，修建这一城堡的主要目的在于防御。一旦有敌人来袭，这里就可以成为一个预警性的前哨。但在他获得切普斯托后的某一天（时间可能是1081年，即征服者经过此处的时间），征服者又下令增建一座规模宏伟的石质大厅。但是，征服者似乎并不是为了防御才建造这座大厅的。直到今天，这一建筑仍然存在。但是，它并没有任何有利于防御的设计。它的内部特征也表明，它不能被用作居所（里面没有厨房、厕所等）。根据我们所看到的情形，这个大厅似乎是专门用来举行仪式的。它很可能是一个谒见厅。国王或其代表可以在这里接见新近臣服的威尔士君主。（《末日审判书》告诉我们，里斯·阿普·图德同意每年向威廉纳贡40英镑。）不管修建这一建筑的具体目的是什么，这一位于切普斯托的壮丽大厅都表明，征服者对威尔士确实具有控制权。此前，类似的宣示王权的举动也出现过。通过在泰恩河畔建造纽卡斯尔，征服者宣示了自己对诺森伯里亚的控制权。[15]

切普斯托并不是唯一的这一类型的建筑。到了1081年，在另外两个地方，类似的重大项目同样在紧锣密鼓地进行着。在埃塞克斯的科尔切斯特（Colchester），人们正在建造另一座石塔。相比较而言，它比威尔士的那一座石塔要高出不少。（该建筑至今仍然存在。其基座体量巨大，长151英尺，宽110英尺。）威廉下令修筑这个庞然大物的意图至今不明。除在加冕后简短地访过巴金之外，再没有任何证据表明，国王还冒险来到过埃塞克斯。传统观点认为，这座城堡是用来抵御北欧海盗的突袭的。但是，这一观点似乎不能令人信服。在诺曼人征服英格兰后，丹麦人可能也曾侵扰过英格兰东部，但他们主要在北部的诺福克、林肯和约克等几个郡活动。威廉之所以选择在科尔切斯特建塔，最可能的解释是，他受到了过去的召唤。可以看到，它建在了一座早期罗马寺庙的基础之上。正如我们所见，普瓦捷的威廉不断地把征服者同古罗马的英雄们做比较。国王本人似乎也热衷于将自己同罗马人联系在一起。在切普斯托，新的王室大厅同样与罗马有着某种联系。它的屋顶上水平排列着橙色的瓦片。人们从附近凯尔文特（Caerwent）的罗马建筑遗址取得了这些瓦片，并加以重复利用。[16]

当然，征服者另外一个重大建设项目就是伦敦塔（Tower of London）。在他加冕前的几天，威廉曾为一座城堡选址。最终，他却在这个地址上建起了伦敦塔。自11世纪70年代开始，人们就开始修建伦敦塔了，而直到威廉去世时，这座塔仍然没有完工。

在他几个儿子当政期间，伦敦塔才最终得以完成。正如这一建造过程所说明的那样，该塔是一座真正的纪念性建筑。该塔高三层，作为一座王室的宫殿，它威慑着英格兰王国首府中的居民。它同科尔切斯特高塔十分相似（特别是这座宫殿突出的拱形礼拜堂）。这表明，这两座建筑是同一个人设计的。一份 12 世纪的文献证实，这两座塔的设计师正是兰弗朗克的挚友贡达夫（Gundulf），而他后来成了罗切斯特主教。就像科尔切斯特高塔一样，切普斯托大厅和伦敦塔都表明，一种新式的世俗建筑在英格兰诞生了。自从罗马皇帝的那个时代过去之后，如此规模的建筑在英格兰就再也没有出现过。[17]

1081 年 5 月末，威廉来到温切斯特，以庆祝这个月最后一天的圣灵降临节。在这个英格兰的第二大城市，征服者也同样打上了自己的印记。早在 10 年前，征服者就开始建造一座新的王室宫殿。与它所取代的古老的撒克逊宫殿相比，其建筑风格截然不同。它的建筑风格与新式的诺曼城堡的风格也不相同。到了这个时候，这一宫殿大概已经完工。1081 年，威廉到访时，人们正忙于建造位于温切斯特的大教堂。那是另外一座宏伟的建筑。2 年前，在新任诺曼主教瓦尔凯林（Walkelin）的主持下，这座教堂破土动工了。此前，人们认为，比起他们的先祖在诺曼底所修建的教堂和修道院，诺曼人在英格兰所修建的教堂和修道院都更为宏伟。举例来说，瑞米耶日和圣斯蒂芬两座大教堂的中殿分别长 140 英尺和 156 英尺，而坎特伯雷大教堂、林肯大教堂以及圣奥尔本斯大教堂的中殿则分别长 185 英尺、188 英尺和 210 英尺。至于温切斯特的那座大教堂，其中殿的长度达到了惊人的 266 英尺，远远超过了此前建造的其他教堂中殿的长度。如此之大的空间极限让它成了全英格兰最大的教堂。除此之外，它也比这一时期所建造的所有欧洲教堂都要大。在这个世纪稍早的时候，德意志皇帝在施派尔（Speyer）和美因茨（Mainz）建造了 2 座大教堂。温切斯特大教堂借鉴了这 2 座教堂的很多特征。即便是这 2 座教堂，其规模也无法与温切斯特的这座教堂相比。事实上，温切斯特大教堂的规模仅次于圣彼得大教堂，而后者是罗马的康斯坦丁大帝在 7 个半世纪前所建造的。正如在建造宏伟的石塔时所做的那样，在建造大教堂的时候，他们也做了相同的事。威廉和诺曼人所建造的大教堂规模极大，风格又接近罗马时期的建筑，恰好回应了当代人和古代人对帝国力量的想象。[18]

这类建筑很好地告诉了我们，1080 至 1081 年，在他获胜并返回英格兰之后，威廉是如何看待自己的。他认为，自己是一个伟大的君王，堪比德意志和罗马皇帝。这就是他，一个保护其战果、保卫其边疆并宣告其成就的男人。很可能在他访问温切斯特的期间，威廉就决定改革国家币制。他决定废除烦琐的英格兰旧币制（在不同的时期，其硬币的重量均有所不同），并引进一种较重的新型硬币。此后，硬币的重量就固定了下来。在古英语，人们称这种硬币为"steor"。今天的"英镑"（sterling）一词就是从这个词演变而来的。1080 年圣诞节，威廉曾在格洛斯特礼节性地戴起了王冠。当他于圣灵降临节访问温切斯特的时候，他又戴了一次。[19]

幸好有奥德里克·维塔利斯的记述，我们才得以瞥见这一特殊时期的王廷。也正是在这位编年史家的记述当中，我们才能够从某种程度上感受到它的繁华。他告诉我们，时任圣埃夫鲁修道院院长的迈内尔（Mainer）是如何于 1081 年跨海来到英格兰，又是如何来到温切斯特的。在这里，他受到了国王和权贵们的热情款待。所有人都愿意为他的修道院捐赠礼物。毕竟，在征服了英格兰之后，他们都得到了很多的财富。在一份证书中，威廉认定，这些礼物属于修道院。而也就是在这份证书当中，我们看到了部分捐赠者的名字。国王自己当然在这份名单上。他还在自己的名字上标了一个十字符号。除了他的名字之外，这份名单上还有他的两个儿子罗贝尔和威廉的名字。他们同样在自己的名字旁边画了一个十字。在他们的名字之后是两位伯爵的名字，即蒙哥马利的罗歇和切斯特的休。在众多其他伯爵的名字中，我们还能看到威廉·菲茨·奥斯本之子布勒特伊的威廉的名字。这提醒我们，国王和年轻的诺曼贵族之间的裂痕已经得到了修复。这幅图景不仅展示了权力在王国内部的分配状况，而且还说明，这个王国最终获得了和平。奥德里克写道，修道院院长"就是在这段平静的时光里"来到英格兰的。[20]

但是，这样的平静时光并没有持续太久。《盎格鲁-撒克逊编年史》中也有类似的关于王廷的记载。在描述征服者是如何保持这种很好的状态的时候，编写者的口气并不友善：

> 只要他在英格兰，他都会每年戴三次王冠：复活节的时候，他在温切斯特戴上王冠；圣灵降临节的时候，他在威斯敏斯特戴上王冠；圣诞节的时候，他在格洛斯特戴上王冠。在这些场合，英格兰的所有重要人物都聚集在他的身边，包括各地大主教、主教、修道院院长、伯爵、塞恩和骑士。他冷酷无情，十分暴戾，没人敢违反他的意志。反抗他的伯爵会被绑起来；违背他的主教则会被剥夺教区；不听他的话的

修道院院长则会被赶出他们的修道院；假设有塞恩造反，威廉便会将他们投入监牢。

最后，他也没有宽恕他的兄弟。这个人名叫奥多，曾是诺曼底的主教。他位高权重，其主教座堂则设在巴约。在英格兰，他的地位仅次于国王。他在英格兰拥有伯爵领。当国王在诺曼底的时候，他就是这个国家的主人。但是，威廉把他投入了监狱。[21]

18

末日审判

在《盎格鲁-撒克逊编年史》有关 1082 年的记载之中，我们可以看到一句惊人的话语。在这一年的开头，《盎格鲁-撒克逊编年史》写道："在这一年，国王逮捕了主教奥多。"然而，在吓到了我们之后，这位匿名的编年史家却没有给我们提供更多的信息。在说完了这句话后，他只是补充道，"今年还发生了大饥荒"，之后便很快转向对 1083 年事件的记述。

到了这个时候，《盎格鲁-撒克逊编年史》几乎已经成了唯一可以利用的原始文献。因此，为了调查威廉为何要逮捕奥多，我们不得不查阅一些后世编年史家的记载，而他们生活在四五十年之后。有些编年史家宣称，国王发现，他的这位同母异父的弟弟想要篡夺王位。另一些人指出，在英格兰摄政的时候，奥多施行了暴政，而这就是他被杀的原因。其他人则认为，奥多之所以被捕，是因为他觊觎教宗之位。

从表面上看，第三种说法似乎是最牵强的。我们知道，奥多更热衷于世俗事务，而在改革之后，教廷对任职教宗的人提出了很高的要求。但在这一时期，改革遭遇了极大的阻碍。1073 年，教宗亚历山大二世去世，格里高利七世（Gregory Ⅶ）继位。后者是一位激进的改革家。在教会与世俗统治者的关系这一问题上，他一直保持着强硬的态度。他坚持认为，教宗的权威是至高无上的。也正是因为他的这一观点，他与德意志国王亨利四世（Henry Ⅳ）之间的矛盾日益尖锐。格里高利曾两次对亨利施以绝罚。他还宣布，这个国王已经被废黜了。国王则以牙还牙。他宣称，教宗根本不能胜任他的职位，并提名格里高利的一个宿敌来担任教宗。关于他们之间的分歧，在整个欧洲的范围内，人们持有不同的观点。

在这样一种背景下，奥多觊觎教宗一职的说法似乎变得更加可信了。三位编年史家的记述同样印证了这一说法。三人说法不一，说明他们是独立完成记述的。按奥德里克的说法，奥多在罗马购买了一处宫殿，并把它装饰得富丽堂皇。他用重礼贿赂了罗马的几个大家族，并得到了他们的支持。马姆斯伯里的威廉称，为了达到这一目的，奥多往朝圣者的钱包里塞证书和硬币。无论用了哪些具体的手段，不难相信，作为一个拥有巨额财富与极高权力的人，在对圣彼得宝座的争夺中，野心勃勃的奥多极有可能表示，作为一个折中的办法，他也可以担任教宗。[1]

对于奥多来说，这可能是一个符合逻辑的举动。毕竟，他想谋求更高的职位。但对于他同母异父的哥哥来说，这一举动肯定不符合逻辑。威廉绝不是格里高利七世的坚定支持者。二人的关系有着一个良好的开端。早在 1066 年，当格里高利还是一个枢机主教时，他就一直是诺曼人入侵英格兰的主要支持者。但后来，他们的关系恶化了。这是因为，这位教宗试图获取回报，并宣称英格兰是教宗的一处封地，而威廉是教宗的封臣。威廉自然拒绝了向教宗宣誓效忠的要求。格里高利同样与兰弗朗克交恶，因为后者多次拒绝前往罗马与他见面。他们之间的关系是如此之差，以至于教宗威胁要免除大主教的教职。然而，尽管教宗与诺曼英格兰方面有着很多的争执，但双方并没有完全对立。1081 年，在一封写给两位法兰西主教的信中，格里高利还曾赞扬威廉是个虔诚的君主，能够支持教会，并能以公正和和平的方式治国安邦。（"尽管在某些事上，他没有如我们所期望的那样忠诚，"教宗承认，"但他已经比其他国王更值得褒奖，更应该获得荣誉了。"）同样地，当格里高利最终在 1084 年被亨利四世驱逐时，兰弗朗克愤怒地写了一封信，以回应亨利的支持者所写的一封有失偏颇的信。在后者的信件中，他诋毁了格里高利，而这正是兰弗朗克所不愿做的。[2]

因此，不论是威廉还是兰弗朗克，他们在 1082 年都不可能支持奥多的计划，用奥多替代格里高利。不管他们对格里高利有何种看法，他们都是宗教改革运动的坚定支持者。二人都不相信奥多会成为一个合适的教宗。除去有关教廷政治的考虑以及对奥多做法正当性的质疑之外，反对奥多的计划还有另一层重要的原因。根据马姆斯伯里的威廉和奥德里克二人的记载，奥多曾计划率大批卓越的骑士离开英格兰，以支持他对教宗这一职位的诉求。在众多骑士中，奥德里克列出了切斯特伯爵休的名字。"他们决定放弃在英格兰西部的大量地产，并立下誓言，要追随主教渡过波河（Po），去开创一片新天地。"当征服者了解到他们的意图后，自然非常不快。那些在英格兰的骑士是他的骑士。威廉需要他们来防范暴乱和抵御外敌，他们的出走势必会削弱他对王国的掌控。因此，奥德里克写道，1082 年上半年，还在诺曼底的威廉国王迅速横渡海峡，来到英格兰，让他的弟弟大吃一惊。此时，奥多正准备从怀特岛起航。在被抓住之后，奥多便被送去受审。

　　我们不能被表面现象迷惑，完全相信奥德里克的记载。1082年秋，威廉确实曾经渡海并来到英格兰。但是，他不可能马上就逮捕他的弟弟。因为，就在这一年的晚些时候，两人还曾共同在威尔特郡见证了一份证书的签署。我们同样不能过于相信奥德里克所说的话，认为威廉真的在奥多的审判上说出了那些话。在这篇很长的控诉里，奥多之所以被谴责，主要是因为他对英格兰人的压迫。但不论怎样，在威廉回到英格兰之后，类似的事件的确发生过。《盎格鲁-撒克逊编年史》中的记载证明了这一点。这一记载虽然简短，但重点突出。奥德里克用戏剧性的语言描述了这次审判的结局。他写道，在聚在王宫里的要人当中，没有一人敢出手逮捕被告。因此，威廉不得不亲自下手。奥多抗议说（正因为他想要成为教宗，此言尤其具有讽刺的意味），作为一个主教，只有教宗才有权审判他。据说，此时的国王回应他说，他不是在对一个主教进行宣判，而是在逮捕一个伯爵。（这句话同样出现在其他的记载当中。马姆斯伯里认为，这句话是兰弗朗克说的。）不论是以何种方式，奥多最终还是被押送回了大陆，监禁在位于鲁昂的公爵城堡里。[3]

　　奥多的背叛——威廉一定是这么认为的——不过是一系列家族灾难的序曲罢了。在很短的时间内，国王遭受了一连串的打击，并最终被打倒。1083 年，在他回到诺曼底不久，他的妻子玛蒂尔达王后就病倒了，并最终于 11 月 2 日离开人世。对威廉来说，这无疑是一个毁灭性的打击。这是因为，他们的婚姻显然是以爱与信任为基础的。如果不是这样，我们就无法解释，威廉为什么一直如此倚重玛蒂尔达王后，让她在英格兰和诺曼底摄政。同 11 世纪绝大多数统治者不同，威廉没有私生子，也没有任何证据（至少没有任何可信的证据）表明，他对王后不忠。马姆斯伯里的威廉曾记录了这样一桩荒唐的绯闻。据传，在继位为英格兰国王之后，征服者曾"沉浸在一个神父的女儿的温柔乡里"。但是，他将这一故事批为胡说八道。毕竟，故事的结局是玛蒂尔达挑断了她情敌的脚筋，而威廉为了报复，竟然用马缰绳打死了王后。事实上，马姆斯伯里说，虽然在其婚姻的后期，威廉和玛蒂尔达这对王家夫妇有过小争执，但那是因为短护腿罗贝尔意图谋反，而玛蒂尔达秘密地给他们的儿子提供了支持。"很明显，他们之间的争执并没有影响二人的夫妻感情。威廉自己的行动就证明了这一点。在王后死后……他为她办了极为隆重的葬礼。连续多日以来，因为失去了她的爱，他都极度悲伤，表现出了对王后无尽的思念。"玛蒂尔达被葬于卡昂的圣三一修道院，那是她于20年前亲自捐建的。时至今日，在主祭坛的前面，我们仍能看到她完整的墓碑以及最初的墓志铭。[4]

在失去妻子不久，威廉遭遇了第三次个人危机。短护腿罗贝尔再一次被流放了。我们已经无从知道，二人的关系到底为何再一次破裂，但这一危机的确发生在玛蒂尔达死后不久。这一时间节点十分重要。奥德里克说，尽管这对父子已经和解，但国王一直在辱骂自己的儿子，常在众人面前责备他。在书里的其他地方，他则告诉我们，罗贝尔出于"某些愚蠢的理由"而生他父亲的气。无论他们争吵的原因是什么，这次决裂并未像之前那场类似的争吵那样，造成严重的后果，因为这次随罗贝尔出逃的只有几个人。马姆斯伯里的威廉说，罗贝尔逃往意大利，是想要和托斯卡纳女伯爵（countess of Tuscany）联姻。这样一来，他就能获得支持，以反抗他的父亲威廉。罗贝尔也可能出于相同的目的而造访过其他的地区。奥德里克提到，他去过德意志、阿基坦和加斯科涅（Gascony），为的是拜访一些对其抱有同情的领主。在这种情况下，即使罗贝尔并未造成直接的军事威胁，他的叛逃依然带来了很多不安定的因素。在诺曼底公国和英格兰的王位继承问题上，这种不安定表现得尤为明显。威廉并未公然废长立幼，但从 1084 年起，在王室证书和公国证书的证人名录中，威廉·鲁弗斯的名字已经取代了罗贝尔的。[5]

这样一来，征服者接连三次遭到了来自至亲的打击：奥多入狱、玛蒂尔达死去以及与罗贝尔再一次决裂。失去亲人和亲人的背叛肯定让他付出了代价，并有可能让他更加感觉到，他是孤独的。姑且不论其他，这些人都是他昔日所倚重的人，都曾帮助他摄理朝政。但与此同时，1082 至 1084 年，没有任何迹象表明，威廉的家族问题在其统治的地区引发了更严重的危机。也许，罗贝尔确实想要卷土重来，但根据编年史料的描述，他成了一个四处游荡的流亡者，既缺少朋友，也没有多少资金。他的昔日盟友（例如，法兰西国王和安茹伯爵）似乎都没有为其提供过物资上的支援。这个时候，诺曼底和法兰西在 1079 年所达成的和平协议看似仍然有效。而威廉在 1082 年也和安茹方面达成了类似的休战协议。据说，直到威廉去世之前，双方的协定仍然有效。在罗贝尔再一次叛逃后，曼恩成了国王唯一的麻烦来源。在那里，勒芒子爵反叛了，并夺取了位于诺曼底公国南方边境的圣苏珊城堡（castle of St Suzanne）。1084 年，威廉发兵，像往常一样迅速地包围了它。[6]

然而，在包围的过程中，国王却把指挥权委以他人，自己返回诺曼底去处理"要务"（奥德里克称）了。这些要务到底是什么，这位编年史家并没有做出明确说明。但是，我们可以猜测，它们可能与威廉在 1085 年所收到的情报有关。这一情报告诉他，丹麦国王有入侵英格兰的计划。[7]

当然，这算不得一种新的变化。从一开始，斯堪的纳维亚人就一直威胁着威廉的统治。丹麦人的舰队曾两次跨海来到英格兰，但都不过是无功而返。然而，就整体而言，1085 年，这一威胁似乎更加严重。5 年前，丹麦迎来了一位名为克努特的新国王。他似乎想要和与他重名的著名的克努特大王一样，创建丰功伟业。克努特四世是前任丹麦国王斯韦恩·埃斯特里特森众多儿子中的一个。1069 和 1075 年，他曾两次接到父亲的命令，率领一支舰队前往英格兰。据当代人估计，他所统领的战船有 200 至 300 艘。但一登上丹麦王位，这位新国王就下定决心要做件更大的事情。马姆斯伯里的威廉说："鉴于之前的失败，为了入侵英格兰，克努特建立了一支庞大的舰队。据我所知，这支舰队至少包括 1000 艘战船。"即便我们把这一说法当作道听途说，我们也不难相信，在这个时候，入侵英格兰的舰队规模确实远超从前。原因在于，这一次，入侵英格兰的不止丹麦国王一个人。《盎格鲁-撒克逊编年史》记载道："这一年，人们互相奔走相告，并认定这是事实：斯韦恩大王之子丹麦国王克努特率军前来，打算借助佛兰德伯爵罗贝尔的力量来征服这个国家。"数年前，克努特迎娶了罗贝尔之女阿德拉（Adela）。据马姆斯伯里的威廉记载，为了入侵英格兰，罗贝尔还特意另外召集了 600 只船。[8]

从威廉的反应来看，我们能够进一步认识到形势的严峻性。1085 年秋，征服者匆忙渡过了英吉利海峡。《盎格鲁-撒克逊编年

史》称，他率领着一支"庞大的部队"。这支部队由"来自法兰
西和布列塔尼的骑兵和步兵组成，比此前来到这个国家的任何一
支部队的规模都要大"。无论这个评估结果是否把 1066 年的入侵
大军算在了里面，1085 年的这支国王的部队无疑是无比庞大的。
伍斯特的约翰曾提到，这支部队由"数千名雇佣骑兵、步兵和弓
箭手"组成，而马姆斯伯里则把这支军队称作"一支庞大的雇佣
骑士部队，其中的成员来自阿尔卑斯山以北的各个省份"。他告
诉我们，这支部队里的成员甚至包括法兰西国王的弟弟韦尔芒杜
瓦的休（Hugh of Vermandois）。他带领着他手下所有的骑士加入
了威廉的大军。9

　　因此，当马姆斯伯里说"国王非常恐慌"的时候，我们完全
可以相信他。一到达英格兰，威廉就召集了要人，召开了一次紧
急会议，以讨论如何化解这一危机。首要的问题在于，要怎样维
持这支雇佣军。不同于威廉以往带到英格兰的大军，这支雇佣军
的任务是保卫这个国家，而不是掠夺这个国家。这样一来，他们
就不能按照中世纪最常用的方法，靠掠夺当地居民来补充给养。
《盎格鲁-撒克逊编年史》记载道："人们很怀疑，这个国家要怎
样才能养得起这些军队。"会上，这一问题最终得到了解决。马
姆斯伯里说，这一解决方案是大主教兰弗朗克的主意。他提出，
要把军队分散到王国各地。"人们一致认为，骑士们应当驻守在
权贵的家中。这样一来，一旦有必要，每个人都可以联合起来，
共同维护公共福祉和个人私产，令其免受蛮族的侵害。"这样一
来，各权贵就必须负责雇佣军的衣食住行。马姆斯伯里对此解释
得很清楚。例如，伍斯特主教伍尔夫斯坦"开始供养一支相当庞
大的军队。他不但用高昂的报酬取悦他们，还为他们提供上等的

美食"。[10]

因此而痛苦不堪的不仅仅是这些贫穷的权贵。"那一年，人民更是苦不堪言，"《盎格鲁-撒克逊编年史》的编写者回忆道，"国王命人破坏沿海所有的土地。这样一来，就算他的敌人登陆了，他们也没有什么可以抢的。"另外，根据一份12世纪早期的资料，威廉还下令在海岸上严密布防。与此同时，他向城堡增派守军，修缮城墙，并派人把守这些地方。正如那些权贵一样，城镇也接到了命令，要容留大批来自法兰西的雇佣兵。居留在城镇里的雇佣兵数量如此巨大，以至于城中几乎没有足够的空间来容纳英格兰居民。

就这样，随着白昼渐短，由秋入冬，英格兰进入了高度紧张的状态。就像1066年的情况一样，全体国民都屏住了呼吸，等待着消息。之后，就在快到圣诞节的那段时间里，有关敌人的消息终于到了。《盎格鲁-撒克逊编年史》记录道："国王发现，他的敌人确实因事受阻，并且无法实施他们的远征计划。"虽然他们不过是暂时推迟了入侵计划（很明显，克努特已经决定把入侵计划推迟到第二年），但这势必在某种程度上缓和了紧张的气氛。作为回应，威廉把一部分雇佣军派遣回欧洲大陆。然而，他还是安排其他的雇佣军在英格兰过冬。这意味着，他仍然担心丹麦人会趁机入侵英格兰。

1085年，国王又一次在格洛斯特过圣诞。但是，这个圣诞节的气氛必然是十分紧张的。前来的要人们都忧心忡忡，担心丹麦人随时会采取行动。威廉自己也很焦虑。因此，他罢免了克罗兰修道院（abbey of Crowland）和索尼修道院（Thorney Abbey）的院长。这两座相邻的修道院均位于沼泽地区。不久前，丹麦人正是在这个地区登陆的，还获得了当地居民的大力支持。在支持丹麦人的当地居民中，有相当一部分人是僧侣。对威廉来说，他既不想再经历一次伊利事件，又不信任克罗兰和索尼两个修道院的现任院长。于是，他任用了两位来自圣旺德里耶修道院的诺曼僧侣，取代了这两位院长。[11]

《盎格鲁-撒克逊编年史》写道，这一年的圣诞，国王在格洛斯特停留了 5 天。在接下来的 3 天里，宗教会议也在此地召开。在之后的记述里，《盎格鲁-撒克逊编年史》的编写者告诉了我们，接下来又发生了什么：

> 在这此后，国王就国家事务进行了深入思考，并和众臣进行了讨论：这个国家里的居民到底是以什么方式分布在各地的，这些居民又是一些什么样的人。然后，他把手下派到英格兰的每一个郡，命令他们查明，各郡到底有几百海德的土地。或者说，在这个国家，国王到底拥有多少土地和牲畜。再或者，在 12 个月内，每个郡应当向他缴纳多少东西。他还命人记录了其治下的大主教、主教、修道院长和伯爵所拥有的土地数量。（在这份记录中，还包括许多内容。）虽然我可能说得太多，但在这里，我还是要把他所清查的内容列出来：对所有英格兰居民而言，只要他有地产，国王就会清查他到底拥有多少土地。就计算方式而言，或者以土地面积计算，或者以土地上的牲口数量计算。他还会彻查，这些土地究竟有多少收入。他的调查是如此之仔细，以至于在这片国土上，

哪怕是一海德或一维格特土地*都会被记录在册。事实上（提到这件事实在让我丢脸，但做出这等事的威廉似乎并不这么觉得），没有一头公牛、一头母牛或者一头猪会被漏掉。

这就是《盎格鲁-撒克逊编年史》对"土地赋役调查"（Domesday Survey）的描述。这一调查的结果是《末日审判书》，而这份文献也是英格兰历史上最为著名的文献之一。就名气而言，只有《大宪章》能胜过它。就文献的体量而言，它则是英格兰历史上部头最大的文献。事实上，《末日审判书》有两卷。厚重的一卷名为《大末日审判书》（Great Domesday），较薄的一卷则称《小末日审判书》（Little Domesday）。两书共有832页，每一面纸上都密密麻麻地布满了缩写。据统计，这两本书共有大约200万字。[12]到今天为止，还没有其他同类型的文献超过《末日审判书》的体量。少量有关这次调查的附属文件被保留了下来。学者们将这些分散的文件戏称为"卫星"（satellite）。但是，就这两卷书本身而言，它们保存得比较完整。毫无疑问，它是英格兰历史上最重要的文件。这是因为，正如《盎格鲁-撒克逊编年史》所说明的那样，它所记录的是一场前所未有的大调查的成果。无论就规模还是强度而言，这场调查都是空前的。它是一场在全国范围内进行的对权利、税务、土地及资产的调查，为我们提供了有关前工业化时期英格兰社会的最为详细的描述。即便是从世界范围来看，它所提供的信息也是最为全面的。

正因如此，它才得了《末日审判书》这个骇人的名称。12

---

* 1维格特约合0.1平方千米（各地的标准略有不同）。

世纪，《末日审判书》是被保存在温切斯特的国库内的。所以，在最初的时候，官员们称之为"财政署的登记簿"（the book of the Exchequer）、"温切斯特的大登记簿"（the great book of Winchester）或者"国王的登记簿"（the king's book）。但是，正如其中的一位官员在 12 世纪 70 年代所指出的那样，"当地人把这本书称作'末日审判书'"。有人怀疑，这一别称从一开始就存在。这是因为，有很多其他的证据可以表明，威廉的调查让当时的人们胆战心惊。这一项目的推进速度势必是吓到他们的原因之一。这一调查工作始于 1085 年圣诞节后不久，但在翌年 8 月 1 日之前，它显然就已经完成了。尽管《大末日审判书》还需要一段时间才能最终定稿，但这一调查本身不过用了 6 个月多一点的时间。[13]

为什么征服者要在 1085 年冬季发起这一场大规模的调查呢？关于这一问题，史学界始终众说纷纭。鉴于它发生的时机，没有人愿意相信，国王这么做只是为了满足自己的好奇心。大多数人认为，这个调查同这一时期丹麦人的威胁有关。然而，这两件事究竟是如何联系在一起的，史学家们对此仍有争议。尽管历经 100 多年严谨的学术研究，人们还是没有就《末日审判书》的编写目的达成共识。

通过研读《末日审判书》本身、"卫星"以及同时代编年史家对它的评论，从某种程度上来说，我们至少可以知道，这次调查是如何进行的。正如《盎格鲁-撒克逊编年史》所言，在调查开始的时候，威廉就派遣了各个调查官（commissioner）深入各郡。而从《末日审判书》及其附属文本当中，我们也可以了解到，这些郡至少分属 7 个巡查区（circuit）。（大多数巡查区包含 5 个郡，但有一个巡查区只包括 3 个郡。）我们可以看到，威廉会向每个巡查区派遣 4 名调查员。所以，直接负责收集《末日审判书》数据的人员可能不超过 30 人。

幸运的是，根据一份名叫《伊利调查》（Ely Inquest）的文件，我们得到了一份问题的清单，而当时的调查员必须找到这些问题的答案。从这些问题中我们可以看出，《末日审判书》所关心的主要土地单元是庄园（manor）。这个词似乎在诺曼征服之后才刚刚出现，其含义大概是"贵族的个人地产"。首先，调查官会提问一些基本问题：庄园的名字是什么？在虔信者爱德华在位时期，是谁在掌管它？它现在的主人又是谁？然后，他们会继续询问具体的细节：庄园里有多少海德的土地？有多少犁？有多少奴隶？有多少自由民？他们也会问到自然资源：这个庄园有多大面积的林地？有多大面积的草场？有多大面积的牧场？最后，他们会问及土地收入：在爱德华统治的时期，这个庄园的土地收入是多少？现在，它的土地收入又是多少？ [14]

这只是从《伊利调查》全部 20 个问题中挑出的几个。每调查一个庄园，调查员都必须问完全部的问题。《末日审判书》当中包括许许多多的条目。据粗略估计，全书共提到约 1.3 万个地名以及约 3 万个庄园名。[15] 我们可以推测，这 30 个左右的调查官一定有很多的助手。但即便如此，他们又是怎么在这短短的 6 个月里收集到这么多信息的呢？

一个解释是，就像政府官员一向所做的那样，为了节省时间，他们会让被调查者自行估算。总佃户（tenant-in-chief，即直接从国王那里获得土地的人）似乎需要向调查官提供书面的回复。在某些情况下，《末日审判书》原封不动地保留了他们的回复。调查官也有可能会从现存的书面记录中快速获取大量的信息。需要再次强调的是，11 世纪的英格兰是一个受到严密管理的中世纪国家，有一套完整的科层制度。借助于早年的调查和税册，他们便可获知许多问题（特别是有关虔信者爱德华时期的那些问题）的答案。[16]

如果《末日审判书》只包括这些内容，它可能不会引发多少的评论。事实上，它将会成为依照盎格鲁-撒克逊传统而进行的又一次王室调查。它的价值可能也会变得极为有限。如果让土地持有者自行评估的话，调查的结果必然是不准确的。但是，《末日审判书》的内容不仅更为丰富，而且更有价值。这是因为，无论是自己估算的还是官员调查的，所有汇集到一起的书面证据都必须接受公开审查。1086 年春季，每个郡的郡法院都召开了特别庭审。在这些庭审上，他们传唤了大量的证人。这些证人大多是从每一个百户区或小邑中选出来的陪审员。例如，在剑桥郡，每 15个百户区需选派 8 名陪审员。除百户长（reeve）必须参加以外，这 8 个人当中必须包含 1 名当地的牧师。算下来，全郡共需要派出 120 名陪审员。这一陪审员的总量可能低于全国的平均水平。其他郡有更多的百户区。在这些郡当中，每个郡所派送的陪审员数量可能达到了 12 个，而这个数量可能更为普遍。[17]

虽然就表面看来，百户区陪审员是最为重要的，但他们并不是唯一被要求提供证据的人。那些地主同样被召集过来。当他们的自我估算同陪审员的口头证词不符的时候，他们就需要为自己辩护。与此同时，还有其他类型的陪审团。有的代表整个郡，有的代表各郡的重要城镇，有的则代表各郡的宗教团体。根据《伊利调查》，每一个村社（vill）都必须派遣一个 8 人的陪审团。这一说法得到了《末日审判书》的支持。在其中的两处，我们可以看到维兰（villein）[*]出庭作证的情景。因此，如果只计算从百户邑、郡和堡镇中所遴选出来的陪审员，这次大调查的参与人数大约有8000人。如果每一个村落真的都派出了一个陪审团的话，那么这一数字就会超过6万人。因此，在每一个郡的集会当中，前来参加的人都有数百人，甚至可能有数千人。这样一来，我们可以看到，这些集会的规模要远远大于郡法庭惯常的庭审规模。在威廉的统治时期，也不是没有过大规模的、旨在对土地提出要求的集会。但是即便是和佩农登希思会议那样的集会相比，此时的郡集会的规模也要更大。不难想象，对公众意识影响最大的就是这些庞大的集会。这些集会让他们想到，要用"末日审判"来形容自己的遭遇。[18]

几乎可以肯定，陪审员要回答调查官们所提出的所有问题，其中就包括那些有关庄园资产的问题。在《末日审判书》中，他们时不时会提出反对，认为地主在估算自己的地产的时候并没有说实话。[19] 然而，在他们所回答的问题当中，重要的问题都是与持有权有关的。例如，在虔信者爱德华时期，土地归谁所有？而现在，土地的主人又是谁？正如我们所见，诺曼人在英格兰的殖民过程是分散而混乱的。人们按照两种不同的原则来封赏土地，而这两种原则可能是相互矛盾的。更何况，很多地产根本不是被分封出去的，而是被那些势力最强的人直接夺取的。

在郡法庭的庭审当中，末日审判调查中的强取豪夺行为被摆在了聚光灯下（当然，这也是我们能对此了解如此之多的原因）。

---

[*] 中世纪英格兰的不自由农民。

在某些地区，分歧相对较少。因为在这些地方，新来的诺曼人直接取代了此前的英格兰人，管理着整片的土地。但是，《末日审判书》显示，仅有很少一部分财产是按照这种方式被重新分配的——约占总量的十分之一。绝大部分的领地（占英格兰土地总量的三分之一强）是按地理位置划分的，完全打破了原有的土地领有模式。至于其余的土地，人们则很难总结，这些土地究竟是按照什么标准划分的。这就表明，在这些剩余的地区，诺曼人在自行占地。[20]

因此，在《末日审判书》中，我们可以看到，有数千条主张与土地占有相关。很多人在挑战他人对这些土地的持有权，而另一些人则就这一问题产生了纠纷。在某些情况下，陪审员们会认定这些土地占有者们的主张是正当的，并为他们作证。他们说，原始的王室令状的确写过，要将这些土地赋予这些领主们。但在通常的情况下，他们往往会说，他们从没看到过这种令状，并不知道被告是怎样得到这片有争议的土地的。有时，争议双方会各执一词，争夺对这一土地的控制权。例如，臭名昭著的掠夺者汉普郡郡长皮科特（"一头饿狮、一匹四处游荡的狼、一只狡猾的狐狸……"）在夏福德（Charford）占据了一小块土地。其诺曼同胞谢尔内的威廉（William de Chernet）就对此提出了质疑，认为自己才是这片土地的合法持有人。据记载，"为了证明这一主张，威廉提供了全郡所有更有才智的人和老者的证词。皮科特则加以反驳，并从维兰、平民以及百户长那里获取了证词"。不幸的是，就像《末日审判书》中很多其他的争议一样，我们并不知道，谁获得了最终的胜利。但是，在大多数情况下，皮科特都能够成功保留他的掠夺成果。[21]

·因此，厘清土地的领有关系正是末日审判调查的部分目的。这是诺曼人20年殖民活动的最终结果。说得好听点，诺曼人是凭运气得到这些土地的。说得难听点，他们得到这些土地不过是凭借贪婪的掠夺手段罢了。12世纪官员理查·菲茨·奈杰尔（Richard fitz Nigel）是第一个记录下"末日审判"这一名称的人。他认为，这次调查让"每个人都对自己的权利感到满足。假设侵犯了他人的权利，他们就会受到惩罚"。这句话意味深长。可以看到，人们采取了各种措施，以保证最后的结果尽可能公平。他们所采取的措施不止召集陪审员对地主进行审查这一条。就选择哪些人担任陪审员这一方面，人们也下了不少功夫。据我们所知，从陪审员的姓名来看，英格兰人与诺曼人各占一半。（因此，在剑桥郡，每个百户区的8人陪审团是由4名英格兰人和4名法兰西人所组成的。）当然，这一做法意味着，没有哪一个民族能够借末日审判这一机会算旧账。但同时，民族成分的平衡也表明，维护调查公平性的这一决定是由最高层做出的。同时代的赫里福德主教有关末日审判调查的一则简短描述也揭示了这一点。他写道，国王又派出了第二批调查官，前去核查第一批调查官的工作。如果有必要的话，他们还会提出指控，认为第一批调查官对国王有罪。他还告诉我们，第二批官员不会被派往他们自己的领地的所在地。很显然，这也是一个反腐措施。这样一来，我们就可以大胆地猜测，在派遣第一批调查官的时候，国王势必遵循了同样的原则。[22]

然而，在这里，我们不禁要问：为什么一定要在这个时候解决这一问题？毋庸置疑，厘清土地的领有关系至关重要。因为，如果不解决这一问题的话，它必然会导致地主之间的暴力行为。

很明显，人们有必要维持一定的秩序。但是，当国家面临入侵威胁时，为什么反倒要优先开展末日审判调查呢？毕竟，如果丹麦人得手，几乎等不及记录的墨迹变干，任何有关英格兰的财产登记信息就将过期作废。调查期间，敌军入侵的威胁仍然笼罩在英格兰的上空。可能正是出于这个原因，威廉决定把一部分法兰西雇佣兵留在英格兰过冬。事实上，在《末日审判书》中，我们似乎在一两处地方看到了这些守军。他们驻守在南安普敦和贝里圣埃德蒙兹等城镇中。[23]

这些雇佣兵为我们提供了更多有关此次调查目的的线索。就其本质而言，他们就是拿钱的士兵。这也就意味着，他们所要求的报酬不可能很低。1085 年，威廉把这支庞大的军队安排到了全国各地。这样一来，地方贵族就会为他分担一部分军费开支。然而，多支军队仍然驻扎在王室领地和城镇中。他们的军费自然要由国王承担。到了 1086 年，这一情况肯定没有发生改变。这也就迫使国王想办法去筹集一笔巨款，以应付这些人的各项开支。

为获得这样一笔巨款，早期的英格兰国王要求他们子民纳税。正如我们所知，早在 10 世纪，英格兰的国王们就已经开始征收丹麦金了。这些税最初是支付给丹麦入侵者的。英格兰人希望，他们得到钱之后就离开。后来，这些税费被用来维持一支雇佣兵舰队，以抵御外敌。1051 年，虔信者爱德华公开地废除了这支舰队，并停止为此征收捐税。但是，他似乎没有完全停止征收土地税。《盎格鲁-撒克逊编年史》告诉我们，为舰队所征收的税的重要性"总是高于其他税"。这就意味着，在虔信者的统治时期，还有基于其他目的而征收的土地税。而且，几乎可以肯定的是，即便是在停止为舰队征税之后，基于其他的目的，虔信者还是会每年征收土地税。因此，《盎格鲁-撒克逊编年史》之所以在威廉加冕部分忽然重提土地税一事，并不是因为它突然重新出现，而是因为税额很高。[24]

然而，到了 1066 年，国王所征收的税费已经没有以前多了。这是因为，之后的几任国王的做法已经让估税体系停止了运转。土地税是以海德为单位计算的。因此，当国王出于政治目的，想要表现他的仁慈的时候，他可能会减少那个地区的海德数。尽管按照名称来说，每个百户区应当有 100 个海德，但到了虔信者爱德华统治的时期，根据估算，许多百户区的海德数却没有那么多。一份存留至今的北安普敦郡税收登记簿显示（虽然它写于 11 世纪70 年代，但记录的却是爱德华时期的事），有的百户区有 80 个海德，有的百户区则有 62 个海德。其中一个甚至只有 40 个海德。因此，1066 年，虽然北安普敦境内有 32 个百户区，然而经过估算，其境内的海德数量并非 3200 个，而是 2663 个。不仅如此，在诺曼征服之后，这一数量仍在继续减少。《末日审判书》显示，1086 年，北安普敦郡境内的海德数已经降至区区 1250 个。[25]

问题还不止于此。就是在这一海德数量急剧减少的情况下，在这些被计入的土地当中，真正缴纳赋税的土地也没有多少。就在同一份税收登记簿上，很多北安普敦百户区的土地都被记作"荒地"（vasta）。在某些情况下，被记作"荒地"的土地占据了总土地面积的一半之多。这个词在《末日审判书》中一再出现。在近期的研究当中，史学家们已经指出，官员们使用"荒地"一词是出于管理上的方便。无论这些土地是基于什么样的原因而不纳税的，他们都不加区分，用这个表述来指代所有不纳税的土地。如今，许多史学家认为，"荒地"一词是有具体的含义的，指的是那些因为诺曼征服而被毁坏的土地。一项关于《末日审判书》中该词的使用频率的深层研究指出，这个词同 1066 年后数年间征服者的大军所光顾过的地区密切相关。我们可以看到，苏塞克斯地区的"荒地"数量非常多。无论是在黑斯廷斯雷普，还是在威廉大军于 1069 至 1070 年袭扰的威尔士边境上的几个郡，"荒地"都尤为集中。我们能够看到，1085 年，威廉富有策略性地摧毁了海岸边的土地，而在城市里，我们同样能够看到大片的荒地。据《末日审判书》记录，在诺曼征服前，林肯郡内有 970 个居住点；而到了诺曼征服以后，其中有 240 个变成了"荒地"。可以看到，"城堡的建立"摧毁了 166 个居住点，而"事故、贫穷和火灾"则使得剩下的那一些变成了一片荒芜。在诺里奇、什鲁斯伯里、斯坦福德、沃灵福德和沃里克等地，我们也可以看到，随着城堡的建立，大批的土地被毁。据《末日审判书》记载，当休伯爵获得切斯特时，近乎半数的房屋都被毁掉了。"因为遭到了极大的破坏"，这座城市的土地收入下降了 1/3。[26]

然而，如果将其与约克郡的荒地的面积相比，上述数字甚至不值一提。据《末日审判书》的记载，荒地竟然占据了约克郡全部土地的 80% 以上。这一点说明，编年史家们的记载大体上是正确的，"北方浩劫"和 1069 至 1070 年冬天威廉的大军的确造成了很大的破坏。根据达勒姆的西缅的记载，在接下来的 9 年间，达勒姆和约克两地之间的土地一直无人耕种，也几乎没有人住在那里。12 世纪 20 年代，马姆斯伯里的威廉宣称，直到他生活的时代，这片土地仍然是荒芜的。令人震惊的是，从《末日审判书》中的数据来看，1086 年，约克郡的人口减少到了 1066 年的 1/4。

这意味着，大约有 15 万人从记录中消失了。这一次，编年史家们所写下的六位数似乎与现实情况相差无几。[27]

的确，在 1066 至 1086 年的这 20 年间，这个国家的一些地区似乎已经恢复了。例如，尽管约克郡庄园的平均土地收入下跌超过 65%，但令人印象深刻的是，在诺福克，当地的平均土地收入则猛涨了 38%。然而，这一巨大的涨幅并不意味着局面已经变得非常乐观。这是因为，在《末日审判书》中，庄园的土地收入是按照佃户向庄园主支付的地租计算的。有充足的证据表明，这些新来的诺曼领主所征收的地租已经高到了令人难以容忍的地步。《末日审判书》中充斥着人们的抱怨。他们认为，地租过于沉重，已经超过了土地的实际收入。（其中有一条著名的记录，说的是持有白金汉郡马什吉本［Marsh Gibbon］的英格兰农民埃塞尔里克"［被地租］压得透不过来气，而且生活在痛苦之中"。）《盎格鲁-撒克逊编年史》的记载显示，这种压迫是从最上层开始的：

> 在分封土地时，国王会尽可能要求他的封臣去支付昂贵的地租；这时，如果第二个比第一个人报价更高，国王就会答应把地给第二个人；如果再出现第三个人，许诺缴纳更高的租税的话，国王就会把它交给承诺多缴地租的这个人。他根本不在乎，他的管家们是用了怎样错误的方式，把土地从穷人的手里弄到手的。他也不在乎，他们到底做了多少不合法的事。

在追求利益方面，诺曼人几乎都一样贪婪。《盎格鲁-撒克逊编年史》的编写者也曾感叹："国王和他的要人们都很贪婪。是的，他们贪婪得过分；他们对金银珠宝垂涎三尺。他们根本不在乎得到这些财宝的方式。即便是用罪恶的方式得到的，他们也并不在意。"正如《伊利调查》所记录的那样，调查员们的最后一个问题是，能否对这片土地征收比现在更高的地租。[28]

出于这一原因，我们几乎可以确定，在那些没有经受过大范围掳掠的区域，庄园土地收入的下降与地主的仁慈没有任何关系。而那些土地收入跌得最狠的地方，往往也是诺曼人的新领地。在建立这些新领地的过程中，国王把不同的地产拼凑在了一起，完全无视了原来的土地持有模式。一个观点认为，这一重组过程的破坏性是如此之大，以至于土地的经济总量都下降了。更可能的原因则是，这些新庄园是按照一种新的模式建立起来的。对领主来说，这种新模式更为有利。而对于庄园上的农民而言，这种新模式则意味着更多的压迫。在这些郡，我们可以看到，自由民的数量正在急剧减少。例如，在剑桥郡，自由民的人数从 900 人骤减到 177 人；在贝德福德郡（Bedfordshire），这一人数从 700 人减少到 90 人；在赫里福德郡，这一人数则从 240 人变为 43 人。与此同时，我们也发现，依附农民（servile peasants）的数量飙升。在《末日审判书》中，我们经常能够见到"他现在是一个维兰了"这样的表述。[29]

这些地区的土地收入较低似乎只有一个原因，即在诺曼征服前后，人们的估算方法不一样。在诺曼征服之前，当人们要计算某一特定地产的价值时，他们会计算这一片土地上所有英格兰自由农（freeholder）的总收入。相应地，1086 年的土地收入则是按照地租来计算的。此时，这些新来的诺曼领主已经在经济上奴役这些过去的自由民了。对于那些小地主来说，这根本是一种不公平的交易，但在诺曼征服后，他们并没有多少讨价还价的能力。《盎格鲁-撒克逊编年史》提到，诺曼人"不但强征了很多不合理的税费，而且造成了很多难以估量的不公"。简而言之，土地领有关系的革命促成了社会革命。至少在特定的某些地方，比起诺曼征服之前的情况，征服之后的英格兰社会要不自由得多了。[30]

然而，即便是领主们在不断追求利益，他们向国王缴纳的赋税也越来越少。在某一时期，很可能是在征服者本人统治的期间，领主不用为他们的直营地（land held in demesne）缴纳土地税。我们仍可以以北安普敦郡的土地税册为例。在这份文件当中，我们可以注意到，正如被算作"荒地"的部分一样，人们将领主的直营地与实际纳税的土地分开来对待。随着威廉继续统治，领主们的特权似乎有增无减。到了11世纪80年代，许多总佃户几乎不再缴纳任何的税费。实际上，这些人有时甚至在他们的直营地上征收土地税，并将其中饱私囊。[31]

因此，现在所征收的土地税没有之前多。这一事实并不令人感到惊讶。对个人以及团体的让步导致海德数急剧减少。更多的土地则被算作因为战争和破坏而形成的"荒地"。征服者本人则免除了总佃户直营地的土地税，还进一步建立了森林区这样的免税区。诺曼征服之前，英格兰国王们已经建立起了一套严密的征税体制。然而，这几个因素却在这个体系上开了几个口子。更何况，有些人会公然拒绝纳税。在北安普敦郡的税收登记簿中，我们可以看到，"诺顿（Norton）的那片6.5海德的土地就连1便士的税也没有交过。该地产属于国王的书记官奥斯蒙（Osmund）"。[32]

显而易见，为了弥补这一体制的诸多漏洞，国王就要尝试在那些仍在纳税的土地上收取更多的土地税。1084年，威廉下令征收土地税，税额是以往的 3 倍（每海德 6 先令，而不是惯常的每海德 2 先令）。他很可能是想用这笔钱来资助他在曼恩的战事。此时，这一战争还在进行当中。在记录这一税费猛涨的情况的时候，《盎格鲁-撒克逊编年史》的编写者十分恐惧。他认为，这一税费是"沉重而苛刻"的。无疑，这是针对那些不得不支付这些税费的人而言的。与此同时，我们仍然不知道，威廉等人到底能够从这一税费中获利多少。毕竟，到了这个时候，征税体制还有诸多不足。而到了 1082 年，大饥荒又接踵而至。这样一来，尽管税率已经提到很高，人们的收益很可能还是非常让人失望。[33]

1085 年秋，威廉决定，要把庞大的雇佣军队分散开来，派遣到王国各地。这可能是压断骆驼背的最后一根稻草。"国王把军队分派到他的封臣那里，分散到全国各地，"《盎格鲁-撒克逊编年史》写道，"而这些封臣则按照他们领地的大小来供养军队。"如果说，政府是按照缴纳土地税的名单（很难想象，他们还能采取什么别的方法）来分派军队的话，这种将军队分散到各地的做法无异于再征收一次土地税。因此，在圣诞节的王廷大会上，很多人可能都提出了反对。威廉也意识到了修订制度的必要。这样一来，在征收土地税的时候，他就可以获得更多收入。而在向地方派遣军队的时候，他也能做到更加公平。在末日审判调查当中，调查官们的部分任务就在于调查土地税的运转方式。对此，我们能从《埃克塞特末日审判书》（Exon Domesday）中一窥端倪。这是对英格兰的西南地区的调查结果。对土地税体系的改革也可以解释，为什么这一调查如此关注领主们的资源。国王试图精准查明，领地上的利润究竟去向何方。国王的这种做法很可能意在重新对领主直营地征收土地税。最后，假设末日审判调查有财政上的动机，那么这也有助于解释，为什么威廉会认为，弄清楚土地的具体归属这件事这么有必要。当一片土地的持有人存在争议的时候，人们就很难对这一土地征税。[34] 那些土地的管理者肯定也清楚这一点。

《末日审判书》的早期研究者们提出，征服者的这次大调查是一次税务大起底，旨在修补土地税体制中的诸多漏洞。在这些学者当中，最著名的学者是弗雷德里克·威廉·梅特兰（Frederick William Maitland）。在他所写的《末日审判书及其影响》（*Domesday Book and Beyond*［1897］）一书中，梅特兰写道："我们的这份记录不是一个头衔的记录册，也不是一部封臣录。它不是一份惯例手册，也不是一份地租账簿。它是一部税收登记簿，一部土地税登记簿。"即使在距离梅特兰逝世早已超过一个世纪的今天，许多专家仍认为，末日审判调查的主要目的在于财政改革。[35]

但是，财政改革肯定不是编纂《末日审判书》的目的。只要看看这本书的内容是如何组织的，人们就不难发现，梅特兰等人的观点是站不住脚的。这本书显然不能用来估计土地税，因为这种税是全国范围内的公共税收，要通过公共机构来加以管理。为了收取税金，在一个百户区里，税务官需要从一个村社前往另一个村社。在一个郡里，他们则需要从一个百户区前往另一个百户邑。正如我们看到的那样，末日审判调查员也利用了公共机构来收取信息。他们从百户区以及城镇当中召集陪审员，让他们来检查那些地主所写的书面回复。但是，至关重要的是，在汇总这些收集到的信息的时候，调查员却不是按照百户区或者村社的次序来排布它们的。他们煞费苦心，以地主的名字为序，重新排列了这7个巡查区里的信息。存留至今的巡查结果（《埃克塞特末日审判书》和《小末日审判书》）都是按照这种方式编排的。在编修《大末日审判书》的时候，书记官同样是按照这种方式排列他所收集到的数据的。这种编排方式使得土地税的计算变得异常艰难。要算出某个特定的地主需要缴纳多少土地税，人们往往需要花费好几个小时。[36] 因此，我们可以得出结论：1086 年，国王确实进行过一次对土地税的调查；此时，一场土地税改革也势在必行。末日审判调查员所收集的部分信息可能正是为此次改革而准备的。但是，从《末日审判书》中数据的选择与编排方式来看，编纂这本书一定还有别的原因。

可以看到，调查员们外出收集数据，并在他们的百户区以及千人区（thousand）里召集陪审员和地主。与此同时，威廉国王正在王国内各处（至少在王国的南部）巡视。当复活节（5 月 5 日）到来时，各地郡法庭的庭审势必都已经进入了尾声。此时，国王在温切斯特戴上了王冠。在圣灵降临节（5 月 24 日），当他在威斯敏斯特教堂加封他最小的儿子亨利为骑士时，关于末日调查什么时候才能完成一事，威廉心里一定已经很清楚这一问题的答案了。正如伍斯特的约翰所说的那样，"不久以后，国王下达了命令，要求他的大主教、主教、修道院院长、伯爵、男爵、郡长和骑士于 8 月 1 日到索尔兹伯里见他"。这是 1086 年的最后一次会议，也是最大规模的一次会议。这次全国范围内的会议也标志着末日审判调查的终结。[37]

1086 年的索尔兹伯里与今天的索尔兹伯里并不是同一座城市（现在的城市是 13 世纪的人们所新建的）。在征服者的时代，索尔兹伯里位于它今天的位置以北 2 英里的地方（就是今天老萨勒姆所在的地方）。诺曼人可能很早就在这里定居了。早在 1070 年之前，威廉可能就在此处建立起了城堡。随后，舍伯恩的主教将他的大教堂搬到了这座城堡旁，并因此成了索尔兹伯里主教。1086 年，这个地方的吸引力可能与其史前时期的历史有关。老萨勒姆是最令人印象深刻的铁器时代的要塞之一。在那里，城堡和大教堂均位于一个直径 400 米的巨大圆形围场的中心，外围有全长约 1000 米的土质围墙。换句话说，要举办征服者所构想的大型露天集会，这里正合适。[38]

索尔兹伯里大会的规模是空前绝后的。《盎格鲁-撒克逊编年史》写道："在那里，议政大臣们来到他的面前。全英格兰所有占有土地的重要人物都到场了。"为了使得我们对这一人数所代表的含义有所了解，我们可以借助《末日审判书》中的记载。全书提及了大约 1000 个直接从国王那里领有土地的人，也就是国王的总佃户。他们不但与国王保持着直接联系，而且，在大多数情况下，他们都拥有巨额财富，而且身份显赫。这意味着，他们中的绝大多数都来参与这次会议了。除了这些人以外，《末日审判书》还记录了 8000 名左右的地主。他们位于下一个层级，也就是说，他们是总佃户的佃户，或者说是国王的次级封臣（subtenant）。至于这些人中有多少人来参加会议，至今还没有定论。他们之中的有些人非常富庶，甚至比贫穷的总佃户更富有。这也就验证了《盎格鲁-撒克逊编年史》当中有关"重要人物"的说法。但这些人当中的很多人都不富有，甚至比总佃户贫穷得多。他们当中有一半人的土地年收入不超过 1 英镑，似乎并不符合《盎格鲁-撒克逊编年史》的描述。因此，我们可以猜想，来参加会议的人数应该达到了四位数，甚至可能接近五位数，具体看我们如何理解国王的诏令。[39]

　　这场会议确实规模空前，而威廉近臣们的到来更加强调了这一点。遗憾的是，当时的人并没有记载此次大会。所幸的是，我们能够从一份1086年的文件里看出一些端倪。这份文件签发于1086年过半的时候。其签发地点同样在威尔特郡，不过是在另外一个地点。这份文献的证人名单显示，它大致就是在索尔兹伯里大会召开的同一时间起草的。征服者的名字旁边是他的两个小儿子（新晋骑士亨利和他的哥哥威廉·鲁弗斯）的名字。他们名字的后面是高级神职人员的名字。这些人不但包括坎特伯雷大主教兰弗朗克和约克大主教托马斯，而且包括达勒姆、温切斯特、林肯、切斯特、赫里福德、索尔兹伯里和伦敦等地的主教们。紧接着，名单上出现了世俗大贵族的名字，共计18个。此时，奥多仍在鲁昂的监狱里。我们可以注意到，他的名字不在这份名单上。但是，威廉另一个同母异父的弟弟罗贝尔的名字则赫然在列。国王一生的朋友蒙哥马利的罗歇的名字也在名单上。此外，在众多世俗贵族中，我们还能见到理查·菲茨·吉尔伯特的名字。他是汤布里奇的领主，也是英格兰东南部最大的地主。费勒斯的亨利和里兹兰的罗贝尔（Robert of Rhuddlan）也在其列。前者是来自英格兰北部的大贵族，后者则征服了北部威尔士。有一个人的名字则不在名单上，他就是格拉斯顿伯里的修道院院长瑟斯坦。尽管他在3年前残忍地屠杀了自己修道院中的僧侣，但显然，他并不会因此而无法出席。[40]

　　这是一次气势恢宏的大点名。自从1068年5月王后玛蒂尔达加冕之后，我们再没有见过如此宏大的场面。然而，18年过去了，事情发生了翻天覆地的变化。在玛蒂尔达加冕期间的王室证书中，英格兰人和法兰西人的名字混在一起，英格兰人的名字还占了大多数。但到了1086年，英格兰人的名字却消失了，名单中只剩下诺曼人的名字（或者说，至少所有的主教都来自欧洲大陆）。1068年，在英格兰的15个主教当中，有10个主教是英格兰人。在剩下的5个主教中，有3个是虔信者爱德华所任命的德意志人，只有2个人是近期由征服者所指定的。但是，到了末日审判调查的时候，现任主教中只剩下一个英格兰人（老谋深算但令人尊敬的伍斯特主教伍尔夫斯坦）。至于英格兰贵族，失势是一个普遍的现象。1068年见证王后加冕的3个本土伯爵都已经不在了：埃德温被谋杀，瓦尔塞奥夫被处死，而莫卡仍身陷牢狱。那些见证了王后加冕礼的英格兰小贵族也消失了。这些人包括：埃塞尔海德（Æthelhead）、托维（Tovi）、丁尼（Dinni）、埃尔夫吉尔德（Ælfgeard）、邦迪格（Bondig）、伍尔夫沃德（Wulfweard）、赫尔丁（Herding）、布里克西（Brixi）和布里赫特里克（Brihtric）。但是，在1086年的证人名单中，我们连一个英格兰人的名字也找不到。[41]

英格兰人减少的现象不仅出现在威廉的宫廷里。在整个国家的官员队伍中，我们同样能看到这一现象。在《末日审判书》所提及的1000个总佃户中，仅有13个英格兰人。而在其中，只有4个人的土地收入超过100英镑。而且，尽管拥有一个英格兰人的名字，索尔兹伯里的爱德华（Edward of Salisbury）很可能拥有一半诺曼人的血统。他也是这些人中最富有的一个。国王的塞恩（即持有超过40海德土地的人，大约有90个）如今都消失不见了。即便在下一级的佃户中，尽管英格兰人的绝对数量有所增加，他们所占的比例还是很少。在调查中所记录的约8000名次级封臣中，只有约 10% 是英格兰人。和总佃户的情况一样，这些人根本无足轻重。存活下来的都是像马什吉本的埃塞尔里克这样的人，"（被地租）压得透不过来气，而且生活在痛苦之中"。此前，英格兰的中等塞恩有四五千人。而到了这时，他们全都被清除掉了。[42]

因此，末日审判调查揭示了英格兰统治阶层中所发生的灾难性的变化。几乎在每个村庄中，英格兰的本土领主都被诺曼人取代了。此外，它还揭示了在这一阶层当中，物质财富的分配发生了变化。简单来说，比起 20 年前，末日审判调查时期的英格兰的财富更加集中。1066 年，英格兰的土地上居住着几千个中等塞恩。而到了 1086 年，区区 200 个诺曼贵族就控制了英格兰一半的土地。[43] 在大多数情况下，一个新来的诺曼人就拿走了好几个英格兰人的地产，因此要比他们的英格兰前辈富有数倍。例如，在虔信者爱德华的时代，仅有 37 人持有年收入超过 100 英镑的土地；在末日审判调查时期，这类人的数量翻了一番，达到 81 人。[44] 对于处在最顶端的人来说，诺曼征服所带来的战利品丰厚无比。这个国家的一半土地都掌握在 200 位贵族的手里。而在这些贵族当中，10 名新权贵掌握着这一半土地的一半（也就是说，英格兰全部土地的 1/4）。这些人的名字都在我们的意料之中。这是因为，他们都是威廉的亲朋好友：奥多、罗贝尔、蒙哥马利的罗歇、理查·菲茨·吉尔伯特、切斯特的休……当他提及征服者擢升他的随扈并广施恩惠的时候，奥德里克·维塔利斯一点也没有夸大。"他沉迷俗世，讲究世俗的排场，"奥德里克这样描述休伯爵，"他十分奢侈，已经到了挥霍的程度了。他热衷于游戏和奢侈品，喜好演戏、玩马和养狗。"到了末日审判调查的时期，此人拥有 300 座庄园，年收入达到了 800 英镑，完全有能力负担这些活动。[45]

　　然而，即便诸如休之流的这些人已经变得非常有钱，他们所拥有的财富和权力也仍然无法同诺曼征服之前的英格兰贵族相比。在虔信者爱德华统治的初期，威塞克斯的戈德温、麦西亚的利奥弗里克和诺森伯里亚的休厄德是所有英格兰贵族当中最有权势的：就土地收入而言，这3个人以及其家族名下的地产与国王相当。[46]当然，到了虔信者爱德华统治的末期，戈德温家族以牺牲他人利益为代价进行扩张，取得了几乎不可撼动的垄断地位。但是，即便是在被边缘化的时候，利奥弗里克家族仍然极其富有且有权势。11世纪50年代，埃尔夫加伯爵曾在两个不同的场合下成功地对抗了国王。他召集了雇佣兵舰队，并从流亡地一路打回国内。

　　在诺曼征服之后，伯爵就没有那么强的势力了。就是其中最富有的伯爵也不能与埃尔夫加伯爵这样的人相提并论。（为了便于讨论，这里以巴约的奥多为例。）当然，奥多最后倒台了。部分原因是，其同母异父的哥哥认为他权势太大。对于赫里福德的罗歇和东盎格利亚的拉乌尔，国王似乎也有这种看法。他们之所以谋反，似乎正是因为感到自身权力在不断地缩小。1086年，英格兰只剩下两个伯爵了，即蒙哥马利的罗歇和切斯特的休。尽管他们非常富庶，但比起他们的英格兰先辈来说，他们根本不值一提。在诺曼征服后，即便是联合起来（无论单个伯爵的势力有多么庞大），也没有贵族能够对抗国王的势力。在末日审判调查时期的英格兰，即使把前十大富豪的收入加在一起，其总和也比不上威廉本人的收入。威廉的个人财富达到了令人震惊的12600英镑。这是因为，国王所拥有的土地超过了这些人所持有土地总和的两倍。[47]

　　威廉固然已经无比强大了，然而，索尔兹伯里大会的目的仍旧在于，要让国王的权力变得更大。威廉召集了英格兰所有的地主前来参加这一盛大的庆典。《盎格鲁-撒克逊编年史》对此评论道，"他们全都臣服于他，成了他的人。他们向他宣誓效忠，表示他们会忠诚地拥护他，不会听从其他任何人的命令"。此前，已经有人有力地证明了，这是末日审判调查的高潮，而且与《末日审判书》的真正意图紧密相关。

　　《盎格鲁-撒克逊编年史》写道，地主成了威廉的人。这事实上是在描述一种臣服行为——个人臣服于领主，而领主通常会承认这个人对某一片土地的持有权。当然，几十年来，很多威廉的大臣一直以这种方式依附于他。但是，他们所持有的应当是他们位于诺曼底的祖传地产，而不是在英格兰所获得的土地。正如我们所见，许多英格兰土地是由国王分封给个人的。然而，诺曼人同样依靠威逼、侵占以及暴力掠夺的方式占有了许多的土地。获取土地的过程实在是太漫长、太混乱了。在某些地方，这一过程甚至是不合法的。因此，在末日审判调查之初，几乎没有诺曼领主能够为他们的地产出具书面凭据。

　　但是，在完成之后，《末日审判书》恰好就成了这种书面凭据。在结束其对这次大调查的著名描述时，《盎格鲁-撒克逊编年史》写道："随后，所有的记录都会被呈送给他。"几乎可以肯定，这一简明的叙述所表现得正是索尔兹伯里大会上的情景。在这次会议上，7大巡查区的记录被一一呈送给国王。（其中一份记录［即《埃克塞特末日审判书》］包含了一条被修订过的记录。而这一记录之所以会被修订，正是因为国王路经此地时所做出的一个决定。）因此，地主（至少国王的总佃户们是这样做的）在索尔兹伯里向威廉表示臣服。作为回馈，威廉也把末日审判巡查区的记录当作他们持有土地的书面证据。在把《盎格鲁-撒克逊编年史》译成拉丁文的时候，12世纪的编年史家亨廷登的亨利恰如其分地把"记录"译成了"证书"。如果把这些文件合在一起，这些文件就成了一份巨大的赐地证书。这一做法也就相当于给新来的诺曼人吃了定心丸。他们得到了他们所需要的名头，以维护他们征服的成果。[48]

如果说贵族们从这场交易中得到了很多，那么国王所得到的就更多了。在这个重要的时刻里，威廉认定，英格兰的每一个地主都是从他那里获封的土地。他们要么是国王的总佃户，要么是国王的直接封臣的佃户。这一时刻之所以重要，是因为在诺曼征服前，没有一个英格兰的国王拥有如此的垄断权。正如我们之前所看到的那样，在1066年以前，领主权和土地并不是自动关联在一起的。国王是某些人的领主，但并不是另一些人的领主。某些土地一直没有领主。虽然在程度上稍弱一些，但诺曼底的情况同样如此。尽管在1066年以前，威廉本人一直努力在公国的内部扩张自己作为封建主的权利，但就他所拥有的权利而言，他并不具备绝对的优势。诺曼征服的情景恰恰意味着，在英格兰，威廉能够建立一个全新的体制。在他登基时，他把所有的土地都当作被没收的地产来处置。这样一来，国王就能创建一个在任何条件下都会严格履行对国王的役务的贵族阶层；在处置英格兰教会的土地的时候，国王也能对其施加类似的严苛条件。

国王最为期待的役务显然是军役。当他提出要求的时候，他的封臣就会给他提供一定数量的骑士。但是，封君封臣关系也赋予了威廉其他的权利。这些权利至少与军役具有同等的重要性（如果不是更加重要的话）。例如，当一个直接封臣死去的时候，为获得他的遗产，继承者必须向国王缴纳一大笔钱（即继承金［relief］）。假如继承人的年纪还小，国王就会把此人及其地产置于自己的监护（wardship）之下。在此期间，这片土地的收入就归国王所有。这样的状况经常出现。而如果继承人是女性，国王则有权安排她的婚姻。对于直接封臣的遗孀，国王同样有权安排她的婚姻。对于教会地产来说，国王也具有先占权。一旦有修道院院长或者主教死了，直到有人来顶替这一位置之前，其修道院辖区或主教区的土地收入或税务收入就会进入国王的腰包。（既然教职任命是国王说了算，那么这一过程就很可能会拖得很长。）

这些权利被史学家称为"封建附带权"（feudal incident）。拥有这些权利的人权力很大。他不仅可以定期获得可观的金钱（没有什么能比对死亡征税更加可靠），也可以改变他封臣的继承模式。他可以把其封臣的继承人的监护权卖给他想要提拔的人，或者把继承人（在继承人是女性的情况下）嫁给他。早在诺曼征服前，这种权利就已经存在于欧洲大陆了。但是，这些权利的作用会随两个因素的变化而发生改变。其中一个因素是，领主的权威在多大的程度上受到承认。另一个因素是，在领主的权威受到承认的情况下，领主对其封臣地产的大小以及分配有多少了解。

末日审判调查所呈现给威廉的正是有关其封臣地产的信息。因为诺曼征服，威廉成了每一个英格兰人的最高领主（ultimate lord）。而通过这次大调查，他精确地获知了人们都有什么东西，他们所有的地产都在什么地方。《末日审判书》是基于"所有的领有地都起于国王，终于国王"的原则编纂出来的，而这一原则也造就了它特殊的结构。每郡单列一章。而在每章的开头，编纂者总是会列出国王在各郡所持有的土地。在那之后，他会列出其他人所持有的土地。这些人包括主教、伯爵、男爵和修道院院长。这些人都从国王那里领有了土地。如果一个地主死亡或者造反了（愿上帝保佑他），无论其地产多么分散，国王的大臣都会迅速确定他的土地的方位，然后通知郡长前去占有它们。[49]

由此来看，这似乎才是《末日审判书》的目的。对于地主们来说，这是一份确认权利的证书。在残忍地征服了英格兰之后，这些人得到了一些地产，而正是这些证书确认了他们对于这些土地的权利。与此同时，对于王室官员来说，《末日审判书》就相当于一个名册。有了这个名册之后，他们一眼就可以看出这些财产的主人是谁。这些王室官员不但能够夺取和交付土地，而且能够根据土地的大小收税。即便是对于一个拥有强权的国王来说，这也是一件强有力的工具（甚至是一件武器）。这令他可以行使所谓的"中世纪欧洲最为强大的领主权"。那些最坚定地怀疑封建主义的批评家也不得不承认，诺曼征服之后的英格兰是一个例外，它的统治模式十分接近理想中的封建模式。[50]

当然，在索尔兹伯里举行仪式时，《末日审判书》还不存在。调查官们全力以赴，以完成巡查区的调查记录。每份现存的记录都是许多人通力合作的结果。所不同的是，《大末日审判书》是由一个书记员独立完成的。他很可能是在温切斯特完成这项工作的。为了把所有的数据压缩到一卷书当中，这位不知名的书记员完成了一项艰巨的任务，即整理和精简调查记录中的数据。他最有可能是在8月大会结束后不久开始动笔的。尽管学术界近来对于这本书的编写日期有争议，但毫无疑问，此书正是由征服者本人下令编写的。12世纪，一位伍斯特的编年史家丰富了《盎格鲁-

撒克逊编年史》的记载。他写道："国王下令，所有的成果都应当被写进同一卷书里，而这卷书应当被存放在他位于温切斯特的国库中。"[51]

尽管对后世的君主和学者来说非常重要，但需要强调的是，《末日审判书》只不过是末日审判调查的成果。在这场调查之后，比起欧洲的任何其他的统治者，威廉和他的继任者都能更有效地管理其贵族阶层，并能够从这一安排中获得极大的利润。但是，它丝毫没能解决征服者眼前的财政危机。1086 年的威廉急需一大笔钱。他所需要的钱实在是太多了，只能在全国范围内收税。这样看来，末日审判调查的另一个功能很可能是收集信息，以改革土地税。国王急需资金这一点体现在另一个事实上。在末日审判调查的过程中，王室税收官也在全国范围内四处奔走，征收另一项惩罚性的土地税（每海德 6 先令）。在他有关大调查的描述的结尾部分，赫里福德主教回忆了"因为要征收王室赋税，这片土地饱受暴力之苦"的情形。[52]

在许多方面，1086 年都是危机重重且不吉利的一年。这一年不仅有暴力和大规模集会，而且还有持续的外敌入侵的威胁。每一座城镇上都驻扎有雇佣军军队。在等待中，这个民族的神经几近崩溃。这样看起来，人们将国王的大调查与上帝的审判日（Day of Judgement）联系到一起不足为奇。"这一年是灾难的一年。"《盎格鲁-撒克逊编年史》的编写者总结道：

> 对于整个英格兰来说，这一年都充斥着令人烦躁和焦虑的气氛。这一年，许多牲畜因为瘟疫而死，农作物的长势也不好。人们难以想象，天气造成了怎样糟糕的结果。雷电来

得十分猛烈，许多人因此而死。对于每个人来说，事态都在一步步恶化。愿万能的上帝在他有意愿时改变一下这样的状况吧！

然而，在索尔兹伯里大会期间，就像是受到神的旨意一样，带来风暴的阴云纷纷散去。就在 8 月 1 日的典礼前不久，克努特四世的死讯一定已经传到了英格兰。7 月 10 日，这位丹麦国王被谋逆的本国贵族在教堂里杀死了。他的突然离世意味着入侵的威胁最终解除了。英格兰安全了。[53]

但是，诺曼底并不安全。当威廉在英格兰停留期间，从公国那边传来了一些令人振奋的消息。举例来说，勒芒子爵已经放弃了在圣苏珊的落脚点，横渡海峡并前来求和。然而，其他地方的事态仍让人深感不安。虽然克努特已经死去了，但他的盟友佛兰德伯爵还仍然活跃，并且不太可能收起他的敌意。短护腿罗贝尔已经结束了四处游荡的生活，再次出现在法兰西国王的宫廷中，准备制造麻烦。在英格兰的危机突然解除之后，国王迅速采取了行动。《盎格鲁-撒克逊编年史》写道，在尽可能从其英格兰臣民那里搜刮更多的钱财之后，威廉离开了索尔兹伯里，前往怀特岛，然后从那里返回诺曼底。

与此同时，负责编纂《末日审判书》的那位书记员开始专注于这一不朽的功绩。他开始压缩各巡查区记录里的信息，以制作这卷最重要的书。从工作量来看，专家估计，他至少坚持工作了 1 年。但是，当他的劳动接近尾声的时候，他突然停笔了。此时，他已经处理完了 6 个巡查区的数据，只剩下 1 个区的数据需要处理。正因如此，在 9 个世纪之后，我们所看到的是 1 卷未完成的《大末日审判书》和 1 本原始的调查记录，即记述了东部各郡情况的《小末日审判书》。[54]

书记员此时突然搁笔的原因已经无从得知。其中一个可信的推断是，他这么做是因为听说了国王驾崩的消息。

19

死亡与评价

虽然我们无法明确得知，征服者究竟有多高，长成什么样，但我们几乎无法想象，征服者威廉会是一个不令人敬畏的人。《盎格鲁-撒克逊编年史》描述道："他的智慧和力量难以计量。就荣耀和力量而言，他超过了他的所有前辈。当他遇到那些违抗他意愿的人，他就会变得极其严厉。"另一份同一时期的历史文献则指出，他的声音十分刺耳。马姆斯伯里的威廉告诉我们，征服者很好地利用了他嗓音的这一特点。他变着法子骂人，"他一张嘴咆哮，不知怎地，他的听众就会感到深深的恐惧"。[1]

然而，1086年，在他返回诺曼底之后，他的这些把戏似乎不灵了。这时，威廉已经50多岁，接近60岁。按当时的标准，他已经是老人了。根据奥德里克·维塔利斯的说法，他也极其肥胖。在中世纪，贵族晚年发胖的现象非常常见。这是因为，狩猎活动根本不能抵消他们所食用的野味所带来的热量。此外，近年来，他在多尔和热尔伯鲁瓦都吃了败仗。在那之后，威廉就没有什么值得吹嘘的军事功绩了。国王匆匆赶回诺曼底，可能是为了捍卫他的公国。但结果表明，他的出现并没有改变什么。[2]

麻烦始于诺曼底东部边境的韦克桑（Vexin）。这里一度是诺曼底公国与法兰西王国中间的缓冲区。然而，10年前，腓力一世偶然获得了它。1087年，可能是在他们的国王的指示下，位于芒特（Mantes）的法兰西驻军开始进攻，并不断骚扰诺曼底。从奥德里克的描述来看，他似乎对此知之甚详。根据他的叙述，法兰西人占领了埃夫勒（Evreux）主教区。他们劫掠乡村，赶走牲畜，并掳掠人口。他还写道，这些人变得越来越傲慢，还辱骂诺曼人。[3]

如果我们相信马里斯伯里的威廉的话，最恶毒的辱骂之词是从腓力国王嘴里说出来的。据传，当时他取笑威廉说："英格兰国王如今还在鲁昂。他就像刚生过孩子的女人，离不开床。"这位编年史家解释道，威廉确实在公国首府停留了一段时间，因为他犯了胃病，需要吃药。一般来说，史学家们都认为，这不过是指征服者威廉的肥胖问题。但是，"行动受限""卧床休息"和"吃药"等这些词都会让人觉得，国王是真的病了。最重要的是，可能正是由于这个消息，威廉的敌人们开始想要同他一较高下。

但是，马姆斯伯里的威廉说，腓力的侮辱最终还是传到了威廉的耳朵里，并刺激后者采取了行动。"等我病愈后去做弥撒时，"他发誓说，"会为他点上10万支蜡烛。"无论是威廉说的，还是编年史家杜撰的，这个笑话都太恶毒了。1087年7月底，威廉召集了大军，发兵入侵韦克桑，一路放火，焚烧田地、葡萄园和果园。他的主要目标就是芒特。近来，法兰西人都是从这里发兵的，而威廉则将其付之一炬。城堡被烧毁，无数的房子和教堂也没能幸免。奥德里克写道，在这场大火中丧生的人不计其数。而且，令威廉臭名昭著的是（其他数位编年史家也提到过此事），死者中至少包括一位隐居的僧侣。

因此，一些修道院的编年史家必然会将接下来发生在征服者身上的事情看作神罚。"他犯下了残忍的罪行，"《盎格鲁-撒克逊编年史》写道，"但是，命运对待他的方式更加残忍。残忍到什么程度？他病倒了，并且深受折磨。"据马姆斯伯里的威廉记载，一些人说，国王在骑马过深沟时受了伤，马鞍的前部撞到了他过大的腹部。马姆斯伯里的威廉本人则同意奥德里克的说法。他认为，大火和夏天的燥热致使威廉患上了热衰竭。既然从战争之初，威廉就一直忍受着疾病的折磨，那么也很可能，威廉只不过是被他的旧病打倒了。无论是出于什么原因，威廉突然遭受了巨大的痛苦，并宣布撤退，退回到鲁昂。[4]

回到公国首府后，人们很快发现，征服者就要死了。所有的医生所能做的，不过是让他不那么难受罢了。奥德里克用很长的篇幅记述了国王最后的日子。他声称，自己曾做过细致的调查，所描述的都是实情。在这一引人入胜的记录里，他写道，鲁昂过于拥挤和喧嚣。因此，威廉命人把自己送到城外的圣热尔韦（St Gervase）教堂。这座教堂位于鲁昂以西的一座山上。在剩余的夏天里，他一直在那里苟延残喘。尽管遭受着极端的痛苦，他还是留有说话的力气。"我从小被作为一个战士带大，"他呻吟着，"被我杀掉的人的鲜血浸透了我的全身。"当然，这些话是奥德里克说的，并不是出自威廉之口。但是，这两句话都描述了无可争辩的事实。国王花了大量时间向站在他床边的主教、修道院院长和僧侣忏悔罪恶，试图以此来洗涤他的灵魂。基于同样的原因，他还下令把他的财宝分给穷人和各个教堂，并规定了这些人及教堂所收受的具体数额。他尤其注重重建那些他最近在芒特所烧毁的教堂。最后，为了取悦上帝，他下令释放所有被他监禁的囚犯。被释放的人当中包括莫卡伯爵、罗歇伯爵和休厄德·巴恩。就连哈罗德国王的弟弟伍尔夫诺思也被释放了。早在1051年，他就被当作人质送到诺曼底，此后一直处于监禁之中。在此次大赦中，唯一的例外是巴约的奥多。威廉坚持认为，如果奥多获得自由，将构成巨大的威胁。但是，在他同母异父的弟弟莫尔坦的罗贝尔以及其他众多的诺曼要人们的不断恳求下，国王终于妥协了，并释放了奥多。[5]

　　在生命的最后日子里，国王也告知了众人，他对继承问题是如何考虑的。和众多的权贵和神职人员一起，他的两个小儿子威廉·鲁弗斯和亨利也站在了威廉的病榻前。短护腿罗贝尔选择了躲避。他继续留在了法兰西国王的宫廷中。然而，尽管他的长子在他临终时轻慢了他，而且他对未来也有自己的预感，临终的征服者感到，他还是得选择自己的长子作为继承人。据说，国王对在场的人解释道，早在1066年，他就已经把诺曼底授予了罗贝尔，而贵族也已经对他宣誓效忠了。这一关系是无法解除的。

　　但是，罗贝尔的继承权只限于诺曼底。罗贝尔无法继承英格兰。这片土地是威廉在征服战争中所获得的战利品。而且，为了获得它，诺曼人付出了巨大的生命代价。因此，威廉公开声明，他不敢把它传给任何人。"我不会指定任何人做我在英格兰王国的继承人，"他总结道，"我只会把它托付给上帝。"同样地，这句话仍出自奥德里克之口。但是，国王的所作所为很好地证明了，这句话很有可能是真的。我们知道，国王并未把他在诺曼底使用的王室宝器留给他任何一个儿子（即他的王冠、权杖、宝球、圣餐杯和烛台），而是赠给了他位于卡昂的圣史蒂芬修道院。然而，他的确表达了他的个人愿望。如果这是上帝的意愿的话，他希望威廉·鲁弗斯成为下一任的英格兰国王。

　　最后，到了9月9日（星期二）那天，国王迎来了他的结局。

在平静地睡了一夜之后，威廉醒来了。此时，太阳在鲁昂升起，远处传来了钟声。在问过时间后，他得知这一钟声（早上6点）来自圣玛利亚大教堂。于是，国王抬眼看着天，手指天堂，把自己交给了圣母玛利亚。然后，他就与世长辞了。[6]

在过去几周以来，威廉花费了很大的力气来赎罪。据此，奥德里克认为，国王的死是高尚的。然而，接下来的场景看起来并不高尚。在他临死前不久，国王命威廉·鲁弗斯前往英格兰，并将一封信交给兰弗朗克大主教。信中，威廉推荐自己的这个儿子继承他的英格兰王位。至于亨利，威廉则许诺给他5000英镑的补偿金。于是，在他父亲死前，亨利也离开了，为的是确保自己的战利品能够到手。在征服者死去的几天后，仍没有短护腿罗贝尔的消息。这一点导致了一片混乱。在意识到没有人主管事务之后，为保全自己的财产，在场的那些较为富裕的人都立刻骑马离开了，任由那些较为贫穷的侍从去抢劫王室的财物。根据奥德里克的说法，所有的东西——武器、容器、衣物和家具——都被一抢而空。等到疯抢结束后，只有国王近乎赤裸的尸体还躺在地上。

与此同时，鲁昂居民则陷入了大面积的恐慌。人们四处逃窜，就好像有一支敌军已经集结在城门口，正在觊觎他们的财物一样。最终，僧侣和教士们鼓足勇气，结队前往圣热尔韦，并为国王祷告。在这个过程中，鲁昂大主教宣布，国王的尸体应当被运往卡昂下葬。但是，就在此时，所有的王室仆从都已经逃跑了，因而没有人来做必要的安排。最后，一个名为埃卢温的穷骑士自掏腰包，为国王做好下葬前的准备，并支付了运送遗体的船费。当船只和遗体到达卡昂时，城中居民和神职人员都适当地展现了他们的敬意，并前来迎接。但是，因为城中的一场大火，这一迎接的场面也陷入了一片混乱。当时，几乎所有人都在往回跑，想要把火扑灭。虽然奥德里克并没有把威廉的下葬同他的加冕进行对比，或是使用同样的语言来描绘这两个事件，但是威廉的下葬同他的加冕依然十分相似。同那时一样，只有几个僧侣留了下来，完成了仪式。威廉的遗体被运过几个火场，最终抵达圣斯蒂芬修道院。

葬礼本身也是一场闹剧。一群有头有脸的主教和修道院院长聚在修道院里，并为国王举办葬礼。在仪式上，埃夫勒主教宣读了一篇动人的布道词。在这篇很长的布道词当中，他歌颂了威廉的诸多美德。然而，当他结束演讲时，事情突然起了变化。此时，他向众人提出要求，即便这位昔日的君主伤害过他们，他们也要原谅他。听到这番话后，一个本地人愤愤不平地站了出来，并大声抱怨。他指出，他们脚下的土地曾属于他的父亲。征服者用暴力强征了这一土地，并在这片土地上建立了修道院。在声称这片土地属于他自己之后，这个人试图阻止这些神职人员继续举行葬礼。经过草草问询，主教和修道院院长们确认了他所讲的都是实情。此后，抗议者立即得到了金钱补偿，仪式才得以继续。但这还不是最大的耻辱。威廉终于要下葬了。然而，到了这个时候，他的身体早已肿胀得无法放进石棺。人们无视这一状况，强行将尸体往石棺里塞，最终把他肿胀的肚子挤破了。再多的香料也没法掩盖国王的肚肠所散发出来的恶臭。因此，教士们只得草草完成葬礼的剩余部分，然后迅速跑回自己的住所。[7]

在总结的时候，奥德里克指出了一个简单的道理。他表示，在死亡面前，无论穷富，人人都是平等的。他提醒我们，作为一个国王，威廉生前有很大的权力，而且十分好战。无论来自什么地区，属于什么民族，人们都畏惧他的存在。然而，在他死后，他却衣不蔽体，需要依靠陌生人的施舍。生前，他曾统治广阔的疆土。而在死后，他却没有一块免费的土地可以容身。他那耻辱的葬礼充分地说明，肉身的荣耀是多么地虚妄。然而，奥德里克并没有把威廉死后的遭遇和他的性格联系在一起。他所做的事情恰恰相反。这是因为，在描述这位国王最后的日子的时候，他开篇就赞美了威廉，称他是一位杰出的统治者。奥德里克指出，威廉是一个热爱和平的人，能够依靠睿智的议政大臣们进行统治。他也敬畏上帝，并保护教会。[8]

但是，无论怎样评判征服者，我们都不能切断这一评价同诺曼征服之间的联系。在这里，奥德里克自然会发现，赞美威廉变得更难了。他接受了诺曼人的观点，即威廉对于王位的诉求是合理的。他也认为，既然哈罗德发下了伪誓，那么威廉就有理由入侵英格兰。但是，正如我们所见，作为一个英格兰人，他无法忍受新王的那些无情的做法。后者曾经对他的反对者进行了残酷的镇压。尤其是北方浩劫，奥德里克视之为威廉人生的一大污点。在这位编年史家的笔下，临终的国王自言自语地说道："我用饥饿之鞭抽打了无数的男男女女。唉！残忍地杀掉数千人的凶手正是我啊！"奥德里克对征服者和其他的诺曼人的看法也有不同。他认为，前者是高贵而热爱和平的。而对于后者，他仍然保留了不满之语：

> 他们傲慢地滥用自己的权威，残忍地屠杀当地居民。就像上帝的鞭子一样，他们重重地击打着当地人，以惩罚他们

所犯下的罪过……尊贵的女性受到出身低贱的士兵的侮辱。而且，就在这些人渣的身边，她们因为自己所蒙受的耻辱而感到悲伤……这些无知的寄生虫傲慢得几乎发了狂。他们惊异于巨大权力的降临，并且认为自己可以我行我素。这些蠢货和罪人啊！为什么他们就不能心怀懊悔地好好想想呢？他们之所以能够征服英格兰人，并不是因为他们自己的力量，而是基于万能上帝的意志。比起他们自己，他们所征服的民族不但更加伟大和富有，而且有着更长的历史。[9]

其他编年史家同样对诺曼征服提出了类似的否定意见。比起奥德里克，他们所生活的年代距离诺曼征服更近。其中的一些人甚至提出了十分尖锐的批评。在法兰西的那些人通常对诺曼人的成就感同身受，并将其看作法兰克人的一次胜利。但是，在欧洲的其他地方，人们对于诺曼征服的态度则更为复杂。例如，一个名叫米歇尔贝格的弗鲁托尔夫（Frutolf of Michelsberg）的巴伐利亚作家就认为，威廉无情地进攻并占领了英格兰。他迫使那里的主教们纷纷流亡他乡，并且杀死了当地的贵族们。另一个德意志人——特里尔的温瑞克（Wenric of Trier）——对征服者的批评则更为猛烈。1080 年，他抨击了格里高利七世与某些统治者的私人关系。他说，教宗的一些所谓的朋友"像暴君一样，用暴力篡夺了他国的政权。他们通往王座的路是被鲜血浸透的，戴在头上的王冠也是血淋淋的。为了巩固他们的统治，他们使用了谋杀、强奸、屠杀以及折磨的手段"。他并未具体点出他所描述的人究竟是谁，但这位英格兰的新国王显然符合所有的描述。同年，在写给威廉的信中，格里高利还在后悔，因为他之前支持过诺曼征服，他不得不承受他人对他的批评。[10]

相比之下，同一时期的英格兰人则很少对此发表意见。这也许是因为对他们来说反思这一段历史仍然太过痛苦。"就这样，威廉成了国王，"11世纪前后，坎特伯雷的厄德麦叹息道，"我实在不想说，他是如何对待那些在大屠杀中活下来的人的。"在这种集体的沉默之中，《盎格鲁-撒克逊编年史》的编写者是一个显眼的例外。在本书之前的篇章里，我们曾多次引用他为威廉所撰写的讣告。这一篇章显然是在1100年之前写成的。他对于威廉以及诺曼征服的评价不但长，而且非常详细。无疑，他很了解征服者及这次征服。这位编年史家说："我们应当描述我们所了解的他。我们亲眼见过他，还在他的宫廷里生活过。"如奥德里克一样，他称赞威廉是一个有智慧和权力的国王。他表示，国王是一个严厉的人，但他对热爱上帝的人很友好。事实上，在他统治的期间，宗教得到了极大的发展。威廉自己就在巴特尔建立了一座新的修道院。他还重建了坎特伯雷大教堂和一些其他的教堂。在回忆威廉的其他作为的时候，这位编年史家也表现出了同样的赞许态度。他表示，在威廉的统治下，国家伟大，秩序稳定。他把反叛者投入监狱，也阉割了强奸犯。他不但用敬畏的语气描述了末日审判调查，而且还用这样的语气描述了国王在不列颠群岛内的权威。威尔士被纳入了他的统治之下，苏格兰也因他的武力沦为附庸。作者估计，如果他再多活两年，他可能连爱尔兰都征服了。

但是，接下来，这位编年史家就开始转而记载一些负面的事物。他说："诚然，在威廉统治的时期，人们遭受了严重的压迫和许多的伤害。"在这些事物中，排在第一位的就是威廉命人建造的城堡。修建这些城堡"给穷苦的人们带来了沉重的负担"。排在第二位的是威廉不加掩饰的贪欲。他以"最不公正的方式"从他的臣民那里拿走了数以百镑计的金银。最后一个事物是威廉所引入的森林区。在这个区域内，不论穷富，他都会用严厉的法律来管制他们。这位编年史家总结道，尽管所有人可能都恨他，但威廉实在是太无情了，对此并不关心。如果他的臣民想要活着并保有自己的土地的话，他们就必须要完全服从于他的意志。[11]

即便是在这一有关征服者的统治的片面总结当中，我们也可以看到，20 年间，威廉及其追随者带来了一场巨变。截至 1087 年，在英格兰的 15 座古老教堂中，至少有 9 座被焚毁或破坏，取代它们的是新的罗马式建筑。在接下来的大约 30 年间，其余的 6 座教堂也被重建。与之有着同样的命运的还有那些重要的修道院。当然，虔信者位于威斯敏斯特的教堂是唯一的例外。在这场革命之前，它就已经改变了它的建筑风格。这是英格兰教会建筑史上最大规模的一次革命。时至今日，无论你参观上述提及的任何一座教堂，你都无法找到诺曼征服前的石造建筑的痕迹。这次，诺曼建筑得到了全面的复兴。直到 13 世纪初，在将索尔兹伯里大教堂从老萨勒姆迁出后，人们才开始重建英格兰的大教堂。下一次大规模重建发生在 17 世纪。那时，雷恩（Wren）重建了圣保罗大教堂。[12]

随着城堡的引入，世俗建筑领域内也发生了一场相似的革命。人们在虔信者爱德华统治期间建造了零星几座城堡。除此以外，在诺曼征服之前的英格兰，人们从来没有见过这种东西。这也解释了《盎格鲁-撒克逊编年史》的编写者为何会感到怨恨。著名的王家要塞（例如在温莎、沃里克、约克、诺里奇、温切斯特、纽卡斯尔、科尔切斯特等地的城堡和伦敦塔）都是征服者本人建立的。由于数量过多，我们无法一一列举剩下的城堡。在英格兰全境范围内，只要有拥有一定的资产，新来的诺曼领主就会在自己的百户区建立类似的城堡。时至今日，人们还能看到他们所留下的不可计数的土堆。我们很难确定这些土堆的年代，只能估算这些城堡的总数。但是，据保守估计，在1100年的英格兰，人们大约建造了500座城堡，其中的绝大多数是在1066年后不久就建成的。[13] 除了建造城堡和教堂之外，我们还可以看到，威廉还建立了新的王家森林区。这使得数以千计的人流离失所。更不用提，他还蓄意破坏了英格兰的北部。通过这一事件，他又杀害了几千人，并将约克郡毁成一片荒芜。这样一来，我们也就更能理解《盎格鲁-撒克逊编年史》编写者的哀叹了。

然而，一些当代的史学家却认为，这些变化都是短暂的和表面的。经济也许受到了破坏，但不久也就恢复了。城堡和教堂也是表面上的变化。同时期的编年史家可能抱怨得很大声，但由于身处自己所描述事件的时代，他们缺乏长远的历史视角。持历史连续性观点的人认为，从根本上讲，诺曼征服其实并未改变什么。

但是，在论证这一观点的时候，不管他们是否愿意，这些史学家都站在了诺曼人的一边。因为，威廉及其追随者所持有的观点正是，诺曼征服没有改变任何东西。在登上王位的时候，征服者就声称，他是爱德华真正的继承者。《盎格鲁-撒克逊编年史》的编写者伤心地回忆道，在加冕礼上，这位新国王曾发誓，他会"像最为贤能的前辈一样"统治英格兰。在那之后不久，他又向伦敦的居民保证，他会保留他们的法律，就像虔信者爱德华一样。当然，接下来，《末日审判书》就出现了。根据这本记录，所有的诺曼地主都成了一个或者多个英格兰地主的合法继承人，而这本书正是从"爱德华国王活着的那些日子"起算的。

但这都不是事实。在现实当中，威廉是从哈罗德手里取得的王位，并不是从爱德华的手里。而且，为了得到王位，威廉发动了黑斯廷斯战役，而这场战役是欧洲历史上最血腥的战役之一。然而，没有官方记录承认这一现实。这些记录也不承认诺曼征服所带来的改变。例如，诺曼人几乎完全把哈罗德国王从关于诺曼征服的记载中抹去了。除统治前期发布的几份令状之外，没有任何的官方记录会把他称为国王。他只是哈罗德，或者哈罗德伯爵。在《末日审判书》里，人们也几乎完全消除了关于他的统治的记录。在共计200万字的叙述中，编写《末日审判书》的书记员也只在一两处地方提到他。这样做不是基于酸葡萄心理，而是按照严格的法律逻辑。如果征服者是虔信者的直接继承人，那么，从爱德华去世到威廉继位之间的12个月里，无论发生了什么，这些事都必然是异常的。[14]

简而言之，诺曼人自己重新书写了历史，而这极大地改变了人们的看法，让他们认为，1066年的那次征服没有改变任何东西。威廉也希望我们相信这一点，因为他十分渴望能被承认为英格兰的合法君主。在很长一段时间里，历史学家都持有这样的一种观点。直到最近，《末日审判书》中所展现的连续性还是给研究它的学者们留下了深刻的印象。每一个新来的诺曼人都恰好占据了其英格兰前辈所空出来的位置。只有借助新出现的计算机分析方法，我们才发现，《末日审判书》的估算方法事实上掩盖了这一时期土地领有关系中的巨大断层。在所有的叙述当中，《盎格鲁-撒克逊编年史》中的表述最恰如其分。它表现出了诺曼人言行不一的特点。在总结征服者的统治时，其作者抱怨道："他们越是大声谈论法律和正义，他们所做的不正义的勾当就越多。"[15]

　　即便我们不承认（某些历史学家现在仍然坚持这一观点）诺曼人的定居完全改变了原有的土地持有模式，毫无疑问，《末日审判书》也表明了在诺曼征服的过程中，一个统治阶层是如何彻底地取代了另一个统治阶层的。到了1086年的时候，英格兰人彻底从上层社会消失了。取而代之的是数以千计的新来的外国人。几乎可以肯定，这并非威廉最初的意愿。正如克努特大王一样，威廉想要统治一个盎格鲁-诺曼混合王国。在他之前，在同为征服者的克努特大王所统治的英格兰境内，盎格鲁人和丹麦人混居在一起。但是，在克努特大王主政之初，他就处决了他所怀疑的英格兰人，并提拔值得信任的本地人来填补他们的空缺。对比来看，威廉在加冕礼后广施仁德。其结果是，他发现自己面临着一波又一波的反叛。1016年，英格兰人知道他们已经被征服了，但是，1066年，他们却拒绝相信同样的事实。随着时间的推移，越来越多的英格兰人被杀，或者被剥夺财产。最终，令人感到讽刺的是，诺曼征服远比丹麦征服更具革命的意味。"在威廉国王统治的第21个年头，"亨廷登的亨利说道，"在英格兰，几乎没有一个贵族有英格兰血统。有英格兰血统的贵族不是遭受奴役，就是处境极为悲惨。"[16]

　　统治集团的改变造成了巨大的影响。这是因为，英格兰人和诺曼人是两个完全不同的民族。在一个非常著名的篇章里，马姆斯伯里的威廉把黑斯廷斯战役描述为英格兰的受难日。正是因为这一战役，国家"换了新主人"。接下来，他勾画了英格兰人和诺曼人的不同之处。他说，英格兰人耽于美食和美色。他们不但在基督教事务上很懈怠，还沉溺于饮酒狂欢。他们住在狭窄而肮脏的房子里，喜好文身，也喜欢戴金手镯。他们要吃到犯恶心才停止进食，喝到呕吐才停止狂饮。相比之下，诺曼底人衣着华丽，而且注意食物的品质。在宗教信仰方面，他们也更为虔诚。他们是一个诡计多端而善战斗狠的民族。在诺曼人所建造的那些高大的房子中，他们过着节俭的生活。[17]

尽管这一描述有失偏颇，而且还受到道德上的后见之明的影响（英格兰人都是罪人，他们显然罪有应得），马姆斯伯里确实为我们描述了一幅两个不同文明共存的图景。英格兰人和诺曼人的区别不仅在于发型。在一系列作为和态度上，他们都有所不同。在这里，我们可以用战争作为例子。当我们关注征服前的英格兰的时候，我们可以看到，英格兰人几乎完全把重心放在了海军上。每年夏天，虔信者爱德华都从桑威奇出航，以保卫他的臣民。而且，为了缓和关系，戈德温伯爵还送给了他一艘大型的镀金战船。税费是基于船队的规模征收的，而且，舰队和军队这两个词可以互相替代。简而言之，在军事方面，他们的模式与当代斯堪的纳维亚的模式有很多相似之处。而与其完全不同的是，在史料当中，诺曼征服前的诺曼底是一个以骑兵和城堡为主导的世界。在这里，人们所能获得的最好的礼物不是舰船，而是战马。事实上，1066年，当他们终于需要舰船的时候，他们不得不向外求援，请求外国借给他们战船。除此之外，他们也只能自己从头开始造船。[18]

类似地，诺曼人对于领主权也有不同的理解。从他们建造城堡来看，这些人将领主权等同于对土地的控制。他们不遗余力地抢夺新的地产，并建造堡垒来保卫自己的土地。在那之后，他们会努力地将这一土地完整地传给他们的继承者。领主同领地之间的联系十分紧密。可以看到，诺曼人甚至开始以他们的主要领地的名字来给自己命名。"我，罗歇，他们都称我为蒙哥马利。"在11世纪40年代中期的一份证书中，征服者的老朋友就是这样描述自己的。[19]

在征服英格兰之后，人们对土地的欲望达到了顶峰。像克努特国王的追随者一样，一些威廉的追随者是为金钱而战的。一收到钱，他们就立刻返回家乡。但其他许多人则不同。他们是因为对土地的渴望而来到此地的，并且最终留了下来，创建了一个新的殖民社会。他们在英格兰的定居过程撕裂了旧有的土地领有模式。在重新规划他们的地产之后，他们建立了庄园。与此同时，他们也建起城堡，以之为行政管理的中心。这些殖民者自然想要按照自己熟悉的模式来管理和控制这些新的领地。因此，他们做出了进一步的改变。在这些新的贵族领地上，诺曼人创立了自己的法庭。在其中的一些土地上，他们甚至设立了郡长。这样一来，他们就打破了英格兰此前的郡和百户区法庭的体制，建立了一套完全独立的系统。他们引进的新法律也体现了诺曼人对待遗产继承的不同态度。新的法律对长子有利，旨在保证他们所继承地产的完整性。在诺曼征服前的英格兰，几乎不会有人用地名作为自己的姓氏。但在征服之后，这一现象却突然出现。为了建立新的领主权，诺曼人残忍地对待活下来的英格兰人，并强迫那些过去持有土地的自由民成为缴付地租的佃户。而且，在持有土地的同时，这些佃户往往需要服从相当严苛的条件。在提到征服者杀光了英格兰贵族的时候，米歇尔斯贝格的弗鲁托尔夫可能多少有点言过其实，但是，当他声称"国王迫使中等阶级接受奴役"的时候，他所说的话语则非常接近事实。[20]

与此同时，正是因为诺曼人对待另一种不同事物的态度，英格兰社会最底层人民的命运发生了一定的改变。到了 1066 年，在诺曼底，奴隶制早已成为过去时。在同一时期的英格兰，这一制度却一直牢不可破。然而，到了 1086 年，英格兰的奴隶制却开始衰落了。在对比了《末日审判书》所提供的数据以后，我们可以得出结论，英格兰的奴隶数量大约下降了 25%。历史学家们通常将这次改变归因于经济的发展。他们指出，出于对钱财的渴望，诺曼人更愿意让自己的农奴持有土地，并付出地租，而不是给奴隶提供住所和食物，以换取他们免费的劳动。这可能是其中的一个原因，但可以肯定的是，另一个原因在于，一些诺曼人认为，奴隶制在道德上让人无法接受。正如我们所看到的那样（显然是在兰弗朗克的推动下），威廉本人也曾禁止奴隶贸易。据说，在远征威尔士的时候，他曾让几百个奴隶获得自由。这道禁令不可能完全禁止奴隶贸易。这是因为，在 1102 年的宗教大会上，人们再次谴责了"这一可耻的行为"，"在过去的英格兰，人像牲畜一样被出售"。然而，值得注意的是，这是教会最后一次认为有颁布类似禁令的必要了。到了 1130 年，奴隶制已经在英格兰彻底消失了。一些当时的人含蓄地把奴隶制的消失归因于诺曼征服。达勒姆的劳伦斯（Lawrence of Durham）写道："当英格兰开始有了诺曼领主以后，在这些外来人的手下，英格兰人不再遭受他们此前施加在自己身上的痛苦。在这一方面，他们发现，外国人对待他们比他们对待自己更好。"[21]

在另一方面也同样如此。除瓦尔塞奥夫伯爵外，没有一个英格兰人因为诺曼征服而被处死。除去认为奴隶制是错的以外，诺曼人还认为，当对手投降后，最好饶恕他们。他们把这两种理念都带到了英格兰。直到诺曼征服前夕，英格兰人还在进行政治暗杀。但就在诺曼征服后不久，这一暗杀行为很快就消失了。"没人敢杀人，"在《盎格鲁-撒克逊编年史》中，编写者对威廉所颁布的法律和他所建立的秩序大加赞赏，"无论一个人对另一个人犯下了什么恶行，他们都不能杀人。"国王最后一次下令处死贵族是在 1095 年。而在 1076 年之后的英格兰，即在瓦尔塞奥夫被处死之后，没有伯爵被处死。直到 14 世纪初，这一局面才被打破。在接下来的近两个半世纪里，诺曼征服所带来的骑士精神一直约束着英格兰。[22]

最后，诺曼人也带来了他们对教会改革的热忱。"在英格兰各处，宗教规范都早已消亡。在他们到来之后，这些规范才得以重新确立，"马姆斯伯里的威廉在 1120 年写道，"无论是在乡村还是在城镇里，我们都能够看到教堂和新建的修道院。它们都采取了新的建筑形式。随着新的宗教感情的出现，我们的国家繁荣了起来。"当然，在当时的英格兰，宗教并未完全消失，而这位编年史家是在夸大其词。要说明这一观点，当代的历史学家就会指出，1066 年，英格兰和罗马之间就有联系了。他们还会指出，早在诺曼服之前，建造教堂的热潮就已经出现了。[23]然而，毫无疑问的是，诺曼人在很大程度上加速了教会改革的进程。威廉和兰弗朗克感到，英格兰的教会体制亟待改革，并着手引入副主教、教会会议和独立的教会法庭。买卖圣职和神职人员的婚姻完全被禁止了。数据印证了马姆斯伯里有关宗教建筑数量增加的说法。1066 年，英格兰约有 60 座修道院；但到了 1135 年，这一数字大约增加了 4 倍，达到了 250 至 300 座。在虔信者爱德华的时代，英格兰有近 1000 个僧侣和修女；但到了马姆斯伯里的时代，其数量则大约是原来的四五倍。在 9 世纪末的英格兰北部，第一波丹麦人入侵的浪潮就已经彻底摧毁了修道制。而且，没有任何迹象表明，在诺曼征服前的一个世纪，英格兰人曾尝试改变这样的状况。但是，仅在诺曼人占领的几年之内（也就是在"北方浩劫"发生后不久），人们可以看到，在英格兰的北部，宗教得到了令人瞩目的复兴。在塞尔比（Selby）、贾罗（Jarrow）、惠特比（Whitby）、芒克威尔茅斯（Monkwearmouth）、达勒姆以及约克等地，人们或者修建了修道院，或者修缮了原有的修道院。再也没有什么能比这个例子更好地证明征服者和改革派步调一致了。[24]

当然，对于上述观点也有反驳的声音。一些人会说，即使诺曼征服没有发生，英格兰人可能也会接受这些有关领主制、奴隶制、屠杀和宗教的新看法。但这一论断只是凭空臆测。我们可以看到，在 1066 年之前，没有充分的证据可以证明，事态有任何朝着这个方向发展的趋势。可以确定的是，随着原有的统治精英集团被迅速取代，人们便可以很快地接受这些新的理念。这一改变产生了影响深远的连锁反应。这是因为，诺曼英格兰的人们迅速地接受了这些新观念，而在英格兰以北和以西的凯尔特国家，这些新理念并未得到认可。经过一两代人之后，在看待威尔士及苏格兰等邻国的时候，马姆斯伯里的威廉等人使用了一种审视和批判的目光。他们以厌恶的笔触写道，这些国家的人仍然在相互杀戮，干着掳掠人口和奴隶贸易的勾当。由此产生的道德优越感一直持续到后来的几个世纪。当英格兰人自己在大不列颠境内野蛮地扩张的时候，这种优越感也让他们认为，自己的行为是正当的。[25]

对几乎 1000 年后的我们来说，评判诺曼征服是很容易的。我们可以不带偏见地指出，这一征服带来了什么积极的或者消极的影响。当时的英格兰人则没有这种奢侈的事后之明。对他们而言，诺曼人的占领似乎是一场彻彻底底的大灾难。正如马姆斯伯里的威廉所阐述的那样，"对于我们亲爱的祖国而言，这是一场悲惨至极的浩劫"。他们看到，自己的艺术珍宝被掠到诺曼底，成了敌人眼里的战利品。他们看到，他们的圣遗物消失了，或是被丢弃，或是被放入火中，以验证其真伪。他们看到，自己的教堂被毁了。无论它们在新来的诺曼人眼里是多么粗劣或者不合时宜，这些教堂都已经矗立了数百年，有些甚至始建于基督教在英格兰传播之初。"我们这些恶棍正在毁坏圣人的杰作，却还无耻而傲慢地认为，我们正在改造它们，"1084 年，在看到他的旧教堂的屋顶被扯下来时，伍斯特的伍尔夫斯坦泣诉道，"比起我们，大教堂的修建者圣渥斯沃尔德（St Oswald）是多么地杰出啊！有多少圣洁而虔诚的人曾经在这里侍奉上帝！"[26]

伍尔夫斯坦等人也不无沮丧地注意到，忽然之间，英语就不再是一种书面语言了。正如我们所看到的那样，大约在 1070 年前后，国王的书记官就放弃了使用英语写作的惯例。他们放弃的理由很充分，即当时的大多数权贵是法兰西人，根本不懂英语。从那以后，人们开始用拉丁语来书写英格兰的档案。类似地，在英格兰修道院的缮写室里，僧侣们也很快就不再使用英语了。举个很突出的例子，《盎格鲁-撒克逊编年史》C 本写到了 1066 年，D 本则写到了 1080 年。只有 E 本的编撰者们坚持到了 12 世纪，直到他们中的最后一人于 1154 年停笔。我们知道，英语最终取得了胜利。在摆脱了书写上的限制后，其变化形式大大增加，数以千计的法语外来词也大大丰富了它的词汇量。但是，1070 年，这些事情都还遥遥无期。此时的英格兰人只看到，本国的传统即将消亡。这一传统可以追溯到阿尔弗雷德大王时期，旨在提高俗人的宗教信仰水平。在诺曼征服之后，再也没有出现新的用本国方言写成的祈祷书或忏悔书。因此，教会与民众之间的一座至关重要的桥梁被毁坏了。"现在，教义被抛弃，而人们则迷失了，"1066年以后，一首英语诗歌（这首诗是仅存的几首写于诺曼征服之后的英语诗歌之一）的作者哀叹道，"现在，另一个民族在教导我们的民众。许多我们的教导者下了地狱，我们的民众也跟随他们下了地狱。"[27]

但是，最值得人们哀叹的仍旧是生命的巨大损失。按照奥德里克的说法，人们哀叹的原因是"痛苦的动乱和可怕的流血事件"。从黑斯廷斯大屠杀开始，征服者的到来所带来的死亡和破坏，就连丹麦人也无法与之相比。他一次次地镇压叛乱，还蓄意在英格兰北方制造饥荒。在英格兰的本土居民看来，作为这场大屠杀的制造者，诺曼人绝不是文明人。"就凶残程度而言，"亨廷登的亨利说，"他们超过了其他所有的民族。"[28]

对于那些幸存者来说，他们所遭受的苦难只有一个解释：英格兰人罪恶深重，正在接受造物主的严惩。"上帝选择了诺曼人，以彻底摧毁英格兰民族。"亨利说道。尽管他的同胞没有如此尖锐地指出这一点，他们都一致认同他的观点。在奥德里克、马姆斯伯里和厄德麦的作品以及《盎格鲁-撒克逊编年史》中，我们都发现了类似的评论。英格兰人一度是上帝的选民，但他们偏离了正义之路。现在，他们正在诺曼之鞭下承受酷刑。[29]

最引人注目的是，我们发现，《爱德华王传》中同样存在这样的观点。这一写于1066年之前不久的短文本来是献给戈德温家族的赞歌。但因为诺曼征服，它已被篡改得面目全非。而且，在征服之后，它很快被当成了献给虔信者的颂词：

> 英格兰，你要遭受灾难了。在过去，你明亮耀眼，圣洁的天使的后裔居住在你这里。但是如今，带着焦灼的期望，你为了自己所犯下的罪而不断地痛苦呻吟。你已经失去了本土的君王，并承受了失败。在对抗一位外国人的战争之中，你无数的子民都流出了鲜血。可怜啊，就在你的身躯上，你儿子们被杀害。你的议政大臣和贵族们则镣铐加身。他们或者被杀死，或者被剥夺了财产。[30]

的确，这位匿名的作者因为他刚刚经历过的事件而感到无比的悲痛。因为这样的悲痛，他甚至不能直面这些事件。"关于英格兰，我该说些什么呢？"他问道，"关于接下来的几十年，我又该说些什么呢？"

20

绿树预言

在《爱德华王传》的结尾处，作者描述了虔信者爱德华临终时的场景。在床上醒来之后，他生动地向身边人讲述了自己的梦。在这个梦里，两位僧侣带着上帝的旨意来到了他的身边。在他年轻的时候，虔信者在诺曼底结识了这两个人。他们告诉他，英格兰的所有上流人士（伯爵、主教、修道院院长）其实都是恶魔的仆人。为此，上帝诅咒了整个王国。在爱德华死后的一年内，"恶魔将在全国范围内横行。他们会给这个国家带来火、剑以及战争的灾难"。国王回应称，他会警告他的子民，告知他们上帝的计划，以便他们可以悔过。这时，他却被告知这件事不可能发生。既然如此，虔信者便询问两位僧侣，上帝的怒火何时才能消除？他们回答：

> 到了那个时候，不借助任何人力或是其他任何外力，一棵被拦腰砍断的绿树将会自己重新连接在一起。它被砍下来的部分距离树桩有 3 浪（1 浪约合 201.2 米）那么远。在老树树液的滋养下，它会再次吐出新叶，开花结果。只有到了那时，深重的苦难才有望解除。

《爱德华王传》的作者说，在听到这些话之后，在场的人都非常恐惧，因为一棵树不可能像僧侣描述的那样自己移动或自我修复，除非有人的帮助。无所不能的上帝自然能让这件事发生。但是，只有在英格兰人为之忏悔之后，上帝才肯帮忙。作者怀疑道：“到那时之前，除了遭到屠戮的悲惨结局，我们还能期盼什么呢？”[1]

这句话是多么确切啊！从《盎格鲁-撒克逊编年史》编写者的口吻可以看出，到征服者死去的时候，事情并没有变好多少。暴力或许已然消散，但诺曼人的占领无疑让英格兰人成了自己的国家的下等阶层。在他的令状当中，威廉曾把自己的臣民划分成两个独立的民族，即英格兰人和法兰克人（Angli et Franci）。正如亨廷登的亨利所说的那样，“被称作英格兰人甚至是一种耻辱”。确实，《末日审判书》表明，到了1086年，在这个国家的一些地方，经济状况已经有所改善。在贝里圣埃德蒙兹，有342所房屋登记在册。而在20年前，这一地区还是耕地。但与这一结论不相符的是，在接下来的一年里，一系列新的灾难便出现了。一场大火烧毁了伦敦的大部分房屋，其中甚至包括圣保罗大教堂。很明显，几乎所有的其他重要城镇中也出现了大火。这到底是意外火灾还是人为纵火，我们不得而知。与此同时，《盎格鲁-撒克逊编年史》的编写者记载道，前一年，糟糕的气候带来了饥荒和瘟疫，“这场瘟疫如此严重，以至于几乎每个人都面临着最悲惨的境遇，最终因为发热而倒下……唉！那段时间真是那一年中糟糕和令人惋惜的一段时间，而且带来了这么多的不幸”！[2]

到了威廉儿子们统治的时期，一切也并没有太大的改观。1087年，威廉·鲁弗斯登基，实现了征服者有关英格兰王位继承的愿望。但是，他对其他家族成员的担心也被证实了。在他的叔叔奥多的辅助下，曾任诺曼底公爵的短护腿罗贝尔阴谋篡位，想要取代鲁弗斯，成为英格兰的君主。这一阴谋最终失败了，但是，征服者的儿子们之间的斗争还是持续了很多年。在他们的父王死后的 10 年间，鲁弗斯、罗贝尔以及亨利三人书写了一部有关背叛和出卖的悲伤故事。在 1096 年之后，他们之间实现了短暂的和平。此时，罗贝尔前去参加第一次十字军东征。为了获得足够的路资，他把诺曼底抵押给了鲁弗斯。但是，4 年后，鲁弗斯在新森林地区狩猎时被一支流箭所伤，不治身亡。（英格兰的编年史家当然不会忽略这一事件。他们评论道，这一招人憎恨的制度已经夺走了它的创立者两个儿子的性命。）亨利加冕为英格兰的新王。当罗贝尔从东方回来之后，他们旋即展开了王权之争。直到 1106 年，一切才尘埃落定。在坦什布赖之战（Battle of Tinchebray）中，亨利击败并俘虏了他的兄长。罗贝尔在监狱里度过了余生，并于 1134 年逝世。而直到他于 1135 年死去之前，亨利一直统治着英格兰和诺曼底。[3]

　　这些事情都无助于改善英格兰人和他们的诺曼新主人之间的关系。自从 1075 年埃德加王子向征服者投降以来，罗贝尔确实与埃德加王子建立了不错的关系（奥德里克说，他们算是一起长大的异姓兄弟）。但是，新任诺曼底公爵与旧英格兰王族末裔之间的亲密关系却招致了两位新任英格兰国王的怀疑。在对待埃德加之流的问题上，鲁弗斯和亨利都更加谨慎了。例如，1087 年，鲁弗斯在刚从长期软禁中获释的莫卡和伍尔夫诺思的陪同下抵达英格兰。但是在抵岸后，他所做的第一件事就是重新把二人投入大牢。[4]

　　从一个更为广泛的层面上来说，要争夺征服者所留下的权力，鲁弗斯和亨利就需要效仿他们的父亲，对英格兰频课重税。在1106 年之后，他们一直在对英格兰频繁征收重税。这是因为，当时的亨利需要保卫诺曼底，免除叛乱以及外敌入侵对它造成的困扰。而且，就像他的父亲一样，从那时起，亨利同时统治着英格兰和诺曼底。这意味着英格兰国王需要花费大量时间在国外停留。当威廉在位时，他花费了 60% 的时间待在诺曼底。这一数据也适用于 1106 年之后的亨利。[5] 在 12 世纪剩余的时间里，这两种趋势（为了外国的战事而征收重税以及国王缺席）一直在持续。英格兰和诺曼底在政治上的统一深深地影响到了两个地区的文化和经济。英格兰被卷入了欧洲的主流之中，而法兰克人则用武力统治着英格兰。与此同时，英格兰人也受到了法兰克人的影响。对于一些英格兰南部的商人来说，这值得庆祝。但对另一些人来说，这是一个悲伤的事件，因为他们失去了与斯堪的纳维亚之间的联系。对于坎特伯雷的埃尔诺思（Ailnoth of Canterbury）来说，丹麦人没能在 1085 年成功入侵英格兰依然令人感到遗憾。12 世纪 20 年代，在丹麦流亡的他就表达了这样的观点。他认为，克努特四世本可以成为英格兰人民的解放者，将这个民族从法兰西人和诺曼人的暴政中解救出来。[6]

在征服者儿子们的统治下，英格兰人把自己当作诺曼殖民地上一个受到统治的民族。1107 年，《盎格鲁-撒克逊编年史》记录道："这恰恰是亨利继位后的第 7 年，也是法兰西人统治这里的第 41 年。"20 年后，马姆斯伯里的威廉表示，在诺曼征服后的 60 年间，这一点并未发生过变化。在马姆斯伯里的著作中，他曾重新描述了虔信者爱德华的临终之梦，并且附上了那则有关被砍断的绿树的预言。他表示，自己只能认同原作者悲观的解读方式，

"我们现在的经历印证了这个故事。英格兰已经成了异族人的家园和外国领主的娱乐场。如今，没有一个伯爵、主教或者修道院院长是英格兰人。到处都是些生面孔，而他们在享受英格兰的财富，吞噬她的生命。我们也不知道，这些糟糕的事情到底何时才能结束"。[7]

　　然而，尽管马姆斯伯里十分悲观，但在当时，人们仍然能够看到改变的迹象。关于伯爵和主教，他可能说对了，但就没有英格兰人担任修道院院长这件事，他并没有说对。尽管他们大多都被诺曼人所取代，但早在征服者统治的末期，仍有几座修道院是由英格兰人担任院长的。而到了威廉的儿子们继位的时候，这一局面也没有发生改变。更重要的是，在修道院里，大多数的僧侣都是英格兰人，而且，其中的很多人都掌握着实权。（例如，我们并不难看到，诺曼修道院院长会任用英格兰人当他们的副手。）从一开始，在修道院里，英格兰人和诺曼人就在一起生活了。虽然这导致了一些臭名昭著的冲突（比如格拉斯顿伯里大屠杀），但总的来说，修道院可能正是民族同化的前沿阵地。得益于独特的英格兰修道院教堂制度，英格兰人和他们的外国新主教有着频繁的接触。兰弗朗克尤其钟爱这一理念。在诺曼征服之后，修道院教堂的数量从4座增加到了10座。[8]根据一封写于他去世（兰弗朗克于1089年去世）前不久的书信，我们可以得知，在生命的最后时刻，这位大主教为他所制定的严苛政策而感到悔恨。他认为，自己在到达英格兰之初的所作所为是错误的，不该对英格兰的风俗横加干涉。在他宗教生涯的后期，他本人已经成了圣邓斯坦狂热的崇拜者。在其他的地方，我们也可以看到类似的态度上的软化。1079年，一座诺曼大教堂在温切斯特开始修建。到了

1093 年（即该教堂竣工的时候），人们带着敬意，重新把圣斯威森的圣骨安置在了那里。[9] 就在同一年，另一座新的大教堂在达勒姆开工。与之前的同类建筑相比，这一建筑有所不同。尽管就其规模和比例而言，达勒姆大教堂是诺曼风格的，但就其内部装饰而言，它并没有诺曼征服初期所建立的新教堂那样简朴。相反，它无疑是按照 1066 年之前的装饰风格装饰的。立柱上雕刻有典型的老式英格兰艺术的线形图案。在建筑上，我们已经在见证盎格鲁与诺曼文化的融合了。[10]

到了 12 世纪早期，一些神职人员产生了一种强烈的渴望，想要在诺曼征服所造成的鸿沟上架起一座桥梁。马姆斯伯里的威廉或许会因为这一隔阂而哀叹。然而，我们可以看到，他写作的部分目的就在于消除这一隔阂。而且，既然他所写的历史书有大量留存，这就说明，至少在当时的其他修道院里，还有人能接受他的观点。与之同一历史时期的教士亨廷登的亨利也有着同样的渴望。亨利是按照他的主教林肯的亚历山大（Alexander of Lincoln）的吩咐来写作的。这位主教是诺曼人的后裔（至少他的父亲是诺曼人）。这位作者告知他的庇护人，"按照您的吩咐，我担负起讲述这个王国的历史以及我们民族起源的重任"。他在表述中使用了"我们"一词。这意味着，亚历山大可能也自称英格兰人。[11] 12 世纪初，撰写《赫里沃德传》的伊利僧侣也是这样做的，而他的目的在于维护被征服民族的荣耀。在他的笔下，赫里沃德不仅英勇，而且很有骑士风度，是值得诺曼人尊敬的敌人。《赫里沃德传》一书的潜台词就是，英格兰人和诺曼底人可以在平等的基础上和平共处。事实上，在这一版本的故事中，赫里沃德最终同征服者和解了。[12]

在撰写他们的历史的时候，这些编年史家所用的都是拉丁文。据此，我们也许会认为，这些编年史家的影响非常有限，仅限于修道院和教堂之内。但事实并不一定是这样。马姆斯伯里的威廉向很多世俗领袖都赠送了他的历史作品，包括亨利一世的孩子们和苏格兰国王。在大约10年后，若弗鲁瓦·盖马尔的《英格兰人的历史》（*Estoire des Engleis*）证明，世俗人士渴望了解这些知识。正如其标题所示，若弗鲁瓦的历史著作是用法语写成的。这是一个值得注意的事实，因为在若弗鲁瓦之前，法兰西人几乎没有写出过类似的使用法语方言的作品。另外一个值得注意的事实是，他根本没有用居高临下的态度来对待英格兰人。若弗鲁瓦盛赞英格兰早期诸王的功绩，其中还包括克努特和他的儿子们的事迹。在他的笔下，赫里沃德甚至成了为了自由而反抗诺曼压迫的战士。然而，委托他写作此书的是拉乌尔·菲茨·吉尔伯特的夫人康斯坦丝（Constance）。这位夫人正是不折不扣的诺曼人的后裔。[13]

除去盖马尔的著作以外，大概没有其他历史作品能够更好地说明，自从进入12世纪中期以来，早期诺曼移民的后辈是如何在英格兰的土地上落地生根的。殖民地社会的顶层（国王和上层贵族）保留着他们与祖国的联系，同时关注着海峡两边的状况。但是，《末日审判书》显示，在英格兰的约8000名诺曼人之中，绝大部分人没有类似的利益牵绊。而且，在一生中的大部分时间里，他们很可能都居住在英格兰。在经过了2代或者3代人之后，在这些人当中，仍然有一部分人不把自己当作英格兰人。（在12世纪50年代的文献中，他们还在自称"我们法兰西人"和"我们诺曼人"。）但无论如何，英格兰是他们的家，所以他们自然会对它的历史、地理和文化感到好奇。即使他们对此并不好奇，他们仍要和自己的英格兰佃户和邻人共处和合作。《末日审判书》特别强调了国王的总佃户。而在描写总佃户的佃户们的时候，编纂者所花费的力气则并没有那么多。根据其中的记录，我们可能会得出结论，即诺曼征服已经在事实上清除了英格兰人。但是，其他证据提醒我们，尽管其生存的境况很艰难，还是有很多当地人幸存了下来。例如，末日审判陪审员的名单显示，有许多英格兰本地人在当地有一定的社会地位。但在《末日审判书》中，他们的存在却没有体现出来。为了在这个以英格兰人为主体的社会中发迹，这几千个诺曼移民一定已经学会了说英语。（如果只是作为第二语言的话，他们还是能接受的。）事实上，一些语言学家甚至认为，我们今天所讲的英语不过是在诺曼征服的社会环境中被创造出来的一种混合语。[14]

这两大族群之间也存在通婚现象。历史学家们倾向于否定奥德里克的说法，即这种婚配模式在 1066 年之后不久已经非常普遍了。但是，奥德里克本人就是这两个民族通婚的结晶。而且，早在 1074 年，他母亲就已经怀上了他。因此，我们也许可以暂且相信他的话。马姆斯伯里的威廉和亨廷登的亨利都是盎格鲁人和诺曼人结合所生的后代。马姆斯伯里则提出，就总体而言，诺曼人非常乐意和这些比他们地位低的人结婚。他们这么做也许是为了爱情。《末日审判书》提到了一个定居在诺福克皮肯汉姆（Pickenham）的布列塔尼移民。他"爱上了那片土地上的一个女人，并最终娶了对方"。然而，可以看到，紧接着的一句话就是"后来，他持有了那片土地"。既然如此，我们便可以推断，正如在其他例子中一样，爱情并不是这个诺曼定居者唯一的动机。为了加强他们持有这片土地的合法性，新来的诺曼领主们通常也会在他们所取代的家族当中寻找配偶。这样一来，新娘的男性亲属们也能够获得一定程度的补偿。最引人注目的是，1100 年，就在亨利一世继位的 3 个月后，他迎娶了伊迪丝，即埃德加王子的姐姐玛格丽特的女儿。因此，从 12 世纪初起，英格兰就有了来自自己民族的王后。就像《盎格鲁-撒克逊编年史》所直言的那样，英格兰人有了一个"真正的英格兰王族的王后"。[15]

如果说，婚姻表明了人的心之所向，那么，通过埋葬的地点，我们同样可以看出他们的情感倾向。第一代征服者们在诺曼底出生并长大。他们大多更愿意把新积累的财富投给家乡的修道院，并将那里当成自己最后的居所。（也有特例：蒙哥马利的罗歇被埋葬在由他建立的什鲁斯伯里修道院。）但是，在几代人之后，这一天平发生了决定性的倾斜。许多诺曼移民在英格兰捐建修道院，自然会选择在那里长眠。征服者家族成员对埋葬地的选择很好地体现了这一转变。威廉自己葬在卡昂，而他的儿子们则葬在了英格兰。鲁弗斯葬在了温切斯特，离他死去的那片森林不远。对此，我们或许会认为，他是偶然被埋葬在这里的，而并不是出于他自己的选择。因为他并未修建过属于自己的教堂，所以我们无法揣摩他有关身后事的想法。但亨利一世则不同。即便他死于诺曼底，最后却还是葬于英格兰。在他死后，他的遗体被运到了海峡的另一边，而他本人则得以长眠于他在雷丁（Reading）所修建的修道院中。[16]

从他生在英格兰、娶了英格兰公主并葬在英格兰的情况来看，征服者的小儿子的确像是一个亲英派。身为诺曼贵族，他和伊迪丝为女儿取了玛蒂尔达这个教名。在私下里，他们却称她为埃塞莉克（Æthelic）。按照盎格鲁-撒克逊的传统，他们的儿子威廉被授予了"王子"的称号。到了他在位的后期，亨利任命了一个名叫埃塞尔伍尔夫（Æthelwulf）的人出任新设的卡莱尔（Carlisle）教区的主教。与此同时，伊迪丝也鼓励马姆斯伯里的威廉去撰写他的《英格兰诸王史》（*History of the English Kings*）。在马姆斯伯里的威廉看来，亨利宫廷里的诺曼人并不能很好地接受他们对英格兰文化的热情。这些人公开嘲笑国王和王后，称他们为"戈德里克（Godric）和戈达吉富"*。但是，这一热情势必能够让亨利和他的大部分臣民打成一片，而这大概也正是国王的意图。人们自然会感到好奇，等他的儿子——这位带有一半英格兰血统的威廉王子——继位之后，英格兰将会发生什么。[17]

但是，人们的这一期待落空了。这是因为，1120 年，威廉溺水身亡了。在盎格鲁-诺曼宫廷其他官员的陪同下，威廉乘船渡过英吉利海峡。而就在这时，他们所乘坐的船只沉没了。和平交接王权的希望也同这只船一起沉入了大海。两年前，伊迪丝王后去世了。尽管亨利在 1121 年再一次结婚了，但是，这一次婚姻没能带给他能够继承王位的儿子。绝望之下，日渐老去的国王想将王位传给女儿玛蒂尔达。但是，这一实验性的做法是危险的，并且带来了灾难性的后果。1135 年，在亨利去世之后，玛蒂尔达受到了她的表兄——布卢瓦的斯蒂芬（Stephen of Blois）的挑战。一段时间之后，斯蒂芬加冕称王。但是，在他统治期间，他始终在同其政治对手以及玛蒂尔达的忠诚追随者们进行斗争。在这 20 年里的大部分时间当中，内战席卷了英格兰，并造成了分裂。《盎

---

* 均为英格兰人的名字。

格鲁-撒克逊编年史》写道，在这一时期，"人们公开称，基督和他的圣徒们睡着了"。在很多地方，我们都能够看到战争、荒地、瘟疫与饥荒。人们在各个地方建造城堡，到处都是对人的压迫与折磨。亨利一世统治时期的长期和平已经过去。随着复仇，征服这一词汇又回来了。[18]

　　因此，英格兰人一直没有考虑民族身份的问题。直到1154年斯蒂芬去世，玛蒂尔达的儿子亨利按照协议继位为亨利二世（Henry Ⅱ）之后，他们才开始重新考虑这个问题。但是，当他们这么做时，至少他们当中的一部分人觉得，这是一个具有决定性意义的举动。1161年，虔信者爱德华被罗马教廷追封为圣徒。此时，距离虔信者去世已经大约有一个世纪了。两年以后，主导了封圣过程的威斯敏斯特的僧侣庆祝了他们的胜利。他们不但把国王的遗体移到了另一个坟墓里，而且还委托他人重新为虔信者作传。里沃的埃尔雷德（Ailred of Rievaulx）精心重修了一部虔信者的传记。这部传记是以12世纪30年代的一部传记作为底本的，而这部被当作底本的传记又是以诺曼征服时期原有的《爱德华王传》为基础的。虽然埃尔雷德大量地增删和修改了书中的内容，但他的故事大体上还是符合原著精神的。然而，当他谈到爱德华的梦境及绿树预言时，他推翻了早先作者们的悲观主义解释。相反，他提供了自己的解读，认为这一预言最终实现了。[19]

　　按照埃尔雷德的说法，这段曾经的神圣谜题变成了历史的隐喻。他解释道，大树被从根部砍断，代表了王国与王族的分离。树干被移动到距离树桩三浪远的地方则表明，无论是哈罗德还是两个威廉，他们的统治与虔信者的统治之间都没有直接的联系。但当亨利一世选择伊迪丝作为王后时，埃尔雷德继续写道，树根和树干便重新连接起来了。大树萌发的新叶指的是他们的女儿玛蒂尔达，最终结出的果实指的则是玛蒂尔达之子亨利二世。埃尔雷德称呼他为"我们的亨利"。他表示，亨利二世"是连接两个民族的纽带。毫无疑问，现在的英格兰有了一个英格兰本族的国王"。[20]

这种说法部分是作者的一厢情愿，部分是其作为鼓吹者的胡说八道。亨利可能是玛蒂尔达的儿子，但玛蒂尔达本人只有 1/8 的英格兰血统。而且，她的第二任丈夫（即亨利的父亲）是安茹伯爵金雀花若弗鲁瓦。这位"英格兰本族的国王"生于勒芒，并在欧洲大陆长大成人。在他即位的两年前，他已经娶了阿基坦的埃莉诺（Eleanor of Aquitaine）。她所继承的疆土使得她的丈夫一夜之间成了法兰西西南部大片土地的统治者。加上他自己世袭的领地，亨利所统治的范围从苏格兰边境一直延伸到比利牛斯山脉（Pyrenees）。因此，不可避免的是，比起与他同名的外祖父，新国王必然要花更多时间留在欧洲大陆这一边。而当他入土为安时，他也被葬在了丰特莱修道院（abbey of Fontevraud）。[21] 这座修道院位于安茹，即他父亲的领地。

然而，尽管他本人多有资质不符之处，但毫无疑问的是，就弥合诺曼征服所造成的裂痕而言，亨利二世在位的时期是一个分水岭。正是在这一时期，人们根据诺曼人占据土地的情况修订了英格兰古老的律法，并最终将其编成了成文法。这样一来，"普通法"（Common Law）就诞生了。[22] 与此同时，国王的法律改革加强了旧有的英格兰郡法庭的权力，削弱了第一代征服者所建立的私人贵族法庭的权力。到了 12 世纪 70 年代，无论其血统如何，英语已经明确成为各个阶级的通用语言。我们可以看到，有一些祖籍法兰西的主教和骑士明显会说两种语言（在杀害托马斯·贝克特［Thomas Becket］大主教的凶手当中，有一个就是会说两种语言的骑士）。此时，距离1066年已经过去了1个世纪，通婚早已模糊了民族身份的界限。"现在，"12世纪70年代末，国库长（treasurer）理查·菲茨·奈杰尔写道，"经过融合，种族的界限已经如此模糊，人们已经无法分辨出谁是英格兰人，谁是诺曼人了。"23

只有在社会阶级图谱的两端，种族之间的区别才依旧明显。就如菲茨·奈杰尔所观察到的那样，如果一个人碰巧是一个非自由农，人们很容易就能认出此人是英格兰人；在这一阶层中，异族通婚显然较少。也许是由于英格兰人的身份同卑贱有关，在社会分层的另一端，人们也显得犹豫不决，无法全心全意地对英格兰表示认同。1194年，当着部分士兵的面，亨利二世之子（也是其继承者）狮心王理查（Richard the Lionheart）评论说："你们英格兰人太怯懦。"这句话的意思是，他本人既不怯懦，也不是一个英格兰人。12世纪末，很多上层贵族仍在诺曼底持有土地。而且，当国王长期居于国外时，他们也会陪在他的左右。狮心王理查在圣地留下了著名的事迹。除此之外，在他执政期间，理查几乎都留在欧洲大陆，以保卫他从父母手里继承的广阔疆土。24

1199年，狮心王被一支弩箭射中，突然死亡。这件事影响重大。正是因为这一事件，他的弟弟——以无能著称的约翰王（King John）继位了。在他执政期间，约翰失去了帝国大部分的大陆疆土，其中甚至包括诺曼底公国。在1204年以后，无论多么以自己的血统为傲，没有哪个在英格兰的贵族还能声称，自己和诺曼底还有联系。在某一方面，约翰承认了这一新的现实。在他的书信和令状中，他放弃了"英格兰人和法兰克人"的惯用词句。这样一来，他就在无形之中承认了这样的一个事实，即所有的国民现在都应当被视作英格兰人。但是，在他剩余的统治期内，约翰一直在为收复失地而苦苦斗争。为此，他要求自己的臣民前往海外服军役，并对他们征收很高的税费，比所有前任国王所征的税都要来得高。这样做的结果是，在英格兰，他成功地创造了一种民族认同感。自从诺曼征服以来，人们就没有见过这种民族认同感。与此同时，为了抵制王权，社会各阶层联合了起来。他们抵抗王权的结果就是《大宪章》(Magna Carta)，即约翰于1215年所颁布的权利宪章。这一文件被描述为"有关王国团结的经典声明"。[25]

如果按照埃尔雷德关于绿树预言的解释，把英格兰看作树桩，把王室家族视为树干，那么，我们可以看到，要将这两个部分完好地接在一起，还需要花费两代人的时间。13世纪30年代中叶，约翰王之子亨利三世成了虔信者爱德华的狂热信徒。在接下来的几十年里，他在自己的各大宫殿里挂上了这位已经封圣的国王的画像，并委托他人为之著书立传。他也将每年两次的王廷会议安排在了虔信者纪念节的前后。亨利三世最重要的成就就是重建了威斯敏斯特大教堂。他用一座哥特式的宏伟建筑代替了虔信者的罗马式教堂。时至今日，我们还能看到他的这座建筑。1239年，在为其长子取教名时，亨利拒绝使用他的诺曼先人的名字，并称呼他的儿子为爱德华。随着爱德华一世长大成人，他将会成为自诺曼征服以来第一位使用英文名字的国王。他说英语，并领导着一个团结统一的英格兰民族。[26]

如果不考虑埃尔雷德的说法，仅把绿树看作是受到诺曼征服战争创伤的英格兰，那么，我们会看到，它的复原应该来得更早。就算12世纪70年代的英格兰还没有恢复它本来的样子，到了《大宪章》颁布的时期，它就势必已经复原了。据我们所知，《大宪章》不是用英语写成的。（要等到在官方文件当中使用英文，还需要经过整整一代人的努力。）但到了 1215 年，作为文学语言，英语的地位已经逐渐开始恢复了。[27]

　　但是，此时的英语与诺曼征服前的英语已经大不相同了。此时的英格兰也并不是那个时候的英格兰了。绿树并没有恢复到它从前的样子。事实上，人们几乎已经认不出这棵树了，因为一根新的树干被移植到了旧有的树桩上。随着诺曼人的到来，英格兰的贵族阶级、观念和建筑都被彻底地改变了。树身在某些方面也被波及，被扭曲成了新的形状。也就是说，王国的律法、语言、习俗和制度都被改变了。很明显，一切都与从前大不相同。但即使如此，任何看到这些制度的人都能一眼看出，这些制度源自英格兰。在英格兰，各处都布满了城堡，但它仍旧是郡、百户区、海德和堡镇的国度。树枝是新萌发的，而树根则维持了其古老的形态。在嫁接了新的枝条之后，这棵大树历经创伤，并存活了下来。出乎所有人的预料，它再次焕发出勃勃的生机。

缩略语

（除非另外说明，出版地皆为伦敦；按首字母排序）

ANS	*Anglo-Norman Studies*
ASC	*Anglo-Saxon Chronicle* (cited by year)
Barlow, *Confessor*	F. Barlow, *Edward the Confessor* (new edn,1997).
Bates, *Conqueror*	D. Bates, *William the Conqueror* (1989).
Carmen	*The Carmen de Hastingae Proelio of Guy, Bishop of Amiens*, ed. F. Barlow (Oxford,1999).
Councils and Synods	*Councils and Synods with Other Documents Relating to the English Church, I, 871–1204*, ed. D. Whitelock, M. Brett and C. N. L. Brooke (2 vols.,Oxford,1981).
Douglas, *Conqueror*	D. C. Douglas, *William the Conqueror: The Norman Impact Upon England* (1964).
DNB	www.oxforddnb.com (cited by name). 印刷文本见 *The Oxford Dictionary of National Biography*, ed. H. C. G. Matthew and B. Harrison (60 vols., Oxford, 2004)。
Eadmer	Eadmer's *History of Recent Events in England*, ed. G. Bosanquet (1964).
EER	*Encomium Emmae Reginae*, ed. A. Campbell and S. Keynes (Cambridge, 1998).
EHD	*English Historical Documents*
EHR	*English Historical Review*
Fernie, *Architecture*	E. Fernie, *The Architecture of Norman England* (Oxford, 2000).

Freeman, *Norman Conquest*	E. A. Freeman, *The History of the Norman Conquest of England* (6 vols., Oxford, 1867–79).
Gaimar, *Estoire*	Geffrei Gaimar, *Estoire des Engleis*, ed. and trans. I. Short (Oxford, 2009).
Garnett, *Short Introduction*	G. Garnett, *The Norman Conquest: A Very Short Introduction* (Oxford, 2009).
GND	*The Gesta Normannorum Ducum of William of Jumièges, Orderic Vitalis and Robert of Torigni*, ed. E. M. C. van Houts (2 vols., Oxford, 1992–5).
HH	Henry of Huntingdon, T*he History of the English People 1000–1154*, ed. and trans. D. Greenway (Oxford, 2002).
JW	*The Chronicle of John of Worcester*, ed. R. R. Darlington and P. McGurk, trans. J. Bray and P. McGurk (3 vols., Oxford, 1995, 1998, forthcoming).
Letters of Lanfranc	*The Letters of Lanfranc, Archbishop of Canterbury,* ed. and trans. V. H. Clover and M. T. Gibson (Oxford, 1979).
OV	*The Ecclesiastical History of Orderic Vitalis*, ed. M. Chibnall (6 vols.,Oxford,1968–80).
RRAN	*Regesta Regum Anglo-Normannorum: The Acta of William I* (1066–1087), ed. D. Bates (Oxford,1998).
SD, *History*	Simeon of Durham, *History of the Kings of England*, trans. J. Stevenson (facsimile reprint, Lampeter, 1987).
SD, *Libellus*	Simeon of Durham, *Libellus de Exordio atque Procursu istius, hoc est Dunhelmensis,* ed. D. Rollason (Oxford, 2000).
Snorri	Snorri Sturluson, *King Harald's Saga,* ed. M. Magnusson and H. Pálsson (1966).
Sources and Documents	*The Norman Conquest of England: Sources and Documents,* ed. R. A. Brown (Woodbridge, 1984).
TRHS	*Transactions of the Royal Historical Society*
VER	*The Life of King Edward who Rests at Westminster,* ed. F. Barlow (2nd edn, Oxford, 1992).
Wace	*The History of the Norman People: Wace's Roman de Rou,* trans. G. S. Burgess (Woodbridge, 2004).

WM, *Gesta Pontificum*	William of Malmesbury, *Gesta Pontificum Anglorum*, I, ed. and trans. M. Winterbottom (Oxford, 2007).
WM, *Gesta Regum*	William of Malmesbury, *Gesta Regum Anglorum*, I, ed. and trans. R. A. B. Mynors, R. M. Thomson and M. Winterbottom (Oxford, 1998).
WM, *Saints' Lives*	William of Malmesbury, *Saints' Lives,* ed. M. Winterbottom and R. M. Thomson (Oxford, 2002).
WP	*The Gesta Guillelmi of William of Poitiers*, ed. R. H. C. Davis and M. Chibnall (Oxford, 1998).

注　释

导　言

1　尽管其数量众多，也没有文章和图书能够这样流行。关于这一点，经典研究可见 S. A. Brown, *The Bayeux Tapestry: History and Bibliography* (Woodbridge, 1988)。关于更为晚近的研究，可参见 *The Bayeux Tapestry: Embroidering the Facts of History,* ed. P. Bouet, B. Levy and F. Neveux (Caen, 2004); *King Harold II and the Bayeux Tapestry*, ed. G. R. Owen-Crocker (Woodbridge, 2005); *The Bayeux Tapestry: New Interpretations*, ed. M. K. Foys, K. E. Overbey and D. Terkla (Woodbridge, 2009); *The Bayeux Tapestry: New Approaches*, ed. M. J. Lewis, G. R. Owen-Crocker and D. Terkla (Oxford, 2011)。

2　D. J. Bernstein, *The Mystery of the Bayeux Tapestry* (London, 1986), 71–2.

3　参与 1999 年卡昂会议的人都一致认为，正是奥多托人制作了挂毯。*Bayeux Tapestry*, ed. Bouet et al., 406. 有关和坎特伯雷方面的联系，可参见 C. Hart, 'The Bayeux Tapestry and Schools of Illumination at Canterbury', *ANS*, 22 (2000), 117–67 and idem, 'The Cicero-Aratea and the Bayeux Tapestry', *King Harold II*, ed. Owen-Crocker, 161–78。如果挂毯是奥多托人制作的，那么它的制作时间应当早于 1082 年，即奥多被囚禁的日期。但是，也有人提出，挂毯的制作时间可能比这个时间更晚。

4　C. Hicks, *The Bayeux Tapestry: The Life Story of a Masterpiece* (London, 2006).

5　M. J. Lewis, *The Real World of the Bayeux Tapestry* (Stroud, 2008); L. Ashe, *Fiction and History in England* (Cambridge, 2007), 35–45.

6　M. Morris, *A Great and Terrible King: Edward I and the Forging of Britain* (2008); *Itinerary of Edward I*, ed. E. W Safford (3 vols., List and Index Society, 103, 132, 135, 1974–7); *RRAN*, 76–8.

7　《盎格鲁–撒克逊编年史》有好几个版本的现代翻译。我所使用的是 *The Anglo-Saxon Chronicle*, ed. G. N. Garmonsway (new edn, London, 1972) 以及 Whitelock 的翻译。*EHD*, ii, 107–203. 我引用的都是年份，而不是页数。

8 M. Chibnall, *The Debate on the Norman Conquest* (Manchester, 1999), 59.

9 WP, 26–7; *The Life and Letters of Edward A. Freeman*, ed. W. R. W. Stephens (2 vols., London, 1895), ii, 216. 关于 Freeman 的性格，可参见 *DNB* 中的相关词条。

10 D. Bates, '1066: Does the Date Still Matter?', *Historical Research,* 78 (2005), 446–7.

11 P. Stafford, 'Women and the Norman Conquest', *TRHS*, 6th ser., 4 (1994), 221–49.

12 Bates, '1066: Does the Date Still Matter?', 447–51; R. Barber, 'The Norman Conquest and the Media', *ANS*, 26 (2004), 1–20; J. Gillingham, '"Slaves of the Normans?": Gerald de Barri and Regnal Solidarity in Early Thirteenth-Century England', *Law, Laity and Solidarities: Essays in Honour of Susan Reynolds*, ed. P. Stafford, J. L. Nelson and J. Martindale (Manchester, 2001), 160–70. 关于更具概括性的描述，可参见 Chibnall, *Debate,* passim。

13 例如 R. A. Brown, *The Normans and the Norman Conquest* (2nd edn, Woodbridge, 1985), 5.

14 'Change of a magnitude and at a speed unparalleled in English history': Garnett, *Short Introduction*, 5. 更为宏观的讨论可参见 Bates, '1066: Does the Date Still Matter?', passim。

15 关于这一话题，首先要参考 John Gillingham 的著作。他的大部分观点在 *The English in the Twelfth Century* (Woodbridge, 2000) 中都可以找到。

16 R. R. Davies, *The First English Empire: Power and Identities in the British Isles, 1093–1343* (Oxford, 2000)。

1 未来的国王

1 E. Bozoky, 'The Sanctity and Canonisation of Edward the Confessor', *Edward the Confessor: The Man and the Legend*, ed. R. Mortimer (Woodbridge, 2009), 173–86.

2 参见 *The Anglo-Saxons,* ed. J. Campbell (1982)。

3 概括性的叙述可参见 M. Arnold, *The Vikings: Culture and Conquest* (2006)。

4 S. Foot, 'The Making of *Angelcynn:* English Identity before the Norman Conquest', *TRHS*, 6th ser., 6 (1996), 25–49; P. Wormald, *'Engla lond:* The Making of an Allegiance', *Journal of Historical Sociology*, 7 (1994), 1–24.

5 参见 *The Battle of Maldon AD 991*, ed. D. Scragg (Oxford, 1991)。

6 本章有关 Æthelred 的所有内容都可以从他的 *DNB* 条目中找到。更多细节可参见 R. Lavelle, *Aethelred II: King of the English, 978–1016* (Stroud, 2008). A. Williams,

Æthelred the Unready: The Ill-Counselled King (2003)。

7　有关诺曼底的早期历史，可参见 D. Bates, *Normandy before 1066* (Harlow, 1982)。

8　关于诺曼人在多大程度上保留了他们的北方人特质，可参见 Bates, *Normandy.* E. Searle, *Predatory Kinship and the Creation of Norman Power, 840–1066* (Berkeley, 1988).

9　*ASC* E, 1014.

10　*EHD*, i, 247, 335–6; below, 23.

11　Barlow, *Confessor*, 35n.

12　S. Keynes, 'The Æthelings in Normandy', *ANS*, 13 (1991), 176–81; *ASC* E, 1016, 1017.

13　*ASC* E, 1017; *GND*, ii, 20–1; *EER*, [xxii–xxiv], 32–5. 同样可参见 E. van Houts, 'A Note on *Jezebel* and *Semiramis,* Two Latin Poems from the Early Eleventh Century', idem, *History and Family Traditions in England and the Continent, 1000–1200* (Aldershot, 1999), III, 18–24。

14　E. van Houts, 'Edward and Normandy', *Edward the Confessor*, ed. Mortimer, 64.

15　M. K. Lawson, *Cnut: The Danes in England in the Early Eleventh Century* (1993), 86–8; cf. Keynes, Æthelings', 181–4.

16　理查二世是在 1026 年 8 月 23 日去世的。理查三世则死于 1027 年 8 月 5—6 日。参见 D. Douglas, 'Some Problems of Early Norman Chronology', *EHR*, 65 (1950), 296–303; D. Crouch, *The Normans* (2002), 46–8。

17　*GND*, ii, 76–8; E. van Houts, 'The Political Relations between Normandy and England before 1066 according to the *Gesta Normannorum Ducum*', idem, *History and Family Traditions, V*, 85–97.

18　*Sources and Documents*, 8; *GND*, i, xxxii–xxxv; ii, 76–9; Keynes, Æthelings', 186–94.

19　*Sources and Documents*, 8; *GND*, ii, 78–9.

20　Ibid.; R. Mortimer, 'Edward the Confessor: The Man and the Legend', *Edward the Confessor*, ed. Mortimer, 4–5.

21　*GND*, ii, 79–85. 罗贝尔在君士坦丁堡见到拜占庭皇帝的故事见于 *GND* 的一个晚期修订本。这一故事已经被证伪了。参见 E. van Houts, 'Normandy and Byzantium in the Eleventh Century', idem, *History and Family Traditions*, I, 544–59。

2　丹麦人袭来

1　*EHD*, i, 335; *GND*, ii, 78–9; *DNB* Cnut.

2　M. Hare, 'Cnut and Lotharingia: Two Notes', *Anglo-Saxon England,* 29 (2000), 261–8; HH, 17–18.

3　*DNB* Cnut; *The Letters and Poems of Fulbert of Chartres*, ed. F. Behrends (Oxford, 1976), 67–9.

4　N. Hooper, 'The Housecarls in England in the Eleventh Century', *ANS*, 7 (1985), 161–76. 相关总结可参见 M. K. Lawson, *The Battle of Hastings 1066* (Stroud, 2002), 158–9; *ASC* E, 1012; below, 32, 75–6.

5　有学者认为，1086 年的人口总量达到了 1900 万。J. S. Moore, '"Quot Homines?": The Population of Domesday England', *ANS*, 19 (1997), 307–34.

6　例如 F. M. Stenton, *Anglo-Saxon England* (3rd edn, Oxford, 1971) 以及 *The Anglo-Saxons*, ed. J. Campbell (1982) 当中的简短描述。一个著名的例外可见 J. M. Kemble, *The Saxons in England* (1849), i, 185–227. 关于总体情况，可参见 D. A. E. Pelteret, *Slavery in Early Mediæval England* (Woodbridge, 1995); idem, 'Slave Raiding and Slave Trading in Early England', *Anglo-Saxon England,* 9 (1981), 99–114; J. S. Moore, 'Domesday Slavery', *ANS*, 11 (1989), 191–220; D. Wyatt, 'The Significance of Slavery: Alternative Approaches to Anglo-Saxon Slavery', *ANS*, 23 (2001), 327–47。

7　Pelteret, *Slavery*, 70.

8　Ibid., 65.

9　H. G. Richardson and G. O. Sayles, *Law and Legislation from Æthelberht to Magna Carta* (Edinburgh, 1966), 10, 16, 20–1.

10　*EHD*, i, 931. 参见 WM, *Gesta Regum*, 362–3, and WM, *Saints' Lives*, 100–3。

11　*EHD*, i, 468–9; A. Williams, *The English and the Norman Conquest* (Woodbridge, 1995), 73; P. A. Clarke, *The English Nobility under Edward the Confessor* (Oxford, 1994), 32–3.

12　*EHD*, i, 930, 932.

13　K. Mack, 'Changing Thegns: Cnut's Conquest and the English Aristocracy', *Albion*, 4 (1984), 375–87.

14　有关如尼文，可参见 *Anglo-Saxons*, ed. Campbell, 198。

15　S. Baxter, *The Earls of Mercia: Lordship and Power in Late Anglo-Saxon England* (Oxford, 2007), 26–8. 更为细致的分析可参见 S. Keynes, 'Cnut's Earls', *The Reign of Cnut: King of England, Denmark and Norway*, ed. A. R. Rumble (1994),

43–88。

16　*DNB* Godwine; *ASC* E, 1009; *VER*, 8–11.

17　L. M. Larson, 'The Political Policies of Cnut as King of England', *American Historical Review*, 15 (1910), 735; *DNB* Thorkell; *DNB* Erik; Baxter, *Earls of Mercia*, 33–4.

18　Ibid., 33–5.

19　*DNB* Siward; R. Fleming, *Kings and Lords in Conquest England* (Cambridge, 1991), 48–52.

20　Lawson, *Cnut*, 113–14.

21　*ASC* E, 1035. 关于诺曼征服之前英格兰要人们的会议，可参见 J. R. Maddicott, *The Origins of the English Parliament, 924–1327* (Oxford, 2010), 1–56。（关于这次会议，可参见该书的第 39 页。）

22　*ASC* E, 1035.

23　*EER*, 32–5, 38–41; *ASC* C, D and E, 1035.

24　*EER*, [xxxii–xxxiii].

25　*GND*, ii, 104–7.

26　*EER*, [xxxiii–xxxiv], 40–3.

27　Ibid.; *ASC* C and D, 1036; *GND*, ii, 106–7; WP, 7. 在阿尔弗雷德渡海的时候，"为了应对武装反抗，他比他的哥哥准备得更加充分。他也在寻求他父亲的权杖"。JW, ii, 522–5.

28　*ASC* E, 1035; *EER*, [xxx].

29　Ibid., 42–7; *ASC* C and D, 1036; *DNB* Alfred Ætheling. 参见 Barlow, *Confessor*, 45–6。

30　参见 *ASC* C and D, 1036; *GND*, ii, 106–7; *EER*, [lxv], lxv, 42–5。

31　*ASC* C, 1037.

32　*EER*, [xxxv–xxxvii]; 36–7, 46–9.

33　Ibid., [xxxvii], 48–51.

34　*ASC* E, 1040, 哈罗德统治了 4 年 16 个星期。也就是说，他的统治开始于 1035 年 11 月下旬。简而言之，他是第一个被葬在威斯敏斯特教堂的国王。*DNB* Harold I.

35　*ASC* C, 1040.

36　Ibid.; JW, ii, 530–1.

37　待发表的 JW volume 1，参见 A. Gransden, *Historical Writing in England, c.550 to c.1307* (1974), 43–8。

38 JW, ii, 530–3. 他认为，戈德温给了哈撒克努特一艘船。事实上，伯爵在两年后曾赠给虔信者爱德华一艘船。在这里，他显然是混淆了哈撒克努特和虔信者。S. Keynes and R. Love, 'Earl Godwine's Ship', *Anglo-Saxon England*, 38 (2009), 202–3.

39 *ASC* C and E, 1040. 关于这些数据的讨论，可参见 M. K. Lawson, 'The Collection of Danegeld and Heregeld in the Reigns of Æthelred II and Cnut', *EHR*, 99 (1984), 721–38; J. Gillingham, '"The Most Precious Jewel in the English Crown": Levels of Danegeld and Heregeld in the Early Eleventh Century', *EHR*, 104 (1989), 373–84; Lawson, '"Those Stories Look True": Levels of Taxation in the Reigns of Æthelred and Cnut', *EHR*, 104 (1989), 385–406; Gillingham, 'Chronicles and Coins as Evidence for Levels of Tribute and Taxation in Later Tenth- and Early Eleventh-Century England', *EHR*, 105 (1990), 939–50; Lawson, 'Danegeld and Heregeld Once More', *EHR*, 105 (1990), 951–61。

40 *ASC* E, 1040; P. Stafford, *Unification and Conquest* (1989), 81; JW, ii, 532–3.

41 *ASC* C, 1040, 1041.

42 *EER*, 52–3; *ASC* C, 1041.

43 J. R. Maddicott, 'Edward the Confessor's Return to England in 1041', *EHR*, 119 (2004), 650–66.

44 WP, 6–7; JW, ii, 532–5; *ASC* C and E, 1040; Keynes and Love, 'Earl Godwine's Ship', 195–6.

3 私生子

1 根据一个当代的编年史家拉乌尔·格拉贝的说法，罗贝尔一度娶了克努特大王的一个女儿，但是他后来离开了她，因为他发现她实在是太令人厌恶了。有关这一评价当中的问题，可参见 Douglas, 'Some Problems', 292–5。

2 WM, *Gesta Regum*, 426–7; E. M. C. van Houts, 'The Origins of Herleva, Mother of William the Conqueror', *EHR*, 101 (1986), 399–404.

3 Freeman, *Norman Conquest*, ii, 581–3.

4 *Rodulfus Glaber, Historiarum Libri Quinque*, ed. J. France, N. Bulst and P. Reynolds (2nd edn, Oxford, 1993), 204–5; *GND*, i, 58–9, 78–9. 同样，可参见 D. Bates, 'The Conqueror's Earliest Historians and the Writing of his Biography', *Writing Medieval Biography 750–1250: Essays in Honour of Professor Frank Barlow*, ed. D. Bates, J. Crick and S. Hamilton (Woodbridge, 2006), 134.

5 Douglas, *Conqueror*, 15, 36; *GND*, ii, 80–1.

6　*Rodulfus Glaber*, ed. France et al., 204–5.

7　E. Hallam and J. Everard, *Capetian France, 987–1328* (2001), 7; T. Holland, *Millennium* (2008), 146n.

8　T. Reuter, 'Plunder and Tribute in the Carolingian Empire', *TRHS,* 5th ser., 35 (1985), 75–94; J. Dunbabin, *France in the Making, 843–1180* (2nd edn, Oxford, 2000), 1–16, 27.

9　Ibid., 27–43.

10　R. A. Brown, *English Castles* (2nd edn, 1976), 14–39; Fernie, *Architecture*, 3–14.

11　Dunbabin, *France in the Making*, 43, 52–4; R. Bartlett, *The Making of Europe: Conquest, Colonization and Cultural Change, 950–1350* (1993), 43–51.

12　Dunbabin, *France in the Making*, 143–50.

13　Ibid., 232–7; D. Crouch, *The Birth of Nobility: Constructing Aristocracy in England and France 900–1300* (Harlow, 2005), 261–4. 参见 T. N. Bisson, D. Barthélemy, S. D. White, C. Wickham 和 T. Reuter 有关"封建革命"的讨论。*Past and Present*, 142 (1994), 6–42; 152 (1996), 196–223; 155 (1997), 177–225.

14　Bates, *Normandy,* passim. 相反的观点可参见 Searle, *Predatory Kinship*。也可以参见 Bates 有关 Searle 观点的评论。*Speculum*, 65 (1990), 1045–7.

15　Bates, *Normandy*, 99, 156–7; D. C. Douglas, 'The Earliest Norman Counts', *EHR*, 61 (1946), 129–56.

16　Fernie, *Architecture*, 11–12, 50; OV, iv, 290–1.

17　Bates, *Normandy*, 65–8, 116–17, 165; R. H. C. Davis, 'The Warhorses of the Normans', *ANS*, 10 (1988), 67–82.

18　H. E. J. Cowdrey, 'The Peace and Truce of God in the Eleventh Century', *Past and Present*, 46 (1970), 42–67.

19　Bates, *Normandy*, 66–7, 174, 195.

20　Douglas, *Conqueror*, 32–9; C. Potts, *Monastic Revival and Regional Identity in Early Normandy* (Woodbridge, 1997), 121, 128, 131.

21　*GND*, ii, 92–3, 110–11.

22　Douglas, *Conqueror*, 37, 40; *GND*, ii, 92–5; OV, iv, 82–3.

23　D. Bates, 'The Conqueror's Adolescence', *ANS*, 25 (2003), 7–8; *GND*, ii, 92–5, 98–9.

24　Bates, 'Conqueror's Adolescence' 3–4; WM, *Gesta Regum*, 426–7. 在这之后，人们就蒂利埃向亨利投降一事相互指责（参见 *GND*, ii, 100–1）。这可能足以解释，为什么当时的编年史家在描述威廉受封骑士的典礼的时候，没有提到国王在这一仪式中所扮演的角色。

25　OV, ii, 184–5, 258–61.

26　WP, 6–9.

27　Ibid., 8–9; Douglas, *Conqueror*, 44; Bates, *Normandy*, 176, 198.

28　WP, 8–9.

29　Ibid., 8–11; Douglas, *Conqueror*, 47–8; Bates, 'Conqueror's Adolescence', 5–6, 13–15.

30　Wace, 131–3; WP, 10–11; *GND*, ii, 120–1; Douglas, *Conqueror*, 48–9; Bates, *Normandy*, 61–2.

31　Wace, 133–7; WP, 10–11.

32　Wace, 133, 138; E. Zadora-Rio, 'L'enceinte fortifiée du Plessis-Grimoult, résidence seigneuriale du XIe siècle', *Chateau Gaillard,* 5 (1972), 227–39; WP, 10–11; *GND*, ii, 122–3.

33　Bates, *Normandy*, 179.

4　完美计划

1　*ASC* C and E, 1043. 参见 Barlow, *Confessor*, 54–7。

2　*ASC* C, D and E, 1043.

3　*EER*, [lxxii].

4　F. Barlow, 'Two Notes: Cnut's Second Pilgrimage and Queen Emma's Disgrace in 1043', *EHR*, 73 (1958), 653–4; P. Stafford, *Queen Emma and Queen Edith* (Oxford, 1997), 248–51.

5　这句话引自 Barlow, *Confessor*, 59 (but cf. ibid., 79)。

6　Lawson, *Battle of Hastings*, 38.

7　*EER*, 20–1; *ASC* E, 1009, 1040; C, D and E, 1044–5.

8　Freeman, *Norman Conquest*, ii, 92; Snorri, 76–7.

9　*ASC* D, 1048.

10　*ASC* D, 1044; C, D and E, 1046.

11　Above, 36, 41; *VER*, 14–15; WM, *Gesta Regum*, 351–3.

12　诗歌的完整版本参见 H. Summerson, 'Tudor Antiquaries and the *Vita Æwardi regis', Anglo-Saxon England*, 38 (2009), 170–2。相关评论参见 Keynes and Love, 'Earl Godwine's Ship', passim。

13　S. Baxter, 'Edward the Confessor and the Succession Question', *Edward the Confessor*, ed. Mortimer, 83–4.

14 *VER*, xxiii, 22–5.

15 Ibid., 24–5.

16 E. John, 'Edward the Confessor and the Norman Succession', *EHR*, 94 (1979), 248–9. 在他为 *VER* 所写的序言中，Barlow 提出了一个相反的观点。同样提出反对意见的有 P. Stafford, 'Edith, Edward's Wife and Queen', *Edward the Confessor*, ed. Mortimer, 135–8, and Baxter 'Edward the Confessor', 82–5。这些人指出，"保持童贞"的说法出自 *VER*, 14–15。然而，人们之前认为，"他保留着自己神圣的童贞……这种圣洁的生活"（*VER*, 92–3）是后人所增添的内容。但是，很显然，这句话在原本的记述里就有了。Summerson, 'Tudor Antiquaries', 164, 176. Balow 和 Baxter 都曾提及，埃克塞特主教的利奥弗里克曾向上帝祈祷，自己的国王能够有一个继承人。这只不过说明了人们对于继承人的盼望，而这也是理所应当的。

17 Stafford, 'Edith, Edward's Wife', 121–4.

18 *ASC* C, 1045; D, 1047; JW, ii, 544–5.

19 *ASC* C, 1046; E, 1047; C, D and E, 1049.

20 *ASC* C and E, 1050.

21 *ASC* E, 1048; C, 1049.

22 WP, 10–13. 历史学家们已经对这一表述表示了怀疑，认为这场围城战不可能持续 3 年。OV, iv, 210–11. 但是，请注意，威廉在 1050 年曾决定在布洛涅召开一次宗教会议。这次会议可能与瓦尔斯沙丘战役之后的那次会议相似。那个时候，威廉在卡昂召开会议，并宣告了上帝的和平。参见 S. N. Vaughn, 'Lanfranc at Bec: A Reinterpretation', *Albion*, 17 (1985), 12–13。

23 *GND*, ii, 128–9; WP, 30–1.

24 很明显，她的父母直到 1031 年才有婚姻之实。Douglas, *Conqueror*, 392.

25 参见 Crouch, *Normans*, 125. 1959 年，人们曾对 Matilda 散落的少量骸骨进行过测量，并得出了她身高 5 英尺（约合 1.5 米）的结论。但是，卡昂的坟墓曾在 16 世纪被人毁坏，里面的东西四处散落。至少可以说，这个结论是值得怀疑的。参见 J. Dewhurst, 'A Historical Obstetric Enigma: How Tall Was Matilda?', *Journal of Obstetrics and Gynaecology*, 1 (1981), 271–2。

26 *GND*, ii, 128–9.

27 Bates, *Normandy*, 199–201.

28 *ASC* C and D, 1049.

29 *GND*, ii, 128–31; WP, 32–3.

30 P. Grierson, 'The Relations Between England and Flanders Before the Norman

Conquest', *TRHS*, 4th ser., 23 (1941), 97–9.

31　*VER*, 28–31; ASC C, D and E, 1051.

32　例如 Garnett, *Short Introduction*, 26–39. Garnett（第 35 页）的确发现，他的
　　论点 " 没有多少人支持 "。

33　*GND*, ii, 158–9; WP, 18–21; *ASC* C and E, 1051; F. Barlow, *The English Church,
　　1000–1066* (2nd edn, 1979) 298–300.

34　*ASC* E, 1051; *VER*, 30–3.

35　Barlow, *Confessor*, 307–8; *ASC* D and E, 1051.

36　Ibid.; *VER*, 34–7.

37　Ibid., 36–7; *ASC* E, 1051.

38　例如 Stafford, 'Edith, Edward's Wife', 133–5。

39　D. C. Douglas, 'Edward the Confessor, Duke William of Normandy, and the
　　English Succession', *EHR*, 68 (1953), 526–34. 参见 Baxter, 'Edward the Confessor',
　　90–5。

40　Ibid.; John, 'Edward the Confessor', 253–5.

41　Baxter, 'Edward the Confessor', 86, and Maps 4 and 5; *ASC* D, 1056.

42　*ASC* D, 1051; Mortimer, 'Edward the Confessor', 27–8; Maddicott, 'Edward the
　　Confessor's Return', 653–6.

43　Barlow, *Confessor*, 102; *ASC* C and E, 1050; C, 1051.

44　*ASC* E, 1008; *EHD*, ii, 866; Lawson, *Battle of Hastings*, 154.

45　*ASC* C, D and E, 1052; *VER*, 42–5.

5　上帝的战士们

1　WM, *Gesta Regum*, 430–1; WP, 20–1, 50–1.

2　WP, 14–17, 20–3; Bates, *Normandy*, 255; Douglas, *Conqueror*, 58.

3　Ibid., 58–9, 386–7.

4　这些事件以难以确定具体的发生时间著称。Douglas, *Conqueror*, 383–90; Bates,
　　Normandy, 255–7; Baxter, 'Edward the Confessor', 90–1.

5　*GND*, ii, 122–5; WP, 22–9.

6　Bates, *Conqueror*, 35; WP, 18–19.

7　Douglas, *Conqueror*, 40–1; WP, 32–5.

8　Ibid., 34–9.

9　*GND*, ii, 102–5; WP, 39–43.

10　Ibid., 43–7.

11　Ibid., 46–9.

12　Ibid.; J. Gillingham, 'William the Bastard at War', *The Battle of Hastings: Sources and Interpretations*, ed. S. Morillo (Woodbridge, 1996), 99–107.

13　Ibid., 107; *GND*, ii, 142–5; WP, 48–51.

14　Ibid., 50–1.

15　*GND*, ii, 104–5 (cf. WP, 42-3); Douglas, *Conqueror*, 69, 83–104 (esp. 92, 99–100, 103).

16　OV, iv, 84–5; *GND*, ii, 130–1, 142–3.

17　Douglas, *Conqueror*, 69; WP, 86–9; Bates, *Normandy*, 209.

18　Douglas, *Conqueror*, 105–6; J. Le Patourel, 'Geoffrey of Montbray, Bishop of Coutances, 1049–1093', 59 (1944), 134–5.

19　Douglas, *Conqueror*, 108–9; Bates, *Normandy*, 193–4.

20　Ibid., 196–7, 221; Potts, *Monastic Revival*, 32–3, 106–11, 121.

21　Douglas, *Conqueror*, 115–16; *Sources and Documents*, 41–4.

22　*DNB* Lanfranc; Vaughn, 'Lanfranc at Bec', 136–9.

23　Ibid., 139–43; *Sources and Documents*, 25 (cf. WP, 84–5).

24　*GND*, ii, 130–43; OV, ii, 10–11; Potts, *Monastic Revival*, 105, 112–13.

25　Bates, *Normandy*, 115–16, 222; OV, ii, 10–11; *GND*, ii, 130–1.

26　关于罗马式建筑的概括性叙述，可参见 R. Stalley, *Early Medieval Architecture* (Oxford, 1999)，特别是 Ch. 9; Fernie, *Architecture*, 3–14。

27　除了鲁昂大教堂和巴约大教堂的地下室以外，几乎没有任何建筑留存下来。Brown, *Normans and the Norman Conquest*, 25–6.

28　Bates, *Normandy*, 202, 210.

29　OV, iii, 120–3.

30　Holland, *Millennium*, 264–7.

31　*GND*, ii, 113–19; Le Patourel, 'Geoffrey of Montbray', 133–4; D. Bates, 'The Character and Career of Odo, Bishop of Bayeux (1049/50–1097)', *Speculum*, 50 (1975), 2–3.

32　*GND*, ii, 118–19; Le Patourel, 'Geoffrey of Montbray', 135–7; Vaughn, 'Lanfranc at Bec', 145–7; below, 112

33　WP, 82–3; Bates, *Normandy*, 201.

34　Douglas, *Conqueror*, 121; WP, 88–9.

35　Ibid., 50–5.

36　Douglas, *Conqueror*, 72; *GND*, ii, 126–9.

37 WP, 54–5; Douglas, *Conqueror*, 72–3 (cf. Bates, *Conqueror*, 38); Gillingham, 'William the Bastard', 108–9.

38 Ibid., 107; WP, 54–7; *GND*, ii, 150–3.

6 戈德温家族

1 *VER*, 44–5; JW, ii, 570–3; *ASC* D, 1052; Baxter, 'Edward the Confessor', Map 6.

2 *VER*, 62–3, 92–127; above, 64.

3 Ibid., 66–71; Fernie, *Architecture*, 96–8; idem, 'Edward the Confessor's Westminster Abbey', *Edward the Confessor*, ed. Mortimer, 139–50, 以及文集中 Gem 和 Rodwell 的文章。关于修道院在 1066 年的状态，可参见 Summerson, 'Tudor Antiquaries', 164, 177。

4 *VER*, 66–9. 威斯敏斯特宫现在的居民似乎很确定，这座宫殿是由克努特建立的（参见 www.parliament.uk, Factsheet GII）。Mason 初步认可了这一结论。E. Mason, *Westminster Abbey and its People, c. 1050 to c. 1216* (Woodbridge, 1996), 11–12. 然而，这本书中的证据似乎很少。其中，有一句来自《黑斯廷斯战役之歌》的话，而这句话的真实性也值得商榷。除此之外，只有有关飞毛腿哈罗德早先曾在威斯敏斯特下葬的猜测。大多数学者认为，就像教堂一样，这一宫殿是虔信者建立的。例如，可参见 *The Blackwell Encyclopaedia of Anglo-Saxon England*, ed. M. Lapidge et al. (Oxford, 1999), 471。*Carmen*, 40.

5 例如 Baxter, 'Edward the Confessor', 95。关于《爱德华王传》成书日期的讨论，参见 Stafford, *Queen Emma*, 40–8; *VER*, xxviii–xxxiii.

6 Above, 64; Mortimer, 'Edward the Confessor', 31–2.

7 Ibid., 31–4; above, 21; *ASC* D, 1065; van Houts, 'Edward and Normandy', 71–5; Barlow, *Confessor*, 50.

8 参见 Barlow, *English Church, 1000–1066*, 85–6。他警告我们，不要把罗贝尔当成一个改革者。他甚至认为，事实情况恰好相反。

9 S. Keynes, 'Giso, Bishop of Wells (1061–88)', *ANS*, 19 (1996), 205–13; Hare, 'Cnut and Lotharingia', passim. 虽然克努特同样与洛林有联系，而且让一个洛陶林吉奥人担任主教，但是这并不意味着，爱德华只是在延续早期的政策。毕竟，诺曼底的威廉也让一个名叫玛立利的洛陶林吉奥人担任了鲁昂大主教。更有甚者，既然埃尔曼和利奥弗里克在 1041 年与爱德华一起渡过了海峡，他们的任职就很难被看作是本地人阻止诺曼人晋升的尝试（这一尝试是由戈德温所主导的）。

10 Barlow, *English Church, 1000–1066*, 82–4, 301–2; *DNB* Leofric; *DNB* Hermann.

11 Barlow, *English Church, 1000–1066*, 86. *VER*, 30–1; WM, *Gesta Pontificum*, 286–9.

12 *DNB* Stigand; *VER*, 36–7.

13 *DNB* Stigand; WM, *Gesta Pontificum*, 46–7.

14 *ASC* C, 1053; WM, *Gesta Regum*, 354–5.

15 *DNB* Harold II; *VER*, 46–9.

16 Baxter, *Earls of Mercia*, 43–5.

17 Barlow, *Confessor*, 188–213, and Baxter, 'Edward the Confessor', 96. 他们认为国王的确重新得到了某种主动权。参见 Mortimer, 'Edward the Confessor', 28–31。

18 JW, ii, 502–3; 参见 *ASC* D 1057. 同样可参见 *DNB* Edward the Exile; S. Keynes, 'The Crowland Psalter and the Sons of King Edmund Ironside', *Bodleian Library Record*, 6 (1985), 359–70。

19 JW, ii, 574–5. JW 也表示，奥尔德雷德此行是奉国王之命，但这似乎是作者自己的假设。参见 Barlow, *Confessor*, 189。

20 *VER*, 34–5; Barlow, *Confessor*, 201–3.

21 *VER*, 48–51.

22 S. Baxter, 'MSC of the Anglo-Saxon Chronicle and the Politics of Mid-Eleventh-Century England', *EHR,* 122 (2007), 1189–1227.

23 K. L. Maund, 'The Welsh Alliances of Earl Ælfgar of Mercia and his Family in the Mid-Eleventh Century', *ANS*, 11 (1988), 181–90.

24 *VER*, 36–7, 52–3, 82–3; P. Grierson, 'A Visit of Earl Harold to Flanders in 1056', *EHR*, 51 (1936), 90–7, 参见 Baxter, 'Edward the Confessor', 97。

25 Ibid., 97–8. 关于阴谋论，可参见 E. Mason, *The House of Godwine: The History of a Dynasty* (2004), 92; John, 'Edward the Confessor', 257。

26 *DNB* Edgar Ætheling; Baxter, 'Edward the Confessor', 98–101.

27 Ibid., 103–4; *VER*, 50–1.

28 修订后的说法见 Baxter, *Earls of Mercia*, 128–38，原观点见 Fleming, *Kings and Lords,* 53–71。*DNB* Harold.

29 Barlow, *English Church, 1000–1066*, 86–93, 304–5; *DNB* Stigand.

30 *VER*, 54–5, 60–3.

31 Baxter, *Earls of Mercia*, 48; idem, 'Edward the Confessor', Map 11.

32 *ASC* D and E, 1063; JW, ii, 592–3; R. R. Davies, *The Age of Conquest: Wales, 1063–1415* (Oxford, 2000), 24, 26.

33 *ASC* E, 1063; Gerald of Wales, *The Journey through Wales and the Description of*

Wales, transl. L.Thorpe (1978), 266.

7 命运的人质

1 Douglas, *Conqueror*, 74; *GND*, ii, 152–3; OV, ii, 88–9; *VER*, 106–7.

2 *Chroniques des Comtes d'Anjou et des Seigneurs d'Amboise*, ed. L. Halphen and R. Poupardin (Paris, 1913), 62.

3 Bates, *Conqueror*, 38.

4 Ibid., 39–41; Douglas, *Conqueror*, 59, 73, 173–4; WP, 58–61.

5 Ibid., 60–9; OV, ii, 118–19, 312–13. 批判性的评论参见 Douglas, *Conqueror*, 408–15。

6 Bates, *Conqueror*, 54–6; idem, *Normandy*, 114, 247; WP, 84–5; Fernie, *Architecture*, 14, 98–102. 这本书接受了 Maylis Baylé 的观点，即圣斯蒂芬大教堂是在 1066 年之后动工的。但是，支撑这一观点的证据并不令人信服，因为它认定，既然当时的人保持了沉默，那么这个教堂就应当是在那个时候建成的。与此同时，它还忽略了 Torigni 的说法，即兰弗朗克是在 1063 年担任修道院院长的。参见 M. Baylé, 'Les Ateliers de Sculpture de Saint-Etienne de Caen au II° et au 12° Sècles', *ANS*, 10 (1988), 1–2. 参见 *Chronicles of the Reigns of Stephen, Henry II and Richard I*, ed. R. Howlett (4 vols., Rolls Series, 1884–9), iv, 34。

7 Baxter, 'Edward the Confessor', 106, n143.

8 WP, 68–9; WM, *Gesta Regum*, 416–17; Eadmer, 6–7.

9 Ibid.; *GND*, ii, 160–1; OV, iv, 88–9; WP, 68–71.

10 Ibid., 70–7. 关于布列塔尼战役，参见 K. S. B. Keats-Rohan, 'William the Conqueror and the Breton Contingent in the Non-Norman Conquest, 1066–1086', *ANS*, 13 (1991), 157–72。

11 哈罗德被骗把手按在被藏起来的圣遗物上发誓这一说法是后人所编出来的一个故事。Wace, 154–5.

12 OV, ii, 134–5 认为哈罗德是在布列塔尼战役爆发之前发誓的。巴约挂毯则认为，哈罗德是后来在巴约发的誓。

13 *GND*, ii, 158–61.

14 WP, 68–9; OV, ii, 134–5.

15 *VER*, 50–3; 80–1; WM, *Gesta Regum*, 416–17.

16 Eadmer, 6–7; WP, 68–9, 76–7; Barlow, *Confessor*, 301–6; K. E. Cutler, 'The Godwinist Hostages: The Case for 1051', *Annuale Mediaevale*, 12 (1972), 70–7.

17 WP, 70–1.

18 Eadmer, 6–7. 奥德里克·维塔利斯也认为，哈罗德同意娶威廉的姐妹。*GND*, ii, 160–1.

19 WP, 70–1; Eadmer, 7–8.

20 Ibid., 5–7. 关于厄德麦的前景，可参见 J. Rubenstein, 'Liturgy Against History: The Competing Visions of Lanfranc and Eadmer of Canterbury', *Speculum*, 74 (1999), 299–307。

21 Baxter, 'Edward the Confessor', 106–7.

22 Eadmer, 6.

23 Ibid., 7–8; WP, 76–7.

24 例如 Ashe, *Fiction and History*, 39–41。

25 Eadmer, 8.

8　北方动乱

1 *ASC* C and D, 1065.

2 W E. Kapelle, *The Norman Conquest of the North* (1979), 9–13.

3 N. J. Higham, *The Kingdom of Northumbria, AD 350–1100* (Stroud, 993), 194–202, 211–12.

4 Kapelle, *Norman Conquest of the North*, 13–19.

5 Ibid., 7, 12–13; R. Fletcher, *Bloodfeud: Murder and Revenge in Anglo-Saxon England* (2002), 31–3.

6 Ibid., 73–5, 149, 205–6.

7 *ASC* C, 1065; *VER*, 50–1; SD, *Libellus*, 170–3, 174–7, 180–1.

8 JW, ii, 598–9; Kapelle, *Norman Conquest of the North*, 96–7.

9 *VER*, 48–9, 76–9; *ASC* C, 1065.

10 *VER*, 50–1.

11 Kapelle, *Norman Conquest of the North*, 33–9, 46–7.

12 Ibid., 90–2; *VER*, 66–7; SD, *History*, 127; Gaimar, *Estoire*, 276–7.

13 Kapelle, *Norman Conquest of the North*, 34–44, 92–4.

14 Ibid., 17, 25–6, 29, 43–4.

15 Ibid., 94–5, 98.

16 JW, ii, 596–9; *ASC* D, 1065.

17 *VER*, 76–7.

18 Ibid.; Baxter, *Earls of Mercia*, 48; *ASC* D, 1065.

19 *VER*, 74–7; JW ii, 598–9.

20　*ASC* D, 1065; *VER*, 78–9.

21　Ibid., 78–81.

22　*ASC* D, 1065.

23　Ibid.; JW, ii, 598–9; *VER*, 80–3.

24　Ibid., 110–13; Summerson, 'Tudor Antiquaries', 8–9, 21–2.

9　山雨欲来

1　*Sources and Documents*, 17–18 (cf. WP, 2–3). 关于英格兰的王位继承，总体上的评论可参见 A. Williams, 'Some Notes and Considerations on Problems Connected with the English Royal Succession, 860–1066', *ANS,* 1 (1978), 144–67。

2　*EER*, 6–7, 52–3. 参见 Garnett, *Short Introduction*, 32–3。

3　Above, 31–4, 38, 41–2.

4　*ASC* E, 1066; JW, ii, 600–1; Baxter, 'Edward the Confessor', 109–10.

5　*VER*, 116–19.

6　Ibid., 122–3.

7　Ashe, *Fiction and History*, 44–5; Baxter, 'Edward the Confessor', 111–12.

8　*ASC* C and D, 1065; WP, 118–19. 参见 Baxter, 'Edward the Confessor', 113。

9　WP, 100–1; Barlow, *Confessor*, 244–5. 虽然现存的证书都是 12 世纪的人所伪造的，但是其中的证人名录似乎是从原件里抄录下来的。

10　*DNB* Ealdgyth; Baxter, *Earls of Mercia*, 52; above, 117.

11　参见 Barlow, *Confessor*, 227。

12　*VER*, xxiii–xxiv, xxx–xxxi.

13　E. van Houts, 'The Norman Conquest Through European Eyes', *EHR*, 110 (1995), 845–6.

14　Baxter, 'Edward the Confessor', 101–3.

15　G. Garnett, 'Coronation and Propaganda: Some Implications of the Norman Claim to the Throne of England in 1066', *TRHS,* 5th ser., 36 (1986), 92–3. 参见 Barlow, *Confessor*, 254–5。

16　WM, *Gesta Regum*, 420–2.

17　Baxter, 'Edward the Confessor', 114; WM, *Saints' Lives*, 86–9; *ASC* C, 1065.

18　Wace, 156.

19　WP, 70–1; *GND*, ii, 160–1. 同可参见 Eadmer, 8–9。

20　WP, 100–1; Gillingham, 'William the Bastard', 99–102.

21　WP, 105. C. Morton, 'Pope Alexander II and the Norman Conquest', Latomus

(1975), 362–82. 她认为，教宗授予旗帜这一说法是普瓦捷的威廉的创造，而且，罗马方面对于诺曼征服的支持也不是真的，而是普瓦捷所引的典故。但是，她的论点与几则重要的证据相悖。其中，最明确的一则证据是教宗格里高利七世写给威廉的一封信。这封信清楚地表明，教宗支持诺曼入侵英格兰。参见 van Houts, 'Norman Conquest Through European Eyes', 850, n2; Garnett, 'Coronation and Propaganda', 99, n50。

22　WP, 100–3; Wace, 157–8; WM, *Gesta Regum*, 448–9.

23　WP, 100–1, 106–7; Wace, 159.

24　WM, *Gesta Regum*, 448–9. "士兵们在他们的住所里嘟囔着……' 他的父亲有过一样的主意，而人们用相同的方式阻拦了他 '"。

25　Wace, 159; *EHD*, ii, 606. 关于《悔罪条例》，可参见 below, 236–7。

26　M. Chibnall, 'Military Service in Normandy Before 1066', *Anglo-Norman Warfare* (Woodbridge, 1992), 28–40.

27　Wace, 159.

28　E. M. C. van Houts, 'The Ship List of William the Conqueror', *ANS*, 10 (1988), 159–83.

29　Wace, 158–9 (see also HH, 24–5); WP, 106–7.

30　B. Bachrach, 'On the Origins of William the Conqueror's Horse Transports', *Technology and Culture*, 26 (1985), 505–31. 他认为，诺曼人没有运送马匹的技术，他们的船也一定是从地中海那里获得的。但是，他（第 514 页）的主要论据是《黑斯廷斯战役之歌》中的一条被误翻的记录。*The Carmen de Hastingae Proelio*, ed. C. Morton and H. Muntz (Oxford, 1972), 18–19. 参见 *Carmen*, 14–15, and C. M. Gillmor, 'Naval Logistics of the Cross-Channel Operation, 1066', *ANS*, 7 (1984), 111–13。

31　WP, 106–7; *ASC* C and D, 1066; *GND*, ii, 162–3.

32　Snorri, 135–6; OV, ii, 141–3. Freeman, *Norman Conquest*, iii, 708–13. 弗里曼（"托斯蒂被流放之后的行动"）称，瑞米耶日的威廉的论述支持了奥德里克的观点。他所不知道的是，这段引发人们怀疑的话是奥德里克自己的创造。*GND*, ii, 162–3.

33　JW, ii, 600–1. 该书在《盎格鲁-撒克逊编年史》的基础上增加了 "从佛兰德回来" 这一句话。Gaimar, *Estoire*, 280–1. 该书称，托斯蒂队伍中的大部分人都是佛兰芒人。

34　*ASC* C, D and E, 1066.

35　Ibid.; above, 76; JW, ii, 600–1.

36　*ASC* C, 1066. 也可参见 WP, 106–7。

37　*Recueil des actes des ducs de Normandie de 911 à 1066*, ed. M. Fauroux (Caen, 1961), 442–3, no. 231; Brown, *Normans and the Norman Conquest*, 127.

38　Wace, 163; Gillmor, 'Naval Logistics', 109–16. 1997 年，人们在博物馆的建造地找到了更多的船只。其中一艘是克努特时期所建造的船，长 36 米，是人们迄今为止所发现的最长的船。

39　Van Houts, 'Ship List', 166, 176, 179; *GND*, ii, 164–5; Wace, 163.

40　Van Houts, 'Ship List', 170, 176, 179; OV, ii, 144–5; WP, 102–3, 130–1.

41　Ibid., 102–3, 116–17; OV, ii, 168–9; *Carmen*, 8–9; van Houts, 'Norman Conquest Through European Eyes', 846, n3.

42　Lawson, *Battle of Hastings*, 176–86. 他有效地总结了相关证据。但是，他也接受了编年史著作中的大量数据，难以令人信服。

43　WP, xxiv–xxvi, 102–3. 参见 Bates, *Conqueror*, III; Morris, *Great and Terrible King*, 272–3; C. and G. Grainge, 'The Pevensey Expedition: Brilliantly Executed Plan or Near Disaster?', *Battle of Hastings*, ed. Morillo, 130–42。

44　B. Bachrach, 'Some Observations on the Military Administration of the Norman Conquest', *ANS*, 8 (1986), 1–25. 然而，需要注意 Davis 针对这一估算数量的批评。Davis, 'Warhorses of the Normans', 69, 80.

45　WP, 102–5.

46　*ASC* C, 1066.

10　雷电

1　Adam of Bremen, *History of the Archbishops of Hamburg-Bremen,* trans. F. J. Tschan (Columbia, 2002), 128; WP, 116–17; Arnold, *Vikings*, 187–8.

2　Snorri, 20–1, 24, 29.

3　Ibid., 33, 58–62.

4　Ibid., 65–81.

5　例如 Stenton, *Anglo-Saxon England,* 560, 569, 575; Douglas, *Conqueror*, 173, 180; above, 60–1。

6　Barlow, *Confessor*, 209; *ASC* D, 1048, 1058; above, 62.

7　Snorri, 122–9, 180–1.

8　Above, 147–8; *ASC* C, 1066.

9　Snorri, 135–8; Gaimar, *Estoire*, 280–1; W. H. Stevenson, 'Notes on Old-English Historical Geography', *EHR*, 11 (1896), 301–4.

10　例如 C. Jones, *The Forgotten Battle of 1066: Fulford* (Stroud, 2006), 101–44。

11 Snorri, 135–8; K. DeVries, *The Norwegian Invasion of England in 1066* (Woodbridge, 1999), 233–40; OV, ii, 142–5.

12 Snorri, 139, 141; *ASC* D and E, 1066; JW, ii, 602–3.

13 Snorri, 141–2; *ASC C*, D and E, 1066.

14 Ibid.

15 OV, ii, 144–5; DeVries, *Norwegian Invasion*, 263. 参见 Douglas, *Conqueror*, 191, and Freeman, *Norman Conquest*, iii, 343。

16 *ASC C*, 1066.

17 Ibid.; Snorri, 69, 142–4.

18 *ASC C*, 1066; JW, ii, 602–3.

19 *ASC C*, 1066. Snorri, 145。该书称，挪威人在约克陷落之前就在斯坦福桥扎营了，但是并没有解释他们在此地扎营的原因。现代史学家认为，这个地点距离戈德温森位于卡顿的庄园不远。Stenton, *Anglo-Saxon England*, 589; I. W. Walker, *Harold: The Last Anglo-Saxon King* (Stroud, 2004), 182.

20 *ASC C*, 1066.

21 Ibid.; Snorri, 146–53; van Houts, 'Norman Conquest Through European Eyes', 839, n2.

22 *ASC D*, 1066; *VER*, 88–9.

23 OV, ii, 168–9; WM, *Gesta Regum*, 468–9.

11 入 侵

1 WP, 102–3. 参见 M. Chibnall, *Anglo-Norman England, 1066–1166* (Oxford, 1986); R. A. Brown, 'The Battle of Hastings', *Battle of Hastings*, ed. Morillo, 201, n2O。Chibnall 可能受到了 17 世纪历史学家 John Hayward 的影响。后者认为，威廉正等着哈罗德入侵。Chibnall, *Debate*, 32.

2 *Carmen*, xiii–xix, xxiv–xlii.

3 Ibid., xxix, xlii–liii.

4 Ibid., 4–5.

5 WP, 108–9.

6 *Carmen*, 4–5; WP, 108–9; R. H. C. Davis, 'William of Poitiers and his History of William the Conqueror', idem, *From Alfred the Great to Stephen* (1991), 103; above, 161–2.

7 *Carmen*, 6–7; WP, 110–11.

8 Douglas, *Conqueror*, 397; *Carmen*, lxv–lxviii, 8–9.

9　Van Houts, 'Ship List', 166, 168, 172–3.

10　WP, 110–11; *Carmen*, lxviii–lxix, 8–9.

11　WP, 112–13.

12　*Carmen,* lxviii–Ixx, 8–11.

13　Douglas, *Conqueror*, 196–7; HH, 25. 一位生活在 1177 年以后的沃尔瑟姆修道院的编年史家认为，哈罗德是在沃尔瑟姆听到这个消息的。这一说法显然不大可能是真的。*The Waltham Chronicle*, ed. and trans. I. Watkiss and M. Chibnall (Oxford 1992), xliii, 44–5.

14　OV, ii, 172–3.

15　WP, 116–17.

16　Ibid., 116–23; *Carmen*, 14–21.

17　Ibid., 10–11.

18　*ASC* E, 1066; JW ii, 604–5; OV, ii, 170–3.

19　Lawson, *Battle of Hastings*, 62–3, 110–11; WP, 122–5.

20　*GND*, ii, 166–7; WP, 124–5.

21　*Carmen,* 18–21; WP, 122–5.

22　*GND*, ii, 168–9.

23　*ASC* D, 1066; OV, ii, 172–3; Lawson, *Battle of Hastings*, 56–8.

24　*ASC* D, 1066; *GND*, ii, 166–9; WM, *Gesta Regum*, 452–5.

25　WP, 124–5; *The Chronicle of Battle Abbey*, ed. and trans. E. Searle (Oxford, 1980), 34–7; 'The *Brevis Relatio de Guillelmo nobilissimo comite Normannorum'*, ed. E. van Houts, idem, *History and Family Traditions*, VII, 31.

26　WP, 124–7; *Carmen*, 20–1; WM, *Gesta Regum*, 422–3; Wace, 178. *ASC* D 的编写者说了同样的话，即哈罗德的部队规模庞大。

27　WP, 126–7; *Carmen*, 22–3; *Chronicle of Battle Abbey*, ed. Searle, 44–5.

28　WP; 128–9; *Carmen*, 24–5; *Carmen*, ed. Morton and Muntz, 112–15; HH, 26.

29　WP, 128–9; *Carmen*, 24–5.

30　Ibid.

31　WP, 128–9; *Carmen*, 22–3.

32　Ibid., 26–9; WP, 128–31.

33　Ibid., 132–3.

34　*Carmen*, 26–7; WP, 128–9, 132–3; *GND*, ii, 102–5.

35　WP, 132–3.

36　*Carmen*, 32–3; WP, 136–7; *GND*, ii, 168–9. 在同一个段落里，瑞米耶日就推翻

了他自己的说法。他说，哈罗德 " 在双方第一次交锋的时候 " 就死去了。一
个可能的解释可参见 Gillingham, 'William the Bastard', 101, n36。

37 Brown, *Bayeux Tapestry*, 174;（他翻译了鲍德里的说法。）WM, *Gesta Regum*, 454–5; HH, 28.

38 D. Bernstein, 'The Blinding of Harold and the Meaning of the Bayeux Tapestry', *ANS*, 5 (1983), 41–8; Lawson, *Battle of Hastings,* 255–66.

39 Bernstein, *Mystery*, 171–4; idem; 'Blinding of Harold', 60–4.

40 M. K. Foys, 'Pulling the Arrow Out: The Legend of Harold's Death and the Bayeux Tapestry', *Bayeux Tapestry*, ed. Foys, Overby and Terkla, 158–75; C. Dennis, 'The Strange Death of King Harold II', *The Historian* (2009), 14–18.

41 *Carmen*, 32–3; Bernstein, *Mystery*, 160.

42 Brown, 'Battle of Hastings', 215.

43 J. Gillingham, '"Holding to the Rules of War *(Bellica Iura Tenentes)":* Right Conduct Before, During and After Battle in North-Western Europe in the Eleventh Century', *ANS*, 29 (2007), 8–11; above, 81–2; *Carmen*, lxxxii–lxxxv.

12　战利品

1 WP, 136–9; GND, ii, 168–9 (also OV, ii, 176–7); *Chronicle of Battle Abbey*, ed. Searle, 38–9. 虽然我们不能确定恶沟事件的发生时间，但是，可以肯定的是，普瓦捷和奥德里克的做法是正确的，即将这件事的发生时间定在战役发生之后。马姆斯伯里的威廉后来又描述了类似的事件，只不过这一事件是在战役的过程中发生的。这一描述显然脱胎于巴约挂毯上的一个场景。人们都知道，为了造成戏剧化的效果，挂毯往往会调整事情发生的次序。参见 Brown, 'Battle of Hastings', 215–18。

2 WP, 138–43; *ASC* D, 1066; *Carmen*, 32–5; Gillingham, '"Holding to the Rules of War"', 4–7.

3 WP, 140–1; *Waltham Chronicle*, ed. Watkiss and Chibnall, xliii–xliv, 54–7; *Carmen*, 34–5.

4 Ibid.; WP, 142–3.

5 Ibid., 146–7; *Carmen*, 38–9.

6 *ASC* D, 1066; OV, ii, 180–1; JW, ii, 604–5.

7 *ASC* D, 1066; WP, 142–5; *Carmen*, 36–7.

8 Ibid., 36–9; WP, 144–5.

9 *Carmen*, 38–9; WP, 146–7.

10 Ibid.; *ASC* D, 1066; JW, ii, 606–7. 参见 WM, *Gesta Regum*, 460–1。

11 F. Baring, 'The Conqueror's Footprints in Domesday', *EHR*, 13 (1898), 17–25. 参见 J. J. N. Palmer, 'The Conqueror's Footprints in Domesday', *The Medieval Military Revolution*, ed. A. Ayton and J. L. Price (1995). 23–44。

12 Williams, *English and the Norman Conquest*, 100–1; *GND*, ii, 170–1; B. English, 'Towns, Mottes and Ring-Works of the Conquest', *Medieval Military Revolution*, ed. Ayton and Price, 51.

13 WP, 100–1, 146–7.

14 *ASC* D, 1066; JW, ii, 606–7; WM, *Gesta Regum*, 460–3.

15 *ASC* D and E, 1066; WP, 146–7.

16 G. Garnett, *Conquered England: Kingship, Succession and Tenure, 1066–1166* (Oxford, 2007), 3–4; WP, 146–9.

17 Ibid., 148–9.

18 *GND*, ii, 170–1 (cf. OV, ii, 180–1); WP, 160–3.

19 *Carmen*, 38–41; OV, ii, 182–3.

20 关于仪式的讨论，参见 G. Garnett, 'The Third Recension of the English Coronation *ordo:* The Manuscripts', *Haskins Society Journal*, 11 (2003), 43–71 and J.L. Nelson, 'Rites of the Conqueror', idem, *Politics and Ritual in Early Medieval Europe* (1986), 375–401; Maddicott, *Origins of the English Parliament*, 44–5; JW, ii, 606–7。

21 WP, 148–9; *ASC* D, 1066.

22 WP, 150–1; Garnett, *Short Introduction*, 19–21; OV, ii, 184–5.

23 WP, 150–5, 178–9; Douglas, *Conqueror*, 209.

24 WP, 156–61; *EHD*, ii, 945; *ASC* D, 1066.

25 WP, 160–3. 普瓦捷认为，埃德温和莫卡是在巴金投降的。这个说法与《盎格鲁-撒克逊编年史》D 本中的说法有出入。后者认为，兄弟二人在前一年已同众人一起在伯克姆斯特德投降了。尽管普瓦捷描述得更为详尽，而且他也没有理由故意混淆伯爵的投降日期，但大部分历史学家都采纳了英格兰人的说法。有人认为，普瓦捷把伯克姆斯特德和巴金混淆了（Douglas, *Conqueror*, 207）。另一些人不同意上述的观点。他们认为，埃德温和莫卡可能投诚了两次（Baxter, *Earls of Mercia*, 270–1）。但普瓦捷的描述——特别是他所说的"为他们之前所表现出的敌意而请求威廉的宽恕"这句话——都不像是在描写第二次投降。另一种可能是，普瓦捷的叙述才是正确的，而在《盎格鲁-撒克逊编年史》那个更短的、没有提到巴金的记述中，编写者把另一件事同两人的投降混在了一起。伍斯特的约翰采纳了《盎格鲁-撒克逊编年史》的观点。他指出，埃德温和莫卡是在伯克姆斯特德投降的。但是，在之前的叙述中，他却表示，两位伯爵带着军队离开了伦敦，并回到了家乡。这一说法带有一种强烈的暗示，即他们撤回了英格兰北部。如果普瓦捷的叙述是事实的话，我们就能够解释，为什么征服者会"因为某些人仍在反抗"而不愿加冕，又是为什么，在巴金投降之后的一年，他便立刻表现出回到诺曼底的意愿。

26 WP, 162–3; ASC E, 1066; Williams, *English and the Norman Conquest*, 8–9.

27 *EHD*, ii, 918; WP, 164–5.

28 WP, 162–3, 166–9; *ASC* E, 1067.

29 WP, 168–81.

30 Ibid., 154–5, 176–7, 180–1; OV, ii, 198–9.

13 暴 动

1 OV, ii, xiii–xvi, xxix–xxx.

2 Ibid., iii, 6–9, 150–1. 奥德里克著作的现代译者 Marjorie Chibnall 同样出生于阿查姆。他是在 1915 年出生的。

3 Ibid., ii, xxxii, 184–5, 258–61.

4 WP, 114–15; OV, ii, 170–1. 类似地，关于恶沟事件以及扰乱了征服者加冕的那些暴力事件，奥德里克的叙述均与其他记述有所不同。我们都可以把这些不同解释为英格兰血统的影响。Above, 189, 200.

5 OV, ii, 202–3.（参见 196–7，此处的论断稍微温和一些。）"诺曼之轭"一词是奥德里克的创造。在 17 世纪论战的影响下，这个词在现代有了名气。Barber, 'Norman Conquest and the Media', 11–15.

6 R. Eales, 'Royal Power and Castles in Norman England', *The Ideals and Practice of Medieval Knighthood III*, ed. C. Harper-Bill and R. Harvey (Woodbridge, 1990), 50–4; English, 'Towns, Mottes and Ring-Works', 45–61. 从接下来的论述中，可以看出，我并不赞同近来某些修正学派学者的看法。关于修正学派观点的一个例子，可参见 R. Liddiard, *Castles in Context: Power, Symbolism and Landscape, 1066 to 1500* (Macclesfield, 2005), 12–38。

7 A. Williams, 'A Bell-house and a Burh-geat: Lordly Residences in England before the Norman Conquest', *Medieval Knighthood IV* (Woodbridge, 1992), 221–40.

8 *ASC* E, 1051; OV, ii, 218–19.

9 *ASC* E, 1051; *ASC* D, 1066.

10 OV, ii, 202–3 (cf. WP, 182–3).

11 JW, iii, 4–5 (cf. OV, ii, 194–5); S. Reynolds, 'Eadric *Silvaticus* and the English Resistance', *Bulletin of the Institute of Historical Research,* 54 (1981), 102–5.

12 WP, 182–5; OV, ii, 204–7; *Carmen*, 30–3; *DNB* Eustace.

13 SD, *History*, 143–4; Fletcher, *Bloodfeud*, 161, 169–71; Kapelle, *Norman Conquest of the North*, 106; WP, 162–3, 184–7.

14 关于这一解读，可参见 J. O. Prestwich, *The Place of War in English History, 1066–1214* (Woodbridge, 2004), 27–31。

15 WM, *Gesta Regum*, 480–1, 570–1; Baxter, *Earls of Mercia*, 300; *DNB* Harold II.

16 JW, iii, 6–7; WP, 182–3; OV, ii, 208–9.

17 Ibid., ii, 212–13.

18 Ibid.; JW, iii, 4–5.

19 OV, ii, 212–13; WM, *Gesta Regum*, 462–3; *ASC* D, 1067; JW, iii, 6–7.

20 OV, ii, 212–15; *ASC* D, 1067; Garnett, *Short Introduction*, 49–50; Williams, *English and the Norman Conquest*, 21.

21 *Historia Ecclesie Abbendonensis: The History of the Church of Abingdon,* ed. J. Hudson (2 vols., Oxford, 2002, 2007), i, 222–3.

22 OV, ii, 210–11; J. F. A. Mason, 'William the First and the Sussex Rapes', *1066 Commemoration Lectures* (Historical Association, 1966), 37–58.

23 WP, 162–3; *EHD*, ii, 430–1, 601–3; SD, *History*, 144.

24 *RRAN*, 594–601 (no. 181); Baxter, *Earls of Mercia*, 272–3.

25 Williams, *English and the Norman Conquest*, 12–13; *ASC* E, 1067; OV, ii, 222–3; WP, 164–5 (cf. OV, ii, 194–5).

26 Gaimar, *Estoire*, 284–5; Kapelle, *Norman Conquest of the North*, 105, 109.

27 OV, ii, 214–17; Baxter, *Earls of Mercia*, 284–6.

28 OV, ii, 216–19; *ASC* D and E, 1067.

29 WP, 162–3; OV, ii, 216–17; *ASC* D, 1067.

30 Ibid.; OV, ii, 218–19.

31 Ibid.; *ASC* D and E, 1067.

32 *ASC* D, 1067; JW, iii, 6–9.

33 OV, ii, 218–21; B. Golding, *Conquest and Colonisation: The Normans in Britain, 1066–1100* (2nd edn, Basingstoke, 2001), 72.

34 *ASC* D, 1067; JW, iii, 6–9; OV, ii, 220–1; *RRAN*, 78.

35 Kapelle, *Norman Conquest of the North*, 110–11.

36 OV, ii, 220–3; Gaimar, *Estoire*, 294–5; SD, *History*, 136; *ASC* D and E, 1068.

37 SD, *Libellus*, 182–5.

38 OV.ii, 222–3.

39 Ibid.; *ASC* D, 1068.

40 OV, ii, 222–3; SD, *Libellus*, 184–5.

41 OV, ii, 222–5; *ASC* D, 1068; JW, iii, 6–9; *GND*, ii, 180–3. 参见 Williams, *English and the Norman Conquest*, 35。

42 *DNB* Gytha; OV, ii, 208–9, 224–7 (cf. WP, 126–7); above, 121.

43 OV, ii, 224–7; Adam of Bremen, *History*, trans. Tschan, 108, 123; Barlow, *Confessor*, 58, 109, 138, 214.

44 *ASC* D and E, 1069; OV, ii, 226–7.

45 Ibid.; JW, iii, 8–9.

46 Ibid., 8–11; *ASC* D, 1069.

47 OV, ii, 228–31.

48 Ibid, 230–1 (cf. 226–7).

49 Below, 242–3; Kapelle, *Norman Conquest of the North*, 115–16; *ASC* D, 1069; JW, iii, 10–11.

50 OV, ii, 230–1; *ASC* D, 1069; SD, *History*, 137.

51 JW, iii, 10–11.

52 OV, ii, 230–3.

53 Below, 313–14.

54 JW, iii, 10–11; SD, *History*, 137; Thomas of Marlborough, *History of the Abbey of Evesham*, ed. and trans. J. Sayers and L. Watkiss (Oxford, 2003), 166–7.

55 OV, ii, 232–3.

14　余　震

1 *ASC* D, 1069; Hugh the Chanter, *The History of the Church of York, 1066–1127* (Oxford, 1990), 2–3; OV, ii, 232–3.

2 Ibid.; SD, *History*, 138.

3 OV, ii, 234–7; J. J. N. Palmer, 'War and Domesday Waste', *Armies, Chivalry and Warfare in Medieval Britain and France*, ed. M. Strickland (Stamford, 1998), 259–61.

4 *ASC* D, 1070.

5 OV, ii, 234–7.

6 Fleming, *Kings and Lords*, 166–7; P Dalton, *Conquest, Anarchy and Lordship:*

Yorkshire, 1066–1154 (Cambridge, 1994), 65.

7　JW, iii, 10– 11; *Historia Ecclesie Abbendonensis*, ed. Hudson, i, 226–7; OV, ii, 236–7.

8　Ibid.

9　Ibid., iii, 254–7.

10　*EHD*, ii, 606–7; H. E. J. Cowdrey, 'The Anglo-Norman *Laudes Regiae'*, *Viator*, 12 (1981), 59, n68.

11　*EHD*, ii, 606–7; E. Searle, *Lordship and Community: Battle Abbey and its Banlieu, 1066–1538* (Toronto, 1974), 21.（也可参见 *Chronicle of Battle Abbey*, 20–1.）该书表明，这一修道院在 11 世纪 70 年代中期之前都没有建立起来。但是，她的主要论据是 Morton 的一篇备受怀疑的论文。Morton, 'Pope Alexander II'. 参见 Nelson, 'Rites of the Conqueror', 396–7，他认为，修道院建成的日期应当早于 11 世纪 70 年代。

12　*EHD*, ii, 606–7; Cowdrey, 'Anglo-Norman *Laudes Regiae*,' 59, n68.

13　基于 *ASC* E, 1069 的说法，这两个主教更有可能是在这一年被抓并被驱逐的，而不是在人们通常所认为的 1070 年。例如 *Councils and Synods,* ii, 566。

14　JW, iii, 10–13; WP, 146–7, 160–1.

15　*Letters of Lanfranc*, 36–7, 62–3; *DNB* Æhelmaer; Baxter, *Earls of Mercia*, 292–3; JW, iii, 14–15.

16　Above, 92; OV, iii, 236–7.

17　JW, iii, 12–15; *The Heads of Religious Houses: England and Wales, 1, 940–1216*, ed. D. Knowles, C. N. L. Brooke and V. M. C. London (2nd edn, Cambridge, 2001), 24, 36, 66. 人们大多认为，阿宾登的奥尔德雷德是在 1071 年被革职的。这一说法的论据来自 *Historia Ecclesie Abbendonensis*, ed. Hudson, i, 224–9。但是，在这本书中，事件的发生顺序十分混乱。唯一能确定的是，奥尔德雷德是在 1068 年之后被罢免的。

18　F. Barlow, *The English Church, 1066–1154* (1979), 61–2; *DNB* Thomas of Bayeux; *DNB* Walcher. 活下来的英格兰主教有埃克塞特的利奥弗里克（1072 年卒）、罗切斯特的休厄德（1072 年卒）以及伍斯特的伍尔夫斯坦（1095 年卒）。

19　Above 76, 144–5, 202.

20　Matthew Paris, *Historia Anglorum*, ed. F. Madden (3 vols., Rolls Ser., 1866–9), i, 12–13; *RRAN*, 449–52 (no. 131). 早在 19 世纪晚期，这一争论就已经出现了，所以有关这一争论的论文数量很多。经典的论文有 J. H. Round, 'The Introduction of Knight Service into England', idem, *Feudal England* (new edn,

1964), 182–245; J. C. Holt, 'The Introduction of Knight Service in England', idem, *Colonial England* (1997), 41–58; J. Gillingham, 'The Introduction of Knight Service into England', idem, *English in the Twelfth Century*, 187–208。

21　*Liber Eliensis*, ed. E. O. Blake (Camden Soc., 3rd ser., 92, 1962), 216–17; *Liber Eliensis: A History of the Isle of Ely*, trans. J. Fairweather (Woodbridge, 2005), 258–9; *Historia Ecclesie Abbendonensis*, ed. Hudson, ii, 4–7.

22　*ASC* E, 1070.

23　E. M. C. van Houts, 'Hereward and Flanders', *Anglo-Saxon England,* 28 (2000), 201–23; *DNB* Hereward.

24　*ASC* E, 1070.

25　Ibid.; WM, *Gesta Pontificum*, 628–9.

26　OV, ii, 232–5.

27　Ibid.; *ASC* E, 1070; JW, iii, 14–15.

28　*RRAN*, 79; below, 254; OV, ii, 256–7.

29　Ibid.《赫里沃德传》引自 M. Swanton 的英文翻译。*Robin Hood and Other Outlaw Tales*, ed. S. Knight and T. Ohlgren (2nd edn, Kalamazoo, 2000), 647, 651.

30　Above, 219–20, 238; SD, *History*, 137–8, 142; *ASC* E, 1071.

31　Baxter, *Earls of Mercia*, 277–8, 284–7; above, 218; OV, ii, 218–19; JW, iii, 18–19.

32　Baxter, *Earls of Mercia*, 286–96; above, 71, 175.

33　*ASC* D, 1071; JW, iii, 20–1; Baxter, *Earls of Mercia*, 261–6.

34　*RRAN*, 79; *ASC* D and E, 1071; JW, iii, 20–1.

35　*Gesta Herewardi*, 649–58; *Liber Eliensis*, ed. Blake, 191–4 (trans. Fairweather, 226–9).《伊利史》写道，威廉是在 10 月 27 日到达伊利的。

36　*ASC* D and E, 1071; JW, iii, 20–1.

37　OV, ii, 256–9; Williams, *English and the Norman Conquest*, 53.

15　异邦人与本地人

1　有关伊利的城堡，参见 *Liber Eliensis*, ed. Blake, 194 (trans. Fairweather, 229).

2　SD, *History*, 138–40.

3　*ASC* E, 934, 1072, 1093; JW, iii, 20–1.

4　Williams, *English and the Norman Conquest*, 57–8; SD, *History*, 142, 144.

5　Above, 103, 127; Baxter, 'Edward the Confessor', Map 10.

6　Fletcher, *Bloodfeud*, 186; Baxter, *Earls of Mercia*, 68, 272.

7　OV, ii, 232–3, 262–3; Williams, *English and the Norman Conquest,* 58.

8　Douglas, *Conqueror*, 212, 224–5.

9　Ibid., 223–4, 228–9.

10　Bates, *Conqueror*, 85–9. Bates 对威廉当时的处境表示乐观。

11　Above, 202; *ASC* E, 1087; D. Bates, 'The Origins of the Justiciarship', *ANS*, 4 (1982), 2–8.

12　Above, 112; *Letters of Lanfranc*, 30–1; *RRAN*, 79.

13　*DNB* Lanfranc; *Letters of Lanfranc*, 30–1, 112–13.

14　*EHD*, ii, 604–5. Barlow, *English Church, 1066–1154*, 48–50, 147–52.

15　*Councils and Synods*, ii, 614; *Letters of Lanfranc*, 78–9, 134–5; OV, ii, 200–1; *DNB* Lanfranc.

16　*ASC* D and E, 1067; Fernie, *Architecture*, 104–6.

17　Ibid., 106–21, 130–1; M.T. Clanchy, *England and Its Rulers, 1066–1272* (2nd edn, Oxford, 1998), 61; WM, *Gesta Pontificum*, 102–3.

18　Fernie, *Architecture*, 108, 130, 144, 152–3, 166; above, 98. 克雷迪顿的主教座堂之所以被移动，也是出于安全上的考虑。Prestwich, *Place of War*, 4.

19　Rubenstein, 'Liturgy Against History', 282–5, 289–92. Rubenstein 成功地推翻了 S. J. Ridyard 的修正派观点。S. J. Ridyard, '*Condigna veneratio*: Post-Conquest Attitudes to the Saints of the Anglo-Saxons', *ANS*, 9 (1987), 179–206.

20　Rubenstein, 'Liturgy Against History', 282, 292–5.

21　Ibid., 295–7; *Historia Ecclesie Abbendonensis*, ed. Hudson, ii, xli–xlii; WM, *Gesta Pontificum*, i, 628–31. 参见 P.A. Hayward, 'Translation Narratives in Post-Conquest Hagiography and English Resistance to the Norman Conquest', *ANS*, 21 (1999), 67–94。

22　*Letters of Lanfranc*, 30–1; OV, ii, 256–7.

23　*RRAN*, 48–50, 107.

24　*ASC* E, 1083; JW, iii, 38–41.

25　*Letters of Lanfranc*, 112–15; *EHD*, ii, 634.

26　*EHD*, ii, 399, 523. 据说，偿命金（或者类似的东西）制度最初是由克努特引进的，为的是不让英格兰人杀丹麦人。即便威廉真的不过是重新推行了这一制度，我们也不能因此否认这一做法的历史价值。尽管它有可能会改变我们对丹麦人到来以后的英格兰社会的理解，但它还是为我们描绘诺曼征服之后的英格兰提供了有力的证据。B. R. O'Brien, 'From Moroor to Murdrum: The Preconquest Origin and Norman Revival of the Murder Fine', *Speculum*, 71 (1996), 321–57.

27　*Letters of Lanfranc*, 110–13, 150–3, 166–7; WP, 158–9; OV, ii, 202–3.

28　Above, 14, 19, 36; J. Gillingham, '1066 and the Introduction of Chivalry into England', idem, *English in the Twelfth Century*, 215–16.

29　Ibid., 211–15.

30　Ibid., 217–18, 228; WP, 157.

31　Fletcher, *Bloodfeud*, 1–5; Gillingham, '1066 and the Introduction of Chivalry', 218–19.

32　OV, ii, 256–7; H. M.Thomas, The *English and the Normans: Ethnic Hostility, Assimilation, and Identity, 1066–c.1220* (Oxford, 2003), 145–51.

33　SD, *History*, 144.

34　*DNB* Gospatric; *DNB* Edgar Ætheling; *ASC* D, 1074.

35　*DNB* Ralph the Staller; *DNB* Ralph de Gaël.

36　*ASC* D and E, 1075.

37　Ibid.; JW, iii, 24–5; OV, ii, 310–13; C. P. Lewis, 'The Early Earls of Norman England', *ANS*, 13 (1991), 207–23; *Letters of Lanfranc,* 118–21.

38　OV, ii, 312–15; *ASC* D and E, 1075.

39　JW, iii, 24–5; *Letters of Lanfranc*, 118–23.

40　JW iii, 24–5; *ASC* D and E, 1075; OV, ii, 316–17.

41　Ibid.; JW, iii, 26–7; *Letters of Lanfranc*, 124–5.

42　Ibid., 124–7; *ASC* D and E, 1075.

43　Ibid.; OV, ii, 318–19.

44　*ASC* D and E, 1075; JW, ii, 24–5; OV, ii, 320–1.

45　Ibid., 314–15, 318–23; Gillingham, '1066 and the Introduction of Chivalry', 218.

16　觅食的饿狼

1　Douglas, *Conqueror*, 230–4.

2　*ASC* D and E, 1076; OV, ii, 350–3.

3　Bates, *Conqueror*, 159–60.

4　Ibid., 104–7; C. W. Hollister, *Henry I* (Yale, 2001), 31.

5　OV, ii, 356–7; WM, *Gesta Regum*, 700–1.

6　*DNB* Robert Curthose; OV, ii, 356–7.

7　Ibid., 356–9.

8　Douglas, *Conqueror*, 237–8; OV, iii, 100–3.

9　Bates, 'Origins of the Justiciarship', 4–6.

10 Bates, *Conqueror*, 159; WP, 164–5; OV, ii, 266–7; Bernstein, *Mystery,* 142, 264. 奥多不是唯一参与战斗的神职人员。《悔罪条例》（above, 236）就曾提及"那些战斗过的教士，以及那些披上戎装、准备战斗的教士"。*EHD*, ii, 606.

11 Bates, 'Origins of the Justiciarship', 3–4, 8; *ASC* E, 1087; OV, ii, 264–5; *Historia Ecclesie Abbendonensis*, ed. Hudson, ii, 12–13.

12 Above, 202, 215, 218.

13 *Waltham Chronicle*, ed. Watkiss and Chibnall, 15, 35; *Carmen*, 40–3; Clarke, *English Nobility*, 154; Fleming, *Kings and Lords*, 171.

14 有关土地持有权变更的整体状况，可参见 ibid., 145–82.（本书第 163 页、第 166—167 页、第 169 页和第 180 页可见相关例子。）

15 Ibid., 153–8.

16 Ibid., 160–1, 176–8.

17 Ibid., 178–9.

18 D. A. Carpenter, *The Struggle for Mastery: Britain 1066–1284* (2003), 81–2; OV, ii, 262–3.

19 *Historia Ecclesie Abbendonensis*, ed. Hudson, ii, 6–7.

20 WM, *Gesta Pontificum*, 426–7; WM, *Saints' Lives*, 130–1.

21 *EHD*, ii, 897–8.

22 Liddiard, *Castles in Context*, 28–30.

23 S. Painter, 'Castle-Guard' and L. Butler, 'The Origins of the Honour of Richmond and its Castles', both in *Anglo-Norman Castles*, ed. R. Liddiard (Woodbridge, 2003), 91–104, 203–10. 同样地，可参见 H. M. Thomas, 'Subinfeudation and Alienation of Land, Economic Development and the Wealth of Nobles on the Honor of Richmond, 1066 to *c.* 1300', *Albion*, 26 (1994), 397–417。

24 Carpenter, *Struggle for Mastery*, 85–6; Williams, *English and the Norman Conquest*, 74–5; R. Abels, 'Sheriffs, Lord-Seeking and the Norman Settlement of the South-East Midlands', *ANS*, 19 (1997), 23–31.

25 关于诺曼人夺取土地的整体状况，可参见 Fleming, *Kings and Lords,* 183–214 (188–9 for Richard fitz Gilbert)。

26 Abels, 'Sheriffs, Lord-Seeking', 32–40. 同时可参见 J. Green, 'The Sheriffs of William the Conqueror', *ANS*, 5 (1983), 129–43。

27 *EHD*, ii, 431–2.

28 Fleming, *Kings and Lords*, 205–6.

29 *EHD*, ii, 449–51. 相关评价可参见 J. Le Patourel, 'The Reports on the Trial on

Penenden Heath', *Studies in Medieval History Presented to Frederick Maurice Powicke*, ed. R. W Hunt, W. A. Pan tin and R. W Southern (Oxford, 1948); D. Bates, 'Land Pleas of William Is Reign: Penenden Heath Revisited', *Bulletin of the Institute of Historical Research*, 51 (1978), 1–19; A. Cooper, 'Extraordinary Privilege: The Trial of Penenden Heath and the Domesday Inquest', *EHR*, 116 (2001), 1167–92。

30　OV, ii, 266–7; Thomas of Marlborough, *History of the Abbey of Evesham*, 176–7; Fleming, *Kings and Lords*, 189–91.

31　OV, ii, 270–81 (cf. 94–5); E. M. C. van Houts, 'The Memory of 1066 in Written and Oral Traditions', *ANS*, 19 (1997), 176–7.

17　帝国的边界

1　OV, iii, 108–11; *ASC* D and E, 1079; JW, iii, 30–3.

2　OV, ii, 102–5, 110–13; Bates, *Conqueror*, 163; *The Register of Pope Gregory VII*, ed. H. E. Cowdrey (Oxford, 2002), 358–9.

3　*RRAN*, 81.

4　JW, iii, 30–7; Kapelle, *Norman Conquest of the North*, 138–40.

5　Ibid., 140–2; SD, *Libellus*, 218–21; SD, *History*, 152. 1080年7月，奥多在卡昂。E. Miller, 'The Ely Land Pleas in the Reign of William I', *EHR*, 62 (1947), 444, n2.

6　Barlow, *Confessor*, 174–5, 205; above, 226; *ASC* E, 1087.

7　Ibid.; K. Mew, 'The Dynamics of Lordship and Landscape as Revealed in a Domesday Study of the *Nova Foresta*', *ANS*, 23 (2001), 155. 关于总体上的描述，可参见C. R. Young, *The Royal Forests of Medieval England* (Leicester, 1979)。参见 D. Jørgensen, 'The Roots of the English Royal Forest', *ANS*, 32 (2010), 114–28。

8　JW, iii, 92–3; F. Baring, 'The Making of the New Forest', *EHR,* 16 (1901), 427–38. 同样可参见 OV, v, 282–5; WM, *Gesta Regum*, 504–5, 508–9。

9　Davies, *Age of Conquest*, 24–34; OV, ii, 260–3.

10　Davies, *Age of Conquest*, 33; D. Crouch, 'The Slow Death of Kingship in Glamorgan, 1067–1158', *Morgannwg*, 29 (1985), 20–8; *ASC* E, 1081.

11　Ibid.; *The History of Gruffydd ap Cynan*, trans. A. Jones (Manchester, 1910), 128–31.

12　*ASC* C and D, 1036; E, 1052; D and E, 1065; WM, *Saints' Lives,* 100–3.

13　Pelteret, 'Slave Raiding', 108–9; Wyatt, 'Significance of Slavery', 345–7.

14　WP, 174–5; *Carmen*, 12–13; WM, *Gesta Regum*, 496–9; Pelteret, 'Slave Raiding',

113; *EHD*, ii, 400.

15 *Chepstow Castle: Its History and Its Buildings*, ed. R. Turner and A. Johnson (Logaston, 2006), 15–42.

16 Ibid.; Fernie, *Architecture*, 61–7. 参见 *The History of the King's Works: The Middle Ages*, ed. H. M. Colvin (2 vols., HMSO, 1963), i, 32。

17 Fernie, *Architecture*, 55–61.

18 *RRAN*, 77, 81; Fernie, *Architecture*, 32–3, 84, 98, 117–21, 304–5. 同可参见 J. C. Holt, 'Colonial England, 1066–1215', idem, *Colonial England*, 7, 12。

19 P. Grierson, 'The Monetary System Under William I', *The Story of Domesday Book*, ed. R. W. H. Erskine and A. Williams (Chichester, 2003), 112–18.

20 OV, iii, 232–41.

21 *ASC* E, 1087.

18 末日审判

1 *ASC* E, 1082; OV, iv, xxvii–xxx, 38–45;WM, *Gesta Regum*, 506–7. 关于格里高利七世和亨利四世之间的矛盾，可参见 Holland, *Millennium*, 349–90。

2 *EHD*, ii, 644–9.

3 OV, iv, 38–45; WM, *Gesta Regum*, 506–7; *RRAN*, 77, 81.

4 WM, *Gesta Regum*, 501–3; OV, iv, 45–7.

5 OV, iii, 102–3, 112–13; iv, 80–1; WM, *Gesta Regum*, 502–3; Bates, *Conqueror*, 170.

6 Ibid., 161, 166, 170–2. 参见 Douglas, *Conqueror*, 243。

7 OV, iv, 48–9.

8 Above, 226, 270; *ASC* D and E, 1069, 1075; E, 1085; WM, *Gesta Regum*, 474–5, 480–1.

9 Ibid., 482–3; *ASC* E, 1085; JW, iii, 42–3.

10 WM, *Saints'Lives*, 130–1; J. R. Maddicott, 'Responses to the Threat of Invasion, 1085', *EHR*, 122 (2007), 986–91; *ASC* E, 1085.

11 Ibid.; Maddicott, 'Responses', 986, 991–5.

12 H. R. Loyn, 'A General Introduction to Domesday Book', *Story of Domesday Book*, ed. Erskine and Williams, 2; Carpenter, *Struggle for Mastery*, 103.

13 *EHD*, ii, 530; *Domesday Book: A Complete Translation*, ed. A. Williams and G. H. Martin (2002), vii; S. Baxter, 'Domesday Book', *BBC History Magazine*, 11 (August 2010), 24.

14 *EHD*, ii, 881–2; S. Baxter, 'The Making of Domesday Book and the Languages of Lordship in Conquered England', *Conceptualizing Multilingualism in England, c.800–c.1250*, ed. E. M. Tyler (Turnhout, 2012), 277–8, 299–303.

15 Carpenter, *Struggle for Mastery*, 103.

16 Baxter, 'Making of Domesday', 278–84; S. P. J. Harvey, 'Domesday Book and Anglo-Norman Governance', *TRHS*, 5th ser., 25 (1975), 175–93; idem, 'Domesday Book and Its Predecessors', *EHR*, 86 (1971), 753–73.

17 *EHD*, ii, 879–83; C. P. Lewis, 'The Domesday Jurors', *Haskins Society Journal*, 5 (1993), 18–19; R. Fleming, *Domesday Book and the Law* (Cambridge, 1998), 12.

18 Baxter, 'Making of Domesday', 284–7.

19 R. Lennard, *Rural England, 1086–1135* (Oxford, 1959), 155–6. 参见 Fleming, *Domesday Book and the Law*, 2–3。

20 R. Fleming, 'Domesday Book and the Tenurial Revolution', *ANS*, 9 (1987), 88, 101. Fleming 后来修改了她的估算结果。她认为，按照地理位置划分的封地占土地总量的比例不是"大约四分之一"，而是"三分之一强"。idem, *Kings and Lords*, 211–12.

21 Fleming, *Domesday Book and the Law*, 1; Abels, 'Sheriffs, Lord-Seeking', 33–6.

22 *EHD*, ii, 530, 851; Lewis, 'Domesday Jurors', 19.

23 Prestwich, *Place of War*, 114–15; *Domesday Book*, ed. Williams and Martin, 128, 1249.

24 Above, 24, 75; Barlow, *Confessor*, 106, n5.

25 *EHD*, ii, 483–6; J. A. Green, *The Aristocracy of Norman England* (Cambridge, 2002), 230.

26 Palmer, 'War and Domesday Waste', 256–78. Palmer 成功地驳倒了 D. M. Palliser。D. M. Palliser, 'Domesday Book and the Harrying of the North', *Northern History*, 29 (1993), 1–23; *History of the King's Works*, ed. Colvin, i, 24; *Domesday Book*, ed. Williams and Martin, 716–17, 882–3.

27 WM, *Gesta Regum*, 464–5; SD, *History*, 137; Palmer, 'War and Domesday Waste', 273–4.

28 S. Baxter, 'Lordship and Labour', *A Social History of England, 900–1200*, ed. J. Crick and E. van Houts (Cambridge, 2011), 104–7; *Domesday Book*, ed. Williams and Martin, 409; *ASC* E, 1087; *EHD*, ii, 882.

29 Fleming, *Kings and Lords*, 123–6; Baxter, 'Lordship and Labour', 105; R. Faith, *The English Peasantry and the Growth of Lordship* (1997), 215.

30 Baxter, 'Lordship and Labour', 104, 107, 109–10; idem, 'Domesday Bourn', in D. Baxter, *Medieval Bourn* (Cambridge, 2008), 35–45; *ASC* E, 1087.

31 S. P. J. Harvey, 'Taxation and the Economy', *Domesday Studies*, ed. J. C. Holt (Woodbridge 1987), 256–62.

32 Loyn, 'General Introduction', 14; *EHD*, ii, 484.

33 *ASC* E, 1083.

34 *ASC* E, 1085; Harvey, 'Domesday Book and Anglo-Norman Governance', 181; N. J. Higham, 'The Domesday Survey: Context and Purpose', *History*, 78 (1993), 14–16.

35 F.W. Maitland, *Domesday Book and Beyond* (new edn, 1960), 27–8. 也可参见 P. Hyams, '"No Register of Title": The Domesday Inquest and Land Adjudication', *ANS*, 9 (1987), 127–41; Maddicott, 'Responses', 996–7。

36 J. C. Holt, '1086', *Domesday Studies*, ed. Holt, 48.

37 *ASC* E, 1086; JW, iii, 44–5.

38 Above, 233, 259; *History of the King's Works*, ed. Colvin, i, 824–5.

39 J. J. N. Palmer, 'The Wealth of the Secular Aristocracy in 1086', *ANS*, 22 (2000), 279, 286, 290; Garnett, *Short Introduction*, 84–8.

40 *EHD*, ii, 453–4.

41 Ibid., 601–3. 据说，这个名叫阿尔弗雷德的证人是布列塔尼人。

42 Williams, *English and the Norman Conquest*, 99, 105 (cf. Green, *Aristocracy*, 61–2); Carpenter, *Struggle for Mastery,* 79; Baxter, 'Domesday Book', 27.

43 Carpenter, *Struggle for Mastery*, 81.

44 Clarke, *English Nobility*, 32–3.

45 OV, iii, 214–17; Baxter, 'Domesday Book', 27 (cf. Fleming, *Kings and Lords*, 219).

46 Fleming, *Kings and Lords*, 58–71, 219–28, but cf. Baxter, *Earls of Mercia*, 128–38.

47 Fleming, *Kings and Lords*, 227–8; Carpenter, *Struggle for Mastery,*81.

48 Holt, '1086', 41–64; Garnett, *Short Introduction*, 83–8; Carpenter, *Struggle for Mastery*, 105.

49 Ibid., 83–7; Holt, '1086', 50–5.

50 Garnett, *Conquered England*, 354; S. Reynolds, *Fiefs and Vassals* (Oxford, 1994), 345.

51 F. and C. Thorn, 'The Writing of Great Domesday Book', *Domesday Book*, ed. E.

Hallam and D. Bates (Stroud, 2001), 38, 70; *EHD*, ii, 853. 参见 D. Roffe, *Domesday: The Inquest and the Book* (Oxford, 2000)。他认为，这本书是在威廉·鲁弗斯统治期间写的。

52 V. H. Galbraith, *The Making of Domesday Book* (Oxford, 1961), 223–30; *EHD*, ii, 851.

53 *ASC* E, 1086; WM, *Gesta Regum*, 482–3; JW, iii, 44–5; OV, iv, 52–3, 80–1.

54 Thorn, 'Writing of Great Domesday Book', 72.

19 死亡与评价

1 *ASC* E, 1087; *EHD*, ii, 280; WM, *Gesta Regum*, 510–11.

2 OV, iv, 78–9.

3 Bates, *Conqueror*, 158–9; OV, iv, 74–5.

4 WM, *Gesta Regum*, 510–11; OV, iv, 78–9; *ASC* E, 1087.

5 WM, *Gesta Regum*, 510–11; OV, iv, 78–81, 96–101, 106–7; JW, ii, 46–7. 奥德里克的记述也见于 *EHD*, ii, 281–9。

6 OV, iv, 80–1, 92–5, 100–1; B. English, 'William the Conqueror and the Anglo-Norman Succession', *Historical Research*, 64 (1991), 221–36.

7 OV, iv, 78–9; 100–7.

8 Ibid., 78–9, 106–9.

9 OV, ii, 134–7, 268–9; iv, 94–5.

10 Van Houts, 'Norman Conquest through European Eyes', 841, 845, 848–53.

11 Eadmer, 9; *ASC* E, 1087. 现存的 *ASC* E 的手稿是 1121 年写于彼得伯勒的 (Gransden, *Historical Writing*, 93)，但是，它有早期版本。我们尤其要关注这本书的编写者在 1087 年的条目下所写的内容，即威廉·鲁弗斯成为国王，而亨利得到了不可计数的财宝。这表明，编写者并不知道亨利会在 1100 年继位。

12 E. Fernie, 'The Effect of the Conquest on Norman Architectural Patronage', *ANS*, 9 (1987), 71–85; Garnett, *Short Introduction*, 103.

13 Eales, 'Royal Power and Castles', 54–63.

14 Garnett, *Short Introduction*, 6, 46–56.

15 Fleming, *Kings and Lords*, 109–20; *ASC* E, 1087.

16 HH, 31.

17 WM, *Gesta Regum*, 456–61.

18 Above, 39–40, 61–2, 76; *GND*, ii, 58–61.

19 J. C. Holt, 'What's in a Name? Family Nomenclature and the Norman Conquest', idem, *Colonial England*, 179–96.

20 Holt, 'Colonial England', 4–5,18–19; Carpenter, *Struggle for Mastery,* 85; van Houts, 'Norman Conquest through European Eyes', 841.

21 Pelteret, *Slavery*, 205; Wyatt, 'Significance of Slavery', 345–7; *Councils and Synods*, ii, 678; Gillingham, *English in the Twelfth Century*, xvii–xviii, 266.

22 *ASC* E, 1087; Gillingham, '1066 and the Introduction of Chivalry', 223; Morris, *Great and Terrible King*, 358, 377.

23 WM, *Gesta Regum*, 460–1; Barlow, *English Church, 1000–1066,* 289–308; J. Blair, *The Church in Anglo-Saxon Society* (Oxford, 2005), 407–17.

24 Clanchy, *England and Its Rulers*, 69; J. Burton, *Monastic and Religious Orders in Britain, 1000–1300* (Cambridge, 1994), 31–3.

25 J. Gillingham, 'The Beginnings of English Imperialism'; idem, 'Conquering the Barbarians: War and Chivalry in Twelfth-Century Britain and Ireland', both in idem, *English in the Twelfth Century*, 3–18, 41–58.

26 WM, *Gesta Regum*, 456–7 (cf. *EHD*, ii, 290); WM, *Saints' Lives,* 122–3.

27 S. K. Brehe, 'Reassembling the First Worcester Fragment', *Speculum,* 65 (1990), 530–1, 535–6. H. M. Thomas针对征服者对语言的影响做了一个简明扼要的总结。参见 H. M. Thomas, *The Norman Conquest: England After William the Conqueror* (Lanham, USA, 2008), 131–8。

28 28 OV, iv, 94–5; HH, 31.

29 Ibid.; OV, ii, 268–9; WM, *Gesta Regum*, 456–61; Eadmer, 3, 9; *ASC* D, 1066; E, 1087.

30 *VER*, 108–11.

20　绿树预言

1 *VER*, 116–23.

2 G. Garnett, *'Franci et Angli*: The Legal Distinctions Between Peoples After the Conquest', *ANS*, 8 (1986), 113; HH, 31; *Domesday Book,* ed. Williams and Martin, 1248; *ASC* E, 1087.

3 Carpenter, *Struggle for Mastery*, 128–38.

4 *DNB* Edgar Ætheling; OV, v, 270–3; JW, iii, 46–7.

5 D. Bates, 'Normandy and England after 1066', *EHR*, 104 (1989), 866–8; Bates, *Conqueror*, no (145/239 months = 60%); R. Bartlett, *England Under the Norman*

and Angevin Kings, 1075–1225 (Oxford, 2000), 12.

6　Van Houts, 'Norman Conquest Through European Eyes', 837–8.

7　*ASC* E, 1107; WM, *Gesta Regum*, 414–15.

8　Thomas, *English and the Normans*, 203–8; R. Huscroft, *The Norman Conquest: A New Introduction* (2009), 301.

9　Rubenstein, 'Liturgy Against History', 282, 289; Garnett, *Short Introduction*, 12.

10　L. Reilly, 'The Emergence of Anglo-Norman Architecture: Durham Cathedral', *ANS*, 19 (1997), 335–51. 关于一个更为笼统的叙述，可参见 Fernie, *Architecture*, 34–41。

11　*DNB* William of Malmesbury; HH, 4. 早在 1073 年，兰弗朗克就把他自己描述为"新英格兰人"（novus Anglicus）了，但是这可能是一种讽刺的说法。

12　H. M. Thomas, 'The *Gesta Herwardi*, the English and their Conquerors', *ANS*, 21 (1998), 213–32. Thomas 谨慎地认为，《赫里沃德传》是在 1109 至 1174 年间写成的，但是其他人（例如 Williams, *English and the Norman Conquest*, 49n）则认为，这本书写于 1109 至 1131 年。

13　*DNB* William of Malmesbury; I. Short, 'Patrons and Polyglots: French Literature in Twelfth-Century England', *ANS*, 14 (1992), 229–30; *DNB* Gaimar.

14　Carpenter, *Struggle for Mastery*, 7–8, 83; Lewis, 'Domesday Jurors', passim; C.-J. N. Bailey and K. Maroldt, 'The French Lineage of English', *Pidgins–Creoles–Languages in Contact*, ed. J. Meisel (Tübingen, 1977), 21–53. 参见 I. Singh, *The History of English: A Student's Guide* (Oxford, 2005), 127–36。

15　Williams, *English and the Norman Conquest*, 198–200; *Domesday Book*, ed. Williams and Martin, 1147; E. Searle, 'Women and the Legitimization of Succession at the Norman Conquest', *ANS*, 3 (1981), 159–71; *EHD*, ii, 176.

16　E. Cownie. 'The Normans as Patrons of English Religious Houses, 1066–1135', *ANS*, 18 (1996), 47–62; B. Golding, 'Anglo-Norman Knightly Burials', *Medieval Knighthood I* (1986), 35–48.

17　Crouch, *Normans*, 160; *Handbook of British Chronology*, ed. E. B. Fryde, D. E. Greenway, S. Porter and I. Roy (3rd edn, 1986), 235; WM, *Gesta Regum*, 8–9, 716–17.

18　*ASC* E, 1137.

19　I. Short, '*Tam Angli quam Franci:* Self-Definition in Anglo-Norman England', *ANS*, 18 (1996), 172; Barlow, *Confessor*, 280–1; *VER,* xxxvii.

20　Ashe, *Fiction and History*, 32–3.

21 Bartlett, *England Under the Norman and Angevin Kings*, 12.

22 Ashe, *Fiction and History*11–14, 为我们作了一个很好的简短的介绍。关于更为具体的分析，参见 J. Hudson, The Formation of the English Common Law (1996) and P. Brand, *The Making of the Common Law* (1992)。

23 Short, *'Tam Angli'*, 155–8; *EHD*, ii, 523.

24 Ibid.; Carpenter, *Struggle for Mastery*, 6–7. 这句话引自 *Magna Vitae Sancti Hugonis*, ed. D. L. Douie and D. H. Farmer (2 vols., Oxford, 1961), ii, 113–14。在这里，"怯懦"被翻译为"谨慎"。

25 Carpenter, *Struggle for Mastery*, 8; S. Reynolds, *Kingdoms and Communities in Western Europe, 900–1300* (Oxford, 1997), 268.

26 D. A. Carpenter, 'King Henry III and Saint Edward the Confessor: The Origins of the Cult', *EHR*, 122 (2007), 865–91; R. M. Wilson, 'English and French in England, 1100–1300', *History*, 28 (1943), 46, 56; Morris, *Great and Terrible King,* passim.

27 Holt, 'Colonial England', 13; Williams, *English and the Norman Conquest*, 217–18.

参考文献

（除非另外说明，出版地皆为伦敦；按首字母排序）

原始文献

Adam of Bremen, *History of the Archbishops of Hamburg-Bremen,* trans. F. J. Tschan (Columbia, 2002).

The Anglo-Saxon Chronicle, ed. G. N. Garmonsway (new edn, 1972).

'The *Brevis Relatio de Guillelmo nobilissimo comite Normannorum',* ed. E. van Houts, idem, *History and Family Traditions in England and the Continent, 1000–1200* (Aldershot, 1999).

The Carmen de Hastingae Proelio of Guy, Bishop of Amiens, ed. F. Barlow (Oxford, 1999).

The Carmen de Hastingae Proelio of Guy, Bishop of Amiens, ed. C. Morton and H. Muntz (Oxford, 1972).

The Chronicle of Battle Abbey, ed. and trans. E. Searle (Oxford, 1980).

The Chronicle of John of Worcester, ed. R. R. Darlington and P. McGurk, trans. J. Bray and P. McGurk (3 vols., Oxford, 1995, 1998, forthcoming).

Chronicles of the Reigns of Stephen, Henry II and Richard I, ed. R. Howlett (4 vols., Rolls Ser., 1884–89).

Chroniques des Comtes d'Anjou et des Seigneurs d'Amboise, ed. L. Halphen and R. Poupardin (Paris, 1913).

Domesday Book: A Complete Translation, ed. A. Williams and G. H. Martin (2002).

Eadmer's History of Recent Events in England, ed. G. Bosanquet (1964). *The Ecclesiastical History of Orderic Vitalis,* ed. M. Chibnall (6 vols., Oxford, 1968–80).

Encomium Emmae Reginae, ed. A. Campbell and S. Keynes (Cambridge, 1998).

English Historical Documents, c.500–1042 (2nd edn, 1979).

English Historical Documents, 1042–1189, ed. D. C. Douglas and G. W Greenaway (1953).

Geffrei Gaimar, *Estoire des Engleis,* ed. and trans. I. Short (Oxford, 2009).

Gerald of Wales, *The Journey through Wales and the Description of Wales,* trans. L. Thorpe (1978).

The Gesta Guillelmi of William of Poitiers, ed. R. H. C. Davis and M. Chibnall (Oxford, 1998).

The Gesta Normannorum Ducum of William of Jumièges, Orderic Vitalis and Robert of Torigni, ed. E. M. C. van Houts (2 vols., Oxford, 1992–5).

Henry of Huntingdon, *The History of the English People 1000–1154,* ed. and trans. D. Greenway (Oxford, 2002).

Historia Ecclesie Abbendonensis: The History of the Church of Abingdon, ed. J. Hudson (2 vols., Oxford, 2002, 2007).

The History of Gruffydd ap Cynan, trans. A. Jones (Manchester, 1910).

Hugh the Chanter, *The History of the Church of York, 1066–1127* (Oxford, 1990).

The Letters and Poems of Fulbert of Chartres, ed. F. Behrends (Oxford, 1976).

The Letters of Lanfranc, Archbishop of Canterbury, ed. and trans. V. H. Clover and M. T. Gibson (Oxford, 1979).

Liber Eliensis, ed. E. O. Blake (Camden Soc, 3rd sen, 92, 1962).

Liber Eliensis: A History of the Isle of Ely, trans. J. Fairweather (Woodbridge, 2005).

The Life of King Edward Who Rests at Westminster, ed. F. Barlow (2nd edn, Oxford, 1992).

Magna Vitae Sancti Hugonis, ed. D. L. Douie and D. H. Farmer (2 vols., Oxford, 1961).

Matthew Paris, *Historia Anglorum,* ed. F. Madden (3 vols., Rolls Ser., 1866–9).

Recueil des actes des ducs de Normandie de 911 à 1066, ed. M. Fauroux (Caen, 1961).

Regesta Regum Anglo-Normannorum: The Acta of William I (1066–1087), ed. D. Bates (Oxford, 1998).

The Register of Pope Gregory VII, ed. H. E. Cowdrey (Oxford, 2002).

Rodulfus Glaber, Historiarum Libri Quinque, ed. J. France, N. Bulst and P. Reynolds (2nd edn, Oxford, 1993).

Simeon of Durham, *History of the Kings of England,* trans. J. Stevenson (facsimile reprint, Lampeter, 1987).

Simeon of Durham, *Libellus de Exordio atque Procursu istius, hoc est Dunhelmensis,* ed. D. Rollason (Oxford, 2000).

Snorri Sturluson, *King Harald's Saga,* ed. M. Magnusson and H. Pálsson (1966).

Thomas of Marlborough, *History of the Abbey of Evesham,* ed. and trans. J. Sayers and L. Watkiss (Oxford, 2003).

'La Vie de S. Edouard le Confesseur par Osbert de Clare', ed. M. Bloch, *Analecta Bollandiana,* 41 (1923).

The Waltham Chronicle, ed. and trans. I. Watkiss and M. Chibnall (Oxford 1992).

William of Malmesbury, *Gesta Pontificum Anglorum,* I, ed. and trans. M. Winterbottom (Oxford, 2007).

William of Malmesbury, *Gesta Regum Anglorum,* I, ed. and trans. R. A. B. Mynors, R. M. Thomson and M. Winterbottom (Oxford, 1998).

William of Malmesbury, *Saints' Lives,* ed. M. Winterbottom and R. M. Thomson (Oxford, 2002).

二手文献（引用）

Abels, R., 'Sheriffs, Lord-Seeking and the Norman Settlement of the South-East Midlands', *ANS,* 19 (1997).

The Anglo-Saxons, ed. J. Campbell (1982).

Arnold, M., *The Vikings: Culture and Conquest* (2006).

Ashe, L., *Fiction and History in England* (Cambridge, 2007).

Bachrach, B., 'On the Origins of William the Conqueror's Horse Transports', *Technology and Culture,* 26 (1985).

——'Some Observations on the Military Administration of the Norman Conquest', *ANS,* 8 (1986).

Bailey, C.J. N., and Maroldt, K., 'The French Lineage of English', *Pidgins—Creoles—Languages in Contact,* ed. J. Meisel (Tübingen, 1977).

Barber, R., 'The Norman Conquest and the Media', *ANS,* 26 (2004).

Baring, F., 'The Conqueror's Footprints in Domesday', *EHR,* 13 (1898).

——'The Making of the New Forest', *EHR,* 16 (1901).

Barlow, F., 'Two Notes: Cnut's Second Pilgrimage and Balow, F., 'Two Notes: Cnut's Second Pilgrimage and Queen Emma's Disgrace in 1043', *EHR,* 73 (1958).

——*The English Church, 1000–1066* (2nd edn, 1979).

——*The English Church, 1066–1154* (1979).

——*Edward the Confessor* (new edn, 1997).

Bartlett, R., *The Making of Europe: Conquest, Colonization and Cultural Change, 950–1350* (1993).

——*England Under the Norman and Angevin Kings, 1075–1225* (Oxford, 2000).

Bates, D., 'The Character and Career of Odo, Bishop of Bayeux (1049/50–1097)', *Speculum,* 50 (1975).

——'Land Pleas of William I's Reign: Penenden Heath Revisited', *Bulletin of the Institute of Historical Research,* 51 (1978).

——*Normandy before 1066* (Harlow, 1982).

——'The Origins of the Justiciarship', *ANS,* 4 (1982).

——'Normandy and England After 1066', *EHR,* 104 (1989).

——*William the Conqueror* (1989).

——'The Conqueror's Adolescence', *ANS,* 25 (2003).

——'1066: Does the Date Still Matter?', *Historical Research,* 78 (2005).

——'The Conqueror's Earliest Historians and the Writing of his Biography', *Writing Medieval Biography 750–1250: Essays in Honour of Professor Frank Barlow,* ed. D. Bates, J. Crick and S. Hamilton (Woodbridge, 2006).

The Battle of Maldon AD 991, ed. D. Scragg (Oxford 1991).

Baxter, S., *The Earls of Mercia: Lordship and Power in Late Anglo-Saxon England* (Oxford, 2007).

——'MS C of the Anglo-Saxon Chronicle and the Politics of Mid-Eleventh-Century England', *EHR,* 122 (2007).

——'Domesday Bourn', in D. Baxter, *Medieval Bourn* (Cambridge, 2008).

——'Edward the Confessor and the Succession Question', *Edward the Confessor,* ed. R. Mortimer (Woodbridge, 2009).

——'Domesday Book', *BBC History Magazine,* 11 (August 2010).

——'Lordship and Labour', *A Social History of England, 900–1200,* ed. J. Crick and E. van Houts (Cambridge, 2011).

——'The Making of Domesday Book and the Languages of Lordship in Conquered England', *Conceptualizing Multilingualism in England, C.800–C.1250,* ed. E. M. Tyler (Turnhout, 2012).

The Bayeux Tapestry: Embroidering the Facts of History, ed. P. Bouet, B. Levy and F. Neveux (Caen, 2004).

The Bayeux Tapestry: New Approaches, ed. M. J. Lewis, G. R. Owen-Crocker and D. Terkla (Oxford, 2011).

The Bayeux Tapestry: New Interpretations, ed. M. K. Foys, K. E. Overbey and D. Terkla (Woodbridge, 2009).

Baylé, M., 'Les Ateliers de Sculpture de Saint-Etienne de Caen au 11° et au 12° Siecles', *ANS,* 80 (1988).

Bernstein, D. J., 'The Blinding of Harold and the Meaning of the Bayeux Tapestry', *ANS,* 5 (1983).

——*The Mystery of the Bayeux Tapestry* (1986).

Bisson. T. N., Barthèlemy, D, White, S. D, Wickham, C, and Reuter, T., 'The "Feudal Revolution"', *Past and Present,* 142 (1994); 152 (1996); 155 (1997).

The Blackwell Encyclopaedia of Anglo-Saxon England, ed. M. Lapidge et al. (Oxford, 1999).

Blair, J., *The Church in Anglo-Saxon Society* (Oxford, 2005).

Bozoky, E., 'The Sanctity and Canonisation of Edward the Confessor', *Edward the Confessor: The Man and the Legend,* ed. R. Mortimer (Woodbridge, 2009).

Brand, P., *The Making of the Common Law* (1992).

Brehe, S. K., 'Reassembling the First Worcester Fragment', *Speculum,* 65 (1990).

Brooke, C. N. L., 'Archbishop Lanfranc, the English Bishops and the Council of London of 1075', *Studia Gratiana,* 12 (1967).

Brown, R. A., *English Castles* (2nd edn, 1976).

——*The Normans and the Norman Conquest* (2nd edn, Woodbridge, 1985).

——'The Battle of Hastings', *The Battle of Hastings: Sources and Interpretations,* ed. S. Morillo (Woodbridge, 1996).

Brown, S. A., *The Bayeux Tapestry: History and Bibliography* (Woodbridge, 1988).

Burton, J., *Monastic and Religious Orders in Britain, 1000–1300* (Cambridge, 1994).

Butler, L., 'The Origins of the Honour of Richmond and its Castles', *Anglo-Norman Castles,* ed. R. Liddiard (Woodbridge, 2003).

Carpenter, D. A., *The Struggle for Mastery: Britain 1066–1284* (2003).

——'King Henry III and Saint Edward the Confessor: The Origins of the Cult', *EHR,* 122 (2007).

Chepstow Castle: Its History and Its Buildings, ed. R. Turner and A. Johnson (Logaston, 2006).

Chibnall, M., *Anglo-Norman England, 1066–1166* (Oxford, 1986).

——'Military Service in Normandy Before 1066', *Anglo-Norman Warfare* (Woodbridge, 1992).

——*The Debate on the Norman Conquest* (Manchester, 1999).

Clanchy, M. T, *England and Its Rulers, 1066–1272* (2nd edn, Oxford, 1998).

Clarke, H. B., 'The Domesday Satellites', *Domesday Book: A Re-assessment,* ed. P. H. Sawyer (1985).

Clarke, P. A., *The English Nobility under Edward the Confessor* (Oxford, 1994).

Cooper, A., 'Extraordinary Privilege: The Trial of Penenden Heath and the Domesday Inquest', *EHR,* 116 (2001).

Councils and Synods with Other Documents Relating to the English Church, I, *871–1204,* ed. D. Whitelock, M. Brett and C. N. L. Brooke (2 vols., Oxford 1981).

Cowdrey, H. E. J., 'The Peace and Truce of God in the Eleventh Century', *Past and Present,* 46 (1970).

——'The Anglo-Norman *Laudes Regiae', Viator,* 12 (1981).

Cownie, E., 'The Normans as Patrons of English Religious Houses, 1066–1135', *ANS,* 18 (1996).

Crouch, D., 'The Slow Death of Kingship in Glamorgan, 1067–1158', *Morgannwg,* 29 (1985).

——*The Normans* (2002).

——*The Birth of Nobility: Constructing Aristocracy in England and France 900–1300* (Harlow, 2005).

Cutler, K. E., 'The Godwinist Hostages: The Case for 1051', *Annuale Mediaevale,* 12 (1972).

Dalton, P., *Conquest, Anarchy and Lordship: Yorkshire, 1066–1154* (Cambridge, 1994).

Davies, R. R., *Age of Conquest: Wales, 1063–1415* (Oxford, 2000).

——*The First English Empire: Power and Identities in the British Isles, 1093–1343* (Oxford, 2000).

Davis, R. H. C., 'The Warhorses of the Normans', *ANS,* 10 (1988).

——'William of Poitiers and his History of William the Conqueror', idem, *From Alfred the Great to Stephen* (1991).

Dennis, C., 'The Strange Death of King Harold II', *The Historian* (2009).

DeVries, K., *The Norwegian Invasion of England in 1066* (Woodbridge, 1999)

Dewhurst, J., 'A Historical Obstetric Enigma: How Tall Was Matilda?', *Journal of Obstetrics and Gynaecology,* 1 (1981).

Douglas, D. C., 'The Earliest Norman Counts', *EHR,* 61 (1946).

——'Some Problems of Early Norman Chronology', *EHR,* 65 (1950).

——'Edward the Confessor, Duke William of Normandy, and the English Succession', *EHR,* 68 (1953).

——*William the Conqueror: The Norman Impact Upon England* (1964).

Dunbabin, J., *France in the Making, 843–1180* (2nd edn, Oxford, 2000).

Eales, R., 'Royal Power and Castles in Norman England', *The Ideals and Practice of Medieval Knighthood III,* ed. C. Harper-Bill and R. Harvey (Woodbridge, 1990).

English, B., 'William the Conqueror and the Anglo-Norman Succession', *Historical Research,* 64 (1991).

——'Towns, Mottes and Ring-Works of the Conquest', *The Medieval Military Revolution,* ed. A. Ayton and J. L. Price (1995).

Faith, R., *The English Peasantry and the Growth of Lordship* (1997).

Fernie, E., 'The Effect of the Conquest on Norman Architectural Patronage', *ANS,* 9 (1987).

——*The Architecture of Norman England* (Oxford, 2000).

——'Edward the Confessor's Westminster Abbey', *Edward the Confessor,* ed. R. Mortimer (Woodbridge, 2009).

Fleming, R., 'Domesday Book and the Tenurial Revolution', *ANS,* 9 (1987).

——*Kings and Lords in Conquest England* (Cambridge, 1991).

——*Domesday Book and the Law* (Cambridge, 1998).

Fletcher, R., *Bloodfeud: Murder and Revenge in Anglo-Saxon England* (2002).

Foot, S., 'The Making of *Angelcynn:* English Identity before the Norman Conquest', *TRHS,* 6th ser., vi (1996).

Foys, M. K., 'Pulling the Arrow Out: The Legend of Harold's Death and the Bayeux Tapestry', *The Bayeux Tapestry,* ed. M. K. Foys, K. E. Overbey and D. Terkla (Woodbridge, 2009).

Freeman, E. A., *The History of the Norman Conquest of England* (6 vols., Oxford, 1867–79).

Galbraith, V. H., *The Making of Domesday Book* (Oxford, 1961).

Garnett, G., 'Coronation and Propaganda: Some Implications of the Norman Claim to the Throne of England in 1066', *TRHS,* 5th ser., 36 (1986).

——'Franci et Angli: The Legal Distinctions Between Peoples After the Conquest', *ANS,* 8 (1986).

——'The Origins of the Crown', *The History of English Law: Centenary Essays on*

'Pollock and Maitland', ed. J. Hudson (Proc. of the British Academy, 89, 1996).

——'The Third Recension of the English Coronation *ordo:* The Manuscripts', *Haskins Society Journal,* 11 (2003).

——*Conquered England: Kingship, Succession and Tenure, 1066–1166* (Oxford, 2007).

——*The Norman Conquest: A Very Short Introduction* (Oxford, 2009).

Gem, R., 'Craftsmen and Administrators in the Building of the Confessor's Abbey', *Edward the Confessor,* ed. R. Mortimer (Woodbridge, 2009).

Gillingham, J., '"The Most Precious Jewel in the English Crown": Levels of Danegeld and Heregeld in the Early Eleventh Century', *EHR,* 104 (1989).

——'Chronicles and Coins as Evidence for Levels of Tribute and Taxation in Later Tenth and Early Eleventh-Century England', *EHR,* 105 (1990).

——'William the Bastard at War', *The Battle of Hastings: Sources and Interpretations,* ed. S. Morillo (Woodbridge, 1996).

——*The English in the Twelfth Century* (Woodbridge, 2000) 中包括以下截至 2000 年发表的所有论文。论文原本的出版地已注明，但我在这里注明的页码是论文集的页码。

——'The Introduction of Knight Service into England', *ANS,* 4 (1982), 53–64, 181–7.

——'The Beginnings of English Imperialism', *Journal of Historical Sociology,* 5 (1992), 392–409.

——'Conquering the Barbarians: War and Chivalry in Twelfth-Century Britain and Ireland', *Haskins Society Journal,* 4 (1993), 67–84.

——'1066 and the Introduction of Chivalry into England', *Law and Government in Medieval England and Normandy: Essays in Honour of Sir James Holt* (Cambridge, 1994), 31–55.

——'"Slaves of the Normans?": Gerald de Barri and Regnal Solidarity in Early Thirteenth-Century.

England', *Law, Laity and Solidarities: Essays in Honour of Susan Reynolds,* ed. P. Stafford, J. L. Nelson and J. Martindale (Manchester, 2001).

——'"Holding to the Rules of War *(Bellica Iura Tenentes)*": Right Conduct Before, During and After Battle in North-Western Europe in the Eleventh Century', *ANS,* 29 (2007).

Gillmor, C. M., 'Naval Logistics of the Cross-Channel Operation, 1066', *ANS,* 7 (1984).

Golding, B., 'Anglo-Norman Knightly Burials', *Medieval Knighthood I* (1986).

——*Conquest and Colonisation: The Normans in Britain, 1066–1100* (2nd edn, Basingstoke, 2001).

Grainge, C. and G., 'The Pevensey Expedition: Brilliantly Executed Plan or Near Disaster?', *The Battle of Hastings,* ed. S. Morillo (Woodbridge, 1996).

Gransden, A., *Historical Writing in England, c.550 to c.1307* (1974).

Green, J. A., 'The Sheriffs of William the Conqueror', *ANS*, 5 (1983).

——*The Aristocracy of Norman England* (Cambridge, 2002).

Grierson, P., 'A Visit of Earl Harold to Flanders in 1056', *EHR*, 51 (1936).

——'The Relations Between England and Flanders Before the Norman Conquest', *TRHS,* 4th ser., 23 (1941).

——'The Monetary System Under William I', *The Story of Domesday Book*, ed. R. W H. Erskine and A. Williams (Chichester, 2003).

Hallam, E., and Everard, J., *Capetian France, 987–1328* (2001).

Handbook of British Chronology, ed. E. B. Fryde, D. E. Greenway, S. Porter and I. Roy (3rd edn, 1986).

Hare, M., 'Cnut and Lotharingia: Two Notes', *Anglo-Saxon England*, 29 (2000).

Hart, C., 'The Bayeux Tapestry and Schools of Illumination at Canterbury', *ANS*, 22 (2000).

——'The Cicero-Aratea and the Bayeux Tapestry', *King Harold II and the Bayeux Tapestry*, ed. G. R. Owen-Crocker (Woodbridge, 2005).

Harvey, S. P. J., 'Domesday Book and Its Predecessors', *EHR*, 86 (1971).

——'Domesday Book and Anglo-Norman Governance', *TRHS*, 5th ser., 25 (1975).

——'Taxation and the Economy', *Domesday Studies*, ed. J. C. Holt, (Woodbridge 1987).

Hayward, P. A., 'Translation Narratives in Post-Conquest Hagiography and English Resistance to the Norman Conquest', *ANS*, 21 (1999).

The Heads of Religious Houses: England and Wales, I, 940–1216, ed. D. Knowles, C. N. L. Brooke and V. M. C. London (2nd edn, Cambridge, 2001).

Hicks, C., *The Bayeux Tapestry: The Life Story of a Masterpiece* (2006).

Higham, N. J., *The Kingdom of Northumbria, AD 350–1100* (Stroud, 1993).

——'The Domesday Survey: Context and Purpose', *History*, 78 (1993).

The History of the King's Works: The Middle Ages, ed. H. M. Colvin (2 vols., HMSO, 1963).

Holland, T., *Millennium* (2008).

Hollister, C. W, *Henry I* (Yale, 2001).

Holt, J. C., '1086', *Domesday Studies*, ed. idem (Woodbridge 1987).

——'The Introduction of Knight Service in England', idem, *Colonial England* (1997).

——'What's in a Name? Family Nomenclature and the Norman Conquest', idem, *Colonial England* (1997).

——'Colonial England, 1066–1215', idem, *Colonial England* (1997).

Hooper, N., 'The Housecarls in England in the Eleventh Century', *ANS*, 7 (1985).

Hudson, J., *The Formation of the English Common Law* (1996).

Huscroft, R., *The Norman Conquest: A New Introduction* (2009).

Hyams, P., '"No Register of Title": The Domesday Inquest and Land Adjudication', *ANS*, 9 (1987).

Itinerary of Edward I, ed. E. W. Safford (3 vols., List and Index Society, 103, 132, 135, 1974–7).

John, E., 'Edward the Confessor and the Norman Succession', *EHR*, 94 (1979).

Jones, C., *The Forgotten Battle of 1066: Fulford*, (Stroud, 2006).

Jørgensen, D., 'The Roots of the English Royal Forest', *ANS*, 32 (2010).

Kapelle, W. E., *The Norman Conquest of the North* (1979).

Keats-Rohan, K. S. B., 'William the Conqueror and the Breton contingent in the non-Norman Conquest, 1066–1086', *ANS*, 13 (1991).

Kemble, J. M., *The Saxons in England* (1849).

Keynes, S., 'The Crowland Psalter and the Sons of King Edmund Ironside', *Bodleian Library Record*, 6 (1985).

——'The Æthelings in Normandy', *ANS*, 13 (1991).

——'Cnut's Earls', *The Reign of Cnut: King of England, Denmark and Norway*, ed. A. R. Rumble (1994).

——'Giso, Bishop of Wells (1061–88)', *ANS*, 19 (1996).

——'Edward the Ætheling *(c.* 1005–16), *Edward the Confessor*, ed. R. Mortimer (Woodbridge, 2009).

Keynes, S. and Love, R., 'Earl Godwine's Ship', *Anglo-Saxon England*, 38 (2009).

King Harold II and the Bayeux Tapestry, ed. G. R. Owen-Crocker (Woodbridge, 2005).

Larson, L. M., 'The Political Policies of Cnut as King of England', *American Historical Review*, 15 (1910).

Lavelle, R., *Aethelred II: King of the English, 978–1016* (Stroud, 2008).

Lawson, M. K., 'The Collection of Danegeld and Heregeld in the Reigns of Æthelred II and Cnut', *EHR*, 99 (1984).

——'"Those Stories Look True": Levels of Taxation in the Reigns of Æthelred and Cnut', *EHR*, 104 (1989).

——'Danegeld and Heregeld Once More', *EHR*, 105 (1990).

——*Cnut: The Danes in England in the Early Eleventh Century* (1993).

——*The Battle of Hastings 1066* (Stroud, 2002).

Lennard, R., *Rural England, 1086–1135* (Oxford, 1959).

Le Patourel, J., 'Geoffrey of Montbray, Bishop of Coutances, 1049–93', 59 (1944).

——'The Reports on the Trial on Penenden Heath', *Studies in Medieval History Presented to Frederick Maurice Powicke*, ed. R. W. Hunt, W. A. Pantin and R. W. Southern (Oxford, 1948).

Lewis, C. P., 'The Early Earls of Norman England', *ANS*, 13 (1991).

——'The Domesday Jurors', *Haskins Society Journal*, 5 (1993).

Lewis, M. J., *The Real World of the Bayeux Tapestry* (Stroud, 2008).

Liddiard, R., *Castles in Context: Power, Symbolism and Landscape, 1066 to 1500* (Macclesfield, 2005).

The Life and Letters of Edward A. Freeman, ed. W. R. W. Stephens (2 vols., 1895).

Loyn, H. R., 'A General Introduction to Domesday Book', *The Story of Domesday Book*, ed. R. W. H. Erskine and A. Williams (Chichester, 2003).

Mack, K., 'Changing Thegns: Cnut's Conquest and the English Aristocracy', *Albion*, 4 (1984).

Maddicott, J. R., 'Edward the Confessor's Return to England in 1041', *EHR*, 119 (2004).

——'Responses to the Threat of Invasion, 1085', *EHR*, 122 (2007).

——*The Origins of the English Parliament, 924–1327* (Oxford, 2010).

Maitland, F. W., *Domesday Book and Beyond* (new edn, 1960).

Mason, E., *Westminster Abbey and its People, c. 1050 to c. 1216* (Woodbridge, 1996).

——*The House of Godwine:The History of a Dynasty* (2004).

Mason, J. F. A., 'William the First and the Sussex Rapes', *1066 Commemoration Lectures* (Historical Association, 1966).

Maund, K. L., 'The Welsh Alliances of Earl Ælfgar of Mercia and his Family in the Mid-Eleventh Century', *ANS*, 11 (1988).

Mew, K.,'The Dynamics of Lordship and Landscape as Revealed in a Domesday Study of the *Nova Foresta', ANS*, 23 (2001).

Miller, E., 'The Ely Land Pleas in the Reign of William I', *EHR*, 62 (1947).

Moore, J.S.,'Domesday Slavery', *ANS*, 11 (1989).

——'"Quot Homines?": The Population of Domesday England', *ANS*, 19 (1997).

Morris, M., *A Great and Terrible King: Edward I and the Forging of Britain* (2008).

Mortimer, R., 'Edward the Confessor: The Man and the Legend', *Edward the Confessor: The Man and the Legend*, ed. R. Mortimer (Woodbridge, 2009).

Morton, C., 'Pope Alexander II and the Norman Conquest', *Latomus* (1975).

Nelson, J. L., 'Rites of the Conqueror', idem, *Politics and Ritual in Early Medieval Europe* (1986).

O'Brien, B. R., 'From Morðor to Murdrum: The Preconquest Origin and Norman Revival of the Murder Fine', *Speculum*, 71 (1996).

Oxford Dictionary of National Biography.

Painter, S., 'Castle-Guard', *Anglo-Norman Castles*, ed. R. Liddiard (Woodbridge, 2003).

Palliser, D. M., 'Domesday Book and the Harrying of the North', *Northern History*, 29 (1993).

Palmer, J. J. N., 'The Conqueror's Footprints in Domesday', *The Medieval Military Revolution*, ed. A. Ayton and J. L. Price (1995).

——'War and Domesday Waste', *Armies, Chivalry and Warfare in Medieval Britain and France*, ed. M. Strickland (Stamford, 1998).

——'The Wealth of the Secular Aristocracy in 1086', *ANS*, 22 (2000).

Pelteret, D. A. E., 'Slave Raiding and Slave Trading in Early England', *Anglo-Saxon England*, 9 (1981).

——*Slavery in Early Mediaeval England* (Woodbridge, 1995).

Potts, C., *Monastic Revival and Regional Identity in Early Normandy* (Woodbridge, 1997).

Prestwich, J. O., *The Place of War in English History, 1066–1214* (Woodbridge, 2004).

Reilly, L., 'The Emergence of Anglo-Norman Architecture: Durham Cathedral', *ANS*, 19 (1997).

Reuter, T., 'Plunder and Tribute in the Carolingian Empire', *TRHS*, 5th ser., 35 (1985).

Reynolds, S., 'Eadric *Silvaticus* and the English Resistance', *Bulletin of the Institute of Historical Research*, 54 (1981).

——*Fiefs and Vassals* (Oxford, 1994).

——*Kingdoms and Communities in Western Europe, 900–1300* (Oxford, 1997).

Richardson, H. G. and Sayles, G. O., *Law and Legislation from Æthelberht to Magna Carta* (Edinburgh, 1966).

Ridyard, S.J., *'Condigna veneratio:* Post-Conquest Attitudes to the Saints of the Anglo-Saxons', *ANS*, 9 (1987).

Rodwell, W., 'New Glimpses of Edward the Confessor's Abbey at Westminster', *Edward the Confessor*, ed. R. Mortimer (Woodbridge, 2009).

Roffe, D., *Domesday: The Inquest and the Book* (Oxford, 2000).

Round, J. H., 'The Introduction of Knight Service into England', idem, *Feudal England* (new edn, 1964).

Rubenstein, J., 'Liturgy Against History: The Competing Visions of Lanfranc and Eadmer of Canterbury', *Speculum*, 74 (1999).

Searle, E., *Lordship and Community: Battle Abbey and its Banlieu, 1066–1538* (Toronto, 1974).

——'Women and the Legitimization of Succession at the Norman Conquest', *ANS*, 3 (1981).

——*Predatory Kinship and the Creation of Norman Power, 840–1066* (Berkeley, 1988).

Short, I., 'Patrons and Polyglots: French Literature in Twelfth-Century England', *ANS*, 14 (1992).

——*'Tam Angli quam Franci:* Self-Definition in Anglo-Norman England', *ANS*, 18 (1996).

Singh, I., *The History of English: A Student's Guide* (Oxford, 2005).

Stafford, P., *Unification and Conquest* (1989).

——'Women and the Norman Conquest', *TRHS*, 6th ser., 4 (1994).

——*Queen Emma and Queen Edith* (Oxford, 1997).

——'Edith, Edward's Wife and Queen', *Edward the Confessor*, ed. R. Mortimer (Woodbridge, 2009).

Stalley, R., *Early Medieval Architecture* (Oxford, 1999).

Stenton, F. M., *Anglo-Saxon England* (3rd edn, Oxford, 1971).

Stevenson, W. H., 'Notes on Old-English Historical Geography', *EHR*, 11 (1896).

Summerson, H., 'Tudor Antiquaries and the *Vita Ædwardi regis'*, *Anglo-Saxon England*, 38 (2009).

Thomas, H. M., 'Subinfeudation and Alienation of Land, Economic Development and the Wealth of Nobles on the Honor of Richmond, 1066 to c.1300', *Albion*, 26 (1994).

——'The *Gesta Herwardi*, the English and their Conquerors', *ANS*, 21 (1998).

——*The English and the Normans: Ethnic Hostility, Assimilation, and Identity, 1066– c.1220* (Oxford, 2003).

——*The Norman Conquest: England After William the Conqueror* (Lanham, USA, 2008).

Thorn, E. and C., 'The Writing of Great Domesday Book', *Domesday Book*, ed. E. Hallam and D. Bates (Stroud, 2001).

van Houts, E. M. C., 'The Origins of Herleva, Mother of William the Conqueror', *EHR*, 101 (1986).

——'The Memory of 1066 in Written and Oral Traditions', *ANS*, 19 (1997).

——*History and Family Traditions in England and the Continent, 1000–1200* (Aldershot, 1999) 中包括以下截至 1999 年发表的所有论文。论文原本的出版地已注明。

——'The Political Relations between Normandy and England before 1066 according to the *Gesta Normannorum Ducum*', *Les Mutations SocioCulturelles au Toumant de XIe–XIIe Siècles* (Paris, 1984).

——'Normandy and Byzantium in the Eleventh Century', *Byzantion*, 55 (Brussels, 1985).

——'The Ship List of William the Conqueror', *ANS*, 10 (1988).

——'A Note on *Jezebel and Semiramis*, Two Latin Poems from the Early Eleventh Century', *Journal of Medieval Latin, 2* (Turnhout, 1992).

——'The Norman Conquest Through European Eyes', *EHR*, 110 (1995).

——'Hereward and Flanders', *Anglo-Saxon England*, 28 (2000).

——'Edward and Normandy', *Edward the Confessor*, ed. R. Mortimer (Woodbridge, 2009).

Vaughn, S. N., 'Lanfranc at Bec: A Reinterpretation', *Albion*, 17 (1985).

Walker, I. W., *Harold: The Last Anglo-Saxon King* (Stroud, 2004).

Wareham, A., 'The "Feudal Revolution" in Eleventh-Century East Anglia', *ANS*, 22 (2000).

Wilkinson, B., 'Northumbrian Separatism in 1065 and 1066', *Bulletin of the John Rylands Library*, 23 (1939).

Williams, A., 'Some Notes and Considerations on Problems Connected with the

English Royal Succession, 860–1066', *ANS*, 1 (1978).

——'A Bell-house and a Burh-geat: Lordly Residences in England before the Norman Conquest', *Medieval Knighthood IV* (Woodbridge, 1992).

——*The English and the Norman Conquest* (Woodbridge, 1995).

——*Æthelred the Unready: The Ill-Counselled King* (2003).

Wilson, R. M., 'English and French in England, 1100–1300', *History*, 28 (1943).

Wormald, P., *'Engla lond:* The Making of an Allegiance', *Journal of Historical Sociology*, 8 (1994).

Wyatt, D., 'The Significance of Slavery: Alternative Approaches to Anglo-Saxon Slavery', *ANS*, 23 (2001).

Young, C. R., *The Royal Forests of Medieval England* (Leicester, 1979).

Zadora-Rio, E., 'L'enceinte fortifiée du Plessis-Grimoult, résidence seigneuriale du XIe siècle', *Chateau Gaillard*, 5 (1972).

二手文献（参考）

Abels, R., 'Bookland and Fyrd Service in Late Saxon England', *ANS*, 7 (1984).

Aird, W., *St Cuthbert and the Normans* (Woodbridge, 1998).

L'Architecture Normande au Moyen Age, ed. M. Baylé (2 vols., 2nd edn, Caen, 2001).

Bachrach, B. S., 'The Feigned Retreat at Hastings', *The Battle of Hastings*, ed. S. Morillo (Woodbridge, 1996).

Bates, D., 'William the Conqueror and His Wider European World', *Haskins Society Journal*, 15 (2006).

Baxter, S., 'The Representation of Lordship and Land Tenure in Domesday Book', *Domesday Book*, ed. D. Bates and E. Hallam (2001).

Bennett, M., 'Violence in Eleventh-Century Normandy: Feud, Warfare and Politics', *Violence and Society in the Early Medieval West* (Woodbridge, 1998).

Bradbury, J., *The Battle of Hastings* (Stroud, 1998).

Brown, R. A., 'The Status of the Norman Knight', *Anglo-Norman Warfare*, ed. M. Strickland (Woodbridge, 1992).

The Cambridge Urban History of Britain, 600–1540, 1, ed. D. M. Palliser (Cambridge, 2000).

Campbell, J., *The Anglo-Saxon State* (2000).

A Companion to the Anglo-Norman World, ed. C. Harper-Bill and E. van Houts (Woodbridge, 2003).

Cowdrey, H. E. J., 'Bishop Ermenfrid of Sion and the Penitential Ordinance Following the Battle of Hastings', *Journal of Ecclesiastical History*, 20 (1969).

——'Towards an Interpretation of the Bayeux Tapestry', *ANS*, 10 (1988).

——*Lanfranc: Scholar, Monk and Archbishop* (Oxford, 2003).

Davis, R. H. C., *The Normans and Their Myth* (2nd edn, 1980).

Dhondt, J., 'Henri Ier, L'Empire et L'Anjou (1043–1056)', *Revue Beige de Philologie et d'Histoire*, 25 (1946).

Dobson, R. B., 'The First Norman Abbey in Northern England: The Origins of Selby', *Church and Society in the Medieval North of England* (1996).

Downham, C., 'England and the Irish-Sea Zone in the Eleventh Century', *ANS*, 26 (2004).

English Romanesque Art, 1066–1200, ed. G. Zarnecki, J. Holt and T. Holland (1984).

Les Évêques Normands du XIe Siècle, ed. P. Bouet and F. Neveux (Caen, 1995).

Fernie, E., 'Saxons, Normans and their Buildings', *ANS*, 21 (1999).

Fleming, R., 'The New Wealth, the New Rich and the New Political Style in Late Anglo-Saxon England', *ANS*, 23 (2001).

From the Vikings to the Normans, ed. W. Davies (Oxford, 2003).

Gade, K. E., 'Northern Lights on the Battle of Hastings', *Viator*, 28 (1997).

Garnett, G., 'Conquered England, 1066–1215', *The Oxford Illustrated History of Medieval England* (Oxford, 1997).

Gibson, M., *Lanfranc of Bec* (Oxford, 1978).

Grassi, J. L., 'The *Vita Ædwardi Regis*:The Hagiographer as Insider', *ANS, 26* (2004).

Guillot, O., *Le Comte D Anjou et son Entourage au XIe Siècle* (2 vols., Paris, 1972).

Hadley, D. M., '"And they proceeded to plough and to support themselves": The Scandinavian Settlement of England', *ANS* 19 (1997).

Hart, C, 'William Malet and his Family', *ANS*, 19 (1997).

Hollister, C. W., 'The Feudal Revolution', *American Historical Review*, 73 (1968).

Holt, J. C., 'Feudal Society and the Family in Early Medieval England: The Revolution of 1066', *TRHS*, 33 (1983).

Hooper, N., 'Anglo-Saxon Warfare on the Eve of the Conquest: A Brief Survey', *ANS*, 1 (1979).

——'Some Observations on the Navy in Late Anglo-Saxon England', *Anglo-Norman Warfare*, ed. M. Strickland (Woodbridge, 1992).

John, E., *Reassessing Anglo-Saxon England* (Manchester, 1996).

Kapelle, W. E., 'Domesday Book: F. W Maitland and his Successors', *Speculum, 64* (1989).

——'The Purpose of Domesday Book: A Quandary', *Essays in Medieval Studies*, 9 (1992).

Lawrence, H., 'The Monastic Revival', *England in Europe, 1066–1453* (1994).

Loud, G.A., 'The *Gens Normannorum*— Myth or Reality?', *ANS*, 4 (1982).

Loyn, H. R., *Anglo-Saxon England and the Norman Conquest* (1962).

——'William's Bishops: Some Further Thoughts', *ANS*, 10 (1988).

—— *The Vikings in Britain* (Oxford, 1994).

Moore, J.S.,'Anglo-Norman Garrisons', *ANS*, 22 (2000).

Musset, L., *The Bayeux Tapestry*, transl. R. Rex (new edn, Woodbridge, 2005).

Nelson, J., 'Anglo-Saxon England, *c*.500–1066', *The Oxford Illustrated History of Medieval England* (Oxford, 1997).

Neumann, J., 'Hydrographic and Ship-Hydrodynamic Aspects of the Norman Invasion, AD 1066', *ANS*, 11 (1989).

Nip, R., 'The Political Relations between England and Flanders (1066–1128), *ANS*, 21 (1999).

La Normandie vers L'An Mil, ed. F. Beaurepaire and J.P. Chaline (Rouen, 2000).

Oleson, T. J., 'Edward the Confessor's Promise of the Throne to Duke William of Normandy', *EHR*, 72 (1957).

Owen-Crocker, G. R., 'The Interpretation of Gesture in the Bayeux Tapestry', *ANS*, 29 (2007).

Peirce, I., 'Arms, Armour and Warfare in the Eleventh Century', *ANS*, 10 (1988).

Prestwich, J. O., 'Anglo-Norman Feudalism and the Problem of Continuity', *Past and Present*, 26 (1963).

——'Mistranslations and Misinterpretations in Medieval English History', *Peritia*, 10 (1996).

Prestwich, M., *Armies and Warfare in the Middle Ages: The English Experience* (Yale, 1996).

Shopkow, L., *History and Community: Norman Historical Writing in the Eleventh and Twelfth Centuries* (Washington, 1997).

Short, I., 'The Language of the Bayeux Tapestry Inscription', *ANS*, 23 (2001).

trickland, M., 'Slaughter, Slavery or Ransom: The Impact of the Conquest on Conduct in Warfare', *England in the Eleventh Century*, ed. C. Hicks (Stamford, 1992).

—— 'Military Technology and Conquest: The Anomaly of Anglo-Saxon England', *ANS*, 19 (1997).

van Houts, E. M. C., 'Historiography and Hagiography at SaintWandriller: The *Inventio et Miracula Sancti Vulfranni'*, *ANS*, 12 (1990).

——'The Trauma of 1066', *History Today*, 46:10 (1996).

——'Wace as Historian', *Family Trees and the Roots of Politics*, ed. K. Keats-Rohan (Woodbridge, 1997).

West, F. J., 'The Colonial History of the Norman Conquest', *History*, 84 (1999).

Williams, A., *The World Before Domesday: The English Aristocracy, 900–1066* (2008).

出版后记

尽管诺曼征服是英国历史上的重要历史事件之一，但对于中国读者而言，这一历史事件可能非常陌生。而在英国历史学家与作家马克·莫里斯的笔下，这一事件的轮廓也逐渐变得清晰起来。

有关中世纪英格兰的文献材料以零散、琐碎以及难辨真假著称。然而，莫里斯的这本书并没有将全副精力放在对诺曼征服文献性质的辨析上。在对文献进行分析的同时，莫里斯十分注重写作的生动性。可以说，莫里斯流畅的文字为整本书增色不少，也为对本段历史了解甚少的社会大众打开了一扇了解诺曼英格兰的窗户。当然，莫里斯著作中的文学性并没有损伤其作品的严谨性。他的这本书在诺曼人和英格兰人之间找到了一种平衡，既不过分偏重诺曼人，也不过分偏重英格兰人。如此全面的叙述既体现了莫里斯作为史家的功底，也提升了本书的价值。

最后，需要感谢所有为本书出版提供帮助的人，特别要感谢译者韩晓秋副教授所付出的辛勤劳动，让这本书的中文版得以面世。今后，后浪还将继续策划出版从古代至近代一系列英国历史，敬请期待！

服务热线：133-6631-2326 188-1142-1266

服务信箱：reader@hinabook.com

后浪出版公司

2020 年 2 月

图书在版编目（CIP）数据

诺曼征服/（英）马克·莫里斯著；韩晓秋译. --
西安：西安出版社，2020.5

ISBN 978-7-5541-4509-8

Ⅰ.①诺… Ⅱ.①马…②韩… Ⅲ.①英格兰—历史
—研究 Ⅳ.①K561.07

中国版本图书馆CIP数据核字(2020)第076763号

THE NORMAN CONQUEST
by
MARC MORRIS
Copyright© Marc Morris 2012
This edition arranged with LUCAS ALEXANDER WHITLEY (LAW)
through Big Apple Agency, Inc., Labuan, Malaysia.
Simplified Chinese edition copyright:
2020 Ginkgo (Shanghai) Book Co., Ltd.
All rights reserved.
本简体中文版由银杏树下（上海）图书有限责任公司版权引进。

著作权合同登记号：陕版出图字20-2020-050
地图审图号：GS（2020）1572号

诺曼征服
NUOMAN ZHENGFU

著　　者：［英］马克·莫里斯
译　　者：韩晓秋
选题策划：后浪出版公司
出版统筹：吴兴元
责任编辑：李　丹
特约编辑：张子悦
责任校对：王　瑜
装帧制造：墨白空间
出版发行：西安出版社
社　　址：西安市曲江新区
　　　　　雁南五路 1868 号影视演艺大厦 11 层
电　　话：（029）85253740
邮　　编：710061
印　　刷：北京盛通印刷股份有限公司
开　　本：889mm × 1194mm 1/32
印　　张：17.25
字　　数：386 千
版　　次：2020 年 5 月第 1 版
　　　　　2020 年 6 月第 1 次印刷
书　　号：ISBN 978-7-5541-4509-8
定　　价：98.00 元

如有印刷、装订问题，本社负责另换。